Alexander S. Puschkin
Die Erzählungen

ALEXANDER S. PUSCHKIN

DIE ERZÄHLUNGEN

ALBATROS

Aus dem Russischen von Fred Ottow

Titel der deutschen Ausgabe:
Die Erzählungen

Die Deutsche Bibliothek – CIP-Einheitsaufnahme

Ein Titeldatensatz für diese Publikation ist bei
Der Deutschen Bibliothek erhältlich.

Umschlagbild: Wjatscheslaw Schwarz,
Frühjahrswallfahrt der Zarin. 1868
Druck und Bindung: Ebner & Spiegel, Ulm
ISBN 3-491-96008-8 (Kassette)
ISBN 3-491-96014-2

DER MOHR PETERS DES GROSSEN

1

> Doch bin ich nach Paris gelangt,
> Dann lebe ich, statt bloß zu atmen.
> Dmitrijew: Tagebuch eines Reisenden

Zu den jungen Leuten, die Peter der Große in die Fremde schickte, damit sie dort die Kenntnisse erwarben, die der neu gestaltete Staat brauchte, gehörte auch sein Patenkind, der Mohr Ibrahim. Dieser empfing seine Ausbildung in der Pariser Kriegsschule, die er als Artilleriehauptmann verließ, zeichnete sich im Spanischen Feldzug aus und kehrte schwer verwundet nach Paris zurück. Trotz seiner vielseitigen reformerischen Tätigkeit versäumte es der Kaiser nicht, sich immer wieder nach den Fortschritten und dem Benehmen seines Lieblings zu erkundigen. Die Auskünfte, die er erhielt, befriedigten ihn so sehr, daß er Ibrahim wiederholt zur Rückkehr nach Rußland aufforderte. Doch der Mohr zögerte und schützte bald seine Verwundung vor, bald den Wunsch, sich weiter in den Wissenschaften zu vervollkommnen, bald Mangel an Geld. Der Zar drängte ihn nicht weiter, bestärkte ihn in der Sorge um seine Gesundheit, dankte ihm für seinen Lerneifer, versah ihn, obgleich er für seine eigene Person außerordentlich sparsam war, reichlich mit Dukaten und benützte die Geldsendungen zu manchen väterlichen Ratschlägen und Ermahnungen.

Alle Geschichtsschreiber sind sich darüber einig, daß sich mit dem Leichtsinn, der Tollheit und der Verschwendungssucht der Franzosen jener Zeit überhaupt nichts vergleichen läßt. Die letzten Regierungsjahre Ludwigs XIV., die im Zeichen von Anstand, Sittenreinheit und strenger Frömmigkeit standen, waren spurlos vorübergegangen, und der Herzog von Orleans, der viele glänzende Eigenschaften mit

Lastern verschiedenster Art verband, gab sich bedauerlicherweise auch nicht die geringste Mühe, seine Ausschweifungen geheimzuhalten. So blieben seine Orgien im Palais Royal kein Geheimnis, und sein schlechtes Beispiel wirkte ansteckend auf die Pariser Bevölkerung. Damals erschien Law auf der Bildfläche. Gewinnsucht verquickte sich mit der Gier nach Vergnügungen und Zerstreuungen, Besitztümer wurden verschwendet, die Unsittlichkeit triumphierte, die Franzosen amüsierten sich und spekulierten; der Staat aber zerfiel, während man geistreiche Epigramme verfaßte und satirische Vaudevilles aufführte.

Ein überaus ansprechendes Bild boten indessen die verschiedenen Kreise der Pariser Gesellschaft. Der hohe Stand der Bildung und die allgemeine Vergnügungssucht hatten die einzelnen Bevölkerungsklassen einander genähert. Reichtum, gute Umgangsformen, Ruhm, Begabung, ja sogar Wunderlichkeit, mit einem Wort alles, was Interesse erwekken konnte oder angenehmen Zeitvertreib versprach, wurde mit dem gleichen Entzücken aufgenommen. Literaten, Gelehrte und Philosophen verließen ihre stillen Klausen und erschienen in der großen Welt, um der Mode zu huldigen und sie nach ihrem Willen zu lenken. Die Frauen gaben den Ton an, ohne aber zu fordern, daß man sie wie ehedem vergötterte. Oberflächliche Höflichkeit war an die Stelle der tiefen Hochachtung getreten, die man ihnen früher entgegenzubringen pflegte. Die Geniestreiche des Herzogs von Richelieu, dieses Alkibiades des damaligen Seine-Athens, sind in die Geschichte eingegangen und geben einen Begriff von den Sitten jener Zeit.

Temps fortuné, marqué par la licence,
Où la folie, agitant son grelot,
D'un pied léger parcourt toute la France,
Où nul mortel ne daigne être dévot,
Où l'on fait tout excepté pénitence.

Das Auftreten Ibrahims, seine äußere Erscheinung, seine Bildung und der ihm angeborene Geist erregten in Paris höchste Aufmerksamkeit. Die Damenwelt wünschte le nègre du czar bei sich zu sehen und riß sich förmlich um ihn. Der Regent lud ihn wiederholt zu seinen kurzweiligen Abenden ein; er war bei den Soupers anwesend, die durch die stürmische Jugend Arouets und das abgeklärte Alter Chaulieus, durch die Gespräche Montesquieus und Fontenelles belebt wurden; er versäumte keine Theaterpremiere, fehlte auf keinem Ball, nahm an jeder Festlichkeit teil und gab sich dem allgemeinen Taumel mit der ganzen Leidenschaft seiner Jahre und seiner Rasse hin. Aber der Gedanke, diese glänzenden Zerstreuungen und Vergnügungen gegen das rauhe, primitive Leben am Petersburger Hof eintauschen zu müssen, war es nicht allein, der Ibrahim in Schrecken versetzte. Andere, viel stärkere Bande hielten ihn in Paris zurück: der junge Afrikaner liebte.

Die Gräfin L., obgleich nicht mehr in der ersten Blüte der Jahre, war noch immer eine gefeierte Schönheit. Man hatte sie im Alter von siebzehn Jahren, nach dem Abschluß ihrer klösterlichen Erziehung, mit einem Mann verheiratet, den lieben zu lernen es ihr an Zeit gefehlt hatte und der sich auch später nie die Mühe machte, um ihre Liebe zu werben. Der Klatsch vermutete, daß sie sich Liebhaber halte, aber gemäß den duldsamen Spielregeln der großen Welt erfreute sie sich trotzdem eines guten Rufes, da man ihr weder ein lächerliches noch ein anstößiges Abenteuer nachweisen konnte. In ihrem Salon versammelte sich die beste Pariser Gesellschaft. Ibrahim wurde ihr von dem jungen Merville zugeführt, der allgemein für ihren letzten Liebhaber galt – eine Annahme, die er selber auf jede Weise zu bestätigen bemüht war.

Die Gräfin kam Ibrahim höflich entgegen, ohne ihm jedoch besondere Aufmerksamkeit zu schenken. Das schmeichelte ihm, denn gewöhnlich wurde er bei seinem Erscheinen umdrängt und wie ein Naturwunder angestaunt. Man pflegte ihn mit Begrüßungen und neugierigen Fragen zu überschütten, und diese Zudringlichkeit, die Wohlwollen nur vortäuschte, verletzte seine Eigenliebe. Das beglückende Bewußtsein, von Frauen beachtet zu werden – fast das einzige Ziel unserer Bemühungen –, bereitete ihm nicht nur keine Freude, sondern erfüllte ihn mit Bitterkeit und Mißvergnügen. Er fühlte, daß sie in ihm so etwas wie ein seltenes Tier sahen, ein fremdartiges Geschöpf, das, lediglich durch Zufall in diese Welt geraten, mit ihr nicht das geringste zu tun hatte. Ja, er beneidete sogar die Menschen, die völlig unbemerkt blieben, und hielt ihre Bedeutungslosigkeit für eine besondere Gunst des Schicksals.

Der Gedanke, daß die Natur ihn nicht für die Freuden wechselseitiger Leidenschaft geschaffen habe, bewahrte ihn vor Selbstbewußtsein und egoistischen Ansprüchen, was seinen Umgang für Frauen so ungewöhnlich anziehend machte. Seine Ausdrucksweise war einfach und würdig. Er gefiel der Gräfin L., der die beständigen Witzeleien und feinen Anspielungen des französischen Esprits immer abgeschmackter erschienen.

Ibrahim verkehrte viel in ihrem Hause. Mit der Zeit gewöhnte sie sich an das Äußere des jungen Negers und begann sogar an diesem Krauskopf Gefallen zu finden, der sich von den gepuderten Perücken in ihrem Salon so dunkel abhob – Ibrahim war am Kopf verwundet und trug eine Binde statt der üblichen Perücke. Er war siebenundzwanzig Jahre alt, groß und prächtig gewachsen, und die meisten Damen ließen ihre Blicke mit Empfindungen auf ihm ruhen, die weit schmeichelhafter waren als bloße Neugier. Aber der zurückhaltende Ibrahim bemerkte sie entweder gar nicht oder vermutete lediglich Koketterie. Doch wenn seine Blicke denen der Gräfin begegneten, schwand sein Mißtrauen. Ihre Augen spiegelten so viel Güte und echtes Wohlwollen, ihr Umgang mit ihm war so schlicht und ungezwungen, daß es unmöglich schien, bei ihr auch nur einen Schatten von Koketterie oder Spott zu vermuten.

Wenn Ibrahim sich auch seiner Liebe noch nicht bewußt geworden war, so hatte er doch das dringende Verlangen, die Gräfin täglich zu sehen. Überall suchte er sie zu treffen, und jede Begegnung mit ihr war ihm wie ein unerwartetes Geschenk des Himmels. Die Gräfin erriet seine Gefühle früher als er selbst. Was man auch sagen möge – eine Liebe ohne Hoffnung und ohne Forderungen rührt das weibliche Herz viel sicherer als die raffiniertesten Verführungskünste. Wenn Ibrahim zugegen war, ließ sie ihn nicht aus den Augen und hörte seinen Gesprächen aufmerksam zu. War er aber abwesend, so wurde sie nachdenklich und wie gewöhnlich zerstreut. Merville bemerkte als erster die gegenseitige Neigung der beiden und wünschte Ibrahim Glück. Nichts entflammt die Liebe so sehr wie die ermutigende Äußerung eines Unbeteiligten. Die Liebe ist blind, und da sie sich selbst mißtraut, greift sie nach jeder Stütze.

Die Bemerkung Mervilles rüttelte Ibrahim auf. Der Gedanke, die geliebte Frau auch besitzen zu dürfen, war ihm bisher noch nicht gekommen. Jetzt aber durchzuckte er ihn, und seine Verliebtheit kannte keine Grenzen. Vergeblich bemühte sich die Gräfin, die vor dem plötzlichen Ausbruch seines Gefühls erschrak, sein heißes Blut durch Freundschaftsbeteuerungen abzukühlen und ihn wieder zur Vernunft zu bringen. Doch ermattete sie bald; immer häufiger und unvorsichtiger erwiderte sie seine Zärtlichkeiten, und schließlich, mitgerissen vom Sturm seiner Leidenschaft, die sie doch selbst hervorgerufen hatte, gab sie sich dem beglückten Ibrahim ganz hin . . .

Nichts bleibt den beobachtenden Blicken der Umwelt auf die Dauer verborgen: das neue Verhältnis der Gräfin war bald allgemein bekannt. Einige Damen wunderten sich über ihre Wahl, vielen erschien sie sehr begreiflich, manche lachten über sie, und wieder andere sahen in ihr einen unverzeihlichen Leichtsinn. Im ersten Liebesrausch bemerkten Ibrahim und die Gräfin überhaupt nicht, was um sie vorging, doch allmählich kamen die zweideutigen Scherze der Männer und die spitzen Bemerkungen der Damen auch ihnen zu Ohren. Die kühle und abweisende Haltung Ibrahims hatte ihn bisher vor solchen Angriffen geschützt, jetzt aber war er hilflos und wußte nicht, wie er sie abwehren sollte. Die Gräfin, gewöhnt an die Achtung der Gesellschaft, war nicht imstande, dem Klatsch und den Sticheleien gegenüber kaltes Blut zu bewahren. Bald beklagte sie sich tränenüberströmt bei Ibrahim, bald machte sie ihm bittere Vorwürfe, bald bat sie ihn inständig, nicht für sie einzutreten, damit sie nicht durch unnötigen Lärm endgültig in Verruf gerate.

Eine neue Wendung erschwerte ihre Lage noch mehr: die Folgen ihrer unüberlegten Liebe kamen an den Tag. Alle Tröstungsversuche, Ratschläge und Beschwörungen waren umsonst – die Gräfin sah ihr Verhängnis unweigerlich auf sich zukommen und erwartete es in Verzweiflung.

Als ihr Zustand offenkundig geworden war, begann das Gerede von neuem: die gefühlvollen Damen entsetzten sich, die Männer wetteten auf ein weißes oder schwarzes Baby. Ein Hagel von Epigrammen ging auf den Gatten der Gräfin nieder, der als einziger in Paris von allem keine Ahnung hatte.

Der schicksalhafte Augenblick näherte sich. Die Gräfin befand sich in einer schrecklichen Verfassung. Ibrahim war jeden Tag bei ihr. Er sah, wie ihre seelischen und körperlichen Kräfte erlahmten, wie ihr immer wieder die Tränen kamen und die Verzweiflung ihr das Herz zusammenpreßte. Endlich spürte sie die ersten Wehen. Die erforderlichen Maßnahmen wurden getroffen, und man fand Mittel und Wege, den Grafen fernzuhalten. Der Arzt stellte sich ein. Etwa zwei Tage früher hatte man eine arme Frau überredet, ihr neugeborenes Söhnchen in fremde Hände zu geben. Jetzt ließ man das Kind durch eine zuverlässige Person abholen. Ibrahim hielt sich in nächster Nähe des Schlafzimmers der Gräfin auf und wagte kaum zu atmen. Er hörte ihr dumpfes Stöhnen und die Anweisungen des Arztes. Sie quälte sich lange. Jeder Schmerzenslaut zerriß ihm das Herz, jede Pause erfüllte ihn mit Entsetzen ... Plötzlich vernahm er die leise Stimme des Kindes, und da er sich in seiner Freude nicht zurückhalten konnte, drang er in das Zimmer der Gräfin ein. Ein schwarzes Kind lag auf dem Bett zu ihren Füßen. Ibrahim drückte es an sich. Sein Herz schlug zum Zerspringen. Mit bebender Hand segnete er seinen Sohn. Die Gräfin lächelte schwach und streckte ihm ihre kraftlose Hand entgegen ... aber der Arzt, der die Gräfin vor einer allzu starken seelischen Erschütterung bewahren wollte, drängte Ibrahim von ihrem Lager fort. Das Neugeborene wurde in einen verdeckten Korb gelegt, über eine Geheimtreppe fortgebracht, und dann trug man eine Wiege mit dem fremden Kind zur Wöchnerin herein. Ibrahim verließ einigermaßen beruhigt das Haus. Der Graf wurde erwartet. Er kam spät nach Hause, erfuhr von der glücklichen Entbindung seiner Frau und zeigte sich sehr befriedigt. So fanden die bösen Zungen, die auf einen Skandal gehofft hatten, sich in ihren Erwartungen bitter getäuscht, und sie waren gezwungen, sich mit weiteren Klatschereien zu begnügen.

War auf diese Weise alles wieder ins gewohnte Geleise gekommen, so fühlte Ibrahim doch, daß er an einem Wendepunkt angelangt war und daß sein Verhältnis früher oder später zur Kenntnis des Grafen gelangen mußte. In diesem Fall wäre, was immer auch geschehen mochte, das Schicksal der Gräfin besiegelt gewesen. Ibrahim liebte leidenschaftlich und wurde ebenso wiedergeliebt. Aber die Gräfin war eigenwillig und leichtsinnig: sie liebte nicht zum erstenmal; Überdruß, ja Haß konnten selbst die zärtlichsten Gefühle in ihrem Herzen ablösen. Ibrahim sah bereits den Augenblick voraus, in dem ihre Neigung abkühlen würde. Bisher hatte er Eifersucht nicht gekannt, jetzt aber empfand er sie mit Bestürzung. Er sagte sich, daß der Schmerz einer Trennung weniger qualvoll sein werde, und rang bereits mit dem Entschluß, das unheilvolle Verhältnis zu lösen, Paris zu verlassen und sich nach Rußland zu begeben, wohin ihn schon längst nicht nur Peter, sondern auch ein dunkles Pflichtgefühl zurückrief.

2

> Mag auch die Schönheit mich entzücken,
> Mag Freude mir das Herz erquicken,
> Wenn mich beschwingter Geist bestricht,
> Wär mir auch alles Glück beschieden –
> Nur Ehrung stellt mich ganz zufrieden,
> Die mir des Ruhmes Kränze flicht.
>
> Dershawin

Wochen und Monate vergingen, aber der verliebte Ibrahim konnte sich nicht entschließen, die von ihm verführte Frau zu verlassen. Die Gräfin liebte ihn von Tag zu Tag mehr. Sie hatten das Söhnchen in eine entlegene Provinz bringen lassen, damit es dort erzogen würde. Die Klatschereien der Gesellschaft hörten auf, und das Liebespaar beruhigte sich, gedachte schweigend der vergangenen Stürme und bemühte sich, nicht an die Zukunft zu denken.

Als Ibrahim eines Tages an einem Empfang des Herzogs von Orleans teilnahm, überreichte ihm dieser im Vorbeigehen einen Brief mit der Bemerkung, er möge ihn in aller Ruhe lesen. Es war ein Schreiben Peters I. Der Kaiser, der offenbar den eigentlichen Grund seines Fernbleibens ahnte, teilte dem Herzog mit, er wolle auf Ibrahim keinen Druck ausüben; er stelle ihm vielmehr frei, nach Rußland zurückzukehren oder in Paris zu bleiben. Keinesfalls aber werde er seinen Pflegesohn im Stich lassen. Dieser Brief rührte Ibrahim aufs tiefste. Von diesem Augenblick an war sein Schicksal entschieden. Schon am nächsten Tage teilte er dem Regenten seine Absicht mit, sogleich nach Rußland abzureisen.

»Überlegen Sie sich, was Sie tun wollen«, sagte der Herzog, »Rußland ist nicht Ihr Vaterland, und ich glaube kaum, daß es Ihnen gelingen wird, Ihre sonnendurchglühte Heimat noch einmal wiederzusehen. Ihr langer Aufenthalt in Frankreich hat Sie dem ungewohnten Klima und der halb barbarischen Lebensweise Rußlands entfremdet, und Sie sind ja nicht als Untertan des Zaren geboren. Folgen Sie meinem Rat, machen Sie sich seine hochherzige Erlaubnis zunutze, bleiben Sie in Frankreich, für das Sie Ihr Blut vergossen haben, und seien Sie überzeugt, daß Ihre Fähigkeiten und Verdienste auch hier nicht unbeachtet und unbelohnt bleiben werden.«

Ibrahim dankte dem Herzog aufrichtig, erklärte aber, an seinem Entschluß festhalten zu wollen.

»Ich bedaure das«, antwortete der Regent, »im übrigen mögen Sie recht haben.«

Er versprach, das Abschiedsgesuch des Mohren anzunehmen, und schickte dem russischen Zaren einen ausführlichen Bericht.

Ibrahims Koffer waren bald gepackt. Den Vorabend seiner Abreise verbrachte er bei der ahnungslosen Gräfin, die über sein Vorhaben zu unterrichten er nicht den Mut gefunden hatte. Die Gräfin war ruhig und heiter. Wiederholt rief sie ihn zu sich und scherzte über seine Nachdenklichkeit. Nach dem Souper ging man auseinander. Nur der Graf und Ibrahim blieben im Salon zurück. Was hätte der Unglückliche nicht dafür gegeben, wenn er mit ihr allein hätte sein können, aber der Graf schien sich am Kamin so wohlzufühlen, daß keine Hoffnung bestand, ihn loszuwerden. Alle drei schwiegen.

»Bonne nuit«, sagte die Gräfin endlich.

Er rührte sich noch immer nicht. Vor seinen Augen wurde es dunkel, in seinem Kopf drehte sich alles: er war kaum fähig, das Zimmer zu verlassen. Zu Hause angelangt, schrieb er, seiner selbst kaum mehr mächtig, folgenden Abschiedsbrief:

»Ich reise, geliebte Leonore, ich verlasse Dich für immer. Ich schreibe Dir, weil mir die Kraft fehlt, mich Dir auf andere Art zu erklären. Mein Glück könnte keinen Bestand haben, denn ich genoß es im Widerspruch zu den Gesetzen der Natur und meines Schicksals. Wie also könnte es anders sein, als daß Dein Liebesrausch allmählich einer großen Ernüchterung weichen müßte? Dieser Gedanke verfolgte mich unausgesetzt und verließ mich selbst in den Augenblicken nicht, da ich, zu Deinen Füßen liegend, alles zu vergessen glaubte und Deine leidenschaftliche Hingabe und Deine schrankenlose Zärtlichkeit mir die Sinne verwirrten ... Die leichtfertige Welt verdammt in der Praxis, was sie in der

Theorie duldet: ihr erbarmungsloser Spott würde Dich früher oder später niederzwingen, Deine flammende Seele ersticken und Dich schließlich dahin bringen, daß Du Dich Deiner Leidenschaft schämen müßtest ... Und was würde dann aus mir? Nein, lieber sterben, lieber Dich verlassen, noch ehe das alles zur unumstößlichen Tatsache wird ...

Nichts ist mir so kostbar wie Deine Seelenruhe. Du konntest Dich ihrer nicht erfreuen, solange die Blicke der Gesellschaft auf uns gerichtet waren. Rufe Dir alle Leiden ins Gedächtnis zurück, die Du erdulden mußtest – alle Verletzungen Deines Selbstgefühls, alle Qualen der Angst; erinnere Dich an die grauenhafte Geburt unseres Sohnes und dann sage selbst: kann ich es verantworten, Dich auch weiterhin den gleichen Aufregungen und Gefahren auszusetzen? Warum darauf bestehen, das Schicksal eines so zarten und schönen Wesens mit demjenigen eines armseligen Negers zu verknüpfen, eines beklagenswerten Geschöpfs, das kaum die Bezeichnung ‚Mensch' verdient?

Vergib, Leonore, vergib mir, geliebte, einzige Herzensfreundin! Ich verlasse Dich und mit Dir die ersten und letzten Freuden meines Lebens. Ich habe keine Heimat und keine mir nahestehenden Menschen. Ich begebe mich in das trübselige Rußland, wo vollkommene Zurückgezogenheit mein ganzer Trost sein wird. Die ersten Aufgaben, mit denen ich mich künftig beschäftigen will, werden die Pein meiner Erinnerungen an Tage höchster Beglückung wenn auch nicht ganz verdrängen, so doch wenigstens mildern ... Verzeih mir, Leonore, ich trenne mich von diesem Brief, als müßte ich mich aus Deinen Armen losreißen. Vergib, werde glücklich und denke zuweilen an Deinen armen Neger, an Deinen getreuen Ibrahim.«

Noch in der gleichen Nacht machte er sich auf den Weg nach Rußland.

Die Reise erwies sich als bei weitem nicht so schrecklich, wie er gedacht hatte. Seine Phantasie triumphierte über die Wirklichkeit. Je weiter er sich von Paris entfernte, um so deutlicher und näher sah er alles das vor sich, was er für immer verließ.

Ehe er sich's versah, hatte er die russische Grenze erreicht. Es war schon Herbst geworden, aber ungeachtet der schlechten Straßen brachten ihn die Postkutscher in Windeseile seinem Ziel entgegen, und bereits am Morgen des siebzehnten Reisetages kam er in Krasnoje Sselo an, das nur noch achtundzwanzig Werst von Petersburg entfernt ist. Während die Postpferde gewechselt wurden, begab sich Ibrahim in das Stationsgebäude. In einer Ecke des Warteraums saß ein Mann von hohem Wuchs, in grünem Rock, eine tönerne Tabakspfeife zwischen den Lippen. Er hatte die Ellbogen auf den Tisch gestützt und las Hamburger Zeitungen. Als er jemanden kommen hörte, hob er den Kopf.

„Hallo, Ibrahim!« rief er und stand auf. »Sei gegrüßt, Patenkind!«

Ibrahim erkannte Peter und wollte dem Zaren freudig entgegeneilen, blieb dann aber ehrerbietig stehen. Der Kaiser ging auf ihn zu, umarmte ihn und küßte ihn auf die Stirn.

»Ich war von deinem Kommen unterrichtet und bin dir entgegengefahren«, sagte Peter. »Schon seit gestern warte ich hier auf dich.«

Ibrahim fand keine Worte, um seine Dankbarkeit auszudrücken.

»Dein Kutscher mag uns folgen«, fuhr der Kaiser fort, »du aber setz dich zu mir.«

Als der Wagen vorfuhr, stiegen beide ein und kamen nach anderthalb Stunden in Petersburg an. Mit großem Interesse betrachtete Ibrahim die neuerbaute Hauptstadt, die sich auf den Wink des Herrschers aus dem Sumpf erhoben hatte. Frisch aufgeworfene Dämme, Kanäle, noch ohne Bollwerke, und hölzerne Brücken zeugten von dem hier erfochtenen Sieg des menschlichen Willens über die Widerstände der Elemente. Die Häuser schienen in Windeseile errichtet worden zu sein. Die ganze Stadt wies nichts Imposantes auf außer der Newa, die zwar ihre granitne Einfassung noch nicht erhalten hatte, aber schon mit Kriegs- und Handelsschiffen bedeckt war. Der kaiserliche Wagen hielt vor dem Palais, dem sogenannten Zarizyn Ssad*. Hier wurde Peter

* Zarizyn Ssad = Garten der Zarin.

von einer etwa fünfunddreißigjährigen, außergewöhnlich schönen und nach der letzten Pariser Mode gekleideten Frau empfangen. Der Kaiser küßte sie auf den Mund, nahm Ibrahim an der Hand und sagte: »Erkennst du mein Patenkind, Katenka? Nimm ihn bitte freundlich auf und hab ihn so gern wie früher.«

Katharina blickte ihn mit ihren schwarzen Augen prüfend an und reichte ihm wohlwollend die zarte Hand. Zwei junge Mädchen, schlank und schön wie frische Rosen, standen hinter ihr und traten jetzt ehrerbietig auf Peter zu.

»Lisa«, redete er die eine von ihnen an, »erinnerst du dich noch an den kleinen Neger, der in Oranienbaum meine Äpfel für dich stahl? Hier ist er, ich stelle ihn dir vor.«

Die Großfürstin lachte und errötete. Man begab sich in den Speisesaal, wo der Tisch in Erwartung des Kaisers bereits gedeckt war. Peter nahm mit der ganzen Familie Platz und lud auch Ibrahim dazu ein. Während des Essens unterhielt er sich mit ihm über verschiedene Dinge, fragte ihn über den Spanischen Krieg aus, über die inneren Angelegenheiten Frankreichs und über den Regenten, dem er sehr zugetan war, wenn er auch manches an ihm auszusetzen hatte. Ibrahim zeichnete sich durch Scharfsinn und Beobachtungsgabe aus, und Peter war sehr zufrieden mit seinen Antworten. Er kam auf einige Einzelheiten aus Ibrahims Kindheit zu sprechen und tat das so gutmütig und wohlgelaunt, daß niemand in diesem liebenswürdigen und gastfreundlichen Hausherrn den Helden von Poltawa, den mächtigen und gewalttätigen Reformator Rußlands vermutet hätte.

Nachdem der Kaiser die Tafel aufgehoben hatte, entfernte er sich, um nach russischer Sitte seinen Nachmittagsschlaf zu halten. Ibrahim blieb mit der Zarin und den Großfürstinnen allein. Er bemühte sich, die Neugier der Damen zu befriedigen, und beschrieb das Pariser Leben und die dortigen Festlichkeiten und Moden. Mittlerweile hatten sich einige Persönlichkeiten, die dem Zaren besonders nahestanden, im Palais versammelt. Ibrahim erkannte den prunkliebenden Fürsten Menschikow, der dem Mohren, als er ihn im Gespräch mit Katharina sah, einen hochmütigen Blick zuwarf, den Fürsten Jakob Dolgorukij, Peters unbeugsamen Ratgeber, den Gelehrten Bruce, den man den russischen Faust nannte, seinen ehemaligen Kameraden, den jungen Ragusinskij, und andere, die sich ebenfalls eingestellt hatten, um dem Zaren Bericht zu erstatten oder Befehle von ihm entgegenzunehmen.

Der Kaiser erschien nach etwa zwei Stunden.

»Laß sehen«, sagte er zu Ibrahim, »ob du noch deine alten Pflichten kennst. Nimm diese Schiefertafel und folge mir.«

Peter schloß sich in seine Drechslerwerkstatt ein, um sich den Staatsgeschäften zu widmen. Er arbeitete der Reihe nach mit Bruce, dem Fürsten Dolgorukij, dem Generalpolizeimeister Devier und diktierte Ibrahim einige Ukase und Entscheidungen. Der Mohr konnte sich nicht genug wundern über den scharfen Verstand, die schnelle Auffassungsgabe seines Herrn und über die Vielseitigkeit seiner Arbeit. Als Peter fertig war, zog er sein Notizbuch aus der Tasche, um festzustellen, ob alles, was für diesen Tag vorgesehen war, erledigt sei. Dann verließ er die Werkstatt und wandte sich an Ibrahim.

»Es ist spät geworden, du wirst müde sein«, sagte er, »übernachte hier wie in alten Zeiten, ich werde dich morgen wecken.«

Als er allein war, vermochte Ibrahim sich nur mit Mühe zu fassen: er befand sich in Petersburg und stand wieder dem bedeutenden Mann gegenüber, in dessen nächster Umgebung er aufgewachsen war, ohne freilich schon damals die ganze Größe Peters ermessen zu können. Fast mit einem Gefühl der Reue wurde ihm bewußt, daß seine Gedanken zum erstenmal seit der Trennung einen ganzen Tag lang nicht ausschließlich bei der Gräfin geweilt hatten, und er wurde sich klar darüber, daß das arbeitsreiche Dasein, das ihn hier erwartete, seinen von Leidenschaft, Müßiggang und heimlicher Verzweiflung niedergedrückten Lebensmut wieder aufrichten würde. Die Vorstellung, der Gehilfe eines großen Mannes sein zu dürfen und gemeinsam mit ihm auf die Entwicklung eines ganzen Volkes einzuwirken, weckte in ihm zum ersten Male das Gefühl des Ehrgeizes. In gehobener Stimmung legte er sich auf dem für ihn bereitgestellten Feldbett nieder, und bald entführte ihn das gewohnte Traumbild in das ferne Paris und in die Arme der Geliebten.

3

Gleich den Wolken am Himmel
Verschiebt sich das Bild der Gedanken:
Was dir heute noch teuer, wirst du
morgen verschmähn.
Küchelbecker

Der Kaiser hielt sein Versprechen: Ibrahim wurde am nächsten Morgen von ihm geweckt. Gleichzeitig beglückwünschte Peter ihn zu seiner Ernennung zum Kapitänleutnant der Bombardierkompanie des Preobrashensker Garderegiments, deren Hauptmann der Zar selber war. Die Höflinge umringten Ibrahim, und jeder bemühte sich auf seine Art, dem neuen Günstling zu schmeicheln. Der anmaßende Fürst Menschikow drückte ihm freundschaftlich die Hand, der Feldmarschall Scheremetjew erkundigte sich nach seinen Pariser Bekannten, und Golowin lud ihn zum Mittagessen ein. Golowins Beispiel folgten die übrigen, so daß Ibrahim gleich Einladungen für mindestens einen ganzen Monat erhielt.

Ibrahims Tage verliefen einförmig, aber sie waren mit Arbeit ausgefüllt. Er konnte sich daher nicht über Langeweile beklagen. Von Tag zu Tag wuchs seine Anhänglichkeit an den Kaiser, dessen Seelengröße er immer besser verstehen lernte. Dem Gedankenflug eines großen Mannes zu folgen ist eine fesselnde Wissenschaft. Ibrahim sah Peter, den Gesetzgeber, im Senat, wo ihm Dolgorukij und Butulin nicht selten widersprachen. Er sah ihn, den Schöpfer der russischen Seemacht, im Admiralitätskollegium. Er sah ihn im Meinungsaustausch mit dem Erzbischof Feofan, mit Gawril Bushinskij und mit dem Buchdrucker Kopiewitsch, und er sah ihn, wie er in seinen Mußestunden Übersetzungen ausländischer Publizisten durchlas. Er begleitete seinen kaiserlichen Herrn, wenn dieser die Fabrik eines Kaufmanns, einen Handwerker an der Drehbank oder einen Gelehrten in seinem Arbeitszimmer besuchte. Rußland kam Ibrahim wie eine riesige Werkstatt vor, in der sich unzählige Maschinen bewegten und jeder Arbeiter, fest eingefügt in die neue Ordnung, seine bestimmte Beschäftigung hatte. Auch sich selbst hielt der Mohr für verpflichtet, an dem ihm zugewiesenen Arbeitsplatz sein Bestes zu geben und so wenig wie möglich an die Pariser Vergnügungen zurückzudenken. Schwerer fiel es ihm, eine andere liebe Erinnerung zu verdrängen: er dachte oft an die Gräfin L., stellte sich ihren allzu begründeten Unwillen, ihre Tränen und ihre Schwermut vor ... Und manchmal überfiel ihn dabei ein Gedanke, der ihm viele Qualen bereitete – die verführerischen Zerstreuungen der großen Welt, ein anderes Verhältnis, ein neuer glücklicher Liebhaber! Ibrahims Herz krampfte sich zusammen, sein afrikanisches Blut kochte vor Eifersucht, und es fehlte nicht viel, daß heiße Tränen über seine schwarzes Gesicht gerollt wären.

Eines Morgens saß er, von Aktenstößen umgeben, in seinem Arbeitszimmer, als er plötzlich eine lärmende Begrüßung in französischer Sprache hörte. Ibrahim sprang auf und – der junge Korssakow, den er im Trubel der Pariser Gesellschaft zurückgelassen hatte, schloß ihn mit freudigen Ausrufen in die Arme.

»Ich bin eben erst angekommen und habe dich sofort aufgesucht«, sagte Korssakow. »Alle unsere Pariser Bekannten lassen dich grüßen, sie vermissen dich sehr. Die Gräfin L. läßt dir sagen, du möchtest nach Paris zurückkehren, und hier ist ein Brief von ihr.«

Zitternd vor Erregung griff Ibrahim nach dem Brief und betrachtete die wohlbekannte Handschrift. Er traute seinen Augen nicht.

»Wie froh bin ich«, fuhr Korssakow fort, »daß du in diesem barbarischen Petersburg noch nicht vor Langeweile gestorben bist! Was tut man hier, womit beschäftigt man sich? Wer ist dein Schneider? Gibt es hier wenigstens eine Oper?«

Ibrahim antwortete zerstreut, daß der Zar vermutlich gerade auf einer Schiffswerft arbeite. Korssakow lachte.

»Ich sehe«, sagte er, »daß du im Augenblick keine Zeit für mich hast. Wir werden uns ein andermal aussprechen. Ich eile, mich beim Kaiser zu melden.«

Und damit drehte er sich auf einer Fußspitze um und verließ das Zimmer.

Als sich Ibrahim allein sah, öffnete er hastig den Brief. Die Gräfin beklagte sich mit zärtlichen Worten über ihn und warf ihm Falschheit und Mißtrauen vor. »Du sagst«, schrieb sie, »daß meine Seelenruhe Dir teurer sei als alles auf der Welt. Ach, Ibrahim, wenn das wahr wäre, wie hättest Du mir dann die Aufregung zumuten können, in die mich die unerwartete Nachricht von Deiner Abreise versetzte? Du fürchtetest wohl, ich würde Dich zurückhalten; aber sei versichert: trotz meiner Liebe hätte ich die Kraft aufgebracht, sie zu Deinem Besten und für das zu opfern, was Du für Deine Pflicht hältst.« Am Schluß ihres Briefes beteuerte die Gräfin Ibrahim ihre leidenschaftliche Liebe und beschwor ihn, ihr doch wenigstens manchmal zu schreiben, auch wenn keine Hoffnung bestünde, daß sie sich noch einmal wiedersehen würden.

Ibrahim las den Brief wohl an die zwanzigmal und küßte beseligt die teuren Zeilen. Er brannte vor Ungeduld, mehr über die Gräfin zu hören, und wollte eben in das Admiralitätskollegium fahren, wo er Korssakow zu treffen hoffte, als dieser selber wieder bei ihm eintrat. Er hatte sich inzwischen dem Zaren vorgestellt und schien wie gewöhnlich mit sich sehr zufrieden zu sein.

»Entre nous«, sagte er, »der Kaiser ist doch ein sonderbarer Mensch! Denke dir nur, ich fand ihn mit einer Leinenjacke bekleidet im Mastkorb eines Schiffes und war gezwungen, mit meinen Depeschen zu ihm hinaufzuklettern. Ich stand auf einer Strickleiter und hatte so wenig Platz, daß ich nicht einmal eine halbwegs anständige Verbeugung machen konnte, wodurch ich, übrigens zum erstenmal in meinem Leben, vollkommen verwirrt wurde. Nachdem der Kaiser meine Papiere durchgelesen hatte, musterte er mich von

Kopf bis Fuß und war vermutlich angenehm überrascht von der Eleganz meines Anzugs. Jedenfalls lächelte er und lud mich zur heutigen Assemblee ein. Aber ich kenne mich ja in Petersburg gar nicht mehr aus. Im Laufe meiner sechsjährigen Abwesenheit habe ich die hiesigen Gewohnheiten vollkommen vergessen. Sei also bitte mein Mentor, fahr mit mir hin und stell mich vor.«

Ibrahim willigte ein und beeilte sich, das Gespräch auf Dinge zu bringen, die ihn weit mehr interessierten.

»Was treibt die Gräfin L.?« fragte er.

»Die Gräfin? Nun, sie war anfangs sehr unglücklich über deine Abreise. Dann tröstete sie sich allmählich und nahm sich selbstverständlich einen neuen Liebhaber – du kennst ihn doch, den langen Marquis R.? Aber warum starrst du mich denn so entsetzt an und verdrehst deine Negeraugen, daß man beinahe nur noch das Weiße sieht? Überrascht dich das? Weißt du denn nicht, daß langes Trauern der menschlichen, insbesondere aber der weiblichen Natur nicht liegt? Denk mal ordentlich darüber nach, während ich mich inzwischen von der Reise erfrische, und vergiß nicht, mich später abzuholen.«

Welche Gefühle beherrschten die Seele Ibrahims? Eifersucht? Zorn? Verzweiflung? Nein: eine tiefe, herzbeklemmende Niedergeschlagenheit. Er sagte sich immer wieder: Das habe ich vorausgesehen, so mußte es kommen. Dann entfaltete er den Brief der Gräfin, las ihn noch einmal durch, ließ den Kopf hängen und weinte bitterlich. Seine Tränen flossen lange. Sie erleichterten sein Herz. Er sah nach der Uhr: es war Zeit aufzubrechen. Ibrahim wäre am liebsten dageblieben, aber die Teilnahme an den kaiserlichen Assembleen war dienstliche Pflicht, und der Zar verlangte unerbittlich die Anwesenheit seiner Umgebung. Ibrahim zog sich um und fuhr zu Korssakow.

Er fand ihn, wie er im Schlafrock ein französisches Buch las.

»So früh schon?« fragte Korssakow, als Ibrahim bei ihm eintrat.

»Erlaube bitte«, erwiderte der Mohr, »aber es ist schon

halb sechs Uhr, wir kommen zu spät. Zieh dich schnell an, wir müssen aufbrechen.«

Korssakow erschrak und machte sich rasch fertig. Sein französischer Kammerdiener reichte ihm Schuhe mit roten Absätzen, hellblaue Samthosen und einen rosafarbenen, goldbestickten Rock, während im Vorzimmer die Perücke gepudert wurde. Als man sie brachte, steckte Korssakow seinen geschorenen Kopf hinein, verlangte Degen und Handschuhe, drehte sich mindestens zehnmal vor dem Spiegel um und erklärte dann Ibrahim, daß er bereit sei. Die Heiducken legten ihnen ihre Bärenpelze um, und die beiden fuhren zum Winterpalais.

Korssakow überschüttete Ibrahim mit Fragen: »Wer ist die schönste Dame in Petersburg? Wer gilt für den besten Tänzer? Welcher Tanz ist jetzt in Mode?« Ibrahim befriedigte seine Neugier nur höchst ungern. Unterdessen waren sie beim Palais angelangt. Der weite Platz stand bereits voll von Schlitten, altmodischen Kutschen und vergoldeten Karossen. Am Portal drängten sich livrierte Kutscher mit mächtigen Schnauzbärten, mit Federbüschen ausstaffierte Läufer in glitzerndem Flitterstaat und mit langen Stäben in den Händen, Husaren, Pagen und wohlbeleibte Heiducken, beladen mit den Pelzen und Muffen ihrer Herrschaft – eine zahlreiche Dienerschaft, die nach der damaligen Meinung der Bojaren unentbehrlich war. Als diese Leute Ibrahim erblickten, erhob sich unter ihnen ein allgemeines Gemurmel: »Der Mohr, seht den Mohren des Zaren!« Ibrahim führte Korssakow schnell durch die bunte Menge. Ein Hoflakai machte vor ihnen die Türflügel weit auf, und sie betraten den Saal. Korssakow blieb wie versteinert stehen ... In einem großen Raum, beleuchtet von Talgkerzen, die in den dichten Wolken von Tabakrauch nur ein trübes Licht verbreiteten, bewegten sich zu der pausenlosen Blechmusik Würdenträger mit blauen Ordensbändern, Gesandte, ausländische Kaufleute, Gardeoffiziere in grünen Uniformen, Schiffsbaumeister in kurzen Jacken und gestreiften Hosen immer hin und her. Die Damen saßen an den Wänden. Die jungen Mädchen zeigten sich im vollen Glanz der Mode.

Ihre gold- und silbergestickten Roben funkelten. Aus den breiten Reifröcken wuchsen wie Blütenstengel die schlanken Taillen empor. Brillanten blitzten an ihren Ohren, in den langen Locken und am Halse. Heiter ließen sie ihre Blicke nach allen Seiten schweifen in Erwartung der Kavaliere und der Eröffnung des Balles. Die älteren Damen versuchten spitzfindig, die neue Art der Kleidung mit der alten, verpönten in Einklang zu bringen: ihre Hauben glichen noch den Zobelmützchen der Zarin Natalja Kirilowna, während die Reifröcke und Mantillen eine unverkennbare Ähnlichkeit mit dem altväterischen Sarafan und dem sogenannten Seelenwärmer besaßen. Offensichtlich nahmen sie an diesen neu eingeführten Veranstaltungen mehr mit Staunen als mit Vergnügen teil. Verächtlich musterten sie die Frauen und Töchter der holländischen Schiffer, die in Röcken aus grobem Segeltuch und in roten Jäckchen Strümpfe strickten und miteinander lachten und schwatzten, als wenn sie zu Hause wären.

Ein Lakai, der die soeben erschienenen Gäste bemerkte, trat auf sie zu und bot ihnen Bier an.

»Que diable est-ce que tout cela?« fragte Korssakow mit halblauter Stimme.

Ibrahim konnte ein Lächeln nicht unterdrücken. Die Kaiserin und die Großfürstinnen, alle drei in großer Toilette und mit Juwelen geschmückt, gingen durch die Reihen der Gäste und plauderten freundlich mit ihnen. Der Zar hielt sich in einem anderen Zimmer auf. Korssakow, dem daran lag, von ihm gesehen zu werden, konnte sich nur mit Mühe durch das Gedränge zu ihm hindurcharbeiten. Peter war hauptsächlich von Ausländern umgeben, die würdevoll ihre Tonpfeifen rauchten und die tönernen Krüge leerten. Auf den Tischen standen Bier- und Weinflaschen, lederne Tabaksbeutel, Punschgläser und Schachbretter. An einem dieser Tische spielte Peter mit einem breitschultrigen Mann, beide eingehüllt in gewaltige Wolken von Tabakrauch. Der Kaiser war von einem unvermuteten Zug seines Gegners so überrascht, daß er Korssakow nicht bemerkte, obgleich dieser sich dauernd in seiner Nähe aufhielt. Da aber erschien ein wohlbeleibter Herr mit einem mächtigen Blumenstrauß auf der Brust, verkündete mit lauter Stimme, daß der Ball eröffnet sei, und verschwand wieder. Viele Gäste folgten ihm, darunter auch Korssakow.

Ein unerwarteter Anblick setzte ihn in Erstaunen. In der ganzen Länge des Ballsaals standen sich zu den Klängen einer miserablen Musik Damen und Herren in zwei Reihen gegenüber. Nach allen Richtungen machten die Kavaliere tiefe Verbeugungen und die Damen Knickse, und etwa eine halbe Stunde lang wiederholten sie in kurzen Abständen diese Reverenzen. Korssakow wunderte sich über den seltsamen Zeitvertreib und biß sich auf die Lippen. Doch auch dieses befremdende Schauspiel nahm sein Ende, der korpulente Herr mit dem Blumenstrauß erklärte den zeremoniellen Teil für abgeschlossen und gebot den Musikanten, ein Menuett zu spielen. Korssakow war erfreut und wollte sich hervortun. Unter den jungen Damen war eine, die ihm besonders gefiel. Sie mochte etwa sechzehn Jahre alt sein, war reich und mit Geschmack gekleidet und saß neben einem strengen und würdevollen Herrn in vorgerückten Jahren. Korssakow eilte auf sie zu und bat um die Ehre eines Tanzes. Die junge Schönheit blickte ihn verlegen an und schien nicht recht zu wissen, was sie ihm antworten sollte. Die Züge des neben ihr sitzenden Herrn verfinsterten sich bedrohlich. Korssakow wartete noch auf die Zustimmung des Mädchens, als sich der Herr mit dem Blumenstrauß zu ihm wandte, ihn in die Mitte des Saales führte und mit Nachdruck sagte: »Mein Herr, du hast dich eines Fauxpas schuldig gemacht: erstens bist du an diese junge Person herangetreten, ohne die vorgeschriebenen drei Verbeugungen vor ihr zu machen, und zweitens hast du dir erlaubt, sie zum Tanz aufzufordern, während doch beim Menuett dieses Recht der Dame und nicht dem Herrn zusteht. Aus diesem Grunde bist du der großen Strafe verfallen, die darin besteht, daß du den Pokal des Großen Adlers in einem Zug austrinken mußt.«

Korssakow fiel von einem Staunen ins andere. In wenigen Augenblicken sah er sich von allen Gästen umringt, die lärmend die sofortige Vollstreckung des Urteils verlangten. Peter, der mit Vorliebe bei solchen Exekutionen zugegen war, hörte die lauten Zurufe und das Gelächter seiner Gäste und kam eilig aus dem Nebenzimmer herbei. Die Menge wich zurück, und er trat in den Kreis, wo der Verurteilte stand und vor ihm der Assembleenmarschall, einen gewaltigen, mit Malvasier gefüllten Krug in der Hand. Vergeblich suchte er den Verbrecher zu überreden, daß er sich freiwillig dem Gesetz unterwerfe.

»Aha, Bruder«, sagte Peter, als er Korssakow erblickte, »du scheinst dich ja gründlich blamiert zu haben. Trink nur, Musjöh, und sträube dich nicht!«

Dagegen war nichts zu machen: der arme Fant leerte, ohne abzusetzen, den ganzen Humpen und gab ihn dem Marschall zurück.

»Hör mal, Korssakow«, fuhr der Zar fort, »du trägst Samthosen, wie nicht einmal ich sie besitze, und ich bin doch viel reicher als du. Das ist Verschwendung, paß auf, daß wir uns nicht in die Haare geraten.«

Nachdem Korssakow diese Zurechtweisung hatte über sich ergehen lassen, wollte er sich davonstehlen, aber er stolperte und wäre beinahe hingefallen, zum größten Vergnügen des Kaisers und der ganzen ausgelassenen Gesellschaft. Dieser Zwischenfall hatte den Verlauf des Balles in keiner Weise gestört, sondern die allgemeine Heiterkeit nur noch gesteigert. Die Kavaliere überboten sich gegenseitig in Kratzfüßen und Verbeugungen, und die Damen machten mit größtem Eifer ihre Knickse, ohne auch nur im geringsten auf den Rhythmus der Musik zu achten. Korssakow war nicht mehr imstande, am Ball teilzunehmen. Die Dame, die er zum Tanz aufgefordert hatte, ging auf Befehl ihres Vaters, Gawrila Afanasjewitsch Rschewskij, auf Ibrahim zu, schlug ihre blauen Augen nieder und bot ihm ängstlich den Arm. Ibrahim tanzte mit ihr das Menuett und geleitete sie auf ihren Platz zurück. Dann suchte er Korssakow auf, führte ihn aus dem Saal, setzte ihn in einen Wagen und brachte ihn nach Hause. Unterwegs lallte Korssakow kaum verständlich: »Verfluchte Assemblee . . . verdammter Humpen des Großen Adlers ...« und fiel dann in einen so tiefen Schlaf, daß er nicht merkte, was weiter mit ihm geschah. Man zog ihn aus und legte ihn ins Bett. Am andern Tag wachte er mit Kopfweh auf und konnte sich nur noch dunkel an die Verbeugungen, die Knickse, den Tabaksqualm, den Herrn mit dem Blumenstrauß und den Humpen des Großen Adlers erinnern.

4

Gemächlich unsre Väter speisten,
Indes, gefüllt bis an den Rand,
Die Silberbecher langsam kreisten
Mit Bier und Wein von Hand zu Hand.
Puschkin: Ruslan und Ludmila

Nun muß ich den geneigten Leser mit Gawrila Afanasjewitsch Rschewskij bekannt machen. Er entstammte einem uralten Bojarengeschlecht, besaß eine Unmenge Güter, war gastfrei, liebte die Falkenjagd und gebot über zahllose Leibeigene – kurz, er war ein echt russischer Großgrundbesitzer. Nach seinen eigenen Worten konnte er den »deutschen Geist« nicht leiden und bemühte sich, in seiner Häuslichkeit die Sitten und Gebräuche der ihm teuren alten Zeit zu bewahren. Seine Tochter, die schon als Kind die Mutter verloren hatte, war sechzehn Jahre alt. Man hatte sie nach alter Art erzogen, das heißt, sie war umgeben von Ammen, Kinderfrauen, gleichaltrigen Freundinnen und Dienstmädchen. Sie beschäftigte sich mit Goldstickerei, konnte aber weder lesen noch schreiben. Trotz seinem Ekel vor allem Ausländischen hatte der Vater es ihr nicht abschlagen können, als sie bei einem im Hause wohnenden, gefangenen schwedischen Offizier deutsche Tänze zu lernen wünschte. Diesem etwa fünfzigjährigen Tanzmeister war das rechte Bein in der Schlacht von Narwa durchschossen worden, so daß es für Menuette und Couranten nicht besonders geeignet war. Mit dem linken dagegen konnte er die allerschwierigsten Pas mit erstaunlicher Eleganz und Geschicklichkeit ausführen. Natalja

Gawrilowna galt als die beste Tänzerin der Assembleen, und das hatte auch zum Teil den Verstoß Korssakows verursacht. Dieser fuhr zwar am folgenden Tag zu Gawrila Afanasjewitsch, um sich zu entschuldigen, aber die Gewandtheit des jungen, geschniegelten Salonhelden mißfiel dem stolzen Bojaren, der von ihm nur als von dem »französischen Affen« sprach.

Es war an einem Feiertag. Gawrila Afanasjewitsch erwartete einige Verwandte und gute Freunde. In dem altmodischen Saal war eine lange Tafel gedeckt. Die Gäste stellten sich mit ihren Frauen und Töchtern ein, die durch kaiserliche Ukase und das Vorbild des Zaren selbst endlich aus der Verbannung ins Haus erlöst worden waren. Zur Begrüßung bot Natalja Gawrilowna jedem einzelnen Gast ein silbernes Tablett mit kleinen goldenen Bechern. Jeder trank und bedauerte dabei nur, daß der Kuß, den man in der guten alten Zeit bei dieser Gelegenheit erhielt, aus der Mode gekommen war. Man ging zu Tisch. Auf dem Ehrenplatz neben dem Hausherrn saß sein Schwiegervater, Fürst Boris Alexejewitsch Lykow, ein siebzigjähriger Bojar. Die übrigen Gäste erhielten ihre Plätze je nach dem Alter ihrer Familie und entsprechend dem zivilen oder militärischen Rang zugewiesen, den sie bekleideten; die Herren saßen auf der einen und die Damen auf der anderen Seite. Am Ende der Tafel war wie üblich das Hausgesinde untergebracht: die Haushälterin in einem Nankingwams und mit einem haubenartigen Kopfputz, eine Zwergin, eine kleine, verrunzelte Zierpuppe von dreißig Jahren, und der gefangene Schwede in seiner abgetragenen blauen Offiziersuniform. Um den reich mit Schüsseln besetzten Tisch tummelten sich eine Menge Diener, angeleitet von einem wohlbeleibten Haushofmeister, der sich durch seine strengen Blicke, seine stoische Ruhe und seine würdevolle Haltung auszeichnete. Die Aufmerksamkeit der Gäste richtete sich zunächst auf die Erzeugnisse der alten russischen Küche. Das allgemeine Schweigen wurde lediglich durch das Geklapper der Teller und Löffel unterbrochen. Endlich fand es der Hausherr für angebracht, seine Gäste angenehm zu unterhalten: er wandte sich um und fragte, wo denn die Jekimowa sei; man solle sie herbeirufen. Einige Bedienstete eilten nach verschiedenen Richtungen davon, aber im gleichen Augenblick betrat eine alte gepuderte, geschminkte und mit Blumen geschmückte Frau den Raum. Sie trug einen mit Pailletten übersäten Reifrock; Hals und Brust waren tief dekolletiert. Trällernd kam sie im Tanzschritt herein. Ihr Erscheinen erregte bei den Gästen allgemeines Entzücken.

»Sei gegrüßt, Jekimowa!« rief Fürst Lykow. »Wie geht es dir?«

»Nicht übel, Gevatter, singend und tanzend und Freier erwartend.«

»Wo hattest du dich denn versteckt, dummes Ding?« fragte der Hausherr.

»Habe mich herausgeputzt, Gevatter, für die teuren Gäste, für den Feiertag Gottes, auf Befehl des Zaren, auf Befehl des Bojaren, wie es die Deutschen machen, der Welt zum Lachen.«

Bei diesen Worten erhob sich ein schallendes Gelächter, während die Närrin sich auf ihren Platz hinter dem Stuhl des Hausherrn begab.

»Die Alte lügt und lügt, bis sie sogar die Wahrheit lügt«, sagte Tatjana Afanasjewna, die ältere Schwester des Gastgebers, die er besonders schätzte. »Es ist schon wahr, daß die ganze Welt die heutige Mode belächelt. Wenn selbst ihr, Batjuschki, eure Bärte rasiert und euern Kaftanen die langen Schöße abschneiden laßt – wie soll man sich da noch über die Weiber entrüsten, die sich mit den neumodischen Lappen behängen? Aber schade ist es doch um den althergebrachten Sarafan, die bunten Bänder der Mädchen und um die Kopftücher! Schaut man die schönen Mädchen von heute an, weiß man wirklich nicht, ob man weinen oder lachen soll: die Haare wie Flachssträhnen aufgerollt, eingefettet und mit französischem Mehl bestreut, die Bäuchlein zusammengeschnürt, als sollten sie platzen, und die Unterröcke so straff über Tonnenreifen gespannt, daß man in der Karosse kaum sitzen kann. Und gehen können sie auch nicht, ja nicht einmal atmen, die armen Dämchen – wahrhaftig die reinen Märtyrerinnen!«

Jetzt nahm Kirila Petrowitsch T. das Wort; er war früher Wojewode von Rjasan gewesen und hatte sich dort mit Mühe und Not dreitausend Seelen und eine junge Frau ergattert.

»Ach, Matjuschka Tatjana Afanasjewna«, sagte er, »was mich betrifft, mag eine Frau sich anziehen, wie sie will, wenn sie sich nur nicht jeden Monat ein neues Kleid machen läßt und das kaum erst getragene auf den Müllhaufen wirft. Früher war es so, daß die Enkelin von der Großmutter als Hochzeitsgeschenk einen Sarafan erhielt, aber der jetzige Reifrock . . . schau nur – heute hat ihn die Hausfrau an, und morgen trägt ihn die Kammerzofe. Was willst du da machen? Es ist das Ende des russischen Adels, Gott sei's geklagt!«

Bei diesen Worten blickte er tief aufseufzend zu seiner Marja Iljinischna hinüber, der offensichtlich weder sein Lob der guten alten Zeit gefiel noch seine Verurteilung der neuen Sitten. Die übrigen Damen teilten ihren Unwillen, schwiegen jedoch, denn bescheidene Zurückhaltung galt dazumal als unerläßliche Tugend der jungen Frauen.

»Und wer hat die Schuld?« fragte Gawrila Afanasjewitsch, indem er nach dem Krug mit schäumendem Kwas griff. »Sind wir nicht selber die Schuldigen? Die jungen Mädchen ziehen sich Gott weiß wie an, und wir Alten lassen sie gewähren.«

»Aber was können wir tun, wenn wir doch nichts zu sagen haben? Mancher wäre sicher froh, könnte er seine Gattin in den Frauengemächern einsperren, doch die Weiber werden ja jetzt durch Trommelwirbel zu den Assembleen befohlen. Ach, diese Assembleen! Gott straft uns mit ihnen für unsere Sünden.«

Marja Iljinischna saß wie auf Kohlen. Schließlich konnte sie es nicht mehr aushalten und fragte ihren Mann mit einem säuerlichen Lächeln, was er denn eigentlich an den Assembleen auszusetzen habe.

»Eben das«, antwortete Kirila Petrowitsch erregt, »daß die Frauen seit der Einführung der Assembleen immer aufsässiger werden und das Apostelwort, die Frau sei ihrem Manne untertan, völlig vergessen haben. Auch vernachlässigen sie den Haushalt und haben bloß neue Kleider im

Kopf. Sie streben nicht danach, ihren Männern das Leben angenehm zu machen, sondern sind nur darauf erpicht, mit den Windbeuteln von Offizieren zu kokettieren. Jawohl, meine Beste, gehört sich's denn für eine russische Bojarenfrau oder Bojarentochter, mit diesen deutschen Tabaksqualmern und ihren Arbeiterinnen an einem Tisch zu sitzen und bis in die Nacht hinein mit jungen Männern zu tanzen und zu plaudern? Ja, wenn es noch die eigenen Verwandten wären, aber es sind Fremde und Unbekannte!«

»Auch ich hätte gern ein Wörtchen darüber verloren, doch haben leider die Wände Ohren«, sagte Gawrila Afanasjewitsch und machte ein finsteres Gesicht. »Ich gestehe, daß mir diese Assembleen ebenfalls nicht gefallen: wo du hinschaust – Besoffene, und es kann geschehen, daß sogar man selbst zum Vergnügen der Leute betrunken gemacht wird. Auch mußt du stets auf der Hut sein, daß nicht irgendein Leichtfuß sich an deine Tochter heranmacht. Gott sei's geklagt, die heutige Jugend kennt keine Tugend! Hat sich da zum Beispiel der Sohn des seligen Jewgraf Sergejewitsch Korssakow auf der letzten Assemblee ein Stückchen mit meiner Natascha geleistet, daß ich vor Scham fast in den Boden gesunken wäre. Und am andern Tag, was sehe ich? kommt er mir nichts, dir nichts bei mir angefahren. Ich frage mich, wen mir da Gott ins Haus schickt, ob es nicht am Ende Fürst Alexander Danilowitsch ist. Aber wer war es? Niemand anders als Iwan Jewgrafowitsch! Und dabei hat er nicht einmal am Hoftor halten lassen, um zu Fuß bis zum Haus zu gehen – ist ihm gar nicht eingefallen. Stürmt einfach herein, macht seinen Kratzfuß und schwatzt gleich drauflos, daß es Gott erbarm! Übrigens, die Närrin Jekimowa kann ihn wunderbar nachahmen. Komm mal her, Jekimowa, führ ihn uns vor, den französischen Affen!«

Die Alte ergriff den Deckel einer Schüssel, klemmte ihn wie einen Hut unter den Arm und fing an sich hin und her zu drehen und nach allen Seiten Verbeugungen und Kratzfüße zu machen, wobei sie Worte wie Musjöh, Mamsell, Assemblee, Pardon und so weiter hervorsprudelte. Ein Beifallssturm begleitete ihre Schaustellung.

»Korssakow, wie er leibt und lebt!« rief der alte Fürst Lykow lachend und wischte sich die Tränen aus den Augen. »Er ist nicht der erste und wird nicht der letzte sein, der als Hampelmann aus dem Ausland ins heilige Rußland zurückgekehrt ist. Was lernen unsere Kinder dort in der Fremde? Nichts als Kratzfüße machen, Gott weiß in welchen Sprachen das Blaue vom Himmel herunterschwatzen, das Alter nicht mehr ehren und den verheirateten Frauen den Hof machen. Von allen jungen Leuten, die drüben erzogen wurden, ähnelt – Gott möge mir verzeihen! – der Mohr des Zaren noch am ehesten einem Menschen.«

»Nicht doch, Batjuschka«, sagte Tatjana Afanasjewna, »ich habe ihn gesehen, aus nächster Nähe gesehen – was hat er doch für eine schreckliche Schnauze! Ich bin fast davongelaufen vor Angst.«

»Gewiß«, bemerkte Gawrila Afanasjewitsch, »er ist ein ehrbarer und ordentlicher Mensch, mit jenem Hanswurst nicht zu vergleichen ... Aber wer kommt denn da noch bei mir vorgefahren? Es wird doch nicht abermals der französische Affe sein? Schlaft nicht, ihr Schweinehunde«, rief er der Dienerschaft zu, »lauft ihm entgegen und schickt ihn wieder fort, und auch in Zukunft ...«

»Alter Bart«, unterbrach ihn die Närrin Jekimowa, »bist du verrückt oder blind geworden – das ist ja der kaiserliche Schlitten, der Zar ist gekommen.«

Gawrila Afanasjewitsch sprang auf, alle Gäste rannten an die Fenster und sahen tatsächlich, wie der Kaiser, gestützt auf die Schulter seines Dieners, die Treppe heraufstieg. Es entstand ein allgemeines Durcheinander. Der Hausherr eilte Peter entgegen, die Dienerschaft lief kopflos durcheinander, die Gäste kriegten es mit der Angst, und einige versuchten sogar davonzulaufen. Plötzlich hörte man im Vorsaal die donnernde Stimme Peters. Alle verstummten, und der Zar trat ein, begleitet vom Hausherrn, der sich vor Freude nicht zu lassen wußte.

»Seid allesamt gegrüßt!« rief der Kaiser in bester Laune. Die Gäste verbeugten sich tief. Mit einem raschen Blick hatte der Zar in der Menge sogleich die junge Tochter des

Gastgebers entdeckt. Er rief sie zu sich. Natalja Gawrilowna näherte sich ihm ziemlich beherzt, errötete aber dabei bis an die Ohren und Schultern.

»Du wirst jeden Tag hübscher«, sagte Peter und küßte sie nach seiner Gewohnheit auf den Scheitel. Dann wandte er sich an die Tischgesellschaft: »Habe ich euch gestört? Ihr wart wohl gerade beim Essen? Ich bitte, doch wieder Platz zu nehmen, und du, Gawrila Afanasjewitsch, gib mir einen Anisschnaps.«

Der Hausherr riß dem steifen, gemessenen Haushofmeister das Tablett aus der Hand, füllte selber einen goldenen Becher und reichte ihn mit einer Verbeugung dem Zaren. Peter trank den Schnaps, aß dazu eine Brezel und forderte die Gäste abermals auf, sich zu setzen. Alle nahmen ihre Plätze wieder ein, mit Ausnahme der Zwergin und der Haushälterin, die es nicht wagten, mit dem Kaiser am gleichen Tisch Platz zu nehmen. Peter saß neben dem Hausherrn und erbat sich einen Teller Kohlsuppe. Der Diener des Zaren reichte ihm einen in Elfenbein gefaßten Holzlöffel und Gabel und Messer mit grünen knöchernen Handgriffen, denn der Kaiser pflegte nur sein eigenes Besteck zu benutzen. Das Mittagessen, das noch kurz vorher Scherze und laute Gespräche belebt hatten, wurde nun in tiefer Stille und Verlegenheit fortgesetzt. Vor lauter Ehrfurcht und Freude brachte der Hausherr keinen Bissen mehr herunter, und auch die Gäste waren befangen und folgten andächtig dem Gespräch, das Peter in deutscher Sprache mit dem schwedischen Gefangenen über den Feldzug von 1701 führte. Die Närrin Jekimowa, die wiederholt vom Kaiser angesprochen wurde, antwortete mit einer gewissen ängstlichen Zurückhaltung, was, wie ich nur am Rande bemerke, durchaus nicht auf angeborene Dummheit schließen ließ. Als das Essen zu Ende war, stand der Kaiser auf und gab damit den Gästen das Zeichen, sich ebenfalls zu erheben.

»Gawrila Afanasjewitsch«, sagte Peter, »ich habe etwas mit dir allein zu besprechen.«

Und damit nahm er den Gastgeber bei der Hand, führte ihn ins Nebenzimmer und schloß die Tür hinter sich. Die übrigen Gäste blieben im Speisesaal zurück, erörterten im Flüsterton miteinander den unerwarteten Besuch und verließen endlich das Haus, ohne dem Gastgeber zu danken, da sie lästig zu fallen fürchteten. Der Schwiegervater, die Tochter und die Schwester des Hausherrn begleiteten sie leise hinaus, kehrten dann in den Speisesaal zurück und warteten dort auf das Erscheinen des Kaisers.

5

Schaff ich dir keine Hausfrau her,
Bin ich auch länger kein Müller mehr.
Ablessimow in der Oper »Der Müller«

Nach einer halben Stunde öffnete sich die Tür, und Peter trat wieder ein. Mit einem würdevollen Kopfnicken beantwortete er die dreifachen Verbeugungen des Fürsten Lykow, Tatjana Afanasjewnas und Nataljas und schritt, ohne sich weiter aufzuhalten, in den Vorsaal. Der Hausherr half ihm in seinen roten Fuchspelz, geleitete ihn zu seinem Schlitten und bedankte sich für die ihm erwiesene Ehre.

Peter fuhr davon.

Als er in den Speisesaal zurückkehrte, sah Gawrila Afanasjewitsch sehr besorgt aus. Gereizt wies er die Dienerschaft an, den Tisch schnell abzuräumen, befahl Natascha, sich zu entfernen, und erklärte seiner Schwester und seinem Schwiegervater, er habe mit ihnen zu reden. Er führte sie in sein Schlafzimmer, wo er sich nach dem Essen hinzulegen pflegte. Der betagte Fürst streckte sich auf dem eichenen Bett aus, und Tatjana Afanasjewna nahm auf einem alten gepolsterten Sessel Platz, nachdem sie eine Fußbank herangeschoben hatte. Gawrila Afanasjewitsch sperrte alle Türen zu, setzte sich auf das Bett zu Füßen des Fürsten Lykow und eröffnete mit leiser Stimme folgendes Gespräch: »Nicht ohne Grund war der Kaiser bei mir. Ratet mal, worüber er mit mir gesprochen hat.«

»Wie können wir das wissen, Bruder«, erwiderte Tatjana Afanasjewna.

»Nun«, sagte Gawrila Afanasjewitschs Schwiegervater, »vielleicht hat der Zar dir die Verwaltung einer Wojewodschaft anvertraut, was ja auch längst an der Zeit wäre? Oder hat er dich gar zum Gesandten ernannt? Es müssen ja nicht immer nur Sekretäre sein – man könnte auch mal vornehme Leute zu den fremden Herrschern schicken.«

»Nein«, entgegnete Gawrila Afanasjewitsch. »Ich gehöre zu den Männern der alten Zeit; unsere Dienste werden heute nicht mehr gebraucht, wenn auch sicherlich mancher rechtgläubige russische Edelmann mehr wert ist als alle diese hergelaufenen Glücksritter, Emporkömmlinge und Ungläubigen. Aber das steht auf einem andern Blatt.«

»Worüber hat er sich denn so lange mit dir zu unterhalten geruht?« fragte Tatjana Afanasjewna. »Gott schütze uns, am Ende war es etwas Schlimmes?«

»Schlimm oder nicht schlimm – ich bekenne, daß mir nicht wohl dabei war . . .«

»Worum geht es denn, Bruder? Was ist es?«

»Es handelt sich um Natascha: der Zar kam als Brautwerber.«

»Gott sei gelobt!« rief Tatjana Afanasjewna und bekreuzigte sich. »Das Mädchen ist heiratsfähig. Wie der Brautwerber, so der Freier! Möge Gott Liebe und Eintracht geben, dir ist eine große Ehre erwiesen worden. Wer ist denn der Bewerber?«

»Ja, wer?« ächzte Gawrila Afanasjewitsch. »Das ist ja eben der Haken . . .«

»Aber wieso denn?« fragte Fürst Lykow, dem schon die Augen zufielen.

»Ratet«, sagte Gawrila Afanasjewitsch abermals.

»Ich bitte dich, Bruder, wie sollen wir das erraten«, antwortete Tatjana Afanasjewna. »Es gibt doch so viele Heiratslustige am Hof, und jeder würde sich glücklich schätzen, wenn er deine Natascha bekäme. Ist es vielleicht Dolgorukij?«

»Nein, der ist es nicht.«

»Macht nichts, er ist auch viel zu eingebildet. Aber vielleicht Schejin? Trojekurow?«

»Gleichfalls nicht, weder der eine noch der andere.«

»Würden mir auch nicht passen. Leichtfüße sind sie beide und viel zu sehr angesteckt von der Ausländerei. Dann ist es wohl Miloslawskij?«

Gawrila Afanasjewitsch schüttelte den Kopf.

»Kein Unglück! Er ist zwar reich, aber dumm. Dann also Jelezkij, Lwow oder Ragusinskij? Erbarm dich, Bruder, ich errate es nicht! Wen hat denn der Zar für Natascha ausgesucht?«

»Den Mohren Ibrahim«.

Die Alte schlug erschrocken die Hände zusammen. Fürst Lykow hob den Kopf vom Kissen und wiederholte entsetzt: »Den Mohren Ibrahim?«

»Batjuschka«, sagte Tatjana Afanasjewna mit weinerlicher Stimme, »du wirst doch dein eigenes Kind nicht ins Unglück bringen wollen, wirst doch Natascha nicht diesem schwarzen Teufel ausliefern!«

»Wie kann ich mich denn dem Zaren widersetzen, der mir und meinem Hause dafür sein Wohlwollen verspricht?« entgegnete Gawrila Afanasjewitsch.

»Wie«, rief der alte Fürst, dessen Müdigkeit vollkommen verschwunden war, »du willst tatsächlich Natascha, meine Enkeltochter, einem gekauften Mohren überlassen?«

»Er ist nicht von niedrigem Stand, sondern der Sohn eines Sultans«, antwortete Gawrila Afanasjewitsch. »Die Türken haben ihn gefangen und nach Konstantinopel gebracht. Dort hat ihn unser Botschafter freigekauft und dem Zaren geschenkt. Sein älterer Bruder kam mit einem hohen Lösegeld nach Rußland . . .«

»Batjuschka, Gawrila Afanasjewitsch«, unterbrach ihn die Alte, »Märchen dieser Art wie das vom Königssohn Bowa oder dem Helden Jeruslan Lasarewitsch haben wir genug gehört – erzähle uns lieber, was du dem Zaren geantwortet hast.«

»Was sollte ich ihm andres sagen, als daß er die Macht hat und es unsere Pflicht und Schuldigkeit ist, ihm in allem und jedem zu gehorchen . . .«

In diesem Augenblick hörte man ein Geräusch hinter der

Tür. Gawrila Afanasjewitsch wollte sie öffnen, fühlte aber einen Widerstand. Er stieß mit Gewalt dagegen – und vor ihm lag Natascha besinnungslos auf dem blutbefleckten Fußboden.

Dem jungen Mädchen hatte sich das Herz zusammengekrampft, als sich der Kaiser mit ihrem Vater ins Nebenzimmer zurückzog, denn eine dunkle Ahnung sagte ihr, daß sie der Gegenstand der Unterredung sei. Und als der Vater sie nachher mit der Begründung fortgeschickt hatte, er habe mit der Tante und dem Großvater zu sprechen, hatte sie ihrer weiblichen Neugier nicht widerstehen können; sie hatte an der Schlafzimmertür gehorcht, und kein Wort des furchtbaren Gesprächs war ihr entgangen. Als sie aber die letzten Worte ihres Vaters vernommen hatte, war die Arme ohnmächtig geworden und gegen die eisenbeschlagene Truhe gefallen, in der ihre Aussteuer aufbewahrt wurde.

Das Hausgesinde kam herbeigelaufen. Man hob Natascha auf, trug sie in ihr Zimmer und legte sie aufs Bett. Nach einiger Zeit kam sie wieder zu sich und öffnete die Augen, ohne jedoch den Vater und die Tante zu erkennen. Ein heftiges Fieber stellte sich ein. In ihren Phantasien sprach sie immerfort vom Mohren des Zaren und von der bevorstehenden Hochzeit und rief dann plötzlich mit klagender Stimme um Hilfe: »Valerian, liebster Valerian, hilf mir, rette mich, da sind sie, da kommen sie schon!« Tatjana Afanasjewna schaute unruhig ihren Bruder an; der war bleich geworden, biß sich auf die Lippen und verließ schweigend das Zimmer. Er kehrte zu dem alten Fürsten zurück, der, da er keine Treppen mehr zu steigen vermochte, unten geblieben war.

»Wie steht es mit Natascha?« fragte er.

»Schlecht«, antwortete der Vater besorgt, »schlechter, als ich dachte. In ihren Fieberphantasien spricht sie von Valerian.«

»Wer ist Valerian?« erkundigte sich der Greis voll Unruhe. »Doch nicht am Ende jener verwaiste Strelitzensohn*, der in deinem Hause erzogen wurde?«

* Strelitzen – berühmtes russisches Schützenregiment.

»Ganz recht, zu meinem Kummer gerade der«, erwiderte Gawrila Afanasjewitsch. »Sein Vater hat mir während des Strelitzenaufstands das Leben gerettet, und der Teufel hat mich verleitet, die junge Brut in mein Haus zu nehmen. Als er vor zwei Jahren auf seine Bitte hin bei den Strelitzen eintreten durfte, brach Natascha beim Abschied in Tränen aus, und er stand wie versteinert da. Mir kam das verdächtig vor, und ich sprach auch mit Tatjana darüber. Aber nachher hat Natascha ihn nie wieder erwähnt, und auch von ihm hörte man nichts mehr. Ich nahm an, daß sie ihn vergessen habe, und nun ist es doch nicht der Fall. Aber entschieden ist entschieden: sie heiratet den Mohren.«

Fürst Lykow widersprach nicht – es wäre auch vergeblich gewesen. Er fuhr nach Hause. Tatjana wich nicht von Nataschas Krankenlager. Gawrila Afanasjewitsch schickte nach einem Arzt, schloß sich in sein Zimmer ein, und im Hause wurde es still und traurig. –

Die unerwartete Werbung hatte Ibrahim nicht weniger überrascht als Gawrila Afanasjewitsch. Einige Tage nach jener denkwürdigen Assemblee hatte Peter, während sie zusammen arbeiteten, zu dem Mohren gesagt: »Mir fällt auf, Bruder, daß du schwermütig bist. Heraus mit der Sprache, was fehlt dir eigentlich?«

Ibrahim versicherte, daß er mit seinem Los vollauf zufrieden sei und sich nichts Besseres wünsche.

»Gut«, erwiderte der Kaiser, »wenn du ohne rechten Grund traurig bist, dann weiß ich schon, womit man dich aufheitern kann.«

Als sie mit ihrer Arbeit fertig waren, fragte Peter Ibrahim: »Gefällt dir das Mädchen, mit dem du auf der letzten Assemblee das Menuett getanzt hast?«

»Sie ist entzückend und scheint mir auch bescheiden und brav zu sein.«

»So werde ich dich näher mit ihr bekannt machen. Willst du sie heiraten?«

»Ich, mein Gebieter?...«

»Höre, Ibrahim«, meinte der Zar, »du bist ein einsamer Mensch, ohne Familie, ohne Verwandtschaft, allen fremd außer mir. Wenn ich heute oder morgen sterbe – was wird dann aus dir, mein armer Mohr? Man muß dich versorgen, solange es noch Zeit ist; man muß dir Beziehungen verschaffen und dir einen Rückhalt bei dem russischen Bojarentum geben.«

»Eurer Hoheit Schutz und Wohlwollen machen mich glücklich«, sagte Ibrahim. »Gott gebe, daß ich meinen Herrn und Wohltäter nicht überlebe, das ist mein einziger Wunsch. Wenn ich aber auch die Absicht hätte zu heiraten – könnte ich denn überhaupt ein Mädchen finden, dessen Verwandte zustimmen würden? Mein Äußeres . . .«

»Dein Äußeres? Welcher Unsinn! Du bist ein ganzer Kerl, der es in allen Stücken mit jedem aufnehmen kann. Junge Mädchen haben sich dem elterlichen Willen zu beugen. Ich möchte doch wissen, was der alte Gawrila Rschewskij sagen wird, wenn ich selbst für dich den Brautwerber bei ihm mache.«

Nach diesem Gespräch ließ der Kaiser seinen Schlitten kommen, und Ibrahim blieb allein, in tiefes Nachdenken versunken.

Heiraten? dachte der Neger. Warum schließlich nicht? Sollte es mir wirklich beschieden sein, mein Leben in Einsamkeit zu verbringen, ohne die süßesten Genüsse und heiligsten Pflichten des Menschen zu kennen, bloß weil ich unter dem soundsovielten Breitengrad zur Welt gekommen bin? Darf allein ich nicht hoffen, geliebt zu werden? Welch eine kindliche Vorstellung! Kann man aber andererseits der Liebe trauen? Gibt es sie überhaupt in dem leichtfertigen Herzen der Frau? Als ich für immer auf die holden Verirrungen der Liebe verzichtete, wählte ich mir andere, ernsthaftere Ziele und Aufgaben. Der Kaiser hat recht: ich muß meine Zukunft sicher verankern. Die Ehe mit der jungen Rschewskaja wird mich mit dem stolzen russischen Adel verbinden, und ich werde nicht mehr als Außenseiter in meinem neuen Vaterland gelten. Von meiner Frau werde ich keine Liebe verlangen, sondern mich mit ihrer Treue begnügen und versuchen, ihre Freundschaft durch Zartgefühl, Vertrauen und Rücksicht zu erwerben . . .

Ibrahim wollte seine Arbeit wiederaufnehmen, aber seine Phantasie war allzu angeregt. Er legte seine Akten beiseite und machte einen Spaziergang am Ufer der Newa. Plötzlich hörte er die Stimme Peters, sah sich um und erblickte den Kaiser, der seinen Kutscher entlassen hatte und fröhlich hinter ihm herging.

»Alles in bester Ordnung, Bruder!« sagte Peter, indem er Ibrahims Arm nahm. »Ich habe deinen Brautwerber gespielt. Fahr nun gleich morgen zu deinem künftigen Schwiegervater, aber gib acht, daß du seinen Bojarenstolz nicht verletzt. Verlaß den Schlitten vor der Einfahrt, geh zu Fuß über den Hof, sprich mit ihm über seine Verdienste und das Alter seiner Familie – und er wird entzückt von dir sein. Jetzt aber«, fuhr er fort und schwang drohend seinen Knüppel, »begleite mich zu dem Schweinehund Danilytsch, ich habe wegen seiner neuesten Flegeleien ein Hühnchen mit ihm zu rupfen.«

Ibrahim dankte Peter von Herzen für seine väterliche Fürsorge, begleitete ihn zu dem prunkvollen Palais des Fürsten Menschikow und kehrte dann nach Hause zurück.

6

Dämmrig brannte die Ewige Lampe vor dem gläsernen Schrein, in dem die goldenen und silbernen Rahmen der alten Familienikonen schimmerten. Das zitternde Flämmchen beleuchtete nur schwach den geschlossenen Vorhang eines Bettes und ein Tischchen, auf dem Arzneiflaschen standen. In der Nähe des Ofens saß eine Magd am leise surrenden Spinnrad. Sonst herrschte tiefe Stille im Zimmer.

»Ist jemand da?« fragte flüsternd eine Stimme.

Sofort erhob sich die Magd, trat ans Bett und zog vorsichtig den Vorhang zurück.

»Wird es bald Morgen?« erkundigte sich Natalja.

»Es ist schon Mittag«, antwortete die Magd.

»Mein Gott, und so finster!«

»Die Fenster sind geschlossen, Fräulein.«

»Ich will mich schnell anziehen.«

»Nicht doch, Fräulein, der Doktor hat es verboten.«

»Bin ich denn krank? Und seit wann?«

»Schon seit zwei Wochen.«

»Nicht möglich! Mir ist, als ob ich mich erst gestern hingelegt hätte . . .«

Natascha schwieg und versuchte ihre Gedanken zu sammeln: irgend etwas war mit ihr geschehen, aber was es war, wußte sie nicht mehr. Die Magd stand immer noch wartend vor ihr. Plötzlich war von unten her ein Geräusch zu hören.

»Was ist das?« fragte die Kranke.

»Die Herrschaften sind mit dem Essen fertig«, antwortete die Magd, »sie rücken die Stühle. Gleich wird Tatjana Afanasjewna kommen.«

Natascha schien sich darüber zu freuen. Sie gab der Dienerin mit schwacher Hand ein Zeichen. Die Magd zog den Vorhang zu und setzte sich wieder ans Spinnrad.

Nach einigen Minuten zeigte sich im Türrahmen ein Kopf mit einer weißen, dunkel bebänderten Haube, und eine halblaute Stimme fragte: »Wie geht es Natascha?«

»Sei gegrüßt, Tantchen«, flüsterte die Kranke, und Tatjana Afanasjewna eilte zu ihr.

»Das Fräulein hat das Bewußtsein wiedererlangt«, sagte die Magd und schob vorsichtig einen Lehnstuhl heran.

Mit Tränen in den Augen küßte die Alte das bleiche Gesicht ihrer Nichte und nahm neben ihr Platz. Der deutsche Arzt, im schwarzen Rock und mit einer Gelehrtenperücke, war gleichzeitig eingetreten. Er fühlte Natascha den Puls und erklärte auf lateinisch und dann auf russisch, die Gefahr sei vorüber. Er verlangte Papier und Tinte, schrieb ein neues Rezept und entfernte sich. Auch die Alte verließ das Krankenzimmer, um die gute Nachricht sogleich Gawrila Afanasjewitsch zu überbringen.

Unten im Empfangszimmer saß der Mohr des Zaren; in Uniform, den Degen an der Seite und den Hut in der Hand, unterhielt er sich achtungsvoll mit dem Hausherrn, während Korssakow sich auf einem weichgepolsterten Diwan rekelte, nur zerstreut zuhörte und mit einem edlen Windhund spielte. Als ihm diese Beschäftigung langweilig wurde, trat er, wie das alle Müßiggänger mit Vorliebe tun, vor einen Spiegel und sah darin – Tatjana Afanasjewna, die ihrem Bruder von der Tür her Zeichen machte; doch dieser merkte nichts.

»Sie werden gerufen, Gawrila Afanasjewitsch«, sagte Korssakow, indem er Ibrahim unterbrach.

Der Hausherr stand sofort auf und verließ das Zimmer.

»Ich staune über deine Geduld«, wandte sich Korssakow an den Mohren. »Eine geschlagene Stunde hörst du dir das Gefasel über das Alter der Familien Lykow und Rschewskij an und machst noch moralische Randbemerkungen dazu! An deiner Stelle j'aurais planté là den alten Schwätzer und sein Geschlecht, einschließlich Natalja Gawrilowna, die sich ziert und die Kranke spielt – une petite santé. Hand aufs Herz – bist du denn wirklich in diese kleine mijaurée verliebt?«

»Nein«, erwiderte Ibrahim, »ich heirate sie natürlich nicht aus Liebe, sondern aus Gründen der Vernunft, und auch dann nur, wenn sie keinen Ekel vor mir empfindet.«

»Paß mal auf, Ibrahim«, fuhr Korssakow fort, »willst du nicht wenigstens dieses eine Mal meinem Rat folgen? Ich bin nämlich tatsächlich verständiger, als ich sonst scheinen mag. Gib diesen lächerlichen Gedanken auf und heirate nicht. Ich bin sicher, daß deine Braut überhaupt nicht das geringste für dich empfindet. Was gibt es nicht alles in dieser Welt! Ich zum Beispiel sehe doch gewiß nicht besonders gut aus, und dennoch ist es mir nicht selten gelungen, Männer auszustechen, die ohne Zweifel hübscher waren als ich. Du selbst . . . erinnere dich doch nur an unsern Pariser Bekannten, den Grafen L. Man darf sich eben niemals auf die Treue der Weiber verlassen! Glücklich ist nur der, der sich diesen Dingen gegenüber gleichgültig verhält. Aber du . . . willst du es wirklich wagen, dich mit deinem leidenschaftlichen, mißtrauischen und grüblerischen Charakter, mit deiner plattgedrückten Nase, deinen wulstigen Lippen und deinem Krauskopf in die Gefahren einer Ehe zu stürzen? . . .«

»Ich danke dir für deinen freundschaftlichen Rat«, unter brach ihn Ibrahim kühl, »aber du kennst doch das

Sprichwort: Laß das Wiegen fremder Kinder nicht deine Sorge sein.«

»Gib nur acht, Ibrahim«, antwortete Korssakow lachend, »daß du nicht später selbst in die Lage gerätst, dieses Sprichwort im wahrsten Sinne des Wortes in die Tat umzusetzen!«

Inzwischen wurde das Gespräch nebenan immer hitziger.

»Du bringst sie um«, sagte Tatjana Afanasjewna, »sie wird seinen Anblick nicht ertragen.«

»Aber sag doch selbst«, entgegnete der störrische Bruder, »schon zwei Wochen lang kommt er als Bräutigam her und hat sie noch nicht einmal gesehen. Schließlich muß er ja glauben, daß sie ihre Krankheit nur vorgetäuscht und daß wir Zeit gewinnen wollen, um ihn irgendwie loszuwerden. Und was wird der Zar sagen? Er hat sich bereits dreimal nach Nataschas Gesundheit erkundigen lassen. Tu, was du willst, aber ich habe keine Lust, mich mit ihm zu überwerfen.«

»Mein Gott«, rief Tatjana Afanasjewna, »was soll aus dem armen Kind werden! Erlaube mir wenigstens, sie auf diesen Besuch vorzubereiten.«

Gawrila Afanasjewitsch willigte ein und ging wieder in das Empfangszimmer zurück.

»Gott sei Dank«, sagte er zu Ibrahim, »die Gefahr ist vorüber, Natalja geht es viel besser. Wenn es nicht unhöflich wäre, unseren teuren Gast Iwan Jewgrafowitsch hier allein zu lassen, so würde ich dich hinaufführen, damit du einen Blick auf deine Braut werfen kannst.«

Korssakow beglückwünschte Gawrila Afanasjewitsch, bat, sich seinetwegen keine Sorgen zu machen, versicherte, daß er sich ohnehin empfehlen müsse, und hinderte den Hausherrn daran, ihn in den Vorsaal zu begleiten.

Unterdessen beeilte sich Tatjana Afanasjewna, die Kranke auf das Erscheinen des fürchterlichen Gastes vorzubereiten. Sie betrat das Krankenzimmer, setzte sich ans Bett, holte tief Atem und ergriff Nataschas Hand, hatte aber noch kein Wort gesagt, als sich schon die Tür öffnete. Natalja fragte, wer gekommen sei. Die Alte erstarrte und war nicht imstande, auch nur ein Wort zu sagen. Gawrila Afanasjewitsch riß den Vorhang zurück, warf einen kalten Blick auf die

Kranke und fragte nach ihrem Befinden. Sie wollte ihm zulächeln, brachte es aber nicht fertig. Der strenge Blick des Vaters erschreckte sie tief, zumal sie deutlich fühlte, daß am Kopfende ihres Bettes irgendein furchtbarer Mensch stand. Mit Mühe wandte sie sich um, und plötzlich erblickte sie den Mohren des Zaren. Jetzt erinnerte sie sich an alles, und der ganze Jammer ihres künftigen Lebens stand vor ihren Augen. Aber ihre Kräfte waren so erschöpft, daß sie keine merkliche Erschütterung erlitt. Sie ließ den Kopf auf das Kissen fallen und schloß die Augen. Ihr Herz klopfte zum Zerspringen. Tatjana Afanasjewna gab dem Bruder ein Zeichen, daß die Patientin schlafen wolle, und alle verließen leise das Zimmer, mit Ausnahme der Magd, die sich von neuem ans Spinnrad setzte.

Das unglückliche Mädchen schlug wieder die Augen auf. Als sie niemanden mehr an ihrem Lager sah, rief sie die Dienerin zu sich und schickte sie nach der Zwergin. Aber im gleichen Augenblick rollte diese wie ein kleiner, kugelrunder Ball vor ihr Bett. Das Schwälbchen, wie die alte Zwergin im Haus genannt wurde, war auf ihren kurzen Füßchen hinter Gawrila Afanasjewitsch und Ibrahim unbemerkt die Treppe hinaufgehuscht und hatte sich, mit echt weiblicher Neugier, hinter der Tür versteckt. Als Natascha sie sah, schickte sie die Magd fort, und die Zwergin setzte sich auf eine kleine Bank vor dem Bett.

Noch nie hat wohl ein so winziger Körper soviel geistige Vitalität in sich beherbergt: sie mischte sich in alles ein, es gab nichts, was sie nicht wußte, und sie nahm jede Angelegenheit selbst in die Hand. Durch List und Schmeicheleien wußte sie sich bei ihrer Herrschaft beliebt und unentbehrlich zu machen, beim Hausgesinde aber, das sie selbstherrlich regierte, war sie verhaßt. Gawrila Afanasjewitsch lieh ihren Klatschereien, Verleumdungen, Klagen und Bitten ein williges Ohr, Tatjana Afanasjewna legte den größten Wert auf ihre Ansichten und befolgte ihre Ratschläge, und Natascha endlich war ihr grenzenlos zugetan und vertraute ihr alle Gedanken und Geheimnisse ihres sechzehnjährigen Herzens an.

»Weißt du, Schwälbchen«, sagte sie, »der Vater ist entschlossen, mich mit dem Mohren zu verheiraten.«

Die Zwergin seufzte, und ihr runzeliges Gesicht wurde noch zerknitterter.

»Gibt es denn keine Hoffnung mehr?« fuhr Natascha fort. »Wird sich der Vater nicht doch meiner erbarmen?«

Die Zwergin schüttelte den Kopf.

»Und der Großvater und die Tante, werden sie nicht für mich eintreten?«

»Nein, Fräulein, der Mohr hat es verstanden, während deiner Krankheit alle um den Finger zu wickeln. Der gnädige Herr und der Fürst sind entzückt von ihm, und Tatjana Afanasjewna bedauert bloß, daß er ein Mohr ist, denn sonst, sagt sie, wäre es geradezu eine Sünde, sich einen anderen Bräutigam für dich zu wünschen.«

»Mein Gott! Mein Gott!« stöhnte Natascha.

»Sei nicht traurig, liebes Kind«, sagte die Zwergin und drückte einen Kuß auf ihre schwache Hand. »Wenn du auch den Mohren heiraten mußt, so wirst du doch deine Freiheit behalten. Es ist ja heute nicht mehr so wie in der alten Zeit, als die Männer ihre Frauen einsperren durften. Der Mohr ist reich, wie man hört, euer Haus wird einer wohlgefüllten Schale gleichen, und du wirst ein Leben in Saus und Braus führen können.«

»Armer Valerian!« flüsterte Natascha so leise, daß die Zwergin ihre Worte nicht hören, sondern nur erraten konnte.

»Das ist es ja, Fräulein«, sagte sie, ihre Stimme geheimnisvoll senkend, »hättest du weniger an deinen Strelitzenjungen gedacht, so hättest du auch im Fieber nicht von ihm gesprochen, und der Vater wäre nicht zornig geworden.«

»Was?« rief Natascha bestürzt. »Habe ich das getan? Und der Vater hat es gehört und ist jetzt böse auf mich?«

»Gott sei's geklagt«, antwortete die Zwergin, »denn wenn du ihn jetzt bittest, dich nicht dem Mohren zu geben, so wird er glauben, daß es Valerian zuliebe geschähe . . . Nein, da ist nichts mehr zu machen: du mußt dich dem väterlichen Willen beugen: was kommen soll, das kommt.«

Natascha verstummte. Der Gedanke, ihr Geheimnis sei dem Vater bekannt, wirkte stark auf ihre Einbildungskraft, Ihr blieb jetzt nur noch eine einzige Hoffnung: sie mußte sterben, bevor diese verhaßte Ehe geschlossen wurde. Dieser Gedanke tröstete sie, und schweren Herzens unterwarf sie sich ihrem Schicksal.

7

Im Hause Gawrila Afanasjewitschs befand sich rechts vom Flur eine enge Kammer mit einem winzigen Fenster. Hier stand ein einfaches, mit einer Friesdecke verhülltes Bett und davor ein Tischchen, auf dem eine Talgkerze brannte und ein aufgeschlagenes Notenheft lag. An der Wand hing eine verblichene blaue Uniform und ein ebenso alter dreieckiger Hut. Darüber war mit einigen Nägeln ein roher Holzschnitt angeheftet, der den Schwedenkönig Karl XII. zu Pferde darstellte. Flötentöne erklangen in dieser bescheidenen Behausung: ihr einsamer Bewohner, der gefangene Tanzmeister, in einem Nankingschlafrock und mit einem Käppchen auf dem Kopf, suchte sich die Langeweile des Winterabends dadurch zu vertreiben, daß er alte schwedische Märsche blies, die ihn an seine fröhliche Jugend erinnerten. Nachdem er sich zwei volle Stunden dieser Beschäftigung hingegeben hatte, nahm er seine Flöte auseinander, verstaute sie in einen hölzernen Behälter und begann sich auszuziehen ...

DIE GESCHICHTEN DES VERSTORBENEN IWAN PETROWITSCH BELKIN

Prostakowa: »Seit seiner Kindheit, Batjuschka, fand er Gefallen an Geschichten.«
Skotinin: »Ja, Mitrofan ist wohl nach mir geartet.«
Fonwisin: Der Landjunker

VORWORT DES HERAUSGEBERS

Als wir uns mit der Herausgabe der Geschichten I. P. Belkins beschäftigten, die hiermit dem Publikum zugänglich gemacht werden sollen, drängte sich uns der Wunsch auf, diesen Erzählungen eine kurze Lebensbeschreibung des Autors voranzustellen und so die berechtigte Neugier der Freunde unserer vaterländischen Literatur zu befriedigen. Wir traten deshalb mit der Erbin des Verstorbenen, Marja Alexejewna Trafilina, in Beziehung. Zu unsrem Bedauern war sie aber nicht imstande, uns sachliche Auskünfte zu geben, da sie, wie sich herausstellte, diesen ihren nächsten Anverwandten überhaupt nicht gekannt hatte. Sie empfahl uns jedoch, uns in dieser Angelegenheit an einen ehrenwerten Herrn zu wenden, der mit Iwan Petrowitsch befreundet gewesen sei. Wir folgten diesem Rat und erhielten auf unsere briefliche Anfrage die nachstehende Antwort, die wir ohne Veränderungen des Textes und ohne Anmerkungen unsererseits als wertvolles Dokument einer hochherzigen Gesinnung und rührenden Freundschaft hier um so lieber wiedergeben, als sie zugleich erschöpfende biographische Angaben enthält.

Das Schreiben lautet:

»Sehr geehrter Herr!

Am 23. dieses Monats hatte ich die Ehre, Ihren geschätzten Brief vom 15. des Monats zu empfangen, in welchem Sie mir von Ihrem Wunsch Kenntnis geben, ausführliche Mitteilungen über die Geburts- und Todesdaten, die dienstliche Laufbahn, die häuslichen Verhältnisse, den Wirkungskreis und die Charaktereigenschaften meines Gutsnachbarn und besten Freundes Iwan Petrowitsch Belkin zu erhalten. Es ist mir eine große Freude, diesen Ihren Wunsch zu erfüllen, und somit übersende ich Ihnen, hochverehrter Herr, beiliegend meine Aufzeichnungen, die alles enthalten, woran ich mich noch aus seinen Gesprächen mit mir sowie aus meinen eigenen Beobachtungen zu erinnern vermag.

Iwan Petrowitsch Belkin wurde als Kind hochachtbarer adeliger Eltern im Jahre 1798 auf dem Gute Gorjuchino geboren. Sein verstorbener Vater, der Sekondemajor Pjotr Iwanowitsch Belkin, war mit der Jungfrau Pelageja Gawrilowna aus dem Geschlecht der Trafilins verheiratet. Er war nicht reich, aber sparsam und mit allen wirtschaftlichen Angelegenheiten wohlvertraut. Der Sohn genoß seinen Unterricht beim Küster des Dorfes. Diesem achtbaren Mann verdankte er, wie ich vermute, seine Lust am Lesen und seine Vorliebe für die russische Literatur. Im Jahre 1815 trat er in ein Infanterie-Jägerregiment ein, dessen Nummer ich vergessen habe, und tat dort Dienst bis zum Jahre 1823. Der fast gleichzeitige Tod seiner Eltern zwang ihn, den Abschied zu nehmen und sich auf sein Erbgut Gorjuchino zurückzuziehen.

Als Iwan Petrowitsch den Grundbesitz übernommen hatte, ging es sowohl seiner mangelnden Erfahrung wegen als auch infolge seiner Nachsichtigkeit und Schwäche den Bauern gegenüber mit der Wirtschaft schnell bergab. Die strenge Zucht, die unter seinem Vater geherrscht hatte, lockerte sich immer mehr, nachdem er sich entschlossen hatte, den gewissenhaften und pünktlichen Verwalter, mit dem die Bauern – wie immer in solchen Fällen – unzufrieden waren, zu entlassen und durch seine Haushälterin zu ersetzen, die durch ihre Kunst, Anekdoten zu erzählen, sein Vertrauen gewonnen hatte. Vor dieser einfältigen Alten, die nicht einmal einen Fünfundzwanzigrubelschein von einem Fünfzigrubelschein unterscheiden konnte, fürchteten sich die Leute um so weniger, als sie Gevatterin fast aller Leibeigenen des Gutsherrn war. Der von den Bauern gewählte betrügerische Dorfälteste jedoch steckte mit ihnen unter einer Decke, so daß sich Iwan Petrowitsch bald gezwungen sah, die Fronarbeit abzuschaffen und an ihrer Stelle einen sehr geringen Pachtzins einzuführen. Aber auch dann noch brachten es die Bauern fertig, die Nachgiebigkeit ihres Herrn auszunützen und schon im ersten Jahr, nachdem ihre Lage in dieser Weise erleichtert worden war, einen erheblichen Nachlaß durchzusetzen. In den folgenden Jahren bezahlten sie nur noch ein Drittel des Zinses in bar und die übrigen zwei Drittel, wenn überhaupt, in Nüssen, Preiselbeeren und ähnlichen Dingen.

Da ich mit Iwan Petrowitschs verstorbenem Vater eng befreundet gewesen war, fühlte ich mich verpflichtet, auch den Sohn zu beraten, und erbot mich mehrfach, ihm bei der Wiederherstellung der früheren Ordnung zu helfen, auf die er sehr zu seinem Nachteil verzichtet hatte. Als ich ihn zu diesem Zweck einmal besuchte, verlangte ich Einsicht in seine Betriebsführung, ließ den unredlichen Dorfältesten herbeirufen und begann in seiner und Iwan Petrowitschs Gegenwart die Wirtschaftsbücher durchzusehen. Der junge Gutsherr folgte zunächst meiner Prüfung mit der größten Aufmerksamkeit; als sich aber aus den Aufstellungen ergab, daß die Zahl der Bauern in den letzten zwei Jahren gewachsen war, während der Bestand des Federviehs und der Rinder stark abgenommen hatte, begnügte sich Iwan Petrowitsch mit dieser ersten Feststellung und paßte nicht weiter auf; ja, gerade in dem Augenblick, als ich durch die Untersuchungen und mein strenges Verhör den unehrlichen Dorfältesten so vollkommen in die Enge getrieben hatte, daß er endgültig verstummte, hörte ich zu meinem größten Ärger Iwan Petrowitsch auf seinem Stuhl laut schnarchen. Seitdem gab ich es auf, mich in seine Wirtschaftsangelegenheiten einzumischen, und überließ seine Geschäfte – wie er es ja auch tat – dem Allmächtigen.

Doch unsere freundschaftlichen Beziehungen wurden dadurch in keiner Weise beeinträchtigt; denn obwohl ich ihn um seiner Schwäche und verhängnisvollen Nachlässigkeit willen, die er übrigens mit allen unsern jungen Edelleuten teilte, tief bedauerte, war ich Iwan Petrowitsch herzlich zugetan. Wie sollte man auch einen so gediegenen und ehrenhaften jungen Mann nicht lieben? Iwan Petrowitsch seinerseits erwiderte meine Zuneigung; er zeigte Ehrfurcht vor meinem Alter und legte mir gegenüber eine große Anhänglichkeit an den Tag. Bis zu seinem Tode sahen wir uns fast täglich, denn er schätzte meine schlichte Unterhaltung, obschon wir uns weder in unseren Gewohnheiten und unserer Art zu denken noch in unseren Charakteren ähnlich waren.

Iwan Petrowitsch führte ein äußerst anspruchsloses Leben und hütete sich vor jeder Art von Ausschweifung. Niemals habe ich ihn angeheitert gesehen, was in unserem Vaterlande eine ungeheuere Seltenheit ist. Das weibliche Geschlecht zog ihn sehr an, doch zeichnete er sich durch eine wahrhaft jungfräuliche Keuschheit aus*.

Außer den Geschichten, die Sie in Ihrem Brief zu erwähnen belieben, hinterließ Iwan Petrowitsch noch eine Menge Manuskripte, die sich teils bei mir befinden, teils aber von der Haushälterin für sehr verschiedenartige häusliche Zwekke verbraucht worden sind. So waren zum Beispiel im vorigen Winter alle Fenster des von der Haushälterin bewohnten Anbaus mit den Seiten des ersten Teiles von einem Roman beklebt, den Iwan Petrowitsch nicht mehr hatte vollenden können. Die oben erwähnten Erzählungen gehören aller Wahrscheinlichkeit nach zu seinen frühesten Arbeiten. Es sind, wie der Autor zu versichern pflegte, ‚wahre Geschichten‘, die er von verschiedenen Leuten hatte erzählen hören**: Während er für die Personen, die in diesen Erzählungen vorkommen, die Namen größtenteils selber erfand, stammen die Ortsbezeichnungen aus unserer Gegend, so daß er irgendwo auch den Namen meines Gutes erwähnt. Das tat

* An dieser Stelle folgt im Brief eine Anekdote, die wir fortlassen, weil wir sie für entbehrlich halten. Aber wir können versichern, daß sie nichts Anstößiges enthält, was Iwan Petrowitsch in den Augen des Lesers hätte herabsetzen können.

** Tatsächlich hat Herr Belkin jede Geschichte mit einer Anmerkung versehen, aus der hervorgeht, wer sie ihm erzählt hat. So heißt es in diesen Notizen: »Postmeister«, mitgeteilt vom Titularrat A. G. N., »Schuß« – Oberstleutnant I. P. L., »Sargschreiner« – Verwalter W. B., »Schneesturm« und »Fräulein Bäuerin« – Mademoiselle K. I. T.

er aber nicht geflissentlich oder gar aus böser Absicht, sondern lediglich aus Mangel an Phantasie.

Im Herbst des Jahres 1828 zog sich Iwan Petrowitsch eine schwere Erkältung, verbunden mit heftigem Fieber, zu und starb trotz der unermüdlichen Bemühungen unseres Kreisarztes, eines vortrefflichen Mannes, der sich dank seiner ungewöhnlichen Fähigkeit, hartnäckige Krankheiten zu heilen wie beispielsweise Hühneraugen, weithin eines besonderen Rufes erfreute. Iwan Petrowitsch verschied in meinen Armen, im dreißigsten Jahre seines Lebens, und wurde auf dem Kirchhof des Dorfes Gorjuchino neben seinen Eltern begraben.

Er war von mittlerer Größe, hatte graue Augen, blondes Haar, eine gerade Nase und ein schmales, blasses Gesicht. –

Das, hochverehrter Herr, ist alles, woran ich mich noch hinsichtlich der Lebensweise, der Beschäftigung, des Charakters und des Äußeren meines verstorbenen Nachbarn und Freundes erinnern kann. Falls Sie es für wünschenswert halten, von dem Inhalt dieses meines Briefes in irgendeiner Weise Gebrauch zu machen, ersuche ich Sie ergebenst, meinen Namen unter keinen Umständen zu nennen; denn wenn ich auch die Schriftsteller außerordentlich schätze und liebe, so würde ich es doch als unangebracht, ja in meinen Jahren sogar als unzulässig ansehen, mich diesem Stande zuzurechnen.

Mit dem Ausdruck vorzüglichster Hochachtung p. p.

Nenaradowo, den 16. November 1830«

Da wir uns verpflichtet fühlen, dem Wunsch und Willen des ehrenwerten Freundes unseres Autors unbedingt nachzukommen, sprechen wir ihm hier unseren tiefempfundnen Dank für die uns freundlichst zur Verfügung gestellten Angaben aus und geben uns der Hoffnung hin, daß die Öffentlichkeit seine Güte und Aufrichtigkeit ebenso zu schätzen wissen wird wie wir.

A. P.

DER SCHUSS

So kam's zum Zweikampf.

Baratinskij

Ich schwor, ihn nach Duellrecht zu erschießen, doch schob nach seinem Schuß ich meinen auf . . .

Abend im Biwak

1

Unser Regiment lag in der Kleinstadt . . . in Garnison. Man kennt das Leben eines Linienoffiziers: am Morgen Exerzierplatz und Manege, dann Mittagstafel beim Kommandeur oder in einem jüdischen Gasthof, am Abend Punsch und Karten. In . . . gab es kein Haus, in dem man verkehren konnte, und keine Gelegenheit zu einem Flirt. Wir versammelten uns abends bald bei diesem, bald bei jenem Kameraden, wo wir nichts sahen als unsere eigenen Uniformen.

Unserem Kreis gehörte nur ein einziger Zivilist an. Weil er etwa dreißig Jahre alt war, betrachteten wir ihn schon fast als alten Mann. Seine Lebenserfahrung verschaffte ihm eine unbestrittene Autorität bei uns. Auch übte er durch seine finstere Einsilbigkeit, seine rauhe Umgangsart und seine scharfe Zunge einen starken Einfluß auf uns junge Leute aus. Ihn und sein unbekanntes Schicksal umwitterte etwas Geheimnisvolles: Er schien Russe zu sein, trug aber einen fremdländischen Namen. Er war Husar gewesen und hatte sogar Karriere gemacht; niemand aber wußte, was ihn veranlaßt hatte, seinen Abschied zu nehmen und sich in dieses elende Nest zurückzuziehen, wo er ein ärmliches und zugleich verschwenderisches Leben führte. Er ging immer zu

Fuß, in einen schäbigen schwarzen Rock gekleidet, hielt jedoch stets ein offenes Haus für das ganze Offizierskorps. Das Mittagessen bestand bei ihm zwar nur aus zwei, höchstens drei Speisen, die ein verabschiedeter Soldat zubereitete, aber der Champagner floß in Strömen. Über sein Vermögen und seine Einkünfte war nichts bekannt, und niemand traute sich, ihn danach zu fragen. Er besaß Bücher, hauptsächlich militärischen Inhalts, doch auch Romane. Er lieh sie bereitwilligst aus und verlangte sie niemals zurück. Umgekehrt gab auch er keine Bücher zurück, die er selber entliehen hatte. Seine Hauptbeschäftigung bestand im Pistolenschießen. Die von Kugeln durchsiebten Wände seines Zimmers erinnerten an Bienenstöcke mit zahllosen Fluglöchern. Eine reiche Sammlung von Pistolen bildete den einzigen Schmuck der kümmerlichen Mansarde, in der er wohnte. Die Treffsicherheit, zu der er es gebracht hatte, war phantastisch, und wenn er sich anheischig gemacht hätte, einem von seinen Gästen einen Apfel vom Kopf zu schießen, so wäre sicherlich niemand von unserem Regiment davor zurückgeschreckt. Unsere Gespräche drehten sich oft um Duelle. Silvio, wie ich ihn nennen möchte, beteiligte sich niemals an diesen Unterhaltungen. Die Frage, ob er sich jemals duelliert habe, bejahte er trocken, ging aber auf Einzelheiten nicht ein. Es war offensichtlich, daß ihn solche Fragen unangenehm berührten. Wir nahmen an, daß irgendein unglückliches Opfer seiner unheimlichen Kunst sein Gewissen belastete, wären aber niemals auf den Gedanken gekommen, ihn für feige zu halten. Es gibt ja Menschen, deren Äußeres von vornherein schon einen derartigen Verdacht ausschließt. Doch ein unvorhergesehener Zufall machte uns stutzig.

Eines Tages aßen etwa zehn von unseren Offizieren bei Silvio zu Mittag. Wir tranken wie gewöhnlich, das heißt sehr viel. Nach dem Essen überredeten wir unseren Gastgeber, eine Bank aufzulegen. Zunächst weigerte er sich, weil er fast niemals spielte, aber schließlich ließ er doch Karten kommen, legte fünfzig Dukaten vor sich auf den Tisch und begann die Karten zu mischen. Wir setzten uns zu ihm, und das Spiel nahm seinen Anfang. Silvio hatte die Gewohnheit, während des Spieles völliges Schweigen zu bewahren, nicht selbst zu streiten und es auch niemals zu Zwistigkeiten unter den anderen Mitspielern kommen zu lassen. Wenn über einen Einsatz Meinungsverschiedenheiten zu entstehen drohten, erstickte er sie im Keim, indem er entweder die fehlende Summe aus eigener Tasche bezahlte oder den Überschuß gutschrieb. Diese Gepflogenheiten Silvios waren uns schon bekannt, und wir ließen ihn gewähren. Nun befand sich aber unter uns ein Offizier, der erst kürzlich zu unserem Regiment versetzt worden war. Dieser nahm ebenfalls am Spiel teil, war aber unaufmerksam und verzählte sich. Silvio griff nach der Kreide und glich wie gewöhnlich die Rechnung aus. Im Glauben, daß nicht er, sondern Silvio sich verrechnet habe, begann der Neuling zu widersprechen, während Silvio schweigend fortfuhr, die Karten zu mischen. Der Offizier verlor die Geduld, nahm die Bürste und wischte aus, was nach seiner Ansicht fälschlicherweise notiert worden war; darauf schrieb Silvio die Zahl seelenruhig wieder hin. Vom Champagner und vom Spiel erhitzt und durch das Gelächter der Kameraden aufgebracht, fühlte sich der Offizier aufs schwerste beleidigt, ergriff im Jähzorn einen Messingleuchter, der auf dem Spieltisch stand, und schleuderte ihn auf Silvio, der ihm nur durch eine schnelle Bewegung gerade noch ausweichen konnte. Wir erschraken. Bleich vor Zorn, stand Silvio auf und rief mit funkelnden Augen: »Verlassen Sie uns sofort, mein Herr, und danken Sie Gott, daß sich dieser Auftritt in meinem Zimmer abgespielt hat!«

Wir zweifelten nicht an den Folgen und waren überzeugt, daß das Leben unseres neuen Kameraden verwirkt war. Bevor er hinausging, hatte er sich bereit erklärt, Genugtuung zu geben, sowie es dem Herrn Bankhalter genehm sein würde. Das Spiel wurde noch einige Minuten fortgesetzt, aber wir fühlten, daß der Hausherr genug davon hatte, und hörten einer nach dem andern zu spielen auf. Auf dem Heimweg erörterten wir die wohl unmittelbar bevorstehende Vakanz im Offizierskorps.

Als wir uns am anderen Morgen in der Manege erkundigten, ob der arme Leutnant noch am Leben sei, erschien er selbst und teilte uns mit, daß er von seinem Gegner noch nichts gehört habe. Das überraschte uns. Wir begaben uns zu Silvio und fanden ihn auf dem Hof, wo er eine Pistolenkugel nach der andern in ein am Tor befestigtes Coeur-As hineinschoß. Er begrüßte uns wie immer, ohne auch nur ein Wort über den gestrigen Vorfall zu verlieren. Es vergingen drei Tage – der Leutnant war immer noch am Leben. Wir fragten uns, ob Silvio sich denn wirklich nicht schlagen werde, und waren sehr erstaunt, als er sich tatsächlich mit einer einfachen Entschuldigung begnügte und die Angelegenheit damit auf sich beruhen ließ.

Dieses unverständliche Verhalten schadete seinem Ansehen bei der Jugend in hohem Maße. Mangel an Mut wird ja von jungen Leuten am allerwenigsten verziehen; in ihren Augen ist die Tapferkeit der Gipfel der Tugend, neben der die meisten menschlichen Fehler verblassen. Dennoch geriet Silvios Handlungsweise allmählich in Vergessenheit, und mit der Zeit konnte er sich sogar seinen früheren Einfluß zurückerobern.

Nur ich allein vermochte es nicht über mich zu gewinnen, mich ihm wieder zu nähern. Romantisch veranlagt, wie ich nun einmal war, hatte ich mich viel enger als meine Kameraden an diesen Menschen angeschlossen, dessen Leben ein Rätsel war und in dem ich den Helden eines geheimnisvollen Romans erblickte. Auch er war mir wohl besonders zugetan, denn hätte er sich sonst, wenn er mit mir allein war, ohne seine gewohnte Spottsucht über die verschiedensten Fragen in einfacher und höchst ansprechender Weise geäußert? Aber nach jenem unglückseligen Abend ließ mich der Gedanke nicht mehr los, daß er beleidigt worden war und nichts dazu getan hatte, um seine befleckte Ehre wieder reinzuwaschen – ein Gedanke, der es mir unmöglich machte, weiter mit ihm zu verkehren, ja ihn auch nur anzusehen, ohne mich dabei für ihn zu schämen. Silvio war viel zu klug und erfahren, um das nicht zu merken und die Gründe dafür zu erraten. Es schien, daß er sich darüber grämte, denn zweimal hatte er den Versuch gemacht, sich mit mir auszusprechen; aber ich war ihm ausgewichen, und Silvio hatte sich daraufhin zurückgezogen. Seitdem sah ich ihn nur noch in Gegenwart meiner Kameraden, und unsere früheren vertraulichen Gespräche hörten ganz auf.

Die Bewohner der Residenz und anderer Großstädte haben von manchen Dingen keinen Begriff, die im Leben der Kleinstädter und der Landbevölkerung eine so bedeutende Rolle spielen wie zum Beispiel die mit Spannung erwarteten Posttage. Unsre Regimentskanzlei war an jedem Dienstag und Freitag überfüllt von Offizieren, die dort ihre Geldsendungen, Zeitungen und Briefe in Empfang nahmen. Die Post wurde gewöhnlich gleich an Ort und Stelle geöffnet, man teilte sich gegenseitig die Neuigkeiten mit, und die Kanzlei bot so ein sehr belebtes Bild. Auch Silvio war meist anwesend, weil seine Post an unser Regiment adressiert wurde. Eines Tages händigte man ihm einen Brief aus, dessen Umschlag er mit heftiger Ungeduld aufriß. Er überflog den Brief, und seine Augen funkelten. Die Offiziere, die mit ihrer eigenen Post beschäftigt waren, hatten nichts bemerkt.

»Meine Herren«, sagte Silvio, »gewisse Umstände fordern meine sofortige Abreise. Ich fahre schon in dieser Nacht und hoffe Sie alle heute noch einmal zum Mittagessen bei mir zu sehen. Ich rechne auch auf Sie«, fuhr er fort, indem er sich an mich wandte, »ich erwarte Sie ganz bestimmt.«

Mit diesen Worten ging er schnell hinaus. Wir machten aus, uns bei ihm zu treffen, und verließen ebenfalls die Kanzlei.

Ich stellte mich pünktlich bei Silvio ein und fand dort fast das ganze Offizierskorps versammelt. Seine Koffer waren schon gepackt. Was blieb, waren bloß die kahlen, durchlöcherten Wände. Man ging zu Tisch. Der Hausherr war in bester Laune, und seine Aufgeräumtheit steckte auch die Gäste an. Die Pfropfen knallten, der Sekt schäumte in den Gläsern, und wir wünschten dem Scheidenden immer wieder eine glückliche Reise und alles Gute. Erst spät abends wurde die Tafel aufgehoben. Als Silvio sich beim allgemeinen Aufbruch von seinen Gästen verabschiedete, hielt er mich zwischen Tür und Angel zurück.

»Ich muß Sie sprechen«, sagte er leise.

Als die Gäste uns allein gelassen hatten, setzten wir uns einander gegenüber und zündeten schweigend unsre Pfeifen an. Silvio sah besorgt aus, von seiner vorigen gezwungenen Ausgelassenheit war nichts mehr zu spüren. Die erschreckende Blässe seines Gesichts, die glühenden Augen und der dichte Pfeifenrauch, den er ausstieß, verliehen ihm ein unheimliches, fast mephistophelisches Aussehen. Nach einer Weile unterbrach Silvio das Schweigen.

»Es ist möglich, daß wir uns niemals wiedersehen werden«, begann er, »doch bevor wir uns trennen, möchte ich Ihnen etwas sagen. Sie haben vielleicht bemerkt, daß ich auf fremde Meinungen wenig gebe, aber Sie habe ich gern, und es täte mir leid, wenn Sie bei Ihrer ungerechten Beurteilung meines Benehmens blieben.«

Er hielt inne und stopfte seine Pfeife von neuem. Ich saß mit gesenktem Kopf da und schwieg.

»Es ist ihnen unverständlich gewesen«, fuhr er fort, »daß ich von diesem betrunkenen Grünschnabel R . . . keine Genugtuung gefordert habe. Da die Wahl der Waffe mir zustand, werden Sie zugeben, daß sein Leben in meiner Hand lag, während das meine so gut wie nicht bedroht war. Ich könnte also mein ungewöhnliches Verhalten ihm gegenüber ohne weiteres meiner Großmut zuschreiben, aber ich will nicht lügen. Wenn ich R . . . hätte bestrafen können, ohne mein Leben auch nur der geringsten Gefahr auszusetzen, dann hätte ich ihn unter keinen Umständen laufen lassen.«

Ich sah Silvio erstaunt an. Dieses Bekenntnis verwirrte mich völlig. Er fuhr fort: »Ja, es ist so: ich habe nicht das Recht, mein Leben aufs Spiel zu setzen. Vor sechs Jahren erhielt ich eine Ohrfeige, und mein Gegner ist noch am Leben.«

»Sie haben sich nicht mit ihm geschlagen?« fragte ich gespannt. »Vielleicht haben irgendwelche unerwartete Umstände das Duell verhindert?«

»Nein«, antwortete Silvio, »es kam zum Zweikampf, und hier sehen Sie die Erinnerung daran . . .«

Silvio stand auf und entnahm seiner Reisetasche eine rote Husarenmütze mit goldener Troddel und Quaste – die

Franzosen nennen sie bonnet de police. Er setzte die Mütze auf, sie war etwa einen Finger breit über der Stirn durchschossen.

»Sie wissen«, berichtete Silvio, »daß ich Husar gewesen bin. Sie kennen auch meinen Charakter: ich bin gewöhnt, überall der Erste zu sein – das war schon von Kindheit an meine Leidenschaft. In meiner Jugend war Draufgängertum die große Mode: ich galt als erster Draufgänger in der Armee. Wir prahlten mit unsrer Trinkfestigkeit: ich habe den berüchtigten, von Denis Davydow besungenen Zecher Burzow unter den Tisch getrunken. Duelle waren damals an der Tagesordnung in unserm Regiment: ich war bei allen zugegen, sei es als Sekundant oder als aktiver Teilnehmer. Die Kameraden vergötterten mich, nur die beständig wechselnden Regimentskommandeure sahen in mir ein ewiges Übel.

Sorglos, aber zugleich wachsam, sonnte ich mich in meinem Ruhm, bis eines Tages ein junger Mann aus einer vornehmen und steinreichen Familie – ich will den Namen nicht nennen – unserm Offizierskorps zugeteilt wurde. In meinem ganzen Leben bin ich nicht einem auch nur annähernd so von Glanz umstrahlten und vom Glück bevorzugten Menschen begegnet! Stellen Sie sich vor: blühende Jugend, Intelligenz, Schönheit, ein immer heiteres Temperament, eine gänzlich unbekümmerte Tapferkeit, ein großer Name, ein unerschöpflicher Geldbeutel! Mußte nicht dieser Liebling des Schicksals einen starken Eindruck auf uns alle machen? Meine führende Stellung geriet ins Wanken. Angelockt von dem hohen Ansehen, das ich bei den Kameraden genoß, suchte er meine Freundschaft zu gewinnen, zog sich aber ohne Bedauern zurück, als ich mich ihm gegenüber kühl verhielt. Ich nahm ihm das nun wiederum übel und fing an ihn zu hassen. Seine Beliebtheit im Regiment und seine Erfolge bei den Frauen machten mich rasend. Ich war bestrebt, Streit mit ihm vom Zaune zu brechen. Meine gegen ihn gerichteten Spottgedichte beantwortete er mit Epigrammen, die mir weit einfallsreicher und geistvoller vorkamen als die meinen. Auch waren sie viel unterhaltsamer: er benutzte sie zu gutmütigen Neckereien, während meine Verse von Gift und Galle trieften. Als ich nun einmal auf einem Ball bei einem polnischen Gutsbesitzer sah, wie ihn sämtliche Damen umschwärmten, allen voran die Dame des Hauses, mit der ich ein Verhältnis hatte, flüsterte ich ihm eine platte Grobheit ins Ohr. Er fuhr auf und gab mir eine Ohrfeige. Wir griffen zu unseren Säbeln. Die Damen fielen in Ohnmacht. Man warf sich zwischen uns und drängte uns hinaus. Und noch in der gleichen Nacht kam es zum Zweikampf.

Kurz vor Sonnenaufgang stand ich mit meinen drei Sekundanten auf dem mir angewiesenen Platz. Mit unbeschreiblicher Ungeduld erwartete ich meinen Gegner. Schon von weitem sah ich ihn kommen, in Uniform, mit umgeschnalltem Säbel und in Begleitung eines Sekundanten. Wir gingen ihm entgegen. Er näherte sich uns, die mit Kirschen gefüllte Mütze in der Hand. Die Sekundanten machten sich sofort daran, die übliche Distanz von zwölf Schritten auszumessen. Mir kam der erste Schuß zu, aber meine Erregung und mein Zorn waren so grenzenlos, daß ich mich auf die Sicherheit meiner Hand nicht glaubte verlassen zu können. Um mich zu beruhigen, zog ich vor, ihm den ersten Schuß abzutreten. Mein Gegner war damit nicht einverstanden. So beschlossen wir zu losen. Das Schicksal entschied zugunsten dieses ewigen Lieblings des Glücks. Er zielte und durchschoß meine Mütze. Jetzt war ich an der Reihe. Endlich lag sein Leben in meiner Hand. Ich hoffte wenigstens einen Schatten von Unruhe an ihm zu bemerken und blickte ihn durchbohrend an; doch seelenruhig stand er vor meiner Pistole, suchte sich aus seiner Mütze die reifen Kirschen heraus und spuckte die Kerne mir vor die Füße. Seine Kaltblütigkeit reizte mich bis zum äußersten. Was habe ich davon, dachte ich, ihn zu erschießen, wenn er nicht den geringsten Wert auf sein Leben legt? Ein böser Gedanke durchzuckte mich. Ich ließ die Waffe sinken.

‚Sie scheinen jetzt nicht ans Sterben zu denken‘, sagte ich, ‚sondern nur ans Frühstück. Ich möchte Sie dabei nicht stören.‘

‚Sie stören mich ganz und gar nicht‘, entgegnete er, ‚schießen Sie nur ruhig drauflos! Übrigens ganz nach Ihrem

Belieben – der Schuß gehört Ihnen, ich stehe Ihnen jederzeit zur Verfügung.'

Ich wandte mich von ihm ab und erklärte den Sekundanten, daß ich vorläufig nicht die Absicht hätte zu schießen, und damit war das Duell beendet . . .

Ich nahm meinen Abschied und zog mich in diese Ortschaft zurück. Seitdem habe ich keinen Tag verbracht, ohne an Rache zu denken. Jetzt aber ist meine Stunde gekommen . . .«

Silvio zog den Brief aus der Tasche, den er in der Frühe erhalten hatte, und gab ihn mir zu lesen. Irgend jemand, vermutlich sein Bevollmächtigter, schrieb ihm aus Moskau, daß die »gewisse Persönlichkeit« im Begriff stehe, eine junge schöne Frau zu heiraten.

»Sie erraten«, sagte Silvio, »wer diese ‚gewisse Persönlichkeit' ist. Ich fahre also nach Moskau. Man wird ja sehen, ob er unmittelbar vor seiner Hochzeit dem Tode ebenso gleichmütig ins Auge blicken wird wie damals beim Kirschenessen!«

Mit diesen Worten erhob sich Silvio, warf die durchschossene Mütze hin und begann im Zimmer auf und ab zu gehen wie ein Tiger im Käfig. Ich hörte ihm zu und rührte mich nicht. Sonderbar widerspruchsvolle Gefühle bewegten mich.

Der Diener trat ein und meldete, daß die Pferde vor der Tür ständen. Silvio drückte mir fest die Hand. Wir küßten uns. Er stieg in den Wagen, in dem zwei Koffer standen, der eine mit den Pistolen, der andere mit seinen sonstigen Habseligkeiten. Wir nahmen noch einmal Abschied voneinander, und Silvio fuhr davon.

2

Einige Jahre später zwangen mich häusliche Umstände, mich auf einem ärmlichen Landgut im N . . .schen Kreise niederzulassen. Ich mußte mich wohl oder übel mit der Landwirtschaft beschäftigen, hörte aber nicht auf, mich nach meinem früheren bewegten und sorglosen Leben zurückzusehnen. Am schwersten fiel es mir, die Winter- und Frühlingsabende in völliger Einsamkeit zu verbringen. Die Zeit bis zum Mittagessen konnte ich noch irgendwie überstehen, indem ich mich mit dem Aufseher besprach, zu den Feldarbeiten hinausritt oder neue Einrichtungen besichtigte. Aber sobald es zu dämmern begann, wußte ich nicht, was ich mit mir anfangen sollte. Den Inhalt der wenigen Bücher, die ich in den Schränken oder in der Rumpelkammer gefunden hatte, kannte ich bald auswendig. Alle Märchen, an die sich meine Haushälterin Kirilowna noch erinnerte, hatte ich mir längst erzählen lassen, und die bis zum Überdruß gehörten Lieder der Mägde hingen mir zum Halse heraus. Obgleich die ungesüßten Liköre, die ich in der Vorratskammer entdeckte, mir Kopfweh verursachten, fürchtete ich, aus Langeweile zum unheilbaren Gewohnheitstrinker zu werden, von denen es in unserem Landkreis eine ganze Menge gab.

In meiner Nähe wohnte niemand, ausgenommen zwei oder drei »Unheilbare«, die nur noch aufzustoßen und zu seufzen vermochten. Dieser Art »Unterhaltung« zog ich jedoch die Einsamkeit vor. Zuletzt beschloß ich, so früh wie möglich schlafen zu gehen und möglichst spät zu Mittag zu essen, um auf diese Weise die Abende zu verkürzen und die Tage zu verlängern, und ich »sah, daß es gut war«.

Vier Werst von meinem Hof entfernt lag ein großes, reiches, der Gräfin B. gehöriges Landgut, wo aber nur ein Verwalter wohnte. Die Besitzerin hatte ihr Gut bloß einmal, im ersten Jahr nach ihrer Verheiratung, besucht und sich dort auch nur einen Monat lang aufgehalten. Im zweiten Frühjahr meines Einsiedlerdaseins verbreitete sich jedoch das Gerücht, die Gräfin werde mit ihrem Manne den ganzen Sommer auf ihrem Gut verbringen. Das Ehepaar traf auch wirklich Anfang Juni ein.

Die Ankunft eines reichen Gutsherrn ist ein großes Ereignis im Leben der Landbevölkerung. Die Besitzer der umliegenden Güter und ihre Hofleute sprechen darüber schon zwei Monate vorher und mindestens noch drei Jahre hinterher. Was mich selbst betrifft, so muß ich gestehen, daß die

Nachricht von der nahen Ankunft einer jungen und schönen Nachbarin auch auf mich einen starken Eindruck machte. Ich brannte vor Neugier, sie kennenzulernen, und fuhr schon am ersten Sonntag nach ihrem Einzug hin, um als nächster Nachbar dem gräflichen Paar meine Aufwartung zu machen.

Der Diener führte mich in das Arbeitszimmer des Grafen und ging, um mich anzumelden. Der große Raum war prunkvoll eingerichtet. An den Wänden standen Bücherschränke und auf jedem von ihnen eine bronzene Büste, über dem Marmorkamin hing ein breiter Spiegel, und über den mit grünem Stoff belegten Fußboden waren kostbare Teppiche gebreitet. In meinem armseligen Winkel längst nicht mehr an Luxus und Reichtum gewöhnt, fühlte ich mich in dieser Umgebung verlegen und sah dem Erscheinen des Grafen in einer Gemütsverfassung entgegen, in der sich ein Bittsteller aus der Provinz im Wartezimmer eines Ministers befinden mag. Die Tür öffnete sich, und ein etwa zweiunddreißigjähriger, ungewöhnlich gutaussehender Mann betrat das Zimmer. Der Graf begrüßte mich in der liebenswürdigsten Weise. Als ich mich vorstellte und einige Höflichkeitsphrasen stammelte, unterbrach er mich und bot mir einen Stuhl an. Wir setzten uns. Sein ungezwungenes Benehmen ließ mich allmählich meine Scheu überwinden, und ich hatte meine Sicherheit schon fast wiedergewonnen, als das plötzliche Erscheinen der Gräfin mich in eine noch hilflosere Verwirrung stürzte. Der Graf machte mich mit ihr bekannt. Ich wollte unbefangen erscheinen, aber je mehr ich versuchte, mich frei und natürlich zu geben, um so ungeschickter stellte ich mich an. Sie wollten mir Gelegenheit geben, mich zu fassen und an die neue Bekanntschaft zu gewöhnen, und begannen miteinander zu sprechen, als wäre ich ein alter, guter Bekannter, auf den man keine besondere Rücksicht zu nehmen braucht. Unterdessen ging ich im Zimmer auf und ab und betrachtete Bücher und Bilder. Ich verstehe nicht viel von Gemälden, aber eines – es war eine Schweizer Landschaft – erregte meine Aufmerksamkeit. Was mich fesselte, war allerdings nicht die künstlerische Darstellung, sondern der Umstand, daß das Bild von zwei Kugeln durchschossen war, die in ein und demselben Loch steckten.

»Vorzüglich getroffen!« sagte ich.

»In der Tat bemerkenswert«, antwortete der Graf. »Sind Sie ein guter Schütze?«

»Einigermaßen«, entgegnete ich, erfreut darüber, daß sich unser Gespräch einem Gebiet zuwandte, auf dem ich mich zu Hause fühlte. »Auf dreißig Schritt dürfte ich eine Spielkarte kaum verfehlen – allerdings nur dann, wenn mir die Pistole vertraut ist.«

»Tatsächlich?« sagte die Gräfin. »Aber du, mein Freund, würdest du ebenfalls eine Karte aus dieser Entfernung treffen?«

»Wir wollen gelegentlich eine Probe machen«, erwiderte der Graf, »ich bin früher kein schlechter Schütze gewesen, doch seit etwa vier Jahren habe ich keine Pistole mehr in der Hand gehabt.«

»Wenn es so ist«, bemerkte ich, »möchte ich wetten, daß Ew. Erlaucht auch auf zwanzig Schritt die Karte verfehlen werden: die Pistole verlangt tägliche Übung. Ich weiß das aus Erfahrung. Bei uns im Regiment galt ich als einer der besten Schützen. Einmal habe ich einen ganzen Monat lang keinen Schuß abgegeben, weil meine Pistolen in der Werkstatt gereinigt und ausgebessert wurden. Aber was meinen Sie wohl? Als ich zum erstenmal wieder eine Pistole in die Hand nahm, habe ich viermal hintereinander eine Flasche auf fünfundzwanzig Schritt verfehlt. Wir hatten damals einen ungewöhnlich witzigen und schlagfertigen Rittmeister im Regiment, der zufällig dabei war. Als er meine Blamage sah, sagte er zu mir: ‚Weißt du was, mein Lieber, deine Hand erhebt sich nicht wider die Flasche.' Nein, Ew. Erlaucht, diese Übungen dürfen nicht eingestellt, ja nicht einmal unterbrochen werden, sonst geht es mit dem Schießen unwiderruflich bergab. Der beste Schütze, dem ich jemals begegnet bin, ließ keinen Tag aus – er schoß mindestens dreimal vor dem Mittagessen, so wie andere drei Schnäpse zu trinken pflegen.«

Der Graf und die Gräfin freuten sich, daß ich so gesprächig geworden war.

»Auf welche Weise schoß er sich denn ein?« fragte der Graf.

»Nun, zum Beispiel so: wenn er eine Fliege an der Wand bemerkte – Sie lachen, Gräfin, aber was ich ihnen sage, ist die pure Wahrheit –, wenn er also eine Fliege sah, schrie er: ‚Kuska, her mit dem Schießprügel!' Und Kuska brachte ihm eiligst die geladene Pistole. Dann ein Knall – und die Fliege war in der Wand.«

»Das ist erstaunlich«, sagte der Graf. »Wie hieß dieser Meisterschütze?«

»Silvio, Ew. Erlaucht.«

»Silvio!« rief der Graf und sprang auf, »Sie kannten Silvio?«

»Wie sollte ich ihn nicht kennen, Ew. Erlaucht, wir waren ja gute Freunde. Man verkehrte im Regiment mit ihm, als gehörte er unserm Offizierskorps an. Jetzt dürfte es schon nahezu fünf Jahre her sein, daß ich nichts mehr von ihm gehört habe. So haben Sie ihn also auch gekannt?«

»Jawohl, ich kannte ihn, kannte ihn nur zu gut. Hat er Ihnen nicht eine sonderbare Begebenheit erzählt?«

»Meinen Ew. Erlaucht vielleicht die Ohrfeige, die er auf einem Ball von irgendeinem Tunichtgut bekam?«

»Hat er Ihnen auch den Namen dieses Tunichtguts genannt?«

»Nein, Ew. Erlaucht, den Namen nannte er nicht ... Ach, Ew. Erlaucht«, fuhr ich fort, da ich die Wahrheit erriet, »verzeihen Sie ... ich hatte ja keine Ahnung ... sollten am Ende Sie ...«

»Jawohl, ich war es«, antwortete der Graf widerwillig, »und das durchschossene Bild zeigt noch die Spuren unsrer letzten Begegnung.«

»Ach, Liebster«, sagte die Gräfin, »um Gottes willen, erzähl es nicht, ich kann es nicht hören.«

»Nein«, widersprach der Graf, »ich muß alles sagen – da unser Gast weiß, wie ich seinen Freund beleidigt habe, soll er auch erfahren, wie sich Silvio an mir gerächt hat.«

Der Graf schob mir einen Sessel zu, und sehr gespannt lauschte ich seinen Worten.

»Vor fünf Jahren habe ich geheiratet. Den ersten Monat

unserer Ehe, the honey-moon, verbrachten wir hier auf dem Gut. Die schönsten Erinnerungen meines Lebens verbinden sich mit diesem Haus, aber es ist auch der Schauplatz eines meiner schlimmsten Erlebnisse gewesen. Eines Abends ritten wir zusammen aus. Das Pferd meiner Frau wollte plötzlich nicht von der Stelle. Sie ängstigte sich, stieg ab, gab mir die Zügel und ging zu Fuß nach Hause. Ich ritt voraus. Auf dem Hof bemerkte ich einen Reisewagen. Man meldete mir, in meinem Arbeitszimmer erwarte mich ein Herr, der seinen Namen nicht genannt, sondern nur gesagt habe, daß er mich sprechen wolle. Als ich eintrat, sah ich in der Dämmerung einen bärtigen, staubbedeckten Mann hier am Kamin stehen. Er kam mir bekannt vor, und ich ging auf ihn zu, vergeblich bemüht, mich an seine Züge zu erinnern.

‚Du erkennst mich nicht, Graf?' sagte der Fremde mit bebender Stimme.

‚Silvio!' schrie ich auf, und in diesem Augenblick – ich bekenne es – spürte ich deutlich, wie mir die Haare zu Berge standen.

‚Ganz recht', fuhr er fort, ‚und wie du weißt, steht mir noch der zweite Schuß zu. Ich bin gekommen, um von meinem Recht Gebrauch zu machen. Bist du bereit?'

Der Lauf einer Pistole ragte aus seiner Brusttasche hervor. Ich machte zwölf Schritte, blieb dort drüben in der Ecke stehen und ersuchte ihn, schnell zu schießen, bevor meine Frau zurück sei. Er zögerte und verlangte nach einem Licht. Nachdem Kerzen gebracht worden waren, schloß ich die Tür und gab Befehl, uns allein zu lassen. Dann bat ich ihn abermals, zu schießen. Er zog die Pistole aus der Tasche und nahm mich aufs Korn . . . ich zählte die Sekunden . . . ich dachte an meine Frau . . . eine fürchterliche Minute verging . . . Silvio ließ die Hand sinken.

‚Ich bedaure', sagte er, ‚daß die Pistole nicht mit Kirschkernen geladen ist . . . die Kugel ist zu schwer. Ich komme nicht von dem Gedanken los, daß dies gar kein Duell ist, sondern ein Mord – ich bin nicht gewöhnt, auf einen Waffenlosen zu schießen. Fangen wir von vorne an; losen wir, wer zuerst schießen soll.'

In meinem Kopf drehte sich alles ... Ich glaube, ich ging zunächst nicht darauf ein, aber schließlich luden wir doch eine zweite Pistole. Wir rollten zwei Zettel zusammen und taten sie in die von mir durchschossene Mütze. Ich zog wiederum den Zettel Nummer eins.

‚Du, Graf, hast ein geradezu teuflisches Glück', sagte Silvio, mit einem Lächeln, das ich niemals vergessen werde.

Ich weiß nicht mehr, was damals in mir vorging und wie er mich dazu zwingen konnte ... genug, ich schoß wirklich und traf eben jenes Bild ...«

Der Graf zeigte mit dem Finger auf das durchlöcherte Gemälde; sein Gesicht war feuerrot geworden. Ich konnte mich eines Ausrufs nicht enthalten.

»Ich hatte also geschossen«, fuhr der Graf fort, »und hatte mein Ziel Gott sei Dank verfehlt. Jetzt kam Silvio an die Reihe; er sah in diesem Augenblick geradezu furchterregend aus. Er hob die Pistole und zielte, doch plötzlich öffnete sich die Tür, und Mascha, meine Frau, warf sich mir entgegen und fiel mir mit einem Aufschrei um den Hals. Ihre Gegenwart brachte mich wieder zur Besinnung.

‚Liebste', sagte ich zu ihr, ‚siehst du denn nicht, daß das alles bloß Spaß ist? Wie konntest du so erschrecken! Geh, trink ein Glas Wasser und komm wieder. Ich werde dir einen alten Freund und Regimentskameraden vorstellen ...'

Mascha glaubte mir nicht.

‚Sagen Sie, spricht mein Mann die Wahrheit?' wandte sie sich an Silvio. ‚Ist es wirklich wahr, daß Sie beide nur scherzen?'

‚Er scherzt ja immer, Gräfin', antwortete Silvio. ‚Einmal gab er mir zum Spaß eine Ohrfeige, ein andermal schoß er aus lauter Jux ein Loch in diese Mütze, und soeben hat er aus Übermut an mir vorbeigeschossen, aber jetzt habe ich auch Lust, ein wenig zu scherzen ...'

Und mit diesen Worten hob er die Pistole und schickte sich an, auf mich zu zielen – in Gegenwart meiner Frau. Sie warf sich ihm zu Füßen.

‚Steh auf, Mascha, und schäme dich!' rief ich empört. ‚Und Sie, mein Herr, werden Sie endlich aufhören, sich über eine verzweifelte Frau lustig zu machen? Werden Sie schießen oder nicht?'

,Nein', antwortete Silvio, ,ich werde nicht schießen. Ich bin befriedigt: ich habe deine Bestürzung und deine Furcht gesehen und dich dazu gebracht, auf mich zu schießen. Damit ist es gut. Du wirst an mich denken. Ich überantworte dich deinem Gewissen.'

Schon im Fortgehen begriffen, machte er in der Tür noch einmal halt, sah sich nach dem von mir durchlöcherten Gemälde um, schoß, fast ohne zu zielen, auf das Bild und entfernte sich. Meine Frau lag ohnmächtig auf dem Fußboden. Unsere Dienstboten wagten es nicht, ihn aufzuhalten, sie starrten ihn nur schreckensbleich an. Er ging auf die Treppe hinaus, rief nach seinem Kutscher und war davongefahren, bevor ich meine Fassung wiedergewonnen hatte.«

Der Graf schwieg. Auf diese Weise erfuhr ich den Schluß der Geschichte, deren Beginn mich seinerzeit so betroffen gemacht hatte, Silvio hatte ich nicht mehr wiedergesehen. Man erzählt sich, daß er während des Aufstandes Alexander Ypsilantis eine Abteilung der griechischen Freiheitskämpfer geführt habe und in der Schlacht bei Skuleni gefallen sei.

DER SCHNEESTURM

Dreigespann in wilder Jagd,
Schneeverwehte Spuren,
Fern ein kleines Kirchlein wacht
Über weite Fluren . . .
Plötzlich sich ein Sturm erhebt,
Flocken wirbeln nieder
Und ein schwarzer Rabe schwebt,
Schüttelt sein Gefieder:
Unheilbringend kündet er
Kummer, Not und Tränen.
Und die Pferde atmen schwer
Mit gesträubten Mähnen . . .

Shukowskij

Zu Ende des Jahres 1811, in dieser für uns Russen so denkwürdigen Epoche, lebte auf seinem Gut Nenaradowo der gute Gawrila Gawrilowitsch R . . . Er war im ganzen Bezirk wegen seiner Gastfreundschaft und Herzensgüte bekannt. Die Nachbarn suchten ihn häufig auf, um bei ihm zu essen, zu trinken und mit seiner Frau Praskowja Petrowna um fünf Kopeken Boston zu spielen. Nicht wenige stellten sich aber auch ein, um einen Blick auf seine Tochter Marja Gawrilowna zu werfen, ein schlankes, blasses, siebzehnjähriges Mädchen. Sie galt als wohlhabendes Mädchen. Mancher Junggeselle wollte sie heiraten, und mancher Familienvater wünschte sie sich zur Schwiegertochter.

Marja Gawrilowna hatte trotz ihrer Jugend schon viele französische Romane gelesen und war daher verliebt. Ihr Auserwählter war ein mittelloser Leutnant, der seinen Urlaub auf seinem Landgut verbrachte. Es liegt auf der Hand, daß der junge Mann ihre Liebe leidenschaftlich erwiderte und daß die Eltern des Mädchens, als sie die gegenseitige

Neigung der beiden bemerkten, ihrer Tochter verboten, auch nur an ihren Liebsten zu denken, und diesen noch frostiger behandelten als einen verabschiedeten Gerichtsassessor.

Unser Liebespaar stand in regem Briefwechsel und traf sich heimlich in einem Fichtenwäldchen oder bei einer alten Kapelle. Dort schworen sie sich gegenseitig ewige Liebe, haderten mit dem Schicksal und schmiedeten die verschiedensten Zukunftspläne. In ihren Briefen und Gesprächen kamen sie, wie sich von selbst versteht, zu folgendem Schluß: Wenn wir also ohne einander nicht leben und nicht atmen können, der Wille unserer erbarmungslosen Eltern aber unserem Glück im Wege steht, dann müssen wir eben unser Geschick selbst in die Hand nehmen. Natürlich kam der junge Mann zuerst auf diesen glorreichen Einfall, aber ebenso selbstverständlich war es, daß er bei der romantischen Phantasie Marja Gawrilownas ein freudiges Echo fand.

Als es Winter wurde, nahmen ihre Begegnungen ein Ende, dafür schrieben sie sich um so häufiger. Wladimir Nikolajewitsch flehte Marja Gawrilowna in jedem Brief an, sie möge sich ihm zu eigen geben und sich heimlich mit ihm trauen lassen. Dann müßten sie sich einige Zeit verborgen halten und darauf den Eltern zu Füßen fallen, die, durch die heroische Standhaftigkeit der Liebenden gerührt, schließlich gewiß ausrufen würden: Kinder, kommt in unsre Arme!

Marja Gawrilowna schwankte lange; mehrere Fluchtpläne wurden gefaßt und wieder verworfen. Endlich willigte sie ein: an einem bestimmten Tag sollte sie nicht zum Abendessen erscheinen, sondern Kopfweh vorschützen und in ihrem Zimmer bleiben. Ihre Zofe war in die Verschwörung eingeweiht: beide sollten das Haus durch den rückwärtigen Ausgang verlassen, sich durch den Garten auf die Straße stehlen, wo sie einen Schlitten vorfinden würden, diesen besteigen und in das fünf Werst entfernte Dorf Shadrino fahren; dort werde Wladimir Nikolajewitsch sie vor der Kirche erwarten.

Am Vorabend des vereinbarten Tages schlief Marja Gawrilowna die ganze Nacht nicht, sondern räumte ihr Zimmer auf, packte Wäsche und Kleider und schrieb zwei lange Briefe, den einen an ein empfindsames Fräulein, ihre beste Freundin, und den andern an ihre Eltern. Sie verabschiedete sich mit den rührendsten Worten von ihnen, versuchte ihren Ungehorsam mit der unbezwinglichen Macht ihrer Leidenschaft zu rechtfertigen und schloß mit der Beteuerung, daß es der schönste Augenblick ihres Lebens sein werde, an dem sie die Erlaubnis erhielte, sich ihren teuren Eltern zu Füßen zu werfen. Nachdem sie beide Briefe mit einem Petschaft aus Tulasilber gesiegelt hatte, das zwei flammende Herzen und einen dazu passenden Spruch zeigte, warf sie sich kurz vor der Dämmerung auf ihr Bett und schlief ein, schreckte aber immer wieder auf, von den fürchterlichsten Träumen gequält. Bald träumte sie, daß sie gerade in dem Augenblick, als sie in den Schlitten stieg, um zur Trauung zu fahren, von ihrem Vater gepackt, durch den Schnee geschleift und in ein dunkles, bodenloses Loch gestoßen wurde. Sie stürzte mit dem Kopf voran hinein, wobei sich ihr Herz unsäglich zusammenkrampfte. Dann wieder sah sie ihren Wladimir totenblaß und blutüberströmt im Grase liegen. Noch im Sterben bat er sie flehentlich, sie möge sich schnell mit ihm trauen lassen. So jagte ein grauenvolles Traumbild das andere. Schließlich erhob sie sich, bleicher als gewöhnlich, und begab sich zum Frühstück mit Kopfschmerzen, die jetzt nicht mehr vorgetäuscht waren. Ihre Unruhe entging den Eltern nicht. Ihre zärtliche Besorgnis und ihre wiederholten Fragen: »Was ist mit dir, Mascha? Du bist doch nicht am Ende krank?« zerrissen ihr das Herz. Sie bemühte sich, fröhlich zu erscheinen und Vater und Mutter zu beruhigen, aber sie vermochte es nicht. Es wurde Abend. Der Gedanke, daß es der letzte Tag gewesen sei, den sie im Schoß der Familie verbracht habe, bedrückte sie tief, und heimlich nahm sie Abschied von allen Hausbewohnern und allen Dingen ihrer Umgebung. Als das Abendessen aufgetragen wurde, erklärte sie mit klopfendem Herzen und bebender Stimme, daß sie nicht essen könne und sich in ihr Zimmer zurückziehen wolle. Die Eltern küßten und segneten sie wie gewöhnlich, und Marja Gawrilowna konnte kaum die Tränen zurückhalten. In ihr Zimmer zurückgekehrt, ließ sie ihnen freien Lauf. Die Zofe redete ihr zu, sie möge sich doch beruhigen und wieder Mut fassen. Alles war fertig. Nach einer halben Stunde sollte Mascha das Elternhaus und ihr Zimmer für immer verlassen und ihrem stillen Jungmädchendasein entsagen . . .

Draußen tobte der Schneesturm, der Wind heulte, die Fensterläden klapperten. Das Unwetter erschien ihr wie eine Drohung, wie der warnende Vorbote eines nahenden Unheils. Im Hause war es inzwischen still geworden, alle hatten sich zur Ruhe begeben. Mascha hüllte sich in einen Schal, zog einen warmen Mantel an, ergriff ihre Schatulle und verließ das Haus durch den rückwärtigen Ausgang. Die Zofe folgte ihr mit zwei Bündeln. Sie gingen in den Garten hinaus. Der Schneesturm hatte noch zugenommen. Der Wind wehte ihnen heftig entgegen, als böte er seine ganze Kraft auf, um die junge Übeltäterin zurückzuhalten. Nur mit Mühe erreichten die beiden Mädchen das Ende des Gartens. Auf der Straße erwartete sie die Troika. Die Pferde waren in der Kälte ungeduldig geworden. Wladimirs Kutscher ging vor ihnen auf und ab und bemühte sich, die hitzigen Gäule zu beruhigen. Er half dem Fräulein und der Magd beim Einsteigen, verstaute die Schatulle und die Bündel, ergriff die Zügel, und der Schlitten fuhr davon.

Wir überlassen jetzt das Fräulein ihrem Schicksal und der Geschicklichkeit des Kutschers Terjoschka und wenden uns dem jungen Bräutigam zu.

Den ganzen Tag war Wladimir unterwegs gewesen. Am Morgen hatte er den Geistlichen von Shadrino besucht und ihm fast gewaltsam die Einwilligung zur Trauung abgerungen. Dann war er auf der Suche nach Trauzeugen bei den benachbarten Gutsbesitzern herumgefahren. Der erste, bei dem er vorsprach, der vierzigjährige verabschiedete Kornett Drawin, hatte sich gleich bereitgefunden. Dieses Abenteuer, so sagte er, erinnere ihn an manche Husarenstückchen früherer Zeiten. Er überredete Wladimir, zum Essen bei ihm zu bleiben, und versicherte, daß es ein leichtes sein werde, auch die übrigen zwei Zeugen zu beschaffen. Tatsächlich erschienen gleich nach dem Mittagessen der Landmesser Schmidt, mit langem Schnurrbart und klirrenden Sporen, und der Sohn des Polizeihauptmanns, ein sechzehnjähriger Junge, der erst kürzlich bei den Ulanen eingetreten war. Sie nahmen den Vorschlag Wladimirs begeistert auf und schworen sogar, daß sie ihr Leben für ihn aufs Spiel setzen würden. Wladimir umarmte sie dankbar und fuhr nach Hause, um alle Vorbereitungen zu treffen.

Als es dämmerte, schickte er seinen zuverlässigen Terjoschka mit der Troika nach Nenaradowo und gab ihm genaue Anweisungen. Für sich selbst ließ er einen kleinen, einspännigen Schlitten anspannen und fuhr allein, ohne Kutscher, nach Shadrino, wo etwa zwei Stunden später Marja Gawrilowna ankommen sollte. Der Weg war ihm wohlbekannt, und die Fahrt dorthin konnte nicht mehr als zwanzig Minuten dauern.

Doch Wladimir hatte kaum die Umzäunung seines Hofes hinter sich gelassen, als es so heftig zu stürmen und zu schneien begann, daß er sich bald nicht mehr auskannte. In wenigen Augenblicken war die Straße verweht. Jede Sicht ging in dem trüben, gelblichen Nebel und in dem dichten Schneeflockenwirbel verloren. Himmel und Erde schienen ineinander zu verschwimmen. Wladimir war vom Wege abgekommen und konnte nicht mehr auf die Straße zurückfinden. Das Pferd tastete sich zögernd weiter, indem es bald über Bodenerhebungen stolperte und bald in einer Grube versank. Alle Augenblicke drohte der Schlitten umzukippen. Wladimir bemühte sich, wenigstens die Richtung einzuhalten. Dennoch schien ihm, daß er schon länger als eine halbe Stunde unterwegs war, und noch immer hatte er das Wäldchen von Shadrino nicht erreicht. Es vergingen weitere zehn Minuten, die Lage blieb unverändert. Er war auf eine von tiefen Schluchten durchschnittene Fläche geraten. Der Schneesturm hielt unvermittelt an, der Himmel klärte sich nicht auf. Das Pferd war sichtlich erschöpft, er selbst in Schweiß gebadet, obgleich er immer wieder bis zum Gürtel im Schnee versank.

Schließlich wurde ihm klar, daß er die Richtung verfehlt hatte. Das Pferd blieb stehen. Er überlegte, dachte nach, suchte sich zu erinnern und kam zu der Überzeugung, daß er sich mehr rechts halten mußte. So lenkte er das Pferd, das sich kaum noch fortbewegen konnte, nach rechts. Jetzt war er schon über eine Stunde unterwegs. Bis Shadrino konnte es nicht mehr weit sein, aber er fuhr und fuhr, und das Feld nahm kein Ende. Immer nur Schluchten und Schneewehen. Alle Augenblicke kippte der Schlitten um und mußte wieder aufgerichtet werden. Die Zeit verging, und Wladimir war außer sich vor Aufregung.

Endlich sah er, daß sich seitwärts etwas Dunkles abzuzeichnen begann. Er hielt darauf zu und erkannte beim Näherkommen das Wäldchen. Gott sei Dank, dachte er, jetzt bin ich bald am Ziel. Er fuhr am Rande des Wäldchens entlang, in der Hoffnung, gleich auf den ihm wohlbekannten Weg zu stoßen oder um das Dickicht herumfahren zu können. Shadrino lag unmittelbar dahinter. Er fand auch wirklich den Weg und fuhr nun im Windschutz der dicht beieinander stehenden Bäume hin. Hier war der Weg glatt, das Pferd erholte sich, und Wladimir begann ruhiger zu werden.

Aber er fuhr und fuhr, und Shadrino blieb unauffindbar, das Wäldchen hörte nicht auf. Wladimir begriff, daß er sich in einem fremden Wald befand. Verzweifelt schlug er auf das Pferd ein. Das arme Tier gab sein Äußerstes her, ließ aber bald wieder nach und fiel schon nach einer Viertelstunde in Schritt trotz aller Versuche des unglücklichen Wladimir, es immer von neuem anzutreiben.

Allmählich lichtete sich der Wald, Wladimir fand aus ihm heraus, aber von Shadrino war noch immer nichts zu sehen. Inzwischen mochte es Mitternacht geworden sein. Seine Augen füllten sich mit Tränen. Er fuhr aufs Geratewohl weiter. Der Sturm hatte sich gelegt, die Wolken verzogen sich. Vor ihm breitete sich eine weite, gleichsam mit einem gewellten weißen Teppich bedeckte Fläche aus. Die Nacht war ziemlich klar. In der Nähe sah er ein kleines Dorf, das aus vier oder fünf Bauernhöfen bestand. Als er die erste Hütte erreicht hatte, sprang er aus dem Schlitten und klopfte ans Fenster. Gleich darauf wurde der Fensterladen aufgestoßen, und ein alter bärtiger Mann schaute heraus.

»Was willst du?« brummte er.

»Ist es noch weit bis Shadrino?«

»Ob es bis Shadrino weit ist?«

»Jawohl, ob es weit ist, will ich wissen!«

»Nicht sehr, zehn Werst vielleicht.«

Bei diesen Worten griff sich Wladimir an den Kopf und stand unbeweglich da, wie ein Mensch, der zum Tode verurteilt ist.

»Wo kommst du her?« fuhr der Greis fort. Wladimir war nicht aufgelegt, Fragen zu beantworten.

»Könntest du, Alter, mir nicht Pferde nach Shadrino beschaffen?« fragte er.

»Woher sollten wir Pferde haben?« antwortete der Bauer.

»Könnte ich nicht wenigtsens einen Führer bekommen? Ich zahle, was er verlangt.«

»Warte, ich schicke dir meinen Sohn hinaus, er wird dir den Weg zeigen«, sagte der Alte.

Wladimir wartete, doch schon wenige Augenblicke später klopfte er abermals an die Fensterscheibe. Von neuem zeigte sich der Graubart.

»Was willst du denn schon wieder?«

»Wo bleibt dein Sohn?«

»Gleich, gleich, er zieht sich die Stiefel an. Wenn du frierst, komm herein und wärm dich.«

»Danke, mach lieber deinem Sohn Beine!«

Das Hoftor knarrte: der Bursche erschien mit einem Knüppel in der Hand und ging voran. Er wies den Weg oder suchte ihn, wenn er im Schnee unsichtbar war.

»Wieviel Uhr ist es?« fragte Wladimir.

»Bald wird der Morgen dämmern«, antwortete der Bauernsohn.

Wladimir sagte kein Wort mehr.

Die Hähne krähten, und es begann hell zu werden, als Wladimir in Shadrino ankam. Die Kirche war zugesperrt. Er entlohnte seinen Führer und fuhr auf den Hof des Geistlichen, fand aber seine Troika nicht vor. Was für eine Nachricht erwartete ihn dort! . . .

Doch kehren wir jetzt nach Nenaradowo zurück und sehen wir zu, was sich inzwischen bei den braven Eltern Marja Gawrilownas begeben hat.

Nun – gar nichts.

Die beiden Alten erwachten und begaben sich zum Frühstück ins Eßzimmer, Gawrila Gawrilowitsch in Käppchen und Flanelljacke, Praskowja Petrowna in einem wattierten Schlafrock. Der Samowar wurde aufgestellt, und Gawrila Gawrilowitsch schickte die Magd zu Marja Gawrilowna, um zu erfahren, wie es ihr ginge und wie sie geschlafen habe. Die Zofe kam mit der Nachricht zurück, daß das Fräulein eine schlechte Nacht verbracht habe, sich jetzt aber besser fühle und gleich erscheinen werde. Tatsächlich öffnete sich bald darauf die Tür, Marja Gawrilowna trat ein und wünschte Papachen und Mamachen einen guten Morgen.

»Wie steht es mit deinem Kopf, Mascha?« fragte Gawrila Gawrilowitsch.

»Besser, Papachen«, antwortete Mascha.

»Du wirst gestern Ofendunst in deinem Zimmer gehabt haben«, vermutete die Mutter.

»Kann sein, Mamachen«, erwiderte Mascha.

Der Tag verlief ohne Zwischenfälle, aber in der Nacht erkrankte Marja Gawrilowna. Man schickte in die Stadt nach dem Arzt. Er kam gegen Abend und stellte fest, daß sie hohes Fieber hatte. Zwei Wochen lang lag die arme Kranke darnieder und befand sich am Rande des Grabes.

Von der beabsichtigten Flucht wußte niemand im Hause, mit Ausnahme der Zofe. Diese aber sagte nichts aus Furcht vor dem Zorn ihrer Herrschaft. Die Briefe, die Mascha am Vorabend ihrer Flucht geschrieben hatte, waren vorsorglich verbrannt worden. Der Priester von Shadrino, der verabschiedete Kornett, der Landmesser mit dem üppigen Schnurrbart und der kleine Ulan hielten wohlweislich den Mund, und der schweigsame Kutscher Terjoschka pflegte selbst im Rausch keine unnützen Worte zu verlieren. So blieb das Geheimnis bewahrt, obwohl mehr als sechs Menschen darum wußten. Marja Gawrilowna hatte es in ihren Fieberphantasien zwar selbst verraten, aber was sie sagte, war äußerst verworren und unzusammenhängend. Ihre

Mutter, die das Krankenlager keinen Augenblick verließ, verstand nur so viel, daß die Tochter bis über beide Ohren in Wladimir Nikolajewitsch verliebt war und daß man in dieser leidenschaftlichen Liebe wohl auch die Ursache ihrer Erkrankung zu sehen habe. Praskowja Petrowna beriet sich mit ihrem Mann und einigen Nachbarn darüber, und alle waren der gleichen Meinung: daß es sich hier um eine Schicksalsfügung handle, der Marja Gawrilowna nicht habe entgehen können; daß Armut keine Schande sei; daß man nicht mit dem Reichtum, sondern mit einem Menschen zusammen lebe und dergleichen mehr. Solche moralische Sentenzen pflegen ja immer dann besonders willkommen zu sein, wenn wir nichts zu unserer Rechtfertigung anzuführen haben.

Die Genesung des Fräuleins machte inzwischen rasche Fortschritte. Wladimir hatte sich schon lange nicht mehr in Nenaradowo sehen lassen. Er war verängstigt durch die Art, wie man ihn im Hause Gawrila Gawrilowitschs behandelt hatte. Man beschloß jetzt, nach ihm zu schicken, um ihm sein unerwartetes Glück, nämlich das Einverständnis der Eltern mit der Ehe, mitzuteilen. Aber wie bestürzt waren Gawrila Gawrilowitsch und Praskowja Petrowna, als Wladimir diese Einladung mit einem fast wahnsinnig zu nennenden Brief beantwortete! Er erklärte, daß er seinen Fuß niemals wieder in ihr Haus setzen werde, und bat, man möge ihn, den Unglücklichen, dessen einzige Hoffnung der Tod sei, so bald wie möglich vergessen. Einige Tage später hörten sie, daß er sich als Freiwilliger bei der Armee gemeldet habe und abgereist sei. Das war im Jahre 1812.

Lange wagte man nicht, der genesenden Mascha reinen Wein einzuschenken. Sie sprach niemals von Wladimir. Als sie einige Monate später seinen Namen in der Liste der Offiziere fand, die sich bei Borodino ausgezeichnet hatten und schwer verwundet worden waren, fiel sie in Ohnmacht. Man befürchtete schon einen Rückfall, aber die Ohnmacht hatte glücklicherweise keine schlimmen Folgen. Jedoch traf Mascha ein anderer Schicksalsschlag: Gawrila Gawrilowitsch starb. Er hatte seine Tochter zwar zur Erbin seines ganzen Vermögens eingesetzt, das konnte sie aber nicht trösten. Sie teilte von Herzen den Kummer der armen Praskowja Petrowna und schwor, sich niemals von ihrer Mutter trennen zu wollen. Beide Frauen verließen das mit so vielen traurigen Erinnerungen verknüpfte Nenaradowo und siedelten auf ein anderes Landgut über, das ihnen ebenfalls gehörte.

Auch dort bewarben sich viele Freier um die Hand des liebenswerten und reichen Mädchens, aber Mascha machte keinem von ihnen auch nur die geringsten Hoffnungen. Die Mutter versuchte manchmal, sie zu einer Sinnesänderung zu bewegen, aber Marja Gawrilowna schüttelte den Kopf. Wladimir war nicht mehr am Leben. Er war in Moskau kurz vor dem Einmarsch der Franzosen gestorben. Sein Andenken schien sie heiligzuhalten; jedenfalls bewahrte sie alles auf, was an ihn erinnerte: die Bücher, die er gelesen, seine Zeichnungen und Noten und die Verse, die er für sie abgeschrieben hatte. Die neuen Nachbarn, die von Maschas Erlebnissen erfuhren, wunderten sich über ihre Standhaftigkeit und erwarteten neugierig den Helden, der doch einmal kommen und über die schwermütige Treue dieser jungfräulichen Artemis triumphieren mußte.

Unterdessen war der Krieg ruhmreich beendet worden. Unsere Regimenter kehrten in die Heimat zurück. Das Volk strömte ihnen entgegen. Die Regimentskapellen spielten Stücke, die sie aus dem Auslande mitgebracht hatten: Vive Henri quatre, Tiroler Walzer und Arien aus Gioconda. Offiziere, die fast noch als Knaben ins Feld gezogen waren, kamen als gereifte Männer und ordengeschmückt aus dem Kriege heim. Die Soldaten schwatzten munter miteinander, wobei sie deutsche und französische Brocken in ihre Reden einflochten. Es war eine unvergeßliche Zeit, eine Zeit des Ruhmes und der Begeisterung. Alle russischen Herzen schlugen höher beim Worte »Vaterland«. Wie süß waren die Tränen des Wiedersehens! Mit welcher Einmütigkeit verbanden wir das Gefühl des Nationalstolzes mit der Liebe zum Herrscher! Und für ihn selber – welch ein erhebender Augenblick!

Die russischen Frauen waren damals unvergleichlich. Ihre gewohnte Kühle war vollkommen verschwunden, ihre

Begeisterung wahrhaft ergreifend, wenn sie die Sieger mit Hurrarufen begrüßten und dabei »ihre Hauben in die Luft warfen«. Wer von den damaligen Offizieren war nicht bereit zu bekennen, daß er der russischen Frau den schönsten und wertvollsten Lohn zu danken habe?

In dieser glorreichen Zeit lebten Marja Gawrilowna und ihre Mutter im Gouvernement ... und waren daher nicht Augenzeugen des glanzvollen Empfangs, den die beiden Hauptstädte den heimkehrenden Truppen bereiteten. Aber in den Landkreisen und Dörfern äußerte sich die allgemeine Begeisterung vielleicht sogar noch stürmischer. Wenn damals ein Offizier auf einem Landgut erschien, feierte er wahre Triumphe, und ein Freier im Frack hatte es nicht leicht, neben ihm zu bestehen.

Wir erwähnten schon, daß Marja Gawrilowna trotz ihrer betonten Zurückhaltung von Bewerbern umschwärmt wurde. Aber sie alle mußten bescheiden in den Hintergrund treten, als im Herrenhaus der verwundete Husarenoberst Burmin mit dem Georgskreuz im Knopfloch erschien. Er war etwa sechsundzwanzig Jahre alt und zeichnete sich durch jene »interessante Blässe« aus, die auf die jungen Damen der damaligen Zeit einen so faszinierenden Eindruck machte. Er war auf seine Güter beurlaubt worden, die in der Nähe lagen, und ließ sich häufig bei Marja Gawrilowna blicken. In seiner Gegenwart verlor sie ihre sonstige Nachdenklichkeit, ja sie wurde lebhaft und gesprächig. Man konnte zwar nicht behaupten, daß sie mit ihm kokettierte, aber angesichts ihrer veränderten Haltung hätte ein Poet gesagt: »Se amor non è, che dunque?«

Burmin war in der Tat ein anziehender junger Mann. Er besaß alles, was Frauen gefällt: Geist, vorzügliche Manieren, eine gute Beobachtungsgabe und die Eigenschaft, sich ohne Bosheit und Schärfe über andere lustig zu machen. Die Art, wie er sich Marja Gawrilowna gegenüber gab, war schlicht und unbefangen. Aber was sie auch sagte und tat – er ließ sie nicht aus den Augen. Obwohl sein Benehmen still und bescheiden war, stand er im Ruf, früher ein ausgesprochener Leichtfuß gewesen zu sein; das tat ihm jedoch in den Augen

Marja Gawrilownas keinen Abbruch, die, wie übrigens alle jungen Damen, bereitwilligst jeden Streich verzieh, wenn er nur Schneid und Schwung verriet.

Aber mehr noch als seine Ritterlichkeit, seine Unterhaltsamkeit, seine »interessante Blässe« und der Verband seines blessierten Armes reizte das geheimnisvolle Schweigen des jungen Husaren über seine eigene Person ihre Neugier und beschäftigte ihre Phantasie. Sie konnte nicht verkennen, daß sie ihm sehr gefiel, und auch er war sicher klug und erfahren genug, um zu bemerken, daß sie ihn auszeichnete. Aber aus welchem Grunde hatte sie ihn noch nicht zu ihren Füßen gesehen, warum noch kein Liebesgeständnis von ihm vernommen? Was konnte ihn zurückhalten? War es die Scheu, die ja von echter Liebe nicht zu trennen ist, war es Stolz oder die Berechnung eines durchtriebenen Lebemanns? Sie konnte das Rätsel nicht lösen. Sie dachte lange darüber nach und kam zu der Überzeugung, daß es nur Unentschlossenheit sein könne, und sie nahm sich vor, ihn durch verstärkte Aufmerksamkeit zu ermutigen und dann eine überraschende Lösung herbeizuführen. Mit Ungeduld erwartete sie den Augenblick der romantischen Liebeserklärung; Geheimnisse, welcher Art sie auch sein mögen, sind weiblichen Herzen auf die Dauer unerträglich. Maschas Taktik hatte den ersehnten Erfolg: Burmin wurde so nachdenklich, und seine schwarzen Augen folgten Marja Gawrilowna mit einem solchen Feuer, daß sie unmittelbar vor der Entscheidung zu stehen glaubte. Die Nachbarn sprachen bereits von der bevorstehenden Hochzeit wie von einer beschlossenen Sache, und die gute Praskowja Petrowna freute sich, daß ihre Tochter endlich den ihrer würdigen Freier gefunden habe.

Als die Alte eines Tages im Wohnzimmer saß und eine Patience legte, trat Burmin ein und fragte sofort nach Marja Gawrilowna.

»Sie ist im Garten«, antwortete Praskowja Petrowna, »gehen Sie zu ihr, ich werde Sie hier erwarten.«

Burmin ging hinaus, und die alte Dame machte das Zeichen des Kreuzes und dachte: Vielleicht wird jetzt die Entscheidung fallen.

Burmin fand Marja Gawrilowna unter einer Weide am Rande des Teiches, wo sie, ein Buch in der Hand, wie eine richtige Romanheldin saß. Nachdem sie die ersten Worte gewechselt hatten, ließ Marja Gawrilowna das Gespräch absichtlich ins Stocken geraten, damit so auf beiden Seiten die Verwirrung noch größer wurde, die dann nur noch durch eine unvermittelte Erklärung gelöst werden konnte. So geschah es denn auch: Burmin, der das Peinliche seiner Lage fühlte, sagte, er habe schon lange auf eine Gelegenheit gewartet, ihr sein Herz zu eröffnen, und bitte sie, ihn jetzt einen Augenblick anzuhören. Marja Gawrilowna schloß ihr Buch und senkte den Blick, als Zeichen ihrer Zustimmung.

»Ich liebe Sie«, sagte Burmin, »ich liebe Sie mit der ganzen Glut meines Herzens . . .« Marja Gawrilowna errötete und neigte den Kopf noch tiefer. »Es war unrecht von mir, daß ich es zu einer lieben Gewohnheit werden ließ, Sie täglich zu sehen und zu hören . . .« Marja Gawrilowna fiel St. Preux' erster Brief ein. »Jetzt aber ist es zu spät, mich gegen mein Schicksal aufzulehnen. Die Erinnerung an Sie, Ihr geliebtes, unvergleichlich reizendes Bild wird für immer die Qual und zugleich die einzige Freude meines Lebens sein. Doch mir bleibt noch die schwere Pflicht, Ihnen ein schreckliches Geheimnis zu enthüllen und damit eine unübersteigbare Mauer zwischen uns beiden aufzurichten . . .«

»Sie war schon immer vorhanden«, unterbrach ihn Marja Gawrilowna, »nie hätte ich Ihre Frau werden können . . .«

»Ich weiß«, antwortete er leise, »ich weiß, daß Sie geliebt haben, aber der Tod und eine dreijährige Trauer . . . liebe, teure Marja Gawrilowna, berauben Sie mich nicht meines letzten Trostes: der Gedanke, daß Sie eingewilligt hätten, mich glücklich zu machen, wenn . . .«

»Schweigen Sie, um Gottes willen, schweigen Sie! Sie zerreißen mir das Herz.«

»Ja, ich weiß, ich fühle es, daß Sie die Meine geworden wären, aber ich Unglücklicher – ich bin schon verheiratet!«

Marja Gawrilowna sah ihn erstaunt an.

»Ich bin schon seit bald vier Jahren verheiratet«, fuhr Burmin fort, »aber ich weiß nicht, mit wem. Ich kenne meine

Frau nicht, ich weiß nicht, wo sie ist und ob ich sie jemals wiedersehen werde.«

»Was sagen Sie da?« rief Marja Gawrilowna aus. »Wie ist das doch merkwürdig! Sprechen Sie weiter, ich werde Ihnen dann nachher erzählen . . . fahren Sie nur fort, tun Sie mir den Gefallen.«

»Zu Anfang des Jahres 1812«, erzählte Burmin, »reiste ich nach Wilna, wo mein Regiment stand. Eines Abends kam ich spät auf einer Poststation an und bestellte sofort Pferde zur Weiterreise. Doch da erhob sich plötzlich ein fürchterlicher Schneesturm, und der Postmeister und seine Leute rieten mir zu warten. Ich ging darauf ein, aber eine rätselhafte Unruhe bemächtigte sich meiner; mir schien, als stieße mich jemand vorwärts. Der Sturm nahm immer noch zu. Ich hielt es nicht aus, befahl, dennoch anzuspannen und auf das Unwetter keine Rücksicht zu nehmen. Der Kutscher beschloß, auf dem Eis des gefrorenen Flusses zu fahren, um auf diese Weise den Weg um drei Werst abzukürzen. Die Ufer waren jedoch so stark verweht, daß wir die Stelle, wo wir aus dem Flußbett wieder auf die Straße hätten hinauffahren müssen, verfehlten. So gerieten wir in eine unbekannte Gegend. Der Sturm hielt an. Ich bemerkte ein Licht und befahl, in dieser Richtung zu fahren. Wir kamen in ein Dorf; die hölzerne Kirche war erleuchtet, die Tür stand offen. Vor dem Eingang hielten einige Schlitten, und Menschen liefen hin und her.

‚Hierher! Hierher!' riefen mehrere Stimmen. Ich ließ den Kutscher vorfahren.

‚Aber ich bitte dich, wo bleibst du so lange?' fragte mich jemand. ‚Die Braut ist ohnmächtig geworden, der Priester weiß nicht, was er tun soll. Wir waren schon im Begriff zurückzufahren. Beeile dich jetzt!'

Ich sprang schweigend aus dem Schlitten und betrat die nur spärlich von zwei oder drei Kerzen beleuchtete Kirche. Die Braut kauerte auf einer Bank in einer dunklen Ecke. Eine Magd rieb ihr die Schläfen.

‚Gott sei Dank, daß Sie endlich gekommen sind', sagte sie. ‚Sie hätten ja unser Fräulein bald umgebracht.'

Der alte Pope trat auf mich zu mit der Frage: ‚Befehlen Sie anzufangen?'

‚Fangen Sie nur an, Batjuschka', antwortete ich zerstreut.

Man half dem Mädchen auf. Sie schien mir nicht übel auszusehen ... Ein unbegreiflicher, unverzeihlicher Leichtsinn ... ich stellte mich neben sie vor das Pult. Der Priester beeilte sich. Die Männer und das Dienstmädchen stützten die Braut und kümmerten sich allein um sie. Wir wurden getraut.

‚Küssen Sie sich jetzt', sagte man uns.

Meine Frau wandte mir ihr bleiches Gesicht zu. Ich schickte mich an, sie zu küssen ...

‚Er ist es ja gar nicht!' schrie sie auf und brach ohnmächtig zusammen. Die Zeugen blickten mich bestürzt an. Ich drehte mich um, verließ ungehindert die Kirche, warf mich in den Schlitten und rief: ‚Fahr zu!'«

»Mein Gott!« stöhnte Marja Gawrilowna. »und Sie wissen nicht, was aus Ihrer armen Frau geworden ist?«

»Nein, ich will es nicht«, antwortete Burmin, »ich weiß nicht, wie das Dorf hieß, in dem ich getraut wurde, und ich erinnere mich auch nicht, von welcher Poststation ich abgefahren war. Zu jener Zeit nahm ich mein verbrecherisches Abenteuer so wenig ernst, daß ich nach dem Verlassen der Kirche einschlief und erst frühmorgens, drei Poststationen weiter, wieder erwachte. Mein Bursche, der mich damals begleitete, ist im Krieg gefallen, so daß ich nicht hoffen kann, jemals zu erfahren, wem ich eigentlich so übel mitgespielt habe und wer jetzt auf so grausame Weise gerächt ist.«

»Mein Gott, mein Gott«, sagte Marja Gawrilowna und ergriff seine Hand. »Sie sind es also gewesen! Und Sie erkennen mich nicht?«

Burmin erbleichte ... und warf sich ihr zu Füßen ...

DER SARGSCHREINER

Sehn wir nicht Särge Tag für Tag,
Siechenden Weltalls graue Haare?
Dershawin

Das letzte Gerümpel des Sargschreiners Adrian Prochorow wurde auf den Leichenwagen geladen, und die beiden abgemagerten Mähren schleppten sich zum viertenmal von der Basmannaja zur Nikitskaja, wohin der alte Mann mit seiner Familie und allem, was ihm gehörte, übersiedelte. Nachdem er den ausgeräumten Laden zugesperrt hatte, brachte er am Eingang einen Zettel an, auf dem zu lesen stand, daß das Haus zu verkaufen oder zu vermieten sei, und machte sich zu Fuß auf den Weg zu seiner neuen Wohnung. Je mehr der Sargschreiner sich dem kleinen, gelb angestrichenen Haus näherte, das schon so lange seine Einbildungskraft gereizt und das er schließlich für eine nicht unerhebliche Summe erworben hatte, desto stärker fühlte er zu seinem Erstaunen, daß ihm der Umzug gar keine Freude bereitete. Als er über die ungewohnte Schwelle trat und in den neuen Wohnräumen einen heillosen Wirrwarr vorfand, seufzte er und dachte an seine alte Behausung, wo achtzehn Jahre lang die strengste Ordnung geherrscht hatte. Er tadelte seine beiden Töchter und das Dienstmädchen wegen ihrer Trägheit und begann ihnen zu helfen. So kam alles bald in Ordnung: Ikonenschrein, Geschirrschrank, Tisch, Kanapee und Bett erhielten die ihnen zugedachten Plätze im hinteren Zimmer; in der Küche und im Wohnzimmer wurden die Erzeugnisse des Schreiners untergebracht, Särge in allen Farben und Größen, ferner die Schränke mit den schwarzen Hüten, Trauermänteln und Fackeln. Über der Haustür hing ein

Schild, auf dem ein rundlicher Amor mit einer umgekehrten Fackel in der Hand abgebildet war. Darunter stand geschrieben: »Hier werden einfache und angestrichene Särge verkauft und beschlagen, auch gebrauchte vermietet und repariert.« Die Mädchen gingen in ihre Stube, und Adrian machte einen Rundgang durch seine neue Behausung. Dann setzte er sich ans Fenster und ließ sich den Samowar bringen.

Der gebildete Leser weiß, daß Shakespeare und Walter Scott ihre Totengräber als fidele Possenreißer geschildert haben, um durch diesen Kontrast unsere Phantasie um so mehr anzuregen. Aus Achtung vor der Wahrheit können wir jedoch ihrem Beispiel nicht folgen und müssen gestehen, daß das Wesen unseres Sargschreiners seinem düsteren Handwerk vollkommen entsprach. Adrian Prochorow war gewöhnlich mißmutig und wortkarg: er brach sein Schweigen fast nie, es sei denn, daß er seine Töchter anfuhr, wenn sie untätig am Fenster saßen und den Vorübergehenden nachgafften, oder daß er ungebührlich hohe Preise für seine Erzeugnisse von Kunden verlangte, die das Unglück – zuweilen aber auch die Freude – hatten, diese Erzeugnisse dringend zu benötigen. So saß denn Adrian am Fenster, trank die siebente Tasse Tee und hing wie gewöhnlich seinen trübseligen Gedanken nach. Er dachte an den Platzregen, der vor einer Woche auf den Leichenzug des pensionierten Brigadiers niedergegangen war. Viele Trauermäntel und Hüte waren infolge der Nässe verdorben und unbrauchbar geworden. Unumgängliche Ausgaben standen bevor, denn die ohnehin veralteten Vorräte seiner Trauerartikel befanden sich jetzt in einem geradezu kläglichen Zustand. Prochorow hoffte zwar, diese Verluste bei der Beerdigung der alten Kaufmannsfrau Trjuchina, die schon seit bald einem Jahr im Sterben lag, wieder einigermaßen wettmachen zu können. Aber die Trjuchina kämpfte am weit entfernten Rasguljai mit dem Tode, und der Sargschreiner fürchtete, ihre Erben könnten es vorziehen, mit einem anderen Unternehmer in ihrer Nähe handelseinig zu werden, statt sich an ihn zu wenden, wie sie es ihm doch fest zugesagt hatten.

Diese Überlegungen wurden plötzlich durch ein dreimaliges Klopfen unterbrochen. »Wer ist da?« rief Prochorow. Die Tür öffnete sich, und ein Mann, den er auf den ersten Blick als einen deutschen Handwerker erkannte, trat ein und kam mit heiterer Miene auf ihn zu.

»Entschuldigen Sie, lieber Nachbar«, sagte er auf russisch mit jener bezeichnenden Aussprache, die wir Russen bis heute nicht hören können, ohne daß sie uns ein Lächeln abnötigt, »entschuldigen Sie, wenn ich störe . . . ich komme, um mich mit Ihnen bekannt zu machen. Mein Name ist Gottlieb Schulze, ich bin Schuhmacher und wohne gleichfalls in dieser Straße, in dem Häuschen, das Ihren Fenstern gerade gegenüberliegt. Morgen begehe ich meine Silberhochzeit. Wollen Sie und Ihre Töchter die Güte haben, beim Festessen unsere Gäste zu sein?«

Die Einladung wurde bereitwilligst angenommen. Der Sargschreiner forderte Gottlieb Schulze auf, Platz zu nehmen und mit ihm Tee zu trinken. Dank der Unbefangenheit des Schusters war man bald mitten in einem freundschaftlichen Gespräch.

»Wie gehen die Geschäfte, Verehrtester?« fragte Adrian.

»He, he, he«, lachte Schulze, »mal so, mal so. Ich kann nicht klagen. Meine Ware kommt natürlich der Ihren nicht gleich: Lebende können auf Stiefel verzichten, nicht aber Tote auf den Sarg.«

»Sehr wahr«, bemerkte Adrian, »indessen, wenn der Lebende nicht die Mittel hat, sich Stiefel zu kaufen, so läuft er eben – nichts für ungut – barfuß herum, aber der tote Bettler beschafft sich seinen Sarg umsonst.«

In diesem Ton unterhielten sich die beiden noch eine Weile, bis der Schuster schließlich aufstand und sich von dem Sargschreiner verabschiedete, nicht ohne seine Einladung zu wiederholen.

Am andern Tag pünktlich um zwölf Uhr verließ der Sargschreiner mit seinen Töchtern sein neu erworbenes Grundstück durch die Gartenpforte und ging zu dem Nachbarn hinüber. Ich versage es mir, Adrian Prochorows russischen Kaftan und die europäischen Kleider Akuljas und Darjas ausführlich zu beschreiben, womit ich freilich gegen die

Regel unserer heutigen Romanschriftsteller verstoße. Trotzdem halte ich die Bemerkung nicht für überflüssig, daß beide Jungfrauen gelbe Hüte und rote Schuhe trugen wie immer bei feierlichen Gelegenheiten.

In den engen Räumen der Schuhmacherwohnung drängten sich die Gäste; deutsche Handwerker mit ihren Frauen und ihren Gesellen und ein Este namens Jurko, der es trotz seiner untergeordneten Stellung – er war städtischer Straßenaufseher – verstanden hatte, sich die besondere Gunst des Gastgebers zu erwerben. Fünfundzwanzig Jahre hatte er, wie Pogorelskijs Postillon*, seine Obliegenheiten brav und gewissenhaft erfüllt. Der große Brand von 1812, der Moskau, die erste Reichshauptstadt, einäscherte, hatte auch sein gelb angemaltes Wächterhäuschen zerstört. Aber gleich, nachdem die Feinde verjagt waren, hatte man ein neues, diesmal grau gestrichenes und mit weißen dorischen Säulchen verziertes Häuschen errichtet, und Jurko patrouillierte wieder wie früher mit einer Hellebarde und im »Harnisch« von grobem Bauerntuch in seinem Bezirk. Die meisten Deutschen, die in der Nähe des Nikitskij-Tores wohnten, kannten ihn, manche sogar recht gut, denn es war nicht selten vorgekommen, daß sie die Nacht vom Sonntag auf den Montag in seiner Bude hatten verbringen müssen. Adrian stellte sich ihm sogleich vor als einem Menschen, den man früher oder später würde brauchen können, und als man zu Tisch ging, nahmen sie nebeneinander Platz.

Die Eheleute Schulze und ihre Tochter, das siebzehnjährige Lottchen, ermunterten ihre Gäste zuzulangen und unterstützten die Köchin beim Bedienen. Jurko aß für vier, und Adrian stand ihm nicht nach, seine Töchter indessen zierten sich. Die in deutscher Sprache geführte Unterhaltung wurde von Stunde zu Stunde lebhafter. Plötzlich meldete sich der Gastgeber zu Wort. Er öffnete eine versiegelte Flasche und rief mit lauter Stimme auf russisch: »Auf das Wohl meiner guten Luise!« Das champagnerähnliche Getränk schäumte in den Gläsern. Herr Schulze küßte das

* Anton Pogorelskij (1787–1836); Verfasser phantastischer Novellen in der Art E. Th. A. Hoffmanns.

frische Gesicht seiner vierzigjährigen Ehegesponsin, und die Gäste tranken lärmend auf die Gesundheit der guten Luise.

»Auf das Wohlergehen meiner lieben Gäste!« ließ sich der Hausherr abermals hören, nachdem er die nächste Flasche geöffnet hatte. Die Anwesenden dankten und leerten ihre Gläser zum zweitenmal. Jetzt folgte ein Trinkspruch dem andern. Man trank auf die Gesundheit jedes einzelnen, brachte ein Hoch auf Moskau aus, gedachte eines ganzen Dutzends deutscher Städte und Städtchen, stieß auf die Zünfte im allgemeinen und im besonderen an und dann auf die Meister und die Gesellen. Adrian trank wacker mit und war schließlich so aufgeräumt, daß auch er ein scherzhaftes Hoch ausbrachte. Darauf erhob einer der Gäste, ein feister Bäckermeister, sein volles Glas und rief: »Auf das Wohl derer, für die wir arbeiten! Unsere Kundschaft – sie lebe hoch!« Dieser Toast wurde wie alle übrigen auch mit einmütiger Begeisterung begrüßt. Die Gäste begannen sich gegenseitig zuzutrinken, der Schneider dem Schuster, der Schuster dem Schneider, der Bäckermeister diesen beiden, allesamt wiederum dem Bäcker und so fort. Auf dem Höhepunkt des fröhlichen Durcheinanders schrie plötzlich Jurko, zu seinem Tischnachbarn gewandt, mit lauter Stimme: »Wie wär's, Batjuschka, erheb dein Glas auf das Wohl deiner Toten!« Alle brachen in ein brüllendes Gelächter aus, aber der Sargschreiner schien diesen Zuruf übelzunehmen und verzog sein Gesicht. Niemand hatte es bemerkt, man fuhr fort zu trinken, und erst als zur Abendmesse geläutet wurde, erhoben sich die Gäste von ihren Plätzen.

Erst später und mehr oder weniger berauscht gingen sie auseinander. Der dicke Bäcker und der Buchbindermeister, dessen Gesicht lebhaft an einen roten Saffianeinband erinnerte, hatten Jurko untergefaßt. Auf diese Weise brachten sie ihn ohne Zwischenfall in seine Bude zurück, eingedenk des russischen Sprichworts: Wer seine Schuld bezahlt, vermehrt sein Gut.

Betrunken und verärgert kam der Sargschreiner nach Hause. »Was soll das heißen?« sagte er laut vor sich hin, »ist denn mein Handwerk weniger achtbar als jedes andere? Will man es etwa dem des Henkers gleichstellen? Worüber machen sich eigentlich diese Ausländer lustig? Bin ich in ihren Augen vielleicht ein Hampelmann? Ich dachte daran, sie alle zur Einweihung meines neuen Hauses einzuladen und ihnen ein üppiges Festmahl vorzusetzen. Jetzt aber kann keine Rede mehr davon sein! Diese Ketzer werde ich nicht zu mir bitten, sondern die, denen meine ehrliche Arbeit gilt: die im wahren Glauben verschieden sind!«

»Was hast du, Batjuschka?« fragte die Magd, die ihm die Stiefel ausziehen half. »Du sprichst ja lauter wirres Zeug. Bekreuzige dich! Die Toten herbeirufen – was ist das doch für ein grauenhafter Einfall!«

»Bei Gott, ich lade sie alle auf morgen ein. Ja, kommt nur, meine Wohltäter, erweist mir die Ehre, morgen abend in meinem Hause mit mir zu feiern! Ich werde euch mit allem bewirten, was Gott gibt.« Und damit warf sich Adrian auf sein Bett und schnarchte gleich drauflos.

Es war noch dunkel, als Adrian geweckt wurde. Die Kaufmannsfrau Trjuchina war in der Nacht gestorben, und ihr Geschäftsführer hatte einen reitenden Boten gesandt, um den Sargschreiner davon in Kenntnis zu setzen. Adrian gab ihm ein silbernes Zehnkopekenstück als Trinkgeld und zog sich eiligst an. Dann bestieg er eine Droschke und fuhr auf den Rasguljai. Vor dem Haus der Verstorbenen standen bereits Polizisten, und Kaufleute schnüffelten dort herum wie Krähen, die sich um ein Aas sammeln. Die Leiche lag auf einem Tisch, gelb wie Wachs und umringt von Angehörigen, Nachbarn und Dienern. Alle Fenster waren geöffnet, Kerzen brannten, und Geistliche lasen Gebete. Adrian trat auf den Neffen der Trjuchina zu, einen jungen, nach der neuesten Mode gekleideten Kaufmann und versicherte ihm, daß Sarg, Kerzen, Sargdecke und alles, was sonst noch dazugehörte, unverzüglich und ordnungsgemäß geliefert werden würden. Der Erbe dankte zerstreut und fügte hinzu, daß er mit den Kosten ohne jedes Feilschen einverstanden sei und sich ganz auf die Gewissenhaftigkeit Prochorows verlasse. Der Sargschreiner beteuerte wie immer in solchen Fällen, daß er nicht mehr verlangen werde, als angemessen sei, wechselte einen bedeutungsvollen Blick mit dem Geschäftsführer und entfernte sich, um die entsprechenden Maßnahmen zu treffen. Den ganzen Tag über fuhr er zwischen dem Rasguljai und dem Nikitskij-Tor hin und her. Erst am späten Abend war alles erledigt; er entließ den Droschkenkutscher und begab sich zu Fuß durch die mondhellen Straßen nach Hause. Vor der Himmelfahrtskirche am Nikitskij-Tor wurde er von unserem Bekannten Jurko angerufen. Dieser hatte ihn erkannt und wünschte ihm eine geruhsame Nacht.

Adrian näherte sich seinem Hause, als ihm plötzlich auffiel, daß jemand seine Gartenpforte öffnete und im Hause verschwand. Was soll das heißen, dachte er, braucht mich schon wieder jemand? Oder ist es am Ende ein Einbrecher, vielleicht sogar ein Schürzenjäger, der bei meinen närrischen Töchtern einsteigen will? Etwas Gutes bedeutet es gewiß nicht... Doch während der Sargschreiner noch erwog, ob er seinen Freund Jurko zu Hilfe rufen sollte, tauchte schon eine neue Gestalt am Pförtchen auf und schien gleichfalls eintreten zu wollen. Als er aber den Hausherrn herbeieilen sah, blieb er stehen und nahm seinen dreieckigen Hut ab. Sein Gesicht kam Adrian bekannt vor, doch vermochte er sich in der Eile nicht klar darüber zu werden, mit wem er es zu tun hatte.

»Sie wollen wohl zu mir«, sagte Adrian, und der Atem stockte ihm, »treten Sie nur gefälligst ein, erweisen Sie mir doch die Ehre.«

»Keine Redensarten, mein Lieber«, wehrte der Fremde mit hohler Stimme ab, »geh nur voran und zeig deinen Gästen den Weg!«

Adrian blieb nichts anderes übrig, als dieser Weisung zu folgen. Den Unbekannten hinter sich, schritt er durch das offene Pförtchen und die ebenfalls offenstehende Haustür und begann die Treppe hinaufzusteigen. Dabei kam es ihm vor, als ob in seinem Haus eine Menge Leute umhergingen. Was für ein Höllenspuk! dachte er und beeilte sich hinaufzugelangen. Als er die Tür zu seiner Wohnstube aufstieß, schlotterten ihm die Knie: das Zimmer war voll von Toten. Der Mond schien durchs Fenster und beleuchtete die gelben, blau angelaufenen Gesichter, die eingefallenen Lippen, die trüben, halbgeschlossenen Augen und die scharf hervortretenden Nasen . . . Ein panischer Schrecken durchfuhr den Sargschreiner, als er in diesen unheimlichen Gestalten die Toten erkannte, die mit seiner Hilfe begraben worden waren; der Gast, der mit ihm zusammen das Haus betreten hatte, war der Brigadier, dessen Leichenzug ein Platzregen überrascht hatte. Sie alle, Damen wie Herren, begrüßten Adrian mit Verbeugungen, Kratzfüßen und Glückwünschen, ausgenommen ein armer Schlucker, der kürzlich umsonst verscharrt worden war und sich dessen ebenso schämte wie seines groben Hemdes. Als einziger drückte er sich verlegen im Hintergrund herum. Alle übrigen waren angezogen, wie es sich gehörte: die Frauen trugen bebänderte Hauben, die Männer waren zwar unrasiert, doch je nach Rang und Würden in Uniformen gekleidet, und die Kaufleute hatten ihre Sonntagskleider an.

»Prochorow«, ergriff jetzt der Brigadier im Namen der ganzen ehrenwerten Gesellschaft das Wort, »schau her, wir alle sind deiner Einladung gefolgt, ausgenommen bloß die, die beim besten Willen nicht mehr kommen konnten, weil sie entweder schon völlig zerfallen sind oder weil von ihnen nichts als Knochen ohne Haut übriggeblieben sind. Aber selbst von denen hat einer es nicht über sich gewinnen können wegzubleiben – so sehr wünschte er dabei zu sein . . .«

In diesem Augenblick drängte sich ein kleines Skelett durch die Menge, die Adrian umringte, und trat auf ihn zu. Mit einem einnehmenden Lächeln blickte sein Schädel zu dem Sargschreiner auf. An dem Gerippe hafteten noch einige Fetzen von hellgrünem und rotem Stoff und von fadenscheiniger Leinwand, während die Beinknochen in den hohen Reitstiefeln klapperten wie die Mörserkeulen in einem Mörser.

»Natürlich erkennst du mich nicht, Prochorow«, sagte das Skelett, »aber du erinnerst dich vielleicht noch an den verabschiedeten Gardesergeanten Pjotr Petrowitsch Kurilkin, an jenen Kurilkin, dem du im Jahre 1799 deinen ersten Sarg verkauftest, der übrigens statt aus Eiche nur aus Tannenholz war!«

Bei diesen Worten schickte sich das Gerippe an, Adrian zu umarmen, aber Prochorow nahm alle seine Kräfte zusammen, schrie auf und stieß es von sich. Pjotr Petrowitsch taumelte, schlug hin und brach in lauter Stücke auseinander. Der Toten bemächtigte sich eine ungeheure Empörung. Allesamt traten sie für die Ehre ihres Kollegen ein und warfen sich schimpfend und drohend Adrian entgegen. Der arme Hausherr, fast erdrückt und wie betäubt von diesem Lärm, verlor seine Fassung, fiel nun selbst über die Knochen des verabschiedeten Gardesergeanten und blieb besinnungslos liegen. –

Die Sonne brannte schon längst auf das Bett, in dem der Sargschreiner schnarchte. Endlich erwachte er und erblickte die Magd, die mit dem Anblasen der Kohlen im Samowar beschäftigt war. Mit Schrecken vergegenwärtigte sich Adrian, was sich gestern begeben hatte. Die Trjuchina, den Brigadier und den Sergeanten Kurilkin sah er wie in einem Nebel vor sich. Stumm erwartete er, daß die Magd anfangen würde, über die nächtlichen Vorkommnisse zu sprechen.

»Du hast dich aber tüchtig verschlafen, Batjuschka«, sagte Aksinja und half ihm in den Schlafrock, »der Schneider von nebenan hat schon nach dir gefragt, und unser Schutzmann war ebenfalls da und sagte, daß der Polizeiaufseher heute Namenstag habe. Du aber beliebtest immer noch zu schlafen, und wir trauten uns nicht, dich zu wecken.«

»War nicht auch jemand von der verstorbenen Trjuchina da?«

»Der verstorbenen? Seit wann ist denn die tot?«

»Dumme Gans! Hast du mir nicht selbst gestern bei den Vorbereitungen für ihre Beerdigung geholfen?«

»Was faselst du da, Batjuschka? Bist du denn ganz von Sinnen oder noch immer betrunken? Von welcher Beerdigung redest du? Du hast den ganzen Tag bei diesen Deutschen gezecht, kamst betrunken nach Hause, krochst ins Bett und wachtest erst auf, nachdem es schon lange zur Mittagsmesse geläutet hatte.«

»Stimmt das auch?« sagte der Sargschreiner zweifelnd und nur halb beruhigt.

»Aber sicher«, erwiderte die Magd.

»Nun, wenn es sich so verhält, dann gib mir schnell den Tee und ruf die Töchter herein.«

DER POSTMEISTER

Kollegienregistrator –
Pferdepoststations-Diktator.
Fürst Wjäsemskij

Wer hätte nicht schon unsere Postmeister verflucht, wer nicht mit ihnen einen Streit gehabt? Wer hätte sich nicht wütend über die Gleichgültigkeit, Grobheit und Gewissenlosigkeit der Stationsvorsteher geärgert und seine Klagen vergeblich ins Beschwerdebuch eingetragen? Wer sähe nicht in diesen Beamten ebensolche Geißeln der Menschheit, wie es die ehemaligen Gerichtsschreiber waren oder die Straßenräuber von Muromsk?

Wir jedoch wollen versuchen, ihnen Gerechtigkeit widerfahren zu lassen und uns in ihre Lage hineinzuversetzen – vielleicht werden wir sie dann nicht mehr so unnachsichtig beurteilen. Was ist denn so ein Postmeister? Ein wahrer Märtyrer der vierzehnten Rangklasse, die ihn eigentlich davor bewahren müßte, von den Reisenden verprügelt zu werden; und dennoch geschieht eben das nicht selten. Und welcher Art sind die Pflichten unseres Stationsvorstehers, den Fürst Wjäsemskij scherzhaft einen Diktator genannt hat? Nun, sie unterscheiden sich in Wirklichkeit in nichts von der Zwangsarbeit eines Sträflings, der sein Leben in den sibirischen Bergwerken verbringt. Keine Ruhe, weder bei Tag noch bei Nacht. Den ganzen Mißmut, der sich in dem Reisenden im Laufe seiner langweiligen Fahrt angesammelt hat, bekommt der Postmeister zu spüren. Unaufhörlicher Regen, aufgeweichte Straßen, übellaunige und halsstarrige Kutscher, Pferde, die plötzlich stehenbleiben und nicht mehr von der Stelle zu bringen sind – an allen diesen Widrigkeiten ist niemand andres schuld als der Stationsvorsteher. Betreten die Durchreisenden seine armselige Behausung, so sehen sie in ihm ihren ärgsten Feind. Ein Segen, wenn es ihm gelingt, die ungebetenen Gäste schnell wieder loszuwerden; wie aber, wenn der Unglückliche zufällig keine ausgeruhten Postpferde im Stall hat? Mein Gott, welche Schimpfkanonaden, welche Drohungen prasseln auf sein unschuldiges Haupt nieder! Durch Schlamm und Dreck muß er über den Hof laufen und das Anschirren der Pferde überwachen. Bei Schneesturm und schneidender Kälte friert er oft noch lieber im zugigen Flur, als daß er sich den Schmähreden oder gar Fußtritten erbitterter Fahrgäste aussetzt. Kommt ein General an, so überläßt ihm der Postmeister, zitternd vor Angst, seine beiden letzten Gespanne, darunter sogar die Kúriertroika, und der General setzt seine Reise fort, ohne auch nur ein einziges Wort des Dankes zu äußern. Fünf Minuten später – wiederum Postglocken, ein Feldjäger reißt die Tür auf und wirft dem verzweifelten Mann seine Reiseorder auf den Tisch . . .

Vergegenwärtigen wir uns das alles, wird unser Herz nicht mehr von Verdrossenheit und Feindseligkeit, sondern von aufrichtigem Mitleid erfüllt sein.

Noch einige Bemerkungen zu diesem Thema: Im Laufe von zwanzig Jahren habe ich Rußland nach allen Richtungen durchquert, fast alle großen Landstraßen befahren und mehrere Generationen von Postkutschern persönlich gekannt. Es gibt kaum einen Stationsvorsteher, den ich nicht auf den ersten Blick wiedererkennen würde, keinen, mit dem ich nicht zu tun gehabt hätte. Die umfangreiche Sammlung meiner Reisebeobachtungen und -erfahrungen, von der ich wohl behaupten darf, daß sie interessant und unterhaltsam ist, hoffe ich demnächst veröffentlichen zu können. Vorläufig möchte ich nur sagen, daß die Gilde der Postmeister in den Augen der Öffentlichkeit bisher in einem ganz falschen Licht gestanden hat. Diese so viel geschmähten Beamten sind nämlich in Wirklichkeit durchaus friedliche Leute, von Natur gefällig, im Umgang entgegenkommend, bescheiden in ihren Beförderungsansprüchen und nicht allzu geldgierig.

Ihren Unterhaltungen, denen die Reisenden sehr zu Unrecht keine Beachtung schenken, kann man viel Belehrendes und Wissenswertes entnehmen. Was mich selbst betrifft, so gestehe ich, daß ich ihre Erzählungen dem Geschwätz irgendeines Beamten der sechsten Rangklasse, der in dienstlichem Auftrag unterwegs ist, bei weitem vorziehe.

Man wird sich daher nicht wundern, daß ich unter diesen achtbaren Männern manche gute Freunde habe. Das Andenken eines von ihnen halte ich ganz besonders in Ehren. Gewisse Umstände hatten mich seinerzeit mit ihm zusammengeführt, und über ihn will ich jetzt mit dem geneigten Leser plaudern.

Im Mai des Jahres 1816 führte mich eine Dienstreise durch das . . . sche Gouvernement, wobei ich eine Straße benutzte, die später aufgelassen wurde. Ich war damals noch ein kleiner Beamter, fuhr mit der Post und zahlte Fahrgelder für nur zwei Pferde. Die Postaufseher machten daher keine Umstände mit mir, und ich mußte oft genug Gewalt anwenden, um das zu erhalten, worauf ich meiner Meinung nach mit Recht Anspruch machen konnte. Jung und temperamentvoll wie ich war, erbitterte mich die Kleinlichkeit und Feigheit der Postmeister, wenn diese die mir bereits zugeteilten Pferde wieder ausspannen ließen, um sie einem später als mir eingetroffenen, aber ranghöheren Fahrgast zur Verfügung zu stellen. Ebenso konnte ich es nicht gleichgültig hinnehmen, wenn ich an der Tafel des Gouverneurs von den servierenden Dienern einfach übergangen wurde. Heute freilich scheint mir das eine wie das andere durchaus in der Ordnung zu sein; denn wo kämen wir hin, wenn man von der allgemeingültigen Regel: Ehre, wem Ehre gebühret, zugunsten einer anderen abwiche, zum Beispiel dem Grundsatz zuliebe: Verstand soll vor Unverstand gehen. Was für Streitigkeiten würden da nicht entstehen! Und die Diener? Nach welcher Rangordnung sollten sie wohl die Speisen herumreichen? Doch genug davon – ich kehre zu meiner Erzählung zurück.

Es war ein heißer Tag. Ungefähr drei Werst vor der Station . . . begann es zu tröpfeln, und eine Minute später ging ein heftiger Platzregen nieder, der mich bis auf die Haut durchnäßte. So war es, als ich auf der Poststation anlangte, meine erste Sorge, mich so schnell wie möglich umzukleiden, und die zweite, Tee zu bestellen.

»Hallo, Dunja!« rief der Aufseher. »Richte den Samowar her und kümmere dich um die Sahne.«

Ein etwa vierzehnjähriges Mädchen von überraschender Schönheit kam hinter einer Scheidewand hervor und lief in den Flur.

»Ist das deine Tochter?« fragte ich den Postmeister.

»Jawohl, meine Tochter«, bestätigte er geschmeichelt und fügte nicht ohne Stolz hinzu, daß sie ebenso verständig und geschickt sei wie ihre verstorbene Mutter, der sie auch äußerlich gleiche wie ein Ei dem andern.

Dann begann er meine Reiseorder zu registrieren, während ich eine Bilderfolge betrachtete, mit der seine anspruchslose, aber saubere Stube geschmückt war. Die kolorierten Stiche stellten die Geschichte vom Verlorenen Sohn dar. Der erste zeigte einen ehrwürdigen Greis im Schlafrock und mit einem Käppchen auf dem Kopf, der einen reisefertigen Jüngling segnet und ihm einen Geldbeutel übergibt, nach dem dieser gierig die Hand ausstreckt. Das zweite, in lebhaften Farben gehaltene Bild hatte das lasterhafte Leben des jungen Mannes zum Gegenstand: umgeben von falschen Freunden und schamlosen Weibern, schlemmt er an einem reichbesetzten Tisch. Auf dem folgenden Bild sah man im Vordergrund einer Landschaft den nunmehr ins Elend Geratenen; im bloßen Hemd und mit einem Dreispitz auf dem Kopf hütet er die Schweine und nährt sich von ihren Trebern. Sein Gesicht drückt Reue und Zerknirschung aus. Die letzte Szene stellte die Rückkehr des Verlorenen Sohnes in das Elternhaus dar: der alte Mann, im selben Schlafrock und mit dem gleichen Käppchen auf dem weißen Haar, tritt dem jungen Taugenichts entgegen; der ist vor dem Vater in die Knie gesunken, im Hintergrund aber wird ein gemästetes Kalb geschlachtet, und der ältere Bruder des Heimgekehrten fragt das Hausgesind, weshalb man ein Festmahl herrichte. Jedes Bild war mit erläuternden Versen in deutscher

Sprache versehen. Diesen Wandschmuck, dann die Balsaminen in Töpfen auf den Fensterbrettern, das Bett hinter dem bunten Vorhang und die ganze übrige Einrichtung sehe ich noch ebenso deutlich vor mir wie den Hausherrn selbst, einen frischen, kräftigen Fünfziger in einem langen grünen Rock, auf dem er drei Medaillen an verschossenen Ordensbändern trug.

Ich hatte noch nicht mit meinem alten Postkutscher abgerechnet, als Dunja bereits mit dem Samowar zurückkam. Die kleine Kokette hatte gleich bemerkt, wie sehr sie mir gefiel. Sie schlug ihre großen blauen Augen nieder, aber als ich sie anredete, antwortete sie mir ohne jede Schüchternheit wie ein junges Mädchen, das sich seiner Reize vollkommen bewußt ist. Ich bot ihrem Vater ein Glas Punsch an und Dunja eine Tasse Tee. Wir schwatzten alle drei miteinander, als wären wir alte Bekannte.

Die Pferde warteten schon längst vor der Tür, aber ich konnte mich noch immer nicht von dem Postmeister und seiner Tochter trennen. Als ich mich schließlich verabschiedete, wünschte der Vater mir eine glückliche Reise. Die Tochter begleitete mich hinaus. Im Flur blieb ich stehen und bat sie um einen Kuß. Dunja war einverstanden . . . An viele Küsse kann ich mich erinnern,

»seit ich das betreibe«,

aber nicht ein einziger hat einen so angenehmen und nachhaltigen Eindruck bei mir hinterlassen! –

Einige Jahre waren vergangen. Eines Tages führte mich der Zufall abermals in dieselbe Gegend. Ich hatte Dunja nicht vergessen und freute mich auf ein Wiedersehen mit ihr. Aber, dachte ich, vielleicht ist der Postmeister schon verabschiedet und seine Tochter verheiratet. Auch der Gedanke, daß der Vater oder gar Dunja selbst gestorben sein könnten, ging mir durch den Kopf, und ich näherte mich der Station mit trüben Vorahnungen.

Der Wagen hielt vor dem kleinen Haus. Als ich das mir so wohlbekannte Zimmer betrat, erkannte ich sofort die Bilder wieder, die die Geschichte des Verlorenen Sohnes darstellten. Auch der Tisch und das Bett waren noch vorhanden, aber es standen keine Blumen mehr auf den Fensterbänken, und alles ringsum sah ungepflegt und vernachlässigt aus. Der Postmeister schlief unter seinem Pelz. Mein Kommen weckte ihn, und er erhob sich. Es war tatsächlich Samson Wyrin; aber wie sehr war er inzwischen gealtert! Während er meinen Reisepaß registrierte, ließ ich meine Blicke auf seinem ergrauten Haar, auf den tiefen Runzeln seiner schon lange nicht rasierten Wangen und auf seinem gebeugten Rücken ruhen und konnte nicht begreifen, wie diese drei oder vier Jahre den damals noch so rüstigen Mann in einen hinfälligen Greis hatten verwandeln können.

»Hast du mich denn nicht erkannt?« fragte ich. »Wir sind doch alte Freunde.«

»Mag sein«, erwiderte er trübselig, »der Reiseverkehr ist lebhaft, es kommen so viele Leute hier durch.«

»Wie geht es deiner Tochter Dunja?« fuhr ich fort.

Der Alte verzog sein Gesicht.

»Gott mag es wissen«, antwortete er.

»Sie ist wohl verheiratet?« erkundigte ich mich weiter.

Der Postmeister beugte sich über meinen Paß und tat, als hätte er mich nicht verstanden. Obwohl die Neugier mich plagte, hörte ich auf zu fragen, hoffte aber, daß der Punsch meinem alten Bekannten die Zunge lösen würde. Und ich irrte mich nicht: er wies das angebotene Glas nicht zurück, und ich bemerkte, daß der Rum ihn mehr und mehr aufheiterte. Beim zweiten Glas wurde er gesprächig. Er erinnerte sich meiner oder gab sich wenigstens den Anschein, als erkenne er mich wieder, und nach und nach erfuhr ich die ganze Geschichte; sie rührte mich damals sehr und hat mich später noch lange beschäftigt.

»Sie haben also meine Dunja gekannt?« begann er seine Erzählung. »Ja, wer hat sie nicht gekannt! Ach, Dunja, meine Dunja! Was war sie doch für ein prächtiges Mädchen! Jeder Durchreisende lobte sie, und keiner hat sich abfällig über sie geäußert. Die Damen schenkten ihr Tüchlein oder Ohrringe, und die Herren, die hier Station machten, nahmen sich viel Zeit beim Mittagessen oder Abendbrot, nur um

Dunja länger anschauen zu können. Oft genug geschah es, daß ein Fahrgast, mochte er noch so verärgert sein, sofort, wenn Dunja das Zimmer betrat, zu schimpfen und zu fluchen aufhörte und sich in der liebenswürdigsten Weise mit mir unterhielt. Sie dürfen es mir ruhig glauben, lieber Herr, wenn ich Ihnen sage, daß Kuriere und Feldjäger oft länger als eine halbe Stunde mit ihr plauderten. Sie hielt den ganzen Haushalt in Ordnung: überall, wo es etwas aufzuräumen oder vorzubereiten gab, war sie dabei, und wie flink wurde sie mit jeder Arbeit fertig! Und ich alter Esel konnte mich nicht satt sehen an ihr, mich nicht genug an ihr freuen. Hat denn dem Kind nicht meine ganze Liebe gehört, habe ich meine Dunja nicht gehegt und gepflegt und alles getan, damit sie es gut bei mir habe? Aber nein, dem Verhängnis entgehst du nicht, wenn es dir nun einmal so bestimmt ist!«

Nach diesen einleitenden Worten erzählte mir dann der arme Alte mit allen Einzelheiten den Kummer, der ihn betroffen hatte. An einem Winterabend vor drei Jahren, als er gerade damit beschäftigt war, ein neues Buch für sein postalisches Register zu linieren, und seine Tochter hinter der Scheidewand ein Kleid nähte, war eine Troika vorgefahren; ein Fahrgast in Offiziersuniform mit einer Tscherkessenmütze auf dem Kopf und einem Schal um den Hals stieg aus und verlangte herrisch Postpferde. Als er erfuhr, daß sämtliche Pferde unterwegs waren, erhob er seine Stimme und seine Nagaika; aber Dunja, an solche Szenen gewöhnt, kam schnell aus ihrem Verschlag heraus und wandte sich in ihrer reizenden Jungmädchenart an den Reisenden mit der Frage, ob er nicht hungrig sei und etwas zu essen haben wolle. Das Erscheinen Dunjas hatte die übliche Wirkung. Sein Zorn verrauchte; er erklärte, er wolle auf Postpferde warten, und bestellte ein Abendessen. Nachdem der Ankömmling Pelzmütze, Schal und Mantel abgelegt hatte, entpuppte er sich als ein stattlicher junger Husar mit schwarzem Schnurrbärtchen; er fühlte sich bald beim Postmeister wie zu Hause und plauderte beim Abendessen munter mit ihm und seiner Tochter. Unterdessen waren auch die Pferde zurückgekommen. Der Postmeister ging hinaus und gab Befehl, die Tiere nicht erst zu füttern, sondern gleich vor den Wagen des Fahrgasts zu spannen. Bei seiner Rückkehr ins Haus fand er jedoch den jungen Mann fast ohnmächtig vor: ihm sei plötzlich schlecht geworden, erklärte er; er habe unerträgliches Kopfweh und sei unter diesen Umständen nicht fähig, seine Reise fortzusetzen. Der Postmeister sah sich gezwungen, dem Kranken sein Bett abzutreten, und man beschloß, am nächsten Morgen, wenn bis dahin noch keine Besserung eingetreten sein sollte, nach dem Arzt zu schicken.

Am andern Tage fühlte sich der Husar noch schlechter. Sein Bursche ritt in die Stadt, um den Arzt zu holen. Dunja band dem Kranken ein mit Essig getränktes Handtuch um den Kopf und setzte sich mit ihrer Näharbeit an sein Bett. Solange der Postmeister anwesend war, stöhnte der junge Mann und war zu schwach, auch nur ein Wort hervorzubringen. Doch kaum war er mit Dunja allein, trank er zwei Tassen Kaffee und bestellte sich ein Mittagessen. Dunja wich nicht vom Lager des Patienten, der an einem unstillbaren Durst zu leiden behauptete; immer wieder mußte sie ihm einen Krug mit Limonade reichen, die sie selbst bereitet hatte. Der Husar befeuchtete aber bloß seine Lippen, und jedesmal, wenn er den Krug zurückgab, drückte er mit seiner schwachen Hand zum Zeichen seiner Dankbarkeit recht herzhaft die Hand des hübschen Mädchens. Um die Mittagszeit kam der Arzt, fühlte ihm den Puls, unterhielt sich mit ihm in deutscher Sprache und sagte schließlich auf russisch zu ihm, daß er, wenn er sich ruhig verhalte, in zwei Tagen werde abreisen können. Der Husar drückte dem Arzt ein Honorar von fünfundzwanzig Rubel in die Hand und lud ihn zum Mittagessen ein. Der Arzt nahm an; beide aßen mit bestem Appetit, leerten eine Flasche Wein und waren sehr befriedigt, als sie voneinander schieden.

Ein zweiter Tag verging, und die Gesundheit des Husaren schien wieder völlig hergestellt. Er war recht munter, scherzte ununterbrochen bald mit Dunja und bald mit ihrem Vater, pfiff Lieder, unterhielt sich mit den Durchreisenden, übernahm hilfsbereit die Registrierung der Reisepässe im Postbuch und schmeichelte sich auf jede Weise beim Postmeister ein, so daß dieser es sehr bedauerte, als er sich am dritten Tag von seinem liebenswürdigen Besuch trennen mußte. Es war ein Sonntag, und Dunja schickte sich gerade an, in die Kirche zu gehen. Der Wagen des Husaren fuhr vor. Er verabschiedete sich vom Postmeister, nachdem er ihn reichlich für Kost und Logis entschädigt hatte; dann nahm er auch von Dunja Abschied und erbot sich, sie bis zur Kirche mitzunehmen, die am Ende des Dorfes lag. Dunja stand unschlüssig da ...

»Wovor fürchtest du dich?« fragte der Vater. »Seine Hochwohlgeboren ist doch kein Wolf und frißt dich nicht – fahr nur mit bis zur Kirche.«

Dunja stieg ein und nahm neben dem Husaren Platz; der Bursche kletterte auf den Bock, der Kutscher trieb die Pferde an, und der Wagen rollte davon. –

Kaum war die Kibitka außer Sehweite, bekam es der Postmeister mit der Angst. Er begriff gar nicht mehr, wie er seiner Dunja hatte erlauben können, mit dem Husaren zu fahren. Wie hatte er bloß so blind und so unvernünftig sein können? Sein Herz preßte sich zusammen, und heftige Unruhe bemächtigte sich seiner, so daß er es zu Hause nicht mehr aushielt und nun selber zur Kirche eilte. Als er sich dem Gotteshaus näherte, sah er, daß die Gemeinde schon auseinanderging; Dunja aber war nirgends zu erblicken, weder innerhalb der Umzäunung noch auf dem Vorplatz der Kirche. Der bestürzte Postmeister ging in die Kirche; aber nur zwei alte Frauen beteten noch in einer Ecke, während der Küster die Kerzen ausblies und der Geistliche sich anschickte heimzugehen. Der aufs äußerste besorgte Vater fragte den Küster, ob er Dunja beim Gottesdienst gesehen habe, und erhielt eine verneinende Antwort. Mehr tot als lebendig, ging der Postmeister wieder nach Hause. Ihm blieb nur eine Hoffnung: das Mädchen könne in jugendlichem Mutwillen auf den Gedanken gekommen sein, sich bis zur nächsten Poststation mitnehmen zu lassen, wo ihre Patin wohnte. In qualvoller Aufregung schaute er nach dem Kutscher des Wagens aus, mit dem seine Tochter gefahren war, der aber kam und kam nicht. Erst gegen Abend stellte er sich völlig betrunken wieder ein – und brachte die niederschmetternde Nachricht, Dunja sei mit dem Husaren weitergefahren, wohin, wisse er auch nicht.

Außer sich vor Verzweiflung, sank der Alte auf das Bett, auf dem kürzlich noch der junge Verführer gelegen hatte. Jetzt, da er sich alle Umstände vor Augen hielt, wurde ihm klar, daß die Krankheit des Husaren nur vorgetäuscht war. Den armen Postmeister befiel ein heftiges Fieber; er wurde in die Stadt gebracht, und die Postverwaltung schickte einen Stellvertreter. Der gleiche Arzt, den man zu dem Husaren gerufen hatte, übernahm nun auch seine Behandlung. Er versicherte dem Alten, daß der junge Mann vollkommen gesund gewesen sei. Er, der Arzt, habe die bösen Absichten des Husaren gleich erraten, aber aus Angst vor der Nagaika des Offiziers geschwiegen. Ob nun der Deutsche die Wahrheit sprach oder sich bloß mit seinem Scharfsinn wichtig machen wollte – jedenfalls konnten seine Worte dem Kranken keinerlei Trost gewähren. Nachdem der Postmeister wieder einigermaßen gesund geworden war, erbat er sich einen zweimonatigen Urlaub und begab sich, ohne irgend jemanden ins Vertrauen zu ziehen, auf die Suche nach seiner Tochter. Von der Notiz über die Reiseorder her wußte er, daß der Rittmeister Minskij aus Smolensk nach Petersburg gereist war. Der Postkutscher, der ihn gefahren hatte, berichtete, Dunja habe unterwegs immer geweint, obgleich sie allem Anschein nach durchaus nicht gegen ihren Willen mitgefahren sei. Wer weiß, dachte der Alte, vielleicht werde ich doch noch mein verlorenes Schäfchen nach Hause zurückbringen können . . .

An diese Hoffnung klammerte er sich, als er in Petersburg ankam und bei einem alten verabschiedeten Unteroffizier des Ismailowschen Regiments abstieg, mit dem er gemeinsam seine Wehrpflicht abgedient hatte. Mit dessen Hilfe begann er seine Nachforschungen und brachte auch bald in Erfahrung, daß Minskij in einem bekannten Petersburger Gasthof wohnte. Dorthin begab sich der Postmeister frühmorgens. Im Vorzimmer des Rittmeisters bat er, diesem zu melden, daß ein alter Soldat Seine Hochwohlgeboren zu sprechen wünsche. Der Bursche, der damit beschäftigt war, die Reitstiefel seines Herrn zu putzen, erwiderte, der Rittmeister schlafe noch und pflege niemanden vor elf Uhr zu empfangen. Der Postaufseher ging fort und stellte sich zur angegebenen Zeit wieder ein. Im Schlafrock und mit einem roten Käppchen auf dem Kopf kam Minskij selber zu ihm heraus und fragte nach seinem Begehren. Dem Alten schlug das Herz bis zum Halse, Tränen traten ihm in die Augen, und mit bebender Stimme stammelte er: »Euer Hochwohlgeboren, erbarmen Sie sich meiner in Christi Namen . . .«

Minskij warf ihm einen raschen Blick zu, errötete, nahm ihn bei der Hand, führte ihn ins Nebenzimmer und sperrte die Tür hinter sich zu.

»Euer Hochwohlgeboren«, fuhr der alte Mann fort, »was geschehen ist, ist geschehen, aber geben Sie mir doch wenigstens meine arme Dunja wieder zurück. Sie haben Ihr Vergnügen mit ihr gehabt, stoßen Sie das Mädchen nicht auch noch ins Verderben!«

»Ja«, entgegnete der Rittmeister in größter Verlegenheit, »das Geschehene kann nicht mehr rückgängig gemacht werden. Ich habe mich an dir versündigt und bin froh, dich um Vergebung bitten zu können; aber glaube nur ja nicht, daß ich Dunja im Stich lassen könnte. Sie wird glücklich sein – ich gelobe es dir! Warum willst du sie zurück haben? Sie liebt mich und würde sich in ihrer früheren Umgebung nicht mehr wohlfühlen, denn weder du noch sie könnten jemals vergessen, was inzwischen geschehen ist.«

Und damit schob er dem Alten ein Päckchen in den Ärmelaufschlag, öffnete die Tür, und im nächsten Augenblick sah sich der Postmeister, ohne zu wissen, wie ihm geschah, auf der Straße. Hier verharrte er eine Weile reglos. Als er wieder zu sich kam, bemerkte er das Päckchen, das der junge Mann ihm zugesteckt hatte. Es waren einige zerknitterte Fünf- und Zehnrubelscheine. Wieder traten ihm die Tränen in die Augen – Tränen der Empörung. Er knüllte die Banknoten zusammen, warf sie auf den Boden, stampfte mit den Füßen auf ihnen herum und ließ sie liegen. Als er einige Schritte gegangen war, blieb er stehen, besann sich und kehrte um. Doch die Geldscheine waren nicht mehr da, wohl aber ein junger, übrigens gut gekleideter Mensch, der, als er den Postmeister zurückkommen sah, schnell in eine Droschke sprang und davonfuhr. Der Alte machte keinen Versuch, den Flüchtigen aufzuhalten. Er beschloß, Petersburg zu verlassen und zu seiner Poststation heimzukehren. Vorher aber wollte er seine arme Dunja noch einmal sehen. Zu diesem Zweck begab er sich zwei Tage später abermals zu Minskij, aber der Bursche fuhr ihn grob an. Der Rittmeister empfange überhaupt niemanden, sagte er, drängte den Postmeister gewaltsam aus dem Vorzimmer und schlug die Tür hinter ihm zu. Der Abgewiesene stand noch eine Zeitlang da, und dann entfernte er sich.

Am Abend des gleichen Tages ging er die Liteinaja entlang, nachdem er in der Kirche der Muttergottes aller Leidtragenden gebetet hatte. Plötzlich überholte ihn eine vornehme Equipage, und der Alte erkannte Minskij. Die Kutsche hielt vor einem dreistöckigen Hause, und der Husar eilte die Treppe hinauf. Dem Postmeister kam ein glücklicher Gedanke. Er wandte sich an den Kutscher und fragte ihn, ob der Wagen nicht dem Rittmeister Minskij gehöre.

»Ganz recht«, antwortete der Kutscher, »aber warum fragst du danach?«

»Weil dein Herr mich beauftragt hat, seiner Dunja ein Briefchen zu bringen, und ich vergessen habe, wo diese Dunja wohnt.«

»Hier oben«, sagte der Kutscher, »im zweiten Stock; aber du kommst zu spät, Bruder, er ist ja schon selber bei ihr.«

»Macht nichts«, erwiderte der Alte mit klopfendem Herzen. »Ich danke dir für die Auskunft, ich weiß schon, was ich zu tun habe.« Und damit stieg er die Treppe hinauf.

Die Tür war zugesperrt. Er schellte. Einige Minuten vergingen in qualvoller Spannung. Dann drehte sich der Schlüssel im Schloß, und die Tür ging auf.

»Wohnt hier Awdotja Samsonowna?« erkundigte er sich.

»Jawohl«, sagte ein junges Dienstmädchen, »was wünschst du von ihr?«

Ohne zu antworten, ging der Postmeister an ihr vorüber in den Salon.

»Nicht eintreten, nicht eintreten!« rief ihm das Mädchen nach, »Awdotja Samsonowna hat Besuch!«

Aber der Alte achtete nicht auf sie, sondern ging unbeirrt weiter. Zwei Zimmer waren dunkel, im dritten brannte Licht. An der offenen Tür blieb er stehen. In einem prunkvoll eingerichteten Raum lehnte Minskij, in Gedanken versunken, in einem Sessel, und Dunja, nach der neuesten Mode gekleidet, saß auf der Armlehne, wie eine Amazone im englischen Sattel. Zärtlich blickte sie den Husaren an und wickelte seine schwarzen Locken um ihre juwelengeschmückten Finger.

Armer Postmeister! Noch nie war ihm seine Tochter so schön erschienen wie in diesem Augenblick; und er konnte nicht anders, er weidete sich selbstvergessen an ihrem Anblick.

»Wer ist da?« fragte sie, ohne aufzuschauen.

Der Alte schwieg. Als Dunja keine Antwort erhielt, hob sie den Kopf – und sank mit einem Aufschrei auf den Teppich. Der bestürzte Minskij wollte dem Mädchen aufhelfen, doch er bemerkte plötzlich in der Tür den Postmeister. Er ließ Dunja liegen und wandte sich, bebend vor Zorn, dem Alten zu.

»Was hast du hier zu suchen?« schrie er. »Warum lauerst du mir auf wie ein Räuber? Willst du mich etwa umbringen? Fort mit dir!«

Und mit einem festen Griff packte er den Alten am Kragen und stieß ihn zur Tür hinaus.

Der alte Mann ging zu seinem Freund zurück; und der riet ihm, den Wüstling zu verklagen. Aber der Postmeister wehrte ab und entschied sich, davon Abstand zu nehmen. Er verließ die Hauptstadt, kehrte in die Poststation zurück und nahm seinen Dienst wieder auf.

»Jetzt sind es schon drei Jahre«, schloß er seinen Bericht, »daß Dunja fort ist und ich nichts mehr von ihr gehört habe. Gott weiß, was sich inzwischen ereignet hat und ob sie überhaupt noch lebt. Sie ist ja nicht die erste und wird auch nicht die letzte sein, die, von einem Taugenichts verführt, eine Zeitlang ausgehalten und dann im Stich gelassen wird. Es gibt in Petersburg nicht wenige solche Mädchen, die heute in Samt und Seide herumstolzieren und morgen mit dem Lumpengesindel aus den Kaschemmen der Großstadt die Gassen kehren. Wenn ich mir zuweilen vorstelle, daß auch meine Dunja diesen Weg gegangen sein könnte, möchte ich ihr lieber einen frühen Tod wünschen, wenn es auch Sünde ist, sich solchen Gedanken hinzugeben . . .«

Das war es, was mir mein alter Freund, der Postmeister, erzählte; und dabei wischte er sich von Zeit zu Zeit die Tränen mit dem Rockärmel ab wie jener Terentjitsch in Dmitrijews schöner Ballade. Die Tränen des armen Alten mochten allerdings zum Teil auch durch den Punsch hervorgerufen sein, dem er im Verlaufe seines Berichtes eifrig zugesprochen hatte. Aber wie dem auch sein mochte, sie rührten mich sehr, und nachdem ich ihn verlassen hatte, konnte ich lange Zeit weder ihn noch die bedauernswerte Dunja vergessen.

Als ich kürzlich die kleine Ortschaft . . . passierte, fiel mir wieder der alte Postmeister ein. Ich erfuhr, daß die Station, die er verwaltet hatte, inzwischen aufgelöst worden war. Auf meine Frage, ob der Alte noch lebe, konnte mir niemand etwas Genaues sagen. Ich entschloß mich daher, die mir so wohlbekannte Gegend zu besuchen, mietete einen Wagen und fuhr in das Dorf N.

Es war Herbst. Graue Wölkchen bedeckten den Himmel. Ein kalter Wind blies über die abgeernteten Felder und riß rote und gelbe Blätter von den Bäumen herab. Ich kam bei Sonnenuntergang im Dorf an und ließ am Häuschen der ehemaligen Poststation halten. Im Flur, in dem mich einst die kleine reizende Dunja geküßt hatte, traf ich eine dicke Frau und erkundigte mich bei ihr nach dem alten Postmeister. Sie teilte mir mit, daß er vor einem Jahr gestorben sei und daß jetzt sie hier mit ihrem Mann, einem Bierbrauer, lebe. Ich bedauerte schon, die Fahrt vergeblich unternommen und sieben Rubel dafür vergeudet zu haben.

»Woran ist denn der Alte gestorben?« fragte ich die Bierbrauersfrau.

»Er hat sich zu Tode getrunken, Batjuschka«, antwortete sie.

»Und wo hat man ihn begraben?«

»An der Friedhofsmauer, neben dem Grabe seiner Frau.«

»Könnte mich nicht jemand hinführen?«

»Warum denn nicht? Komm her, Wanka, du hast genug mit der Katze gespielt. Führ den Herrn auf den Friedhof zum Grab des Postmeisters!«

Wanka, ein zerlumpter, rothaariger und schielender Junge, kam gleich herbei und begleitete mich

»Hast du den Verstorbenen gekannt?« fragte ich ihn unterwegs.

»Wie sollte ich ihn nicht gekannt haben? Er hat mich doch gelehrt, Flöten aus Weidenholz zu schneiden. Wenn er, Gott hab ihn selig, aus der Dorfschenke herauskam und wir mit dem Ruf: ‚Großvater, gib uns Nüsse!' hinter ihm herliefen, schenkte er uns immer welche. Er hat sich viel mit uns Kindern abgegeben.«

»Erinnern sich auch die Durchreisenden noch an ihn?«

»Es kommen ja nur noch wenige Reisende hier durch. Eigentlich nur der Kreisrichter, und der kümmert sich bloß um die Lebendigen, nicht um die Toten. Im Sommer allerdings machte hier eine Dame halt. Sie fragte nach dem alten Postmeister und besuchte sein Grab.«

»Was war das für eine Dame?« fragte ich neugierig.

»Eine sehr schöne Dame«, antwortete der Junge. »Sie kam in einer Kutsche mit sechs Pferden angereist. Sie hatte drei kleine Jungen, eine Kinderfrau und einen schwarzen Mops bei sich. Als man ihr mitteilte, der Alte sei gestorben, weinte sie und sagte zu den Kindern, daß sie sich ruhig verhalten sollten, sie gehe auf den Friedhof und sei bald wieder da. Ich bot mich an, sie hinzuführen, aber sie antwortete, daß sie den Weg kenne, und schenkte mir ein silbernes Fünfkopekenstück – so eine freundliche Dame war sie.«

Wir betraten den Friedhof. Es war ein öder Platz mit vielen hölzernen Kreuzen, aber ohne einen einzigen schattenspendenden Baum. Noch nie hatte ich einen so trostlosen Friedhof gesehen.

»Hier ist das Grab des alten Postmeisters«, sagte der Junge und zeigte auf einen Kieshügel, in dem ein schwarzes Kreuz mit einem metallenen Heiligenbild steckte.

»Und hierher ist die Dame gekommen?«

»Ja«, erwiderte Wanka, »ich habe sie heimlich beobachtet. Sie kniete hier nieder und blieb lange in dieser Stellung. Schließlich ging sie ins Dorf zum Priester, gab ihm Geld und fuhr dann wieder fort. Aber mir hat sie ein silbernes Fünfkopekenstück geschenkt – so eine freundliche Dame war sie!«

Auch ich gab dem Jungen fünf Kopeken und bedauerte nicht mehr, daß ich hergekommen war und sieben Rubel für die Fahrt ausgegeben hatte.

FRÄULEIN BÄUERIN

In jeder Kleidung, Herzchen,
bist du schön.
Bogdanowitsch

In einem unserer entlegensten Gouvernements befand sich das Gut Iwan Petrowitsch Berestows. In seiner Jugend hatte er in der Garde gedient, zu Beginn des Jahres 1797 den Abschied genommen, war auf sein Gut heimgekehrt und hatte sich seitdem nicht mehr von der Stelle gerührt. Er war mit einem mittellosen Edelfräulein verheiratet gewesen, das im Wochenbett starb, als er sich gerade auf der Jagd befand. Wirtschaftliche Unternehmungen brachten ihn jedoch bald über diesen Verlust hinweg. Er baute sich ein Haus nach eigenen Plänen, gründete eine Textilfabrik, erzielte beträchtliche Gewinne und begann sich für den gescheitesten Mann im ganzen Bezirk zu halten, was auch von seinen Gutsnachbarn, die ihn häufig mit ihren gesamten Familien und ihren Jagdhunden besuchten, keineswegs bestritten wurde. Werktags lief er in einer Samtjacke herum, an den Sonn- und Feiertagen trug er Röcke aus Stoffen eigener Fabrikation, schrieb selbst alle seine Ausgaben auf und las ausschließlich die »Senatszeitung«. Er war allgemein beliebt, obgleich man ihn für stolz hielt. Der einzige, der sich nicht mit ihm vertrug, war sein nächster Nachbar Grigorij Iwanowitsch Muromskij, ein echter russischer Großgrundbesitzer von der alten Art. Nachdem dieser den größten Teil seines Vermögens in Moskau verjubelt und damals auch seine Frau verloren hatte, zog er auf das letzte Gut, das ihm noch gehörte. Doch auch hier setzte er sein gewohntes Luxusleben fort, wenn auch anders als bisher. Er legte einen englischen Park an, der fast alle seine Einnahmen verschlang. Seine Stallknechte waren angezogen wie englische Jockeis; er ließ seine Tochter von einer englischen Gouvernante erziehen und seine Äcker nach englischen Methoden bestellen –

»doch nie gedeiht die eigne Saat auf fremde Weise«.

Trotz der erheblichen Verminderung seines Aufwands, zu der sich Grigorij Iwanowitsch allmählich hatte entschließen müssen, gelang es ihm nicht, seine Einkünfte zu steigern. Wohl aber brachte er es fertig, sogar hier auf dem Lande neue Schulden zu machen. Dennoch hielt man ihn nicht für einen törichten Menschen, denn als erstem von den Gutsbesitzern des Gouvernements war ihm die Idee gekommen, seinen Landbesitz bei der Vormundschaftsbehörde zu verpfänden – eine Maßnahme, die zur damaligen Zeit als besonders kühn und schwierig galt. Von allen, die sie nicht guthießen, äußerte sich Berestow am schärfsten. Es war besonders charakteristisch für ihn, daß er alle Neuerungen verabscheute. Er konnte nicht, ohne sich aufzuregen, von der Anglomanie seines Nachbarn sprechen und fand immer wieder einen neuen Anlaß, Grigorij Iwanowitsch zu kritisieren. Wenn er zum Beispiel einen Gast auf seinem Gut herumführte und von diesem für seine Wirtschaftsmethoden gelobt wurde, so pflegte er mit einem selbstgefälligen Lächeln zu sagen: »Ja, bei uns ist das anders als bei meinem Nachbar Grigorij Iwanowitsch. Wir haben keine Lust, uns auf englisch zu ruinieren! Wir ziehen es vor, auf russisch satt zu werden.«

Diese und ähnliche spitze Bemerkungen wurden dann von den Nachbarn eifrig verbreitet und kamen, meist noch ergänzt und ausgeschmückt, auch dem Anglomanen zu Ohren, der Kritik ebensowenig vertragen konnte wie unsere Journalisten. Er schäumte vor Wut und nannte den Lästerer einen Bären und hoffnungslosen Provinzler.

So sahen die Beziehungen zwischen den beiden Gutsbesitzern aus, als Berestows Sohn nach Hause kam. Er hatte sein Studium auf der Universität . . . abgeschlossen und wollte die Militärlaufbahn einschlagen. Sein Vater war damit nicht einverstanden. Für den Zivildienst aber fühlte sich der Sohn ungeeignet. Jeder beharrte auf seinem Standpunkt. So führte der junge Alexej vorläufig das Leben eines müßigen Edelmannes und ließ sich für alle Fälle einen Schnurrbart wachsen.

Alexej Berestow war ein hübscher, gut gewachsener Jüngling, und man hätte es in der Tat bedauern müssen, wenn er der Möglichkeit beraubt worden wäre, sich in der eng geschnürten Offiziersuniform sehen zu lassen. Wie prächtig hätte er sich zu Pferde ausgenommen, und nun sollte er seine Jugend in einer Kanzlei, über Akten gebeugt, vertrauern! Sah man ihn auf einer Hetzjagd an der Spitze der Kavalkade dahinstürmen, ohne auf den Weg zu achten, so waren sich alle Nachbarn darüber einig, daß aus ihm niemals ein tüchtiger Abteilungsvorsteher werden könne. Die jungen Damen blickten ihm bewundernd nach, und manche verliebte sich in ihn. Aber Alexej beachtete sie so wenig, daß sie vermuteten, die Ursache seiner Gleichgültigkeit müsse ein Liebesverhältnis sein, zumal die Abschrift einer von ihm geschriebenen Briefadresse von Hand zu Hand ging, die folgendermaßen lautete: »An Akulina Petrowna Kurotschkina in Moskau, gegenüber dem Alexejkloster, im Hause des Kupferschmieds Saweljew. Ich bitte ergebenst, diesen Brief A. N. R. zu übergeben.«

Diejenigen meiner Leser, die niemals auf Landgütern lebten, haben keine Ahnung, wie reizend diese Provinzdamen oft sind! Aufgewachsen in der reinen Landluft, in schattigen Parks und Obstgärten, schöpfen sie ihre Kenntnisse vom Leben und von der Welt aus Büchern. Infolge ihrer Einsamkeit und Freiheit und ihrer Lektüre entwickeln sich in ihnen schon früh Gefühle und Leidenschaften, die unsern durch geselligen Zeitvertreib abgelenkten Schönen in der Stadt unbekannt bleiben. Schon das Ertönen der Postglocken kommt diesen Fräulein vom Lande wie ein Abenteuer vor; eine Fahrt in die nahe Kreisstadt ist ein hochbedeutendes Ereignis, und der Besuch eines Gastes hinterläßt eine lange, zuweilen unauslöschliche Erinnerung. Natürlich steht es jedermann frei, sich über manche ihrer

Wunderlichkeiten lustig zu machen; aber die anzüglichen Bemerkungen oberflächlicher Beobachter können niemals ihre inneren Werte herabsetzen. Die vornehmsten Gaben sind Individualität und charakterliche Eigenart, und ohne sie ist, wie Jean Paul versichert, menschliche Größe undenkbar. In den Hauptstädten mögen die Frauen eine höhere Bildung erhalten, aber der gesellschaftliche Schliff gleicht die Charaktere bald einander an, und die Seelen werden so einförmig wie die Frisuren. Nicht als Verurteilung sei das gesagt, doch »nota nostra manet«, wie ein antiker Kommentator schreibt.

Man wird sich leicht vorstellen können, welchen Eindruck Alexej im Kreise unsrer jungen Damen machen mußte; war er doch der erste, der finster und blasiert vor sie hintrat und ihnen von verlorenen Freuden und welkender Jugend sprach, wobei er lässig mit einem schwarzen, totenkopfgeschmückten Fingerring spielte. Das alles war etwas ganz Neues in jenem Gouvernement. Kein Wunder, daß die Damen ihn anbeteten.

Am meisten beschäftigte sich Lisa, die Tochter unsres Anglomanen – von diesem übrigens Betsy genannt – mit Alexej. Da ja die Väter nicht miteinander verkehrten, hatte sie ihn noch nie gesehen, sondern kannte ihn nur vom Hörensagen, denn die jungen Nachbarinnen sprachen von nichts anderem als von ihm. Lisa war siebzehn Jahre alt. Schwarze Augen belebten ihr sonnengebräuntes und höchst anziehendes Gesicht. Sie war das einzige und daher sehr verwöhnte Kind ihres Vaters. Ihre Lebendigkeit und ihre schelmischen Einfälle begeisterten Grigorij Petrowitsch und brachten ihre Erzieherin Miss Jackson zur Verzweiflung, eine vierzigjährige Zierpuppe, die sich die Wangen puderte und die Augenbrauen schwärzte, zweimal im Jahr die »Pamela« las, dafür zweitausend Rubel jährlich erhielt und sich in diesem barbarischen Rußland zu Tode langweilte.

Lisa wurde von der Zofe Nastja bedient; diese war älter als ihre Herrin, aber ebenso übermütig und unternehmungslustig. Lisa liebte sie sehr, hatte keine Geheimnisse vor ihr und dachte sich gemeinsam mit ihr alle ihre Streiche aus.

Kurz, Nastja spielte in Prilutschino eine weit größere Rolle als eine beliebige Vertraute in einer französischen Tragödie.

»Erlauben Sie mir, heute einen Besuch zu machen«, sagte Nastja eines Tages, als sie ihrer Herrin beim Ankleiden behilflich war.

»Wo denn?«

»In Tugilowo, bei den Berestows. Die Frau des Kochs hat Namenstag und war gestern da, um mich zum Mittagessen einzuladen.«

»Schau, schau«, sagte Lisa, »die Herren streiten sich, aber die Dienstboten bewirten einander.«

»Was gehen unsereinen die Herrschaften an«, erwiderte Nastja. »Auch bin ich bei Ihnen in Stellung und nicht bei Papachen, und mit dem jungen Berestow sind Sie doch nicht aneinandergeraten. Mögen die Alten sich nur in den Haaren liegen, wenn's ihnen Spaß macht!«

»Sieh zu, Nastja, daß du Alexej Berestow zu Gesicht bekommst, und erzähl mir dann genau, wie er aussieht und was er für ein Mensch ist.«

Die Zofe versprach es, und Lisa wartete mit Ungeduld auf ihre Heimkehr. Sie kam erst abends zurück.

»Nun, Lisaweta Grigorjewna«, sagte sie, als sie eintrat, »ich habe den jungen Berestow gesehen und ihn mir gründlich angeschaut. Wir waren den ganzen Tag beieinander.«

»Wie denn? Erzähl alles der Reihe nach.«

»Hören Sie zu: wir vier, Anisja Jegorowna, Nenila, Dunka und ich ...«

»Schon gut; und weiter?«

»Entschuldigen Sie – ich erzähle der Reihe nach. Wir vier also kamen zum Essen. Das Zimmer war voller Menschen. Da waren Leute aus Kolbino, aus Sacharjewo, aus Chlupino, die Verwaltersfrau und ihre Töchter ...«

»Nun, und Berestow?«

»Warten Sie doch – wir setzten uns an den Tisch, die Verwaltersfrau saß auf dem Ehrenplatz, ich neben ihr ... Die Töchter machten sich schrecklich mausig, ich pfeife auf sie ...«

»Ach, Nastja, wie langweilig bist du mit deinen Einzelheiten!«

»Haben Sie doch nur ein bißchen Geduld! Wir standen auf – drei Stunden hatten wir bei Tisch gesessen. Das Mittagessen war großartig. Es gab Kuchen und blau und rot gestreiftes Blanc-manger . . . Und dann standen wir also auf und gingen in den Garten, um Blindekuh zu spielen, und da kam er, der junge Herr.«

»Und wie sah er aus? Ist es wahr, daß er hübsch ist?«

»Unglaublich hübsch! Wie ein Bild, das kann man wohl sagen, groß, schlank, rote Wangen . . .«

»Wirklich? Ich hatte ihn mir doch blaß vorgestellt. Und wie schien er dir sonst zu sein? Melancholisch, nachdenklich oder wie?«

»Wo denken Sie hin! Noch nie habe ich einen so ausgelassenen Burschen gesehen! Er lief mit uns um die Wette.«

»Mit euch um die Wette? Aber das ist doch unmöglich.«

»Ganz und gar nicht unmöglich. Was meinen Sie, was er sich sonst noch ausgedacht hat: wenn er uns fing, küßte er uns!«

»Aber ich bitte dich, Nastja, du schwindelst.«

»Ich schwindle durchaus nicht. Ich konnte mich nur mit Gewalt von ihm losmachen. Den ganzen Tag hat er so mit uns herumgerauft.«

»Aber wie kann das sein? Man sagt doch, daß er verliebt sei und niemanden anschaue.«

»Davon weiß ich nichts – mich jedenfalls hat er mehr als genug angeschaut und Tanja, die Verwalterstochter, desgleichen, auch Pascha aus Kolbino; keine, mit der er nicht schöngetan hätte – ein toller Schürzenjäger!«

»Das ist erstaunlich. Was sagen sie denn im Hause von ihm?«

»Sie sagen, daß er ein ganz famoser Herr sei, so umgänglich und immer fröhlich. Bloß eines ist nicht gut: hinter den Mädchen ist er allzusehr her. Doch meiner Meinung nach ist das noch lange nicht das Schlimmste – mit der Zeit wird er schon zahm werden.«

»Wie gerne würde ich ihn sehen«, sagte Lisa seufzend.

»Das ließe sich machen. Bis Tugilowo ist es nicht weit – bloß drei Werst. Machen Sie einen Spaziergang in dieser Richtung oder reiten Sie, Sie werden ihn sicher treffen. Er geht jeden Tag in der Frühe auf die Jagd.«

»Nicht doch, er könnte glauben, daß ich ihm nachlaufe. Außerdem sind unsre Väter miteinander verfeindet, also muß auch ich ... Weißt du was, ich werde mich als Bauernmädchen verkleiden!«

»Wahrhaftig, Sie ziehen ein grobes Hemd an, hüllen sich in einen Sarafan und gehen mutig nach Tugilowo. Ich bin gewiß, daß Berestow Sie nicht verpassen wird.«

»Und den Dialekt der Bauern beherrsche ich auch. Ach, Nastja, liebe Nastja, was für ein glänzender Einfall!«

Entschlossen, ihre Absicht tatsächlich auszuführen, ging Lisa zu Bett. Schon am andern Tage nahm sie die Verwirklichung ihres Planes in Angriff. Sie ließ sich auf dem Markt grobes Leinen, blauen Nanking und Messingknöpfe besorgen, schnitt mit Nastjas Hilfe ein Hemd und einen Sarafan zu und übertrug die Näharbeit den Hausmädchen. Am Abend war alles fertig, und die Anprobe verlief zu ihrer größten Zufriedenheit, ja sie gestand sich vor dem Spiegel ein, daß sie noch nie so hübsch ausgesehen hatte wie in dieser Tracht. Dann probte sie ihre Rolle, verbeugte sich tief im Gehen, wackelte mit dem Kopf wie die tönernen Kater, mit denen die Kinder spielen, sprach Dialekt, kicherte, wobei sie sich nach Art der Bauernmädchen die Hand vors Gesicht hielt, und erwarb sich die volle Anerkennung ihrer Zofe. Nur eines bereitete ihr Schwierigkeiten: sie versuchte barfuß über den Hof zu gehen, aber das Gras stach sie in die zarten Fußsohlen, und der Kies verursachte ihr unerträgliche Schmerzen. Aber auch hier kam ihr Nastja zu Hilfe; sie lief zum Hirten Trofim und bestellte bei ihm Sandalen für ihre Herrin.

Schon vor Sonnenaufgang, als sich noch nichts im Hause rührte, stand Lisa am folgenden Tage auf, während Nastja bereits vor dem Tor auf den Hirten wartete. Bald ertönte sein Horn, und die Dorfherde zog am Herrenhaus vorüber. Trofim lieferte der Zofe die kleinen bunten Sandalen ab und erhielt von ihr einen halben Rubel für seine pünktliche Arbeit. Lisa legte die Bauernkleider an, gab Nastja im Flüsterton Anweisungen, was sie Miss Jackson sagen sollte, schlich durch die Hintertür, durchquerte den Gemüsegarten und eilte ins Freie hinaus.

Das Morgenrot färbte schon den östlichen Himmel, und goldene Wölkchen schienen die Sonne zu erwarten wie Höflinge das Erscheinen des Herrschers. Der klare Himmel, die morgendliche Kühle, der Tau, ein leichter Wind und das Gezwitscher der Vögel erfüllten Lisas Herz mit Entzücken. Aus Furcht, sie könnte Bekannten begegnen, ging sie nicht, sondern flog gleichsam dahin, bis sie den Wald erreichte, der die Grenze des väterlichen Gutes bildete. Hier hoffte sie Alexej zu begegnen und verlangsamte ihre Schritte. Das Herz schlug ihr bis zum Halse, doch gerade die Spannung, die unsere Jugendstreiche begleitet, macht ja ihren ganzen Zauber aus. Lisa drang in den dämmrigen Wald ein; sein gedämpftes Rauschen begrüßte sie. Ihre Munterkeit wich mehr und mehr einer süßen Verträumtheit. Sie dachte ... aber läßt sich denn mit Sicherheit sagen, woran ein siebzehnjähriges Mädchen denkt, das am frühen Morgen um sechs Uhr im Walde mit sich allein ist? So ging sie denn nachdenklich den Weg entlang, den hohe Bäume auf beiden Seiten beschatteten, als sie plötzlich von einem schönen Hühnerhund angebellt wurde. Lisa erschrak und wich vor dem Tier zurück. In diesem Augenblick rief auch schon eine Stimme: »Tout beau, Sbogar, ici!« und ein junger Jäger trat aus dem Gebüsch.

»Hab keine Angst, meine Liebe«, sagte er, »der Hund tut dir nichts.«

Lisa hatte sich schon wieder beruhigt und verstand es, die Situation geschickt auszunutzen.

»Doch, junger Herr«, erwiderte sie und spielte halb die Erschrockene, halb die Verschämte, »ich fürchte mich, du siehst doch, wie böse er ist, er will sich schon wieder auf mich stürzen.«

Alexej – der Leser hat ihn gewiß schon erkannt – ließ inzwischen keinen Blick von dem hübschen Bauernmädchen.

»Wenn du Angst hast, werde ich dich begleiten«, sagte er. »Du erlaubst mir doch, neben dir herzugehen?«

»Wer hindert dich denn?« antwortete Lisa. »Der Freie kann tun, was er mag. Der Weg ist für jeden da.«

»Woher bist du?«

»Aus Prelutschino. Ich bin die Tochter des Schmieds Wassilij und suche Pilze«, sagte Lisa, die einen Korb bei sich hatte. »Und du, Herr, bist aus Tugilowo, nicht wahr?«

»So ist es«, entgegnete Alexej, »ich bin der Kammerdiener des jungen Herrn.«

Alexej wollte den Standesunterschied ausgleichen, doch Lisa blickte ihn von der Seite an und brach in ein lautes Gelächter aus.

»Du lügst ja«, sagte sie, »aber ich bin nicht so dumm, wie du glaubst. Ich sehe doch, daß du selber der junge Herr bist.«

»Woran siehst du das?«

»An allem. Wie sollte ich denn den Herrn nicht vom Diener unterscheiden können? Du trägst andre Kleider, sprichst nicht wie wir und rufst deinen Hund mit fremden Worten.«

Lisa gefiel Alexej immer mehr. Da er gewöhnt war, mit den Dorfschönen nicht viel Umstände zu machen, wollte er sie umarmen. Aber Lisa entzog sich ihm und setzte plötzlich eine kühle und abweisende Miene auf, was Alexej zwar belustigte, aber doch veranlaßte, sie in Ruhe zu lassen.

»Wenn Sie wollen, daß wir in Zukunft Freunde sein werden«, sagte sie streng, »dann vergessen Sie sich nicht!«

»Wo hast du denn diese Weisheit her?« fragte er lachend. »Am Ende gar von Nastjenka, meiner neuesten Bekanntschaft, die ja wohl das Kammerkätzchen eures Fräuleins ist? Auf solchen Wegen verbreitet sich also die Bildung!«

Lisa merkte, daß sie aus der Rolle gefallen war, und bemühte sich gleich, ihre Entgleisung wieder wettzumachen.

»Ja, was meinst du denn«, sagte sie, »als ob ich nicht selbst oft im Herrenhaus wäre und dabei manches sähe und hörte! Übrigens«, fuhr sie fort, »während ich hier schwatze, vergesse ich ja die Pilze. Geh nur weiter, Herr, ich – nimm mir's nicht übel – biege hier ab . . .«

Und Lisa schickte sich an fortzugehen, doch Alexej nahm sie bei der Hand und hielt sie zurück.

»Wie heißt du denn, Herzchen?«

»Akulina«, antwortete Lisa und versuchte, ihre Finger zu befreien.

»Laß mich los, Herr, ich muß heim!«

»Hör mal, Akulina, ich werde bestimmt deinen Vater, den Schmied Wassilij, besuchen.«

»Was fällt dir ein«, widersprach Lisa heftig, »um Gottes willen nicht! Wenn man zu Hause erfährt, daß ich im Walde mit dem jungen Herrn von Tugilowo allein geschwatzt habe, wird es mir schlecht ergehen – mein Vater schlägt mich tot.«

»Aber ich muß dich wiedersehen.«

»Ich komme schon wieder her, wenn ich Pilze suche . . .«

»Wann wird denn das sein?«

»Morgen . . . vielleicht.«

»Ich möchte dich am liebsten küssen, Akulina, so reizend bist du! Aber ich darf ja nicht. Also auf morgen um die gleiche Zeit?«

»Ja, ja.«

»Und du läßt mich nicht umsonst warten?«

»Nein, ich lasse dich nicht umsonst warten.«

»Schwöre!«

»Bei allen Heiligen, ich komme.«

Die jungen Leute trennten sich. Lisa eilte aus dem Wald, hastete über die Felder, schlich durch den Garten und lief, so schnell sie konnte, in die Meierei, wo Nastja sie erwartete. Dort zog sie sich um, wobei sie nur zerstreut auf die neugierigen Fragen ihrer Vertrauten antwortete, und begab sich ins Haus. Der Frühstückstisch war bereits gedeckt, und die frisch gepuderte und beängstigend eng geschnürte Miss Jackson bemühte sich eifrig, papierdünne Sandwiches zuzubereiten. Der Vater lobte sie für ihren frühen Morgenspaziergang.

»Es gibt nichts Gesünderes, als mit der Sonne aufzustehen«, sagte er, und zum Beweis führte er einige Beispiele menschlicher Langlebigkeit an, über die er in englischen Zeitschriften gelesen hatte, und fügte hinzu, daß alle Hundertjährigen niemals Wodka getrunken hätten und sowohl im Sommer wie im Winter im Morgengrauen aufgestanden wären. Lisa hörte jedoch nicht zu. Sie vergegenwärtigte sich in Gedanken alle Einzelheiten ihrer morgendlichen Begegnung, das ganze Zwiegespräch Akulinas mit dem jungen Jäger, und ihr Gewissen begann sich zu rühren. Vergebens suchte sie sich dadurch zu entlasten, daß sie sich sagte, ihre Unterhaltung mit Alexej sei nicht über die Grenzen des Schicklichen hinausgegangen und das übermütige Abenteuer könne überhaupt keine Folgen haben; ihr Schuldgefühl blieb stärker als ihre Vernunft. Ganz besonders beunruhigte sie das Versprechen, das sie für den nächsten Tag gegeben hatte, und schon war sie drauf und dran, ihren feierlichen Schwur zu brechen. Doch konnte Alexej, wenn sie ihn vergeblich warten ließ, nicht auf den Gedanken kommen, sie tatsächlich beim Dorfschmied zu suchen, und dann die wirkliche Akulina, ein dickes, sommersprossiges Mädchen, vorfinden und auf diese Weise ihr leichtsinniges Unternehmen durchschauen? Dieser Gedanke erschreckte sie so, daß sie beschloß, sich doch lieber am nächsten Morgen wieder als Akulina im Wald einzufinden.

Alexej seinerseits war hingerissen. Den ganzen Tag über dachte er nur an seine neue Bekanntschaft, und nachts verfolgte ihn das Bild des reizenden brünetten Mädchens bis in seine Träume. Es dunkelte noch, als er schon fertig angezogen war. Er nahm sich gar nicht erst die Zeit, seine Flinte zu laden, verließ mit seinem treuen Hund das Haus und eilte zu dem versprochenen Stelldichein. Etwa eine halbe Stunde war in unerträglichem Warten vergangen, als er endlich im Gebüsch den blauen Sarafan erblickte, und schon stürzte er der entzückenden Akulina entgegen. Sie konnte sich eines Lächelns über seine stürmische Dankbarkeit nicht enthalten, aber Alexej bemerkte sofort Spuren von Unruhe und Mutlosigkeit in ihren Zügen. Er wollte die Ursache wissen. Lisa gestand, daß ihr Verhalten ihr leichtsinnig vorkomme und daß sie es bereue. Für heute habe sie zwar ihr gegebenes Wort nicht brechen wollen, aber diese Begegnung müsse die letzte sein, und sie bitte ihn daher, die Beziehung zu ihr abzubrechen, da sie ja doch zu nichts Gutem führen könne. Das alles sagte sie natürlich so, wie die Bauern sprechen, aber ihre für ein einfaches Mädchen ungewöhnlichen Gedanken und Gefühle machten Alexej stutzig. Er bot seine ganze Redegewandtheit auf, um Akulina von ihrer Absicht abzubringen, versicherte, daß seine Wünsche ganz unschuldig seien, und versprach, ihr keinen Anlaß zur Reue zu geben und ihr in allem folgen zu wollen. Und schließlich beschwor er sie, sie möge ihn nicht der Freude berauben, sie, wenn auch bloß jeden zweiten Tag oder auch nur zweimal in der Woche, sehen zu dürfen. Aus seinen Worten sprach ehrliche Zuneigung, und in diesem Augenblick war er ernstlich verliebt in sie. Lisa hörte ihn schweigend an.

»Gib mir dein Wort«, sagte sie endlich, »daß du mir niemals im Dorf nachspüren oder nach mir fragen wirst. Versprich mir weiter, keine anderen Begegnungen mit mir zu suchen außer denen, die ich selbst vorschlagen werde.«

Alexej schwor bei allen Heiligen, aber sie unterbrach ihn lächelnd.

»Ich brauche deine Schwüre nicht«, sagte Lisa, »mir genügt dein einfaches Versprechen.«

Danach gingen sie im Wald spazieren und plauderten freundschaftlich miteinander, bis Lisa sagte, es sei Zeit für sie, nach Hause zu gehen. Sie trennten sich. Als Alexej allein war, konnte er sich nicht genug darüber wundern, daß ein einfaches Dorfmädchen es schon nach zwei Begegnungen hatte fertigbringen können, ihn so ganz und gar in ihre Gewalt zu bringen. Seine Beziehungen zu Akulina hatten für ihn den Reiz der Neuheit, und wenn ihm auch die Vorschriften des seltsamen Bauernmädchens recht lästig schienen, so kam ihm doch gar nicht der Gedanke, daß er sein Wort auch brechen könnte. Es verhielt sich nämlich in Wirklichkeit so, daß Alexej trotz seinem Totenkopfring, seinem geheimnisvollen Briefwechsel und seinem melancholischen Lebensüberdruß ein braver und feuriger Junge war, dem Rechtschaffenheit und Lauterkeit des Herzens keineswegs fehlten.

Wenn es nach mir ginge, würde ich die Zusammenkünfte der jungen Leute, die wachsende Neigung der beiden zueinander, ihr gegenseitiges Vertrauen und ihre Zwiegespräche ausführlich beschreiben. Aber ich weiß, daß die meisten meiner Leser das Gefallen nicht teilen, das ich nun einmal an Einzelheiten habe; und Einzelheiten können manchmal ja auch wirklich zu weit vom Thema abführen. Darum verzichte ich auf ihre Schilderung und begnüge mich mit der kurzen Feststellung, daß noch nicht zwei Monate vergangen waren, als Alexej schon bis über beide Ohren verliebt war. Das traf für Lisa nicht weniger zu, wenn sie sich auch zurückhaltender verhielt als er. Beide lebten glücklich in den Tag hinein und dachten nicht an die Zukunft.

Der Gedanke an das unzerreißbare Band, das sie miteinander verknüpfte, ging ihnen oft durch den Kopf, aber sie verloren darüber kein Wort. Der Grund für dieses Schweigen liegt auf der Hand: sosehr Alexej sich auch mit seiner geliebten Akulina verbunden fühlte – er blieb sich doch immer des Standesunterschiedes bewußt, der ihn von dem einfachen, mittellosen Bauernmädchen trennte; und Lisa ihrerseits war sich darüber klar, daß der Haß zwischen den beiden Vätern eine Versöhnung völlig unmöglich machte. Dennoch nährte ihre Eigenliebe in aller Stille die romantische Hoffnung, den Sohn des Besitzers von Tugilowo endlich zu Füßen der Tochter des Schmieds von Prilutschino zu sehen. Und siehe da, plötzlich trat ein unerwartetes Ereignis ein, das um ein Haar diesen Traum erfüllt und die erwähnten Hindernisse beseitigt hätte . . .

An einem jener klaren und kalten Morgen, an denen unser russischer Herbst so reich ist, ritt Iwan Petrowitsch Berestow aus und nahm für alle Fälle einen Reitknecht, sechs Windhunde und einige mit Klappern versehene Treiber mit. Zur gleichen Zeit hatte sich Grigorij Iwanowitsch Muromskij von dem schönen Wetter zu einem Spazierritt verführen lassen. Als er sich auf seiner Stute mit dem nach englischem Muster gestutzten Schweif dem Wald näherte, sah er seinen

Nachbarn hoch zu Roß in einer pelzgefütterten Kosakenjacke den Hasen erwarten, den die Hofjungen mit Geschrei und Geklapper aus dem Busch trieben. Hätte Grigorij Iwanowitsch diese Begegnung voraussehen können, wäre er natürlich nicht gerade dorthin geritten, jetzt aber sah er sich unerwartet Iwan Petrowitsch so nah gegenüber, daß ihm nichts übrigblieb, als seinen Feind mit der Höflichkeit eines gebildeten Europäers anzureden. Berestow erwiderte die Begrüßung so beflissen, wie sich etwa ein an der Kette geführter Bär auf Befehl seines Treibers vor dem Publikum verneigt. In diesem Augenblick erschien der Hase am Waldrand und rannte querfeldein. Berestow und der Reitknecht schrien aus vollem Halse, gaben die Hunde frei und jagten hinter der Meute her. Muromskijs Pferd, das noch niemals an einer Hetzjagd teilgenommen hatte, erschrak und ging durch. Grigorij Iwanowitsch, der sich für einen vorzüglichen Reiter hielt, ließ es gewähren und freute sich im stillen, Berestow auf diese Weise losgeworden zu sein. Aber als die Stute bis zur Schlucht gekommen war, die sie erst im letzten Augenblick bemerkte, machte sie einen Satz zur Seite; Muromskij verlor das Gleichgewicht und stürzte vom Pferd. Er schlug ziemlich heftig auf den gefrorenen Erdboden auf und verfluchte seine englische Stute, die sofort zur Besinnung kam und stehenblieb, als sie sich ihres Reiters ledig fühlte. Berestow ritt zu ihm hin und erkundigte sich, ob er sich verletzt habe. Inzwischen führte der Reitknecht die Stute am Zügel heran und half ihm wieder in den Sattel, und darauf lud Iwan Petrowitsch Muromskij zu sich ein. Dieser mußte wohl oder übel zusagen, weil er sich Berestow verpflichtet fühlte, und so zog denn jener als Triumphator mit dem totgehetzten Hasen am Sattelknopf und mit seinem kampfunfähigen Feind, den er gleichsam als Kriegsgefangenen mit sich führte, zu Hause ein.

Beim Frühstück plauderten die beiden Nachbarn auf das freundschaftlichste miteinander. Schließlich gestand Muromskij, er habe sich bei dem Sturz so schmerzhafte Prellungen zugezogen, daß er nicht imstande sei, nach Hause zu reiten, und bat sich einen Jagdwagen aus. Iwan Petrowitsch begleitete ihn hinaus, und Muromskij fuhr ab, freilich nicht, ohne seinem Gastgeber das Versprechen abzunehmen, daß Vater und Sohn Berestow schon am folgenden Tage zum Mittagessen nach Prelutschino kommen würden. So schien sich denn die alte, tiefeingewurzelte Feindschaft dank der Schreckhaftigkeit der englischen Stute in Wohlgefallen aufzulösen.

Lisa eilte Grigorij Iwanowitsch entgegen.

»Was bedeutet das, Papachen?« rief sie erschrocken. »Sie hinken ja? Wo ist denn Ihr Pferd? Wem gehört dieser Wagen?«

»Du wirst es schwerlich erraten, my dear«, antwortete Grigorij Iwanowitsch und erzählte, was vorgefallen war. Lisa traute ihren Ohren nicht. Der Vater ließ sie gar nicht erst zur Besinnung kommen und teilte ihr mit, daß er am nächsten Tag die beiden Berestows zu Mittag erwarte.

»Was sagen Sie da?« rief sie und wurde blaß. »Die Berestows, Vater und Sohn? Bei uns zu Mittag? Wie es Ihnen beliebt, Papa, aber ich bleibe weg.«

»Was fällt dir ein? Hast du den Verstand verloren?« erwiderte der Vater. »Seit wann bist du so schüchtern? Oder willst du etwa einen Erbhaß bewahren, wie die Heldin eines Romans? Du machst dich ja lächerlich . . .«

»Nein, Papa, um keinen Preis! Auch wenn Sie mir alle Schätze der Welt schenken – die Berestows will ich nicht sehen!«

Grigorij Iwanowitsch zuckte die Achseln und drang nicht weiter in sie, denn er wußte ja, daß Widerspruch sie nur noch eigensinniger machte. Also gab er es auf und ging hinaus, um sich von seinem bemerkenswerten Ausflug zu erholen.

Lisa Grigorjewna begab sich in ihr Zimmer und rief Nastja zu sich. Beide überlegten lange hin und her, wie sie sich jetzt verhalten sollte. Was mußte Alexej denken, wenn er in dem wohlerzogenen Fräulein seine Akulina erkannte? Welche Meinung würde er sich von ihrem Betragen und ihren Grundsätzen bilden? Ja, könnte er sie überhaupt noch ernst nehmen? Andererseits aber hatte Lisa die größte Lust zu sehen, was für einen Eindruck eine so unerwartete Begegnung auf ihn machen würde ... Plötzlich kam ihr ein überraschender Einfall, den sie sogleich Nastja mitteilte. Beide Mädchen waren entzückt von dem Plan und beschlossen, ihn unbedingt in die Tat umzusetzen ...

Am folgenden Tag fragte Grigorij Iwanowitsch beim Frühstück seine Tochter, ob sie noch immer an ihrem Vorsatz festhalte, sich vor den Gästen nicht sehen zu lassen.

»Papa«, erwiderte Lisa, »wenn Sie es durchaus wünschen, werde ich die beiden empfangen, aber nur unter der Bedingung, daß Sie mir nicht böse sind und kein Zeichen Ihres Erstaunens oder Ihrer Unzufriedenheit geben, ganz gleich, was ich auch tue und in welchem Aufzug ich zur Mittagstafel erscheine.«

»Was sind das nur wieder für Kindereien!« sagte Grigorij Iwanowitsch lachend. »Aber meinetwegen, ich bin einverstanden. Tu, was du willst, mein schwarzäugiger Liebling.«

Mit diesen Worten gab er ihr einen Kuß auf die Stirn, und Lisa lief hinaus, um ihre Vorbereitungen zu treffen.

Pünktlich um zwei Uhr fuhr ein mit sechs Pferden bespannter, auf dem eigenen Hof gebauter Wagen um den grünen, kreisrunden Rasenplatz und hielt vor dem Haus. Der alte Berestow stieg mit Hilfe zweier Lakaien Muromskijs aus und ging die Treppe hinauf, gefolgt von seinem Sohn, der zu Pferde gekommen war. Sie betraten den Speisesaal, wo der Tisch bereits gedeckt war. Grigorij Iwanowitsch empfing seine Gäste mit ausgesuchter Liebenswürdigkeit, lud sie ein, vor dem Essen noch den Park und den Zwinger zu besichtigen, und führte sie auf sorgfältig gefegten und mit Sand bestreuten Wegen dorthin. Iwan Petrowitsch bedauerte im stillen, daß man Zeit und Mühe auf so nutzlose Liebhabereien verwendet hatte, verlor aber aus Höflichkeit kein Wort darüber. Sein Sohn teilte weder den Unwillen des berechnenden Gutsbesitzers noch das selbstgefällige Entzücken des Anglomanen, erwartete vielmehr ungeduldig das Erscheinen der Tochter des Hauses, von der er soviel gehört hatte; denn wenn auch sein Herz, wie wir wissen, nicht mehr frei war, so blieb es doch jedem schönen Mädchen unbenommen, seine Phantasie zu beschäftigen.

Als die Herren ins Haus zurückgekehrt waren, nahmen sie zu dritt im Eßzimmer Platz. Die beiden Väter schwelgten in Erinnerungen und erzählten sich gegenseitig Anekdoten aus ihrer Militärzeit, während Alexej sich überlegte, welche Haltung er Lisa gegenüber einnehmen sollte. Er fand, daß in diesem Fall kühle Zerstreutheit das Richtige sein würde, und stellte sich darauf ein. Die Tür öffnete sich, und er wandte den Kopf mit einer so stolzen Gleichgültigkeit, daß das Herz auch des selbstsichersten Mädchens unbedingt hätte erzittern müssen. Aber überraschenderweise erschien gar nicht Lisa, sondern die gepuderte und geschnürte Miss Jackson – und die ganze Taktik Alexejs war umsonst. Er hatte seine wohlüberlegte Pose noch nicht wiedergefunden, als die Tür abermals aufging und diesmal wirklich Lisa hereinkam. Alle erhoben sich. Grigorij Iwanowitsch wollte gerade seine Gäste vorstellen, als er plötzlich innehielt und sich auf die Lippen biß ... Lisa, seine kleine, anmutige Lisa, war gepudert bis an die Ohren und noch viel mehr geschminkt als Miss Jackson. Die falschen Locken, heller als ihre eigenen, waren gebrannt und gekräuselt wie die Perücke Ludwigs XIV.; die Puffärmel à l'imbécile standen ähnlich den Reifröcken der Pompadour weit ab; die Wespentaille war so eng geschnürt, daß Lisa wie ein X aussah; und sämtliche Brillanten ihrer Mutter, soweit sie noch nicht versetzt waren, funkelten an ihren Fingern, an ihren Ohren und an ihrem Halse. In diesem lächerlich überladenen Aufzug konnte Alexej seine Akulina nicht wiedererkennen. Iwan Petrowitsch trat auf sie zu, um ihr die Hand zu küssen, und Alexej folgte enttäuscht und verärgert dem Beispiel seines Vaters. Als er ihre weißen Finger berührte, kam es ihm vor, als zitterten sie. Doch hatte sie offenbar nicht ganz absichtslos ein Füßchen vorgeschoben, das in einem reizenden kleinen Schuh steckte und ihn einigermaßen mit ihrer sonstigen Toilette aussöhnte. Was jedoch den Puder und die Schminke betraf, so müssen wir zugeben, daß er sie in seiner Harmlosigkeit weder im ersten Augenblick noch später bemerkte.

Grigorij Iwanowitsch hielt sich an sein Versprechen und war bemüht, seine Überraschung nicht zu zeigen, aber ihr Einfall amüsierte ihn so sehr, daß er sich kaum beherrschen konnte. Alles andere als belustigt war dagegen die englische Zierpuppe. Sie war sich sofort klar darüber, daß Puder und Schminke aus ihrer eigenen Kommode stammten, und die Zornesröte drang sogar durch das künstliche Weiß ihrer Wangen. Sie warf der jungen Übeltäterin flammende Blicke zu. Diese jedoch verschob ihre Beichte auf später und tat einstweilen so, als hätte sie nichts bemerkt.

Man nahm am Eßtisch Platz. Alexej spielte die Rolle des zerstreuten Grüblers. Lisa benahm sich höchst affektiert, lispelte und sprach nur französisch. Der Vater ließ sie nicht aus den Augen; er begriff nicht, was sie eigentlich bezweckte, hatte aber an ihrem Verhalten seinen Spaß. Die Engländerin ärgerte sich und schwieg. Nur Iwan Petrowitsch fühlte sich wie zu Hause: er aß für zwei, trank nicht wenig, lachte behaglich und plauderte in der unbefangensten Weise.

Als die Gäste aufgebrochen waren, konnte Grigorij Iwanowitsch endlich seiner Lachlust freien Lauf lassen und Lisa ausforschen.

»Hat dich denn der Hafer gestochen?« fragte er. »Wie kamst du eigentlich darauf, unsre Gäste an der Nase herumzuführen? Aber weißt du was, die weiße Schminke steht dir ausgezeichnet. Ich will ja nicht weiter in die Toilettengeheimnisse der Damen eindringen, aber an deiner Stelle würde ich mich immer schminken, natürlich nicht zu sehr, sondern nur ein bißchen.«

Lisa war entzückt von dem Erfolg ihres Unternehmens. Sie fiel dem Vater um den Hals, versicherte, sie wolle sich seinen Rat überlegen, und lief davon, um die erbitterte Miss Jackson zu besänftigen. Nur mit Mühe konnte sie diese bewegen, ihre Tür zu öffnen und Lisas Rechtfertigungsversuche anzuhören. Sie habe, so beteuerte sie, sich nicht entschließen können, sich den unbekannten Gästen so sonnverbrannt, wie sie war, zu zeigen. Sie habe sich nicht getraut, um die Schminke zu bitten, sei aber nicht im Zweifel gewesen, daß die liebe, gute Miss Jackson ihr verzeihen werde, und so weiter ... Miss Jackson überzeugte sich, daß Lisa nicht die Absicht gehabt hatte, sie lächerlich zu machen, beruhigte sich allmählich, gab ihr einen Kuß und schenkte ihr zum Schluß als sichtbares Zeichen ihrer Vergebung ein Töpfchen englische Schminke, das Lisa mit aufrichtigem Dank entgegennahm.

Der Leser wird sich nicht wundern, wenn ich sage, daß Lisa das Stelldichein am nächsten Morgen kaum erwarten konnte.

»Du, Herr«, sagte sie, kaum daß sie Alexej gegenüberstand, »du warst doch gestern bei unserer Herrschaft; wie gefiel dir das Fräulein?«

Alexej antwortete, daß er sie gar nicht beachtet habe.

»Schade«, erwiderte Lisa.

»Warum schade?«

»Nun deshalb, weil ich dich fragen wollte, ob es wahr ist, was die Leute sagen ...«

»Was sagen sie denn?«

»Sie behaupten, daß ich dem Fräulein ähnlich sehe.«

»Was für ein Unsinn! Sie ist im Vergleich zu dir eine richtige Mißgeburt.«

»Ach, Herr, wie kannst du bloß so etwas sagen! Unser Fräulein ist doch so fein und elegant und mit mir überhaupt nicht zu vergleichen!«

Alexej schwor, daß Akulina hübscher sei als alle nur denkbaren gepuderten Fräulein, und um sie ganz zu beruhigen, fing er an, ihre Herrin so komisch zu schildern, daß Lisa aus dem Lachen gar nicht herauskam.

»Aber dennoch«, seufzte sie schließlich, »mag das Fräulein auch noch so lächerlich sein – verglichen mit ihr bin ich doch eine Gans, die weder schreiben noch lesen kann.«

»Auch ein Grund, sich die Haare auszureißen!« entgegnete Alexej. »Wenn du Lust hast, will ich dich gleich lesen und schreiben lehren.«

»Im Ernst?« sagte Lisa. »Probieren wir es mal!«

»Gewiß, mein Herzchen, fangen wir gleich damit an.«

Sie setzten sich. Alexej zog Bleistift und Notizbuch aus der Tasche, und Akulina lernte das Alphabet überraschend schnell. Alexej konnte sich über ihre Gelehrigkeit nicht genug wundern. Schon am nächsten Morgen bestand sie darauf, mit dem Schreiben zu beginnen. Anfangs wollte der Bleistift ihr nicht gehorchen, aber bereits nach einigen Minuten malte sie die einzelnen Buchstaben einigermaßen leserlich aufs Papier.

»Welch ein Wunder!« rief Alexej aus. »Bei uns geht es mit dem Unterricht viel schneller als nach der Lancaster-Methode.«

In der Tat! Am dritten Tag konnte Akulina schon »Natalja, die Bojarentochter« buchstabieren, machte dazu Bemerkungen, die Alexej in Staunen versetzten, und kritzelte auf ein Blatt eine Reihe Goldener Worte aus dieser Geschichte.

Noch war keine Woche vergangen, und schon entwickelte sich ein richtiger Briefwechsel zwischen den beiden. Ein geheimer Briefkasten wurde in der Höhlung einer alten Eiche eingerichtet und Nastja mit dem Amt des Briefträgers betraut. Alexej hinterlegte dort seine mit großen Buchstaben geschriebenen Briefe und holte die auf einfaches blaues Papier hingeschmierten Krakelfüße seiner Liebsten ab. Akulina gewöhnte sich allmählich an eine bessere Ausdrucksweise, und ihre geistigen Fähigkeiten wuchsen zusehends.

Unterdessen wurde aus der neuen Bekanntschaft zwischen Iwan Petrowitsch Berestow und Grigorij Iwanowitsch Muromskij eine enge Freundschaft, und zwar aus ganz bestimmten Gründen. Muromskij überlegte sich immer wieder, daß nach dem Tode Iwan Petrowitschs sein Gut in den Besitz Alexej Iwanowitschs übergehen und dieser einer der reichsten Männer des Gouvernements werden würde. Daher wäre eigentlich nichts dagegen einzuwenden, wenn Alexej und Lisa heirateten. Der alte Berestow wiederum war sich zwar klar über gewisse Schrullen seines Nachbarn, insbesondere, wie er sich ausdrückte, über seinen englischen Spleen, verkannte andererseits aber nicht, daß Grigorij Iwanowitsch auch eine Reihe ausgezeichneter Eigenschaften besaß, zum Beispiel eine bewunderungswürdige Fähigkeit, in manchen Fällen persönliche Beziehungen auszunutzen. Er war nahe verwandt mit dem einflußreichen Grafen Pronskij, der unter Umständen auch Alexej sehr nützlich werden konnte. Muromskij, so dachte Iwan Petrowitsch, würde gewiß froh sein, wenn er seine Tochter vorteilhaft verheiraten könnte. Das alles hatten die beiden Alten zunächst jeder für sich bedacht, schließlich aber besprachen sie es auch miteinander, umarmten sich, kamen überein, die Sache in Angriff zu nehmen, und begannen sogleich auf das gemeinsame Ziel loszusteuern. Muromskij sah sich dabei vor die Schwierigkeit gestellt, seine Betsy zu überreden, eine nähere Bekanntschaft mit Alexej anzuknüpfen, den sie seit jenem denkwürdigen Mittagessen nicht mehr gesehen hatte. Allem Anschein nach waren ja die jungen Leute nicht gerade entzückt voneinander gewesen; jedenfalls hatte sich Alexej nicht mehr in Prelutschino sehen lassen, und Lisa zog sich jedesmal in ihr Zimmer zurück, wenn Iwan Petrowitsch ihren Vater besuchte. Dennoch gab Grigorij Iwanowitsch die Hoffnung nicht auf. Wenn, so dachte er, sich Alexej erst täglich bei mir einfindet, muß Betsy sich ja endlich in ihn verlieben. Das liegt in der Natur der Sache. Kommt Zeit, kommt Rat.

Iwan Petrowitsch dagegen machte sich weniger Sorgen. Er rief Alexej noch am selben Abend in sein Arbeitszimmer, zündete sich seine Pfeife an, schwieg eine Weile und sagte dann: »Warum, Aljoscha, sprichst du denn gar nicht mehr vom Militärdienst? Sollte die Husarenuniform inzwischen ihren Reiz für dich verloren haben?«

»Nein, Batjuschka«, antwortete Alexej ehrerbietig; »ich sehe, Sie wünschen nicht, daß ich bei den Husaren eintrete, und es ist meine Pflicht zu gehorchen.«

»Schön«, antwortete Iwan Petrowitsch, »du bist ein folgsamer Sohn. Das beruhigt mich. Auch ich möchte nichts gegen deinen Willen tun – ich verlange nicht, daß du dich ... schon jetzt ... für den Staatsdienst entscheidest, wohl aber ist es mein Wunsch, dich zu verheiraten.«

»Mit wem denn, Batjuschka?« fragte Alexej betroffen.

»Mit Lisaweta Grigorjewna Muromskaja«, antwortete

Iwan Petrowitsch. »Nicht wahr, eine Braut, wie sie dir nicht willkommener sein könnte?«

»Aber ich denke noch gar nicht ans Heiraten, Vater.«

»Du denkst nicht daran, aber ich denke für dich.«

»Dein Wille in Ehren, Batjuschka, aber Lisa Muromskaja gefällt mir nicht.«

»So wird sie dir später gefallen. Geduld bringt Huld.«

»Ich fühle mich nicht imstande, sie glücklich zu machen.«

»Ihr Glück braucht nicht deine Sorge zu sein! Aber was sehe ich? Erfüllst du so den Willen deines Vaters?«

»Was Sie auch sagen mögen – ich will und werde nicht heiraten.«

»Du wirst heiraten, oder dich trifft mein Fluch, und Tugilowo – bei Gott, ich verkaufe das Gut oder bringe es durch und hinterlasse dir keinen roten Heller! Drei Tage gebe ich dir Bedenkzeit, bis dahin komm mir nicht vor Augen.«

Alexej wußte: Wenn der Vater sich etwas in den Kopf gesetzt hatte, war es, um mit Taras Skotinin zu sprechen, auch mit einem Nagel nicht mehr herauszuhämmern. Aber der Sohn ließ sich genausowenig umstimmen wie der Vater. Er ging in sein Zimmer und dachte über die Grenzen der elterlichen Macht nach, über Lisa Grigorjewna, über die feierliche Drohung, ihn zum Bettler zu machen, und endlich über Akulina. Zum erstenmal wurde ihm bewußt, wie sehr er in sie verliebt war. Der romantische Gedanke, ein Bauernmädchen zu heiraten und mit ihr von seiner Hände Arbeit zu leben, ging ihm durch den Kopf, und je länger er über einen so entscheidenden Entschluß nachdachte, um so verständiger erschien er ihm. Seit einiger Zeit hatten sie ihre Begegnungen im Wald infolge des inzwischen eingetretenen Regenwetters aufgeben müssen. Er schrieb an Akulina mit besonders deutlicher Handschrift und in einem maßlos leidenschaftlichen Stil, unterrichtete sie über das Unheil, das ihnen beiden drohte, und trug ihr seine Hand an. Dann brachte er den Brief in das geheime Postfach in der alten Eiche und ging, höchst zufrieden mit sich selbst, zu Bett.

Am nächsten Tag ritt Alexej frühmorgens nach Prelutschino, in der festen Absicht, sich mit Grigorij Iwanowitsch offen auszusprechen. Er setzte seine Hoffnung auf die Hochherzigkeit des Nachbarn und gedachte, ihn auf seine Seite zu ziehen.

»Ist Grigorij Iwanowitsch zu Hause?« fragte er, als er sein Pferd vor dem Portal des Herrenhauses zum Stehen brachte.

»Nein«, erwiderte der Diener, »Grigorij Iwanowitsch ist schon in aller Frühe ausgefahren.«

Wie ärgerlich! dachte Alexej.

»Ist wenigstens Lisaweta Grigorjewna zu sprechen?« fragte er weiter.

»Jawohl, das Fräulein ist daheim«, lautete die Antwort.

Alexej sprang vom Pferd, überließ die Zügel dem Lakaien und begab sich unangemeldet ins Haus.

Alles wird in Ordnung kommen, ich werde mit ihr selber reden, dachte er, als er sich dem Empfangszimmer näherte.

Er trat ein . . . und blieb wie angewurzelt stehen. Lisa . . . nein, Akulina, die liebste, reizendste Akulina, nicht im Sarafan, sondern in einem weißen Morgenkleid, saß lesend am Fenster und war so in seinen Brief vertieft, daß sie sein Kommen nicht hörte. Alexej konnte einen freudigen Ausruf nicht unterdrücken. Lisa schrak zusammen, hob den Kopf, schrie auf und wollte flüchten. Er stürzte ihr entgegen und hielt sie auf.

»Akulina, Akulina! . . .«

Lisa versuchte sich von ihm zu befreien.

»Mais laissez moi donc, Monsieur; mais êtes-vous fou?« rief sie und wandte sich ab.

»Akulina, meine Akulina!« wiederholte er und küßte ihre Hände.

Miss Jackson, die bei dieser Szene zugegen war, wußte nicht, was sie denken sollte. Plötzlich ging die Tür auf, und Grigorij Iwanowitsch trat ein.

»Ah«, sagte er, »ihr scheint ja schon miteinander einig zu sein . . .«

Der Leser wird mich entschuldigen, wenn ich es für unnötig halte, den weiteren Verlauf der Angelegenheit zu beschreiben.

ROSLAWLEW

Aus den unveröffentlichten Aufzeichnungen einer Dame

Während meiner Lektüre des »Roslawlew« stellte ich zu meiner Überraschung fest, daß dieser Roman des Herrn Sagoskin eine mir nur allzu bekannte Begebenheit behandelt. Ich war nämlich seinerzeit mit der unglücklichen Frau, die der Verfasser zur Heldin seiner Erzählung erwählt hat, eng befreundet. Der Autor hat die Aufmerksamkeit des Publikums erneut auf ein längst vergessenes Ereignis gelenkt, die allmählich abgeflaute Entrüstung der Öffentlichkeit von neuem geweckt und den Frieden des Grabes gestört. So fühle ich mich jetzt verpflichtet, als Verteidigerin eines Schattens hervorzutreten, und hoffe, daß der Leser, indem er die Beweggründe meines Herzens anerkennt, die Unzulänglichkeit meiner Feder entschuldigen wird. Ich werde dabei nicht umhin können, auch viel von mir selber zu sprechen, weil mein eigenes Geschick lange Zeit mit demjenigen meiner bedauernswerten Freundin verbunden war.

Im Winter des Jahres 1811 wurde ich in die große Welt eingeführt. Ich verzichte darauf, meine ersten Eindrücke von der Gesellschaft zu schildern; denn man wird sich ja unschwer die Gefühle eines sechzehnjährigen Mädchens vorstellen können, das plötzlich seine Erzieher und sein zurückgezogenes Leben in den Entresols der elterlichen Wohnung gegen ununterbrochene Festlichkeiten und den Ballsaal eintauscht . . . Ich gab mich dem Trubel der Vergnügungen mit der ganzen Leichtlebigkeit meiner Jahre hin, ohne mir irgendwelche Gedanken zu machen . . . Schade: das damalige Leben wäre schon der aufmerksamen Beobachtung wert gewesen.

Unter den jungen Mädchen, die gleichzeitig mit mir in die Gesellschaft eingeführt wurden, fiel vor allem die Prinzessin . . . auf – Sagoskin nennt sie Pauline, und ich lasse ihr diesen Namen –, mit der ich mich bald befreundete, und zwar aus folgendem Anlaß.

Mein Bruder, ein zweiundzwanzigjähriger junger Mann, gehörte der Gilde der damaligen Salonlöwen an. Er war als Anwärter auf einen Posten im Kollegium für Auswärtige Angelegenheiten zugelassen und hatte seinen Wohnsitz in Moskau, wo er an allen Bällen teilnahm und überhaupt ein vergnügtes Leben führte. Er verliebte sich in Pauline und bat mich, unsere Familien miteinander bekannt zu machen. Mein Bruder war der Liebling der ganzen Verwandtschaft, und mit mir konnte er machen, was er wollte.

Als ich ihm den Gefallen getan und Pauline bei uns eingeführt hatte, gestaltete sich bald auch meine Freundschaft mit ihr immer enger. Sie war ein merkwürdiges Geschöpf und ungewöhnlich anziehend. Obgleich ich sie damals nicht immer verstand, mochte ich sie doch sehr gern. Ohne mir dessen bewußt zu sein, begann ich alles mit ihren Augen zu sehen und mit ihrem Kopf zu denken.

Paulines Vater war ein angesehener Mann, das heißt, er fuhr in einem sechsspännigen Wagen, trug einen Ordensstern und den Kammerherrnschlüssel und war im übrigen ein Grobian und rechter Windbeutel. Ihre Mutter dagegen zeichnete sich durch einen gesunden Menschenverstand aus und wußte ihre Würde zu wahren.

Pauline verkehrte überall und hatte zahlreiche Verehrer. Man kam ihr freundlich entgegen, aber sie langweilte sich und machte daher einen stolzen und kühlen Eindruck. Das paßte gut zu ihrem griechischen Profil und ihren schwarzen Augenbrauen. Ich frohlockte, wenn es mir gelang, durch meine spöttischen Bemerkungen ein Lächeln auf ihrem regelmäßigen und gleichmütigen Gesicht hervorzurufen.

Pauline las sehr viel und völlig wahllos. Die Schlüssel der Bücherschränke ihres Vaters standen zu ihrer Verfügung. Seine Bibliothek enthielt hauptsächlich französische Literatur des 18. Jahrhunderts, die sie, bei Montesquieu angefangen, bis zu den Romanen Crebillons kannte; Rousseau wußte sie auswendig. Es gab hier kein einziges russisches Buch, ausgenommen die Werke von Sumarokow, die sie aber nie aufschlug. Sie versicherte mir, daß sie russische Wörter nur mit Mühe zu buchstabieren vermöge, und wahrscheinlich hatte sie überhaupt nichts Russisches gelesen, nicht einmal die Gedichte, die ihr von Moskauer Verseschmieden verehrt worden waren.

Hier möchte ich mir eine kleine Abschweifung erlauben. Schon seit mindestens dreißig Jahren wird uns Ärmsten vorgeworfen, daß wir nichts Russisches lesen und uns angeblich in unserer Muttersprache nicht auszudrücken verstehen. – Notabene: Es ist unverantwortlich vom Autor des »Jurij Miloslawskij«, daß er uns diese lächerlichen Beschuldigungen immer auftischt. Wir haben ihn alle gelesen, und wahrscheinlich verdankt er sogar einer von uns die Übersetzung seines Romans ins Französische. – Doch woher kommt das? Wir wären ja froh, wenn wir russische Bücher lesen könnten, aber unsere eigene Literatur hat ja wohl erst mit Lomonossow angefangen und ist daher noch sehr jung. Gewiß haben wir einige hervorragende Dichter, aber kann man denn von allen Lesern erwarten, daß sie sich ausschließlich für Verse begeistern? Auf dem Gebiet der Prosa dagegen gibt es bei uns lediglich die »Geschichte« von Karamsin und zwei oder drei Romane, die erst in den letzten Jahren erschienen sind, während in Frankreich, England und Deutschland alljährlich eine Menge Bücher gedruckt werden, von denen eines bemerkenswerter ist als das andere. Wir sehen auch so gut wie gar keine Übersetzungen, und fällt uns wirklich einmal hier und da eine in die Hände – nun, sagen Sie, was Sie wollen, ich wenigstens ziehe die Originale vor. Unsere Zeitschriften kommen höchstens für unsre Literaten in Frage. Wir andern jedoch sind gezwungen, Nachrichten und Ideen aus ausländischen Veröffentlichungen zu schöpfen, so daß wir auch in fremden Sprachen denken – wenigstens alle, die überhaupt nachdenken und sich bemühen, den Gedanken der Menschheit zu folgen. Das haben mir auch unsere bekanntesten Literaten mehr als einmal eingestanden. Die ewigen Klagen unserer Schriftsteller, wir kümmerten uns nicht um ihre Bücher, erinnern lebhaft an das Gejammer der russischen Putzmacherinnen, die es uns übelnehmen, daß wir unsere Hüte bei Sichler kaufen und uns nicht mit den Erzeugnissen der Kostromaschen

Modistinnen zufriedengeben ... Aber ich kehre zu meinem Thema zurück.

Erinnerungen an das gesellschaftliche Leben selbst historisch denkwürdiger Epochen pflegen meist blaß und nichtssagend zu sein. Dennoch hat das Erscheinen einer Reisenden in Moskau auf mich einen tiefen und nachhaltigen Eindruck gemacht. Diese Reisende war Madame de Staël. Sie traf im Sommer ein, als der größte Teil der Einwohner Moskaus seine Ferien auf dem Lande verbrachte. Trotzdem versagte die russische Gastfreundschaft nicht: man tat, was man konnte, um die berühmte Ausländerin gebührend zu empfangen. Selbstverständlich wurden ihr zu Ehren Diners gegeben. Herren und Damen kamen in die Stadt, um sie kennenzulernen, waren jedoch meist enttäuscht von ihr. Sie bekamen nur ein fünfzigjähriges, allzu beleibtes Frauenzimmer zu Gesicht, das nicht ihrem Alter entsprechend angezogen war. Ihr Ton gefiel nicht, ihre Reden fand man zu lang und ihre Ärmel zu kurz. Paulines Vater, der schon in Paris ihre Bekanntschaft gemacht hatte, gab ihr ein Festessen, zu dem unsre ganze Moskauer Intelligenz geladen war. Hier sah auch ich die Verfasserin der »Corinna«. Sie saß mit aufgestützten Ellbogen auf dem Ehrenplatz und beschäftigte sich damit, ein Blatt Papier zusammenzurollen und wieder zu glätten. Sie schien mißgestimmt. Wiederholt machte sie Anstalten, das Wort zu ergreifen, ließ es dann aber doch bleiben. Unsere Geistesgrößen aßen und tranken wie üblich und begeisterten sich offensichtlich weit mehr für die Fischsuppe des fürstlichen Gastgebers als für eine Unterhaltung mit Madame de Staël. Die Damen, überzeugt von der Belanglosigkeit ihrer eigenen Gedanken und eingeschüchtert durch die Anwesenheit der europäischen Berühmtheit, machten den Mund nicht auf. Nur ganz selten wagte die eine oder andere das verlegene Schweigen zu unterbrechen. Pauline saß während des Essens wie auf Kohlen. Die Aufmerksamkeit der Gäste war geteilt zwischen dem Fischgericht und Madame de Staël: man wartete gespannt auf ein Bonmot von ihr. Schließlich raffte sie sich zu einer sogar ziemlich gewagten Zweideutigkeit auf, die von allen mit Entzücken wie eine Erlösung empfunden wurde. Man brach in lautes Gelächter aus. Der Fürst war außer sich vor Freude. Ich blickte zu Pauline hinüber. Schamröte bedeckte ihr Gesicht, und Tränen traten ihr in die Augen. Die Tafel wurde aufgehoben, und die Gäste standen auf, völlig versöhnt mit Madame de Staël: sie hatten von ihr einen Witz gehört und konnten ihn nun schleunigst in der ganzen Stadt verbreiten.

»Was hattest du bloß, ma chère?« fragte ich Pauline. »Konnte dich denn wirklich ein Wortspiel, selbst wenn es nicht ganz harmlos war, so aus der Fassung bringen?«

»Ach, Liebste«, antwortete Pauline, »ich bin verzweifelt! Wie unbedeutend mußten doch die Spitzen unsrer vornehmen Gesellschaft dieser außerordentlichen Frau vorkommen! Sie ist gewöhnt, von Menschen umringt zu sein, die sie verstehen und an die eine geistreiche Formulierung, eine Äußerung eines tiefen Gefühls, ein lebendiges Wort nicht vergeudet sind. Kurz, sie ist an einen anregenden Meinungsaustausch ebenso gewöhnt wie an eine feingebildete Umgebung. Hier aber ... mein Gott, kein einziger Gedanke, nicht ein bemerkenswerter Ausspruch im Verlauf eines dreistündigen Zusammenseins, nichts als blöde Gesichter und stumpfsinnige Anmaßung! Wie hat sie sich langweilen müssen! Wie ermüdend muß ihr das alles gewesen sein! Sie durchschaute natürlich, worauf es den Unsrigen ganz allein ankam; sie merkte sofort, wie gering das Auffassungsvermögen dieser Bildungsaffen ist, und warf ihnen schließlich irgendeinen Kalauer hin, auf den sie sich stürzten wie die Hunde auf einen Knochen! Ich verging fast vor Scham, ich war nahe daran, in Tränen auszubrechen ... Aber laß nur«, fuhr Pauline außer sich fort, »möge sie diejenige Meinung von unserem aristokratischen Pöbel mit nach Hause nehmen, die er verdient. Immerhin hat sie unser gutes, einfaches Volk gesehen und verstanden. Du hast doch gehört, was sie diesem alten würdelosen Narren erwiderte, der sich der Ausländerin zu Gefallen dazu hergab, über die russischen Bärte zu spotten? ‚Ein Volk', sagte sie, ‚das vor hundert Jahren für seinen Bart eingestanden ist, wird in unserer Zeit auch seinen Kopf zu verteidigen wissen.' Ach, wie ist sie doch verehrungswürdig. Wie liebe ich sie, und wie hasse ich ihre Verfolger!«

Ich war nicht die einzige, die Paulines Verstörtheit bemerkt hatte. Auch andere Augen waren zur gleichen Zeit auf sie gerichtet gewesen: die klugen, dunklen Augen der Madame de Staël selbst. Ich weiß zwar nicht, welche Gedanken sie bewegten, doch nach dem Essen trat sie auf meine Freundin zu und zog sie ins Gespräch. Und einige Tage später schickte ihr Madame de Staël folgendes Billet:

»Ma chère enfant, je suis toute malade. Il serait bien aimable à vous de venir me ranimer. Tâchez de l'obtenir de Mme. votre mère et veuillez lui présenter les respects de votre amie de S.«

Dieses Briefchen befindet sich in meinem Besitz. Trotz meiner Neugierde hat mir Pauline nichts Näheres über ihre Beziehungen zu Madame de Staël mitgeteilt, ich weiß nur, daß meine Freundin eine begeisterte Verehrerin dieser ebenso genialen wie gütigen Frau gewesen und immer geblieben ist.

Doch wohin können Menschen in ihrer Schmähsucht gelangen! Als ich kürzlich dies alles in einer durchaus annehmbaren Gesellschaft erzählte, wurde mir erwidert, es sei keineswegs unmöglich, daß Madame de Staël nichts weiter als eine Spionin Napoleons gewesen sei und daß die Prinzessin K . . . ihr die erforderlichen Auskünfte geliefert habe.

»Aber überlegen Sie doch«, entgegnete ich, »weshalb soll denn Madame de Staël, die zehn Jahre lang von Napoleon verfolgt worden ist und schließlich keinen anderen Ausweg gewußt hat, als sich unter den Schutz des russischen Kaisers zu stellen, weshalb soll diese edle und gütige Freundin Chateaubriands und Byrons eine Spionin Napoleons gewesen sein?«

»Nichts wahrscheinlicher als das«, widersprach mir die spitznäsige Gräfin B., »Napoleon war eine Bestie und die Staël eine Intrigantin reinsten Wassers!«

Alle Welt sprach damals von dem unmittelbar bevorstehenden Krieg, und zwar, soweit ich mich noch erinnern kann, in einer ziemlich leichtfertigen Weise. Den französischen Ton der Zeit Ludwigs XV. nachzuahmen war geradezu Mode. Patriotismus galt als Pedanterie. Die Koryphäen des Geistes schwärmten für Napoleon und machten sich über unsere Mißerfolge lustig. Bedauerlicherweise waren unsre Vaterlandsfreunde nicht gerade die Klügsten. Man amüsierte sich über sie, und sie hatten nicht den geringsten Einfluß. Ihre Vaterlandsliebe erschöpfte sich darin, daß sie leidenschaftlich den Gebrauch der französischen Sprache in der Gesellschaft, die Benutzung von Fremdwörtern und dergleichen mehr bekämpften. Die jungen Leute sprachen von allem Russischen mit Verachtung oder Gleichgültigkeit und prophezeiten Rußland ein ähnliches Schicksal wie den Rheinbundstaaten. Kurz, die Gesellschaft wirkte recht abstoßend.

Erst der Einmarsch der Franzosen und der Aufruf des Kaisers brachte sie zur Besinnung. Ganz Moskau geriet in Erregung. Die kleinen volkstümlichen Proklamationen des Grafen Rostoptschin wurden überall verbreitet; das Volk ergriff der Zorn. Die Witzeleien in der Gesellschaft hörten auf. Der Damen bemächtigte sich die Furcht.

Die Gegner der französischen Sprache errangen in der Gesellschaft endgültig die Oberhand, und die Empfangszimmer füllten sich mit Patrioten. Manche hatten den französischen Tabak aus ihren Dosen geschüttet und schnupften nur noch russischen, andre brüsteten sich damit, daß sie ganze Stöße französischer Broschüren verbrannt hätten, und wieder andere verzichteten auf ihren Lafitte und tranken statt dessen Kwas. Alle schworen, daß sie niemals mehr französisch sprechen würden; die Namen der beiden Volkshelden Minin und Poscharskij, die vor zweihundert Jahren den siegreichen Aufstand gegen die polnische Fremdherrschaft angeführt hatten, waren in aller Munde; man predigte in den Salons den allgemeinen Volkskrieg, rüstete aber zugleich in aller Stille zur Abreise auf die sicheren Landgüter im Saratowschen und in anderen entlegenen Gouvernements.

Pauline konnte ihre Verachtung für dieses Benehmen nicht verbergen, wie sie auch früher schon ihr Mißvergnügen nicht verhehlt hatte. Ein derart schmählicher Gesinnungswechsel und eine so elende Feigheit brachten sie vollkommen aus der Fassung. In der Öffentlichkeit sprach sie absichtlich französisch. Beim Essen verspottete sie geflissentlich in Gegenwart der Dienerschaft jede patriotische Prahlerei und rühmte herausfordernd die Stärke der napoleonischen Heeresmacht und das militärische Genie ihres Feldherrn. Die Anwesenden wurden bleich, fürchteten denunziert zu werden und beeilten sich, ihr Sympathien für den Feind des Vaterlandes vorzuwerfen. Pauline hatte nur ein verächtliches Lächeln dafür.

»Gebe Gott«, sagte sie, »daß alle Russen ihr Vaterland so liebten, wie ich es liebe.«

Sie setzte mich in Erstaunen. Ich hatte Pauline bisher nur als ein zurückhaltendes und schweigsames Mädchen gekannt und begriff nicht, woher sie diese plötzliche Kühnheit nahm.

»Aber überlege doch«, sagte ich einmal zu ihr, »was bringt dich eigentlich dazu, dich in Dinge einzumischen, die uns gar nichts angehen? Mögen die Männer übereinander herfallen und sich um die Politik raufen. Frauen ziehen nicht in den Krieg, und Bonaparte kann ihnen gleichgültig sein.«

Ihre Augen funkelten. »Schäme dich«, antwortete sie, »haben denn die Weiber kein Vaterland? Haben sie keine Väter, Brüder und Ehemänner? Ist uns das russische Blut fremd? Oder glaubst du vielleicht, daß wir bloß dazu geboren sind, um auf Bällen herumgedreht zu werden und zu Hause am Stickrahmen zu sitzen? Nein, Liebste, ich weiß genau, welchen Einfluß Frauen auf die öffentliche Meinung ausüben können oder zumindest auf das Herz eines einzelnen Menschen. Ich erkenne die Würdelosigkeit nicht an, zu der wir verurteilt sind. Erinnere dich nur an Madame de Staël! Napoleon hat gegen sie gekämpft, als wäre sie eine feindliche Streitmacht ... Und mein Onkel hat gewagt, ihre angebliche Ängstlichkeit vor der herannahenden französischen Armee zu verspotten! ‚Seien Sie unbesorgt, Gnädigste', sagte er zu ihr, ‚Napoleon kämpft gegen Rußland und nicht gegen Sie ...' Und wie wäre es, wenn das Onkelchen selbst den Franzosen in die Hände fiele? Nun, man ließe ihn ruhig im Palais Royal herumspazieren, Madame de Staël aber würde in einem solchen Falle in einem Staatsgefängnis sterben. Und Charlotte Corday? Und unsere heldenhafte Marfa Possadniza? Oder die Fürstin Daschkowa, die tatkräftige Freundin Katharinas II.? Kann ich mich etwa nicht mit ihr messen? An Beherztheit und Entschlossenheit doch wohl ganz gewiß.«

Staunend hörte ich Pauline an. Nie hätte ich ihr ein so feuriges Temperament und einen solchen Ehrgeiz zugetraut. Aber ach, wohin führten sie diese ungewöhnlichen Eigenschaften ihrer Seele und diese männlichen Kräfte ihres Verstandes? Wie recht hat doch mein Lieblingsdichter, wenn er schreibt: »Il n'est de bonheur que dans les voies communes.«

Das Eintreffen des Kaisers verstärkte noch den allgemeinen Aufruhr der Gefühle. Auch die Spitzen der Gesellschaft wurden schließlich von der patriotischen Hochstimmung ergriffen. Die Salons verwandelten sich in Diskussionslokale. Man beriet über die Opfer, die dem bedrohten Vaterlande gebracht werden könnten, und wiederholte die unsterbliche Rede des jungen Grafen Mamonow, der sein ganzes Vermögen hergegeben hatte. Einige Mütter von heiratsfähigen Töchtern flüsterten sich allerdings zu, daß der Graf als Schwiegersohn jetzt nicht mehr ganz so erstrebenswert sei, aber wir alle hoben ihn in den Himmel. Pauline träumte nur noch von ihm.

»Was werden Sie hergeben?« fragte sie eines Tages meinen Bruder.

»Ich verfüge noch nicht über mein Erbteil«, antwortete der Leichtfuß. »Ich habe im ganzen dreißigtausend Rubel Schulden – die opfere ich gern auf dem Altar des Vaterlandes.«

Pauline ärgerte sich. »Für gewisse Leute«, sagte sie »bedeuten Ehre und Vaterland nichts. Ihre Brüder verbluten auf den Schlachtfeldern, sie aber machen die Narren in den Salons. Ich glaube nicht, daß sich eine Frau fände, die charakterlos genug wäre, um einem solchen Hanswursten zu erlauben, ihr von Liebe zu sprechen.«

Mein Bruder fuhr auf. »Sie sind allzu anspruchsvoll, Prinzessin«, entgegnete er. »Sie verlangen, daß alle in Ihnen eine zweite Madame de Staël sehen und Ihnen Tiraden aus ‚Corinna' vordeklamieren. Seien Sie gewiß, daß jemand, der mit einer Frau scherzt, deshalb noch lange nicht auch das Vaterland verspottet und dessen Feind etwa nicht ernst nimmt.« Und mit diesen Worten kehrte er ihr den Rücken.

Ich nahm an, daß die beiden damit für immer miteinander gebrochen hätten, aber ich irrte mich. Pauline hatte die kühne Antwort meines Bruders gefallen. Sie verzieh ihm den unpassenden Scherz um seines edlen Gefühlsausbruches willen, und als sie eine Woche später hörte, er wäre als Freiwilliger in das Regiment des Grafen Mamonow eingetreten, bat sie selbst mich, ich möge eine Versöhnung mit ihm herbeiführen. Mein Bruder war entzückt und trug ihr sofort seine Hand an. Sie gab ihm ihr Jawort, schob aber die Hochzeit hinaus, bis der Friedensschluß erfolgt wäre. Tags darauf begab mein Bruder sich zur Armee.

Napoleon marschierte gegen Moskau. Die Unsrigen zogen sich zurück. Die Stadt war in großer Aufregung; ihre Einwohner begannen sie zu verlassen. Der Fürst und die Fürstin überredeten meine Mutter, sich mit ihnen auf ihr Landgut zu begeben.

Wir kamen in ein überraschend großes Dorf, das etwa zwanzig Werst von der Gouvernementsstadt entfernt lag. Hier trafen wir viele Bekannte, die größtenteils aus Moskau geflohen waren. Man kam täglich zusammen, und unser Leben auf dem Lande spielte sich nicht viel anders ab als das in der Stadt. Fast täglich erhielten wir Briefe von der Front, und die alten Damen suchten auf den Landkarten nach der Ortschaft »Biwak« und ärgerten sich, wenn sie sie nicht fanden. Pauline beschäftigte sich ausschließlich mit Politik, sie las nur Zeitungen und die Rostoptschinschen Flugblätter. Bücher schlug sie überhaupt nicht mehr auf. Umgeben von Leuten, die einen ziemlich engen Horizont besaßen, und fortwährend gezwungen, unsinnige Urteile und aus der Luft gegriffene Neuigkeiten anzuhören, ergriff sie eine tiefe Niedergeschlagenheit. Sie verzweifelte an der Rettung des Vaterlandes, sah den unvermeidlichen Untergang Rußlands voraus, und die amtlichen Kriegsberichte verstärkten nur noch ihren Pessimismus. Die Polizeiverordnungen des Grafen Rostoptschin brachten sie ganz aus der Fassung. Der scherzhafte Ton, in dem sie abgefaßt waren, erschien ihr als Gipfel der Geschmacklosigkeit und seine Maßnahmen als unerträgliche Barbarei. Sie war nicht imstande, die Ideen jener trotz allen Schrecknissen so großen Zeit zu verstehen – Ideen, deren kühne Durchführung Rußland rettete und Europa befreite. Stundenlang brütete sie mit aufgestützten Ellbogen über der Karte Rußlands, prüfte die Entfernungen und verfolgte die schnellen Bewegungen der Armeen. Sonderbare Gedanken gingen ihr durch den Kopf. Eines Tages teilte sie mir mit, sie beabsichtige, das Dorf zu verlassen, ins französische Heerlager vorzudringen und dort Napoleon eigenhändig zu ermorden. Es fiel mir nicht schwer, ihr die Sinnlosigkeit dieses Vorhabens klarzumachen, aber der Gedanke an Charlotte Corday beherrschte sie lange Zeit.

Ihr Vater war, wie bereits erwähnt, ein ziemlich leichtfertiger Mann. Er wünschte sich nichts anderes, als auf seinem Landgut möglichst genauso zu leben wie in Moskau. Er gab Diners, gründete ein théâtre de société, in dem französische »proverbes« aufgeführt wurden, und bemühte sich eifrig, uns die Zeit so angenehm wie möglich zu vertreiben. Als er hörte, daß vier gefangene französische Offiziere in die Gouvernementsstadt gebracht worden wären, freute er sich über die neuen Gesichter und bat den Gouverneur um die Erlaubnis, die Ankömmlinge bei sich unterbringen zu dürfen. Drei von ihnen waren recht durchschnittliche Leute, fanatische Anhänger Napoleons, unerträgliche Renommisten, doch ihren ehrenhaften Verwundungen zuliebe entschuldigte man ihre Prahlereien.

Der vierte dagegen war zweifellos ein hervorragender Mensch. Er mochte etwa sechsundzwanzig Jahre alt sein, hatte ein gewinnendes Aussehen, war aus gutem Hause und besaß ansprechende Umgangsformen. Wir zeichneten ihn daher vor den andern aus, und er nahm unser Entgegenkommen mit edler Bescheidenheit auf. Er sprach wenig, doch was er sagte, hatte Hand und Fuß. Pauline gefiel er vor allem deshalb, weil er der erste war, der ihr die militärischen Aktionen und die Bewegungen der Streitkräfte zu erklären vermochte. Er beruhigte sie, indem er ihr bewies, daß der Rückzug der russischen Truppen keiner kopflosen Flucht gleichkomme und den Franzosen ebensosehr Sorgen mache, wie er die Russen gegen ihre Feinde aufbringe.

»Aber Sie«, fragte ihn Pauline, »sind Sie nicht überzeugt von der Unbesiegbarkeit Ihres Kaisers?«

Sinecour – ich lasse auch ihm den Namen, den ihm Sagoskin gegeben hat – schwieg eine Weile, bevor er antwortete, daß Offenheit in seiner Lage wohl kaum am Platze sei. Pauline ließ diesen Einwand jedoch nicht gelten, sondern drang auf eine ehrliche Antwort. Sinecour gab daraufhin zu, daß der Vormarsch der Franzosen ins Herz Rußlands ihnen gefährlich werden könne und daß der Feldzug des Jahres 1812 wahrscheinlich beendet sei, aber keine Entscheidung gebracht habe.

»Sie sagen beendet«, entgegnete Pauline, »aber Napoleon geht weiter vor, während wir uns noch immer zurückziehen!«

»Um so schlimmer für uns«, erwiderte Sinecour und ging auf ein anderes Thema über.

Pauline hatte längst genug von den feigen Prophezeiungen und dem törichten Maulheldentum ihrer Umgebung und schenkte daher nur solchen Urteilen Beachtung, die Sachkenntnis und Objektivität verrieten. Von meinem Bruder bekam sie Briefe, aus denen man sich kein rechtes Bild machen konnte. Sie enthielten bloß gute oder auch schlechte Witze, Fragen, die sich auf Pauline bezogen, fade Liebesbeteuerungen und dergleichen mehr. Pauline las sie, ärgerte sich und zuckte die Achseln.

»Gib zu«, sagte sie, »daß dein Alexej ein ganz oberflächlicher Bursche ist. Sogar unter den gegenwärtigen Umständen bringt er es fertig, von den Schlachtfeldern völlig inhaltslose Briefe zu schreiben – was soll erst werden, wenn wir ein stilles Familienleben führen? Worüber soll ich mich dann mit ihm unterhalten?«

Sie irrte sich. Die Kargheit seiner Briefe war nicht etwa auf seine eigene Unbedeutendheit zurückzuführen, sondern auf ein für uns übrigens höchst beleidigendes Vorurteil. Er nahm nämlich an, daß man sich Frauen gegenüber eines Tones befleißigen müsse, der ihrem Schwachsinn entspreche, und daß wichtige Dinge sie überhaupt nichts angingen. Diese Auffassung gilt in der ganzen gebildeten Welt als unhöflich, bei uns ist sie darüber hinaus auch einfältig, denn es besteht kein Zweifel, daß die russischen Frauen viel gebildeter sind, viel mehr lesen und nachdenken als die Männer, die sich Gott weiß womit beschäftigen.

Inzwischen kam die Kunde von der Schlacht bei Borodino. Alle Welt sprach davon, jeder behauptete, er besäße die sichersten Nachrichten über dieses Ereignis und die genauesten Listen der Gefallenen und Verwundeten. Nur mein Bruder schrieb nicht. Wir waren sehr beunruhigt. Schließlich erschien bei uns ein berüchtigter Schwätzer und brachte die Mitteilung von seiner Gefangennahme; Pauline aber flüsterte er heimlich zu, daß Alexej gefallen sei. Sie war sehr erschüttert. Wenn sie ihn auch nicht liebte und sich oft über ihn geärgert hatte, so sah sie doch jetzt in ihm einen Helden und Märtyrer, und heimlich beweinte sie ihn. Wiederholt fand ich sie in Tränen. Ich wunderte mich nicht daruber, denn ich wußte ja, welche fast krankhafte Anteilnahme sie dem Schicksal unseres so schwer heimgesuchten Vaterlandes entgegenbrachte. Ich ahnte freilich damals nicht, daß es noch einen anderen Grund für ihren Kummer gab.

Eines Morgens ging ich mit Sinecour im Garten spazieren. Wir sprachen über Pauline. Ich merkte, daß er für ihre ungewöhnlichen Eigenschaften ein tiefes Verständnis aufbrachte und daß ihre Schönheit ihn stark beeindruckte. Lachend gab ich ihm zu bedenken, daß seine Lage als Kriegsgefangener äußerst romantisch sei: der verwundete Ritter verliebt sich in die edle Besitzerin eines Schlosses, rührt ihr Herz und erringt zum Schluß ihre Hand.

»Nein«, sagte Sinecour, »die Prinzessin sieht in mir einen Feind Rußlands und wird niemals bereit sein, ihr Vaterland zu verlassen.«

In diesem Augenblick erschien Pauline am Ende der Allee. Wir gingen ihr entgegen. Sie näherte sich uns mit schnellen Schritten. Ihre Blässe beunruhigte mich.

»Moskau ist besetzt«, sagte sie zu mir, ohne die Verbeugung Sinecours zu beachten. Mein Herz krampfte sich zusammen, ich brach in Tränen aus. Sinecour schwieg und starrte vor sich hin.

»Die hochherzigen, gebildeten Franzosen«, fuhr Pauline mit vor Empörung bebender Stimme fort, »haben ihren Triumph auf eine wahrhaft würdige Weise gekrönt. Sie haben Moskau angezündet. Moskau steht seit zwei Tagen in Flammen.«

»Was sagen Sie da«, rief Sinecour aus, »das ist ja nicht möglich!«

»Warten Sie nur, bis es dunkel wird«, antwortete sie eisig, »vielleicht werden Sie dann den Feuerschein sehen.«

»Mein Gott, er ist verloren!« rief Sinecour. »Sehen Sie denn nicht, daß der Brand Moskaus den Untergang des französischen Heeres bedeutet, daß Napoleon keinen Stützpunkt mehr hat und daher gezwungen ist, mit seinen versprengten und unzufriedenen Truppen so schnell wie möglich, mitten durch das verwüstete Land, und obwohl der Winter anbricht, den Rückzug anzutreten? Und Sie konnten tatsächlich glauben, daß die Franzosen sich selbst diese Hölle schufen? Nein, nein, die Russen waren es, niemand anders als die Russen haben Moskau den Flammen preisgegeben! Was für eine grauenhafte Verzweiflungstat! Was für ein barbarischer Heroismus! Nun ist die Entscheidung gefallen: Ihr Vaterland hat sich aus der Gefahr befreit, aber was wird aus uns, was aus unserem Kaiser?«

Er kehrte uns den Rücken und ging. Pauline und ich waren wie betäubt.

»Sollte er wirklich recht haben«, sagte Pauline, »daß der Brand Moskaus unser eigenes Werk ist? Und wenn es so wäre ... oh, dann könnte ich ja stolz darauf sein, eine Russin zu heißen! Die ganze Welt wird unseren großartigen Opfermut bewundern! Jetzt brauche ich mich auch über unser Versagen nicht mehr zu grämen, denn unsere Ehre ist gerettet. Niemals wird Europa es wagen, ein Volk anzugreifen, das sich selber die Hände abhaut und seine Hauptstadt niederbrennt!«

Ihre Augen funkelten, ihre Stimme klang wie Glockengeläut. Ich umarmte sie. Wir vergossen Tränen edler Verzückung und sandten heiße Dankgebete gen Himmel.

»Wisse«, sagte Pauline ekstatisch, »daß dein Bruder glücklich ist, denn er ist nicht gefangen. Freue dich, er fiel für die Befreiung Rußlands!«

Ich schrie auf und fiel ohnmächtig in ihre Arme.

DUBROWSKIJ

1

Vor vielen Jahren lebte auf einem seiner Güter Kirila Petrowitsch Trojekurow, ein Großgrundbesitzer echter, altrussischer Art. Dank seinem Reichtum, seinem alten Adel und seinen weitverzweigten Beziehungen übte er einen sehr großen Einfluß in den Gouvernements aus, zu denen seine Güter gehörten. Seine Nachbarn wetteiferten darin, ihm jede Gefälligkeit zu erweisen und auf alle seine Launen Rücksicht zu nehmen, und die Beamten des Gouvernements zitterten schon, wenn bloß sein Name genannt wurde.

Kirila Petrowitsch nahm alle diese Zeichen der Unterwürfigkeit wie einen ihm selbstverständlich zustehenden Tribut entgegen. Das große Haus dieses selbstherrlichen Müßiggängers war immer voller Gäste, die sich eifrig bemühten, ihm die Langeweile zu vertreiben, und sich bereitwilligst an seinen geräuschvollen und nicht selten auch gewalttätigen Lustbarkeiten beteiligten. Niemand hätte sich erkühnt, eine Einladung nach Pokrowskoje abzulehnen oder sich nicht an gewissen festgelegten Tagen in geziemender Ehrerbietung einzufinden.

In seinem Privatleben zeigte Trojekurow alle schlechten Gepflogenheiten eines ungebildeten und beschränkten Menschen. Von seiner Umgebung seit je verwöhnt, gab er allen Ausbrüchen seines aufbrausenden Wesens nach und zögerte nie, seine flegelhaften Einfälle und groben Scherze, die ihm alle Augenblicke in den Sinn kamen, alsbald in die Tat umzusetzen. Obgleich er über ungewöhnliche physische Kräfte verfügte, hatte er wenigstens zweimal wöchentlich die üblen Folgen seiner unersättlichen Gefräßigkeit zu tragen, und jeden Abend war er betrunken. In einem Flügel seines Hauses beschäftigte er sechzehn Mädchen mit Arbeiten, wie sie ihrem Geschlecht entsprachen. Dieser Anbau war nur ihm selbst zugänglich, die Fenster waren mit hölzernen Gittern versehen, und die Schlüssel gab er nie aus der Hand. Die jungen unfreiwilligen Einsiedlerinnen wurden zu festgesetzten Stunden in den Garten geschickt, wo sie unter der Aufsicht zweier alter Weiber spazierengehen durften. Zuweilen verheiratete er einige von ihnen und ersetzte sie durch neue. Mit seinen leibeigenen Bauern und seinem Hausgesinde ging er streng und willkürlich um. Dennoch waren ihm seine Leute ergeben, ja sie prahlten mit dem Reichtum und dem Ansehen ihres Gebieters und nahmen sich sogar ihrerseits, im Vertrauen auf seine Protektion, ihren Nachbarn gegenüber manche Freiheiten heraus.

Die üblichen Beschäftigungen Trojekurows bestanden in täglichen Rundfahrten durch seine ausgedehnten Besitzungen, in stundenlangen Saufereien und in mutwilligen Bubenstreichen, deren Opfer irgendwelche neue Bekannte waren, manchmal allerdings auch alte Freunde, mit Ausnahme eines einzigen, des verabschiedeten Gardeleutnants Andrej Gawrilowitsch Dubrowskij. Dieser war Kirila Petrowitschs nächster Nachbar und besaß bloß siebzig Seelen. Trojekurow, der sich durchaus nicht scheute, selbst Persönlichkeiten von hohem und höchstem Rang geringschätzig zu behandeln, achtete Dubrowskij, obwohl dieser nur über ein bescheidenes Einkommen verfügte. Die beiden waren seinerzeit Regimentskameraden gewesen, und Kirila Petrowitsch kannte aus eigener Erfahrung den hartnäckigen und entschlossenen Charakter seines Jugendfreundes. Verschiedene Umstände hatten sie lange voneinander getrennt. Dubrowskij war infolge seiner zerrütteten Vermögensverhältnisse gezwungen gewesen, sich pensionieren zu lassen und seinen Wohnsitz auf dem letzten Gut zu nehmen, das er aus dem Zusammenbruch gerade noch hatte retten können. Als Kirila Petrowitsch davon hörte, bot er ihm seine Hilfe an, aber Dubrowskij lehnte dankend ab – er zog es vor, arm, aber unabhängig zu bleiben.

Einige Jahre später kam Trojekurow, der inzwischen als General en chef ebenfalls verabschiedet worden war, auf sein Gut, und beide freuten sich über das Wiedersehen. Von diesem Tage an trafen sie sich täglich, und Kirila Petrowitsch, der früher niemanden eines Besuches gewürdigt hatte, suchte jetzt häufig den alten Kameraden in seinem anspruchslosen Häuschen auf. Trojekurow und Dubrowskij waren gleichen Alters und Standes, hatten dieselbe Erziehung genossen, auch ihre Charaktere und Neigungen unterschieden sich nicht wesentlich voneinander, ja, in mancher Hinsicht waren selbst ihre Schicksale ähnlich. Beide hatten aus Liebe geheiratet, waren früh Witwer geworden, und jeder hatte ein Kind. Dubrowskijs Sohn wurde in Petersburg erzogen, Trojekurows Tochter wuchs unter den Augen ihres Vaters auf, und Kirila Petrowitsch pflegte oft zu seinem Freund zu sagen: »Weißt du, Bruder Andrej Gawrilowitsch, wenn dein Wolodja es zu etwas bringt, gebe ich ihm meine Mascha zur Frau, mag er auch ein armer Teufel sein.« Andrej Gawrilowitsch aber schüttelte darauf stets den Kopf und erwiderte: »Nein, Kirila Petrowitsch, mein Junge ist nicht der richtige Mann für Marja Kirilowna. Ein mittelloser Edelmann wie er sollte lieber eine ebenso arme Standesgenossin heiraten; dann ist er Herr im eigenen Haus und nicht von einem verwöhnten Püppchen abhängig.«

Alle, die in Pokrowskoje verkehrten, waren eifersüchtig auf das gute Einvernehmen, das zwischen dem dünkelhaften Trojekurow und seinem verarmten Nachbarn herrschtet. Man wunderte sich über den Mut Andrej Gawrilowitschs, wenn dieser bei Tisch seine Meinung dem Hausherrn gegenüber offen äußerte, ohne sich auch nur im geringsten darum zu kümmern, ob nicht am Ende seine Ansicht der Kirila Petrowitschs widersprach. Manchmal versuchten auch andere Gäste, Dubrowskijs Beispiel zu folgen und die Grenzen der pflichtschuldigen Unterordnung zu überschreiten, aber Kirila Petrowitsch schüchterte sie dermaßen ein, daß ihnen die Lust zu solchen Wagnissen ein für allemal verging. So blieb Dubrowskij der einzige, für den dieses unumstößliche Gesetz nicht galt – bis eines Tages etwas ganz Unerwartetes geschah und den Stand der Dinge mit einem Schlage veränderte.

In Pokrowskoje sollte zu Beginn des Herbstes eine Hetzjagd stattfinden. Am Vorabend hatte Kirila Petrowitsch den Reitknechten und Piqueuren befohlen, Pferde und Hunde um fünf Uhr morgens bereit zu halten. Zelt und Küche waren schon an den für das Mittagessen bestimmten Ort vorausgeschickt worden. Der Hausherr ging mit seinen Gästen zum Hundezwinger, um ihnen seine Meute zu zeigen, die aus mehr als fünfhundert Hasen- und Windhunden bestand. Diese führten dort ein sehr verwöhntes Leben und rühmten in ihrer Hundesprache laut die verschwenderische Verpflegung, die ihnen Kirila Petrowitsch angedeihen ließ. Es gab sogar ein »Feldlazarett« für kranke Hunde unter der Aufsicht des »Stabsarztes« Timoschka und eine »gynäkologische Abteilung«, wo die edlen Hündinnen ihre Jungen zur Welt brachten und säugten. Kirila Petrowitsch war sehr stolz auf diese prächtige Anlage und benutzte jede Gelegenheit, mit ihr vor seinen Gästen zu prahlen, von denen jeder sie schon mindestens zwanzigmal hatte besichtigen müssen. Umdrängt von seinen Gästen und begleitet von Timoschka und dem Oberpiqueur, inspizierte er seinen Zwinger; vor der einen oder andern Hundehütte blieb er stehen, erkundigte sich hier nach dem Befinden der Patienten, übte dort mehr oder weniger begründete Kritik oder streichelte einzelne Tiere, an deren Namen er sich erinnerte. Die Gäste beeilten sich, Trojekurows Zwinger in allen Tonarten zu loben. Dubrowskij allein schwieg und machte ein finsteres Gesicht. Auch er war ein leidenschaftlicher Jäger, aber seine Mittel erlaubten ihm nur zwei Hasenhunde und eine Koppel Windspiele zu halten. So konnte er angesichts dieses verschwenderischen Aufwands ein Gefühl des Neides nicht unterdrücken.

»Warum bist du so mißmutig, Bruder, gefällt dir mein Zwinger nicht?« fragte ihn Kirila Petrowitsch.

»Doch«, entgegnete Dubrowskij mürrisch, »Ihr Zwinger ist vorbildlich, aber Ihre Leute werden es wohl kaum so gut haben wie Ihre Hunde.«

Einer der Piqueure fühlte sich durch diese Äußerung verletzt.

»Dank dem himmlischen Vater und unserm gnädigen Herrn«, sagte er, »haben wir keinen Anlaß, uns über etwas zu beklagen; aber was wahr ist, bleibt wahr: mancher Edelmann wäre froh, könnte er seine dürftige Behausung mit einer von diesen Hundehütten vertauschen. Da hätte er es warm und bekäme genug zu essen.«

Kirila Petrowitsch brach bei dieser frechen Bemerkung seines Untergebenen in ein dröhnendes Gelächter aus, in das die übrigen Gäste einstimmten, wenn sie auch sehr wohl fühlten, daß dieser dumme Scherz des Piqueurs ebensogut auch sie selbst betraf. Dubrowskij erbleichte und sagte kein Wort.

In diesem Augenblick brachte man Kirila Petrowitsch ein Körbchen mit neugeborenen Hunden. Er musterte sie, wählte zwei von ihnen aus und befahl, die anderen zu ertränken. Unterdessen war Andrej Gawrilowitsch unbemerkt verschwunden.

Nachdem die ganze Jagdgesellschaft den Zwinger wieder verlassen hatte und ins Gutshaus zurückgekehrt war, wurde das Abendessen aufgetragen. Erst als man Platz genommen hatte, bemerkte Kirila Petrowitsch, daß Dubrowskij fehlte, und erkundigte sich nach ihm. Die Dienerschaft sagte, Andrej Gawrilowitsch sei nach Hause gefahren. Der Hausherr gab Befehl, ihm nachzureiten und ihn zurückzubringen. Von jeher war Kirila Petrowitsch niemals ohne Dubrowskij zur Jagd gefahren, den er als erfahrenen Kenner von Jagdhunden aller Art und als besonders zuverlässigen, ja unfehlbaren Schlichter von jagdlichen Streitigkeiten nicht missen konnte. Der Diener, der Dubrowskij nachgeritten war, kam zurück, als man noch bei Tisch saß, und meldete seinem Herrn, Andrej Gawrilowitsch habe sich geweigert umzukehren. Kirila Petrowitsch, wie gewöhnlich durch einige Schnäpse in Hitze geraten, wurde wütend, schickte den gleichen Diener von neuem hinter Dubrowskij her, der ihm ausrichten sollte, daß er sich die lebenslängliche Feindschaft Trojekurows zuziehen werde, wenn er nicht unverzüglich wieder erschiene, um in Pokrowskoje zu übernachten. Der Bote ritt abermals davon, Kirila Petrowitsch aber stand auf, entließ seine Gäste und ging zu Bett.

Am Morgen war seine erste Frage, ob Andrej Gawrilowitsch im Hause sei. Statt einer Antwort wurde ihm ein dreieckig zusammengefalteter Brief überreicht. Kirila Petrowitsch ließ sich von seinem Schreiber den Brief vorlesen, der folgenden Wortlaut hatte:

»Hochverehrter Herr!

Unter keinen Umständen werde ich meinen Fuß über Ihre Schwelle setzen, bevor Sie nicht Ihren Piqueur Paramoschka mit der Bitte um Entschuldigung zu mir geschickt haben, wobei es meinem Ermessen vorbehalten bleibt, ihn zu bestrafen oder ihm zu verzeihen. Im übrigen bin ich nicht gewillt, mich von Ihnen oder Ihren Dienern zur Zielscheibe schlechter Scherze machen zu lassen – ich bin kein Hanswurst, sondern gehöre einem alten Adelsgeschlecht an.

Ergebenst Andrej Dubrowskij«

Nach den gesellschaftlichen Konventionen der damaligen Zeit war dieser Brief ohne Zweifel unschicklich. Dennoch erregten nicht die Form und der unpassende Ton des Schreibens den Zorn Kirila Petrowitschs, sondern lediglich der sachliche Inhalt.

»Was denkt er sich eigentlich?« donnerte Trojekurow und sprang barfuß aus dem Bett. »Das könnte ihm gerade so passen, daß ich ihm meine Leute schickte, damit er sie bestraft oder begnadigt, wie es ihm gefällt! Ja, weiß er denn nicht, wem er hier die Zähne zeigt? Nein, mein Lieber, dir werde ich schon den Standpunkt klarmachen! Du wirst dein Verhalten noch bitter bereuen, wenn du erst begriffen hast, was es bedeutet gegen Trojekurow vom Leder zu ziehen!«

Kirila Petrowitsch kleidete sich an und brach mit der ihm eigenen Großartigkeit zur Jagd auf. Aber sie verunglückte vollständig: an diesem Tag bekam man nur einen einzigen Hasen zu Gesicht, und selbst der entwischte. Das Mittagessen im Zelt war gleichfalls mißraten oder entsprach zumindest nicht Kirila Petrowitschs Geschmack. Er verprügelte den Koch, beschimpfte die Gäste und ritt auf dem Rückweg mit der ganzen Jagdgesellschaft absichtlich über Dubrowskijs Felder.

2

Mehrere Tage vergingen, und die Feindschaft der beiden Nachbarn blieb die gleiche. Andrej Gawrilowitsch ließ sich in Pokrowskoje nicht blicken. Kirila Petrowitsch langweilte sich ohne ihn, und seine Verärgerung äußerte sich in den beleidigendsten Ausdrücken, die dank der Klatschsucht der benachbarten Edelleute in noch wesentlich verschärfter Form Dubrowskij zu Ohren kamen. Ein neuer Vorfall zerstörte die letzte Hoffnung auf eine Aussöhnung.

Eines Tages unternahm Dubrowskij eine Rundfahrt, um seine nicht gerade sehr ausgedehnten Fluren zu besichtigen. Als er sich einem Birkenwald näherte, hörte er Beilhiebe und gleich darauf das Rauschen eines zu Boden stürzenden Baumes. Eiligst begab er sich dorthin und überraschte mehrere Bauern aus Pokrowskoje, die in aller Gemütsruhe damit beschäftigt waren, sein Holz zu stehlen. Als sie ihn erblickten, liefen sie davon. Mit Hilfe seines Kutschers gelang es jedoch Dubrowskij, zwei von ihnen einzufangen und gefesselt auf seinen Hof zu schaffen. Drei feindliche Pferde fielen ebenfalls in die Hände des Siegers. Dubrowskij war außer sich: bisher hatten die mit Recht als Räuber verrufenen Leibeigenen Trojekurows es nicht gewagt, sich auch in seinem Bereich solche Übergriffe zuschulden kommen zu lassen, weil sie um seine freundschaftlichen Beziehungen zu ihrem Herrn wußten. Dubrowskij war sich klar darüber, daß sie jetzt das Zerwürfnis der beiden Freunde auszunutzen versuchten, und beschloß, allen Gesetzen des Kriegsrechts zuwider, ihnen mit den Birkenruten aus seinem Walde, die sie bereits zum Fortbringen hergerichtet hatten, eine schmerzhafte Lehre zu erteilen und im übrigen seinen ohnehin nur geringen Bestand an Arbeitspferden um die erbeuteten Gäule zu vermehren.

Noch am gleichen Tage erfuhr Kirila Petrowitsch, was vorgefallen war. Er kochte vor Wut und war im ersten Augenblick nahe daran, an der Spitze seiner Hofleute Kistenjowka – so hieß Dubrowskijs Besitz – zu überfallen, das dazugehörige Dorf zu zerstören und den Gutsherrn in seinem Hause regelrecht zu belagern; dergleichen Heldentaten waren ja für Kirila Petrowitsch nichts Ungewöhnliches. Dann überlegte er sich's aber doch anders.

Während er mit gewichtigen Schritten im Saal seines Hauses auf und ab ging, blickte er aus dem Fenster und sah eine Troika vor dem Tor halten. Ein kleiner Mann in Lodenmantel und Lederkappe stieg aus und strebte dem Verwalterhaus zu. Trojekurow erkannte den Assessor Schabaschkin und ließ ihn zu sich rufen. Einen Augenblick später stand Schabaschkin bereits Kirila Petrowitsch gegenüber, machte einen Kratzfuß nach dem andern und erwartete unterwürfig die Befehle des Gutsherrn.

»Tritt näher, Verehrtester, wie heißt du denn doch gleich?« sagte Trojekurow. »Was führt dich nach Pokrowskoje?«

»Bin gerade auf dem Wege zur Stadt, Exzellenz«, erwiderte Schabaschkin, »und wollte auf einen Sprung zu Iwan Demjanow, um zu hören, ob ich Ew. Exzellenz vielleicht nützlich sein kann.«

»Kommst wie gerufen – wie heißt du doch gleich? –, ich brauche dich dringend. Trink einen Schnaps und hör zu!«

Einen so liebenswürdigen Empfang hatte der Assessor nicht erwartet. Er verzichtete auf den Schnaps und lauschte gespannt den Worten Trojekurows.

»Ich habe einen Nachbarn«, begann Kirila Petrowitsch, »ein armer Schlucker, aber trotzdem ein hochmütiger Flegel. Ich will ihm sein Gut fortnehmen – wie denkst du darüber?«

»Je nun, Exzellenz, wenn es da irgendwelche Dokumente gibt oder vielleicht . . . «

»Unsinn, Verehrtester, wozu Dokumente, wenn es doch für solche Zwecke Erlasse gibt? Darum handelt es sich ja gerade, daß ich ihm das Gut ohne jede rechtliche Grundlage wegnehmen will. Übrigens warte mal . . . wie war denn das eigentlich? Ja, richtig – dieses Gut hat schon einmal den Trojekurows gehört. Es wurde an einen gewissen Spizyn veräußert, der es dann an Dubrowskijs Vater weiterverkaufte. Könnte man da nicht irgendwie einhaken?«

»Kaum, Exzellenz, wahrscheinlich wird man bei diesem

Besitzwechsel allen gesetzlichen Bestimmungen genauestens Rechnung getragen haben!«

»Denk nur darüber nach, Verehrtester, streng dich mal ordentlich an!«

»Wenn Ew. Exzellenz es zum Beispiel fertigbrächten, von Ihrem Nachbarn etwas Schriftliches, sagen wir einmal einen Kaufvertrag, zu erhalten, demzufolge er der Besitzer des Gutes ist, dann vielleicht ... «

»Ich verstehe, aber das Pech ist ja eben, daß seine Papiere bei einem Schadenfeuer alle verbrannt sind.«

»Was Sie nicht sagen, Exzellenz, wahrhaftig verbrannt? Aber was wollen Sie denn noch mehr! Ja, wenn es so ist, dann brauchen Sie sich bloß ans Gesetz zu halten, und die Angelegenheit wird sich ohne Zweifel zu Ihrer vollen Zufriedenheit regeln lassen.«

»Glaubst du das wirklich?« fragte Kirila Petrowitsch erfreut. »Dann nimm dich also der Sache an. Ich verlasse mich ganz auf deinen Eifer. Meiner Erkenntlichkeit kannst du natürlich sicher sein.«

Schabaschkin verbeugte sich fast bis zur Erde und stürzte sich noch am gleichen Tage in die Arbeit. Infolge seiner Tüchtigkeit erhielt Dubrowskij schon nach zwei Wochen die amtliche Mitteilung, daß seine Besitzrechte auf das Gütchen Kistenjowka vom General en chef Trojekurow angezweifelt würden. Höchst verwundert über dieses unerwartete, von Assessor Schabaschkin unterzeichnete Schreiben, verfaßte Andrej Gawrilowitsch augenblicklich eine Antwort, die an Grobheit nichts zu wünschen übrigließ. Er teilte darin mit, Kistenjowka sei ihm von seinem verstorbenen Vater vermacht worden, und er besitze daher das Gut als rechtmäßiger Erbe. Trojekurow solle seine Nase nicht in Angelegenheiten stecken, die ihn nichts angingen, und er, Dubrowskij, erkläre überhaupt jeden, wer es auch sei, der ihm seinen Besitz streitig machen wolle, für einen Verleumder und Betrüger.

Dieser Brief berührte Schabaschkin auf das angenehmste. Der Assessor entnahm ihm erstens, daß Dubrowskij in geschäftlichen Dingen, besonders im Verkehr mit amtlichen

Stellen, ganz und gar unerfahren war, und zweitens, daß es nicht schwerfallen konnte, einen so unbeherrschten und unüberlegten Menschen in eine für ihn äußerst heikle Lage hineinzumanövrieren.

Erst als Andrej Gawrilowitsch seinen Brief bereits abgeschickt hatte, prüfte er die einzelnen Punkte des Schabaschkinschen Schriftstückes und erkannte jetzt, daß es doch notwendig war, genauer auf sie einzugehen. So setzte er denn ein zweites, wesentlich sachlicheres Antwortschreiben auf, das sich jedoch später ebenfalls als unzureichend erweisen sollte.

Die Angelegenheit fing an, sich in die Länge zu ziehen. Dennoch machte sich Andrej Gawrilowitsch nicht die geringsten Sorgen. Von seinem guten Recht vollkommen überzeugt, hielt er es nicht für nötig, sich um die Sache zu kümmern, geschweige denn sie sich etwas kosten zu lassen, wozu er auch gar nicht in der Lage gewesen wäre. Obgleich er oft genug seiner Empörung über die Bestechlichkeit der Federfuchser und Schreiberlinge Luft gemacht hatte, kam es ihm keinen Augenblick in den Sinn, daß auch er einmal ihren Schiebungen zum Opfer fallen könnte. Trojekurow seinerseits rührte gleichfalls keinen Finger, um die von ihm in die Wege geleiteten Machenschaften voranzutreiben. Allerdings hatte er das auch nicht nötig: der unermüdliche Schabaschkin war an seiner Stelle und in seinem Namen tätig, bestach die Richter und schüchterte sie zugleich ein und führte sie durch spitzfindige Verdrehungen und falsche Auslegungen der verschiedenen Verordnungen hinters Licht. Aber wie dem auch gewesen sein mag – am 9. Februar 18 .. erhielt Dubrowskij von der Landpolizei eine Vorladung zugestellt, in der es hieß, er habe sich im Kreisgericht einzufinden, um der Urteilsverkündung in der Streitsache zwischen ihm und dem General en chef Trojekurow beizuwohnen und die gerichtliche Entscheidung im Falle seiner Zustimmung zu unterschreiben oder aber Einspruch gegen sie zu erheben. Am gleichen Tag noch fuhr Dubrowskij in die Stadt. Unterwegs überholte ihn Trojekurow. Sie maßen einander mit kalten Blicken, und Dubrowskij bemerkte, wie ein tückisches Lächeln die Lippen seines Gegners umspielte.

3

In der Stadt angelangt, stieg Andrej Gawrilowitsch bei einem ihm bekannten Kaufmann ab und übernachtete dort. Am nächsten Morgen fand er sich im Gebäude des Kreisgerichts ein. Niemand nahm Notiz von seiner Anwesenheit. Gleich nach ihm erschien auch Kirila Petrowitsch. Die Schreiber erhoben sich von ihren Stühlen und steckten ihre Federhalter hinters Ohr. Die Mitglieder des Gerichtshofs empfingen Trojekurow mit der größten Ehrerbietung und wetteiferten miteinander darin, ihm einen Lehnsessel heranzuschieben und ihre Hochachtung vor seinem hohen Rang, seinem Alter und seiner imposanten Leibesfülle zum Ausdruck zu bringen. Bei weit geöffneten Türen nahm er hoheitsvoll Platz, während Andrej Gawrilowitsch im Hintergrund an die Wand gelehnt stehenblieb. Eine Weile herrschte tiefe Stille. Dann räusperte sich der Sekretär und begann mit klangvoller Stimme die Entscheidung des Gerichts zu verlesen.

Wir geben sie nahezu vollständig wieder, weil wir der Meinung sind, daß jeder gerne eines jener Verfahren kennenlernen wird, durch die man in Rußland um sein Hab und Gut gebracht werden kann, auch wenn man unanfechtbare Rechte darauf zu haben glaubt.

»Entscheidung

Am 27. Oktober des Jahres 18 . . prüfte das Kreisgericht die vom General en chef Kirila Petrowitsch Trojekurow gegen den Gardeleutnant Andrej Gawrilowitsch Dubrowskij anhängig gemachte Klage betreffend die Rückgabe des dem Kläger gehörenden, aber gleichwohl in der Nutznießung des Beklagten befindlichen Landguts Kistenjowka, bestehend aus dem Dorf gleichen Namens nebst allen dort zuständigen Seelen männlichen Geschlechts und sämtlichen dazugehörigen Wiesen und Ländereien im Gesamtumfang von . . . Deßjatinen. Bei der Prüfung ergaben sich folgende Einzelheiten:

In seiner Eingabe vom 9. Juni vergangenen Jahres gab

der vorstehend genannte General en chef Trojekurow an, daß sein verstorbener Vater, der damals als Provinzialsekretär in der Kanzlei der Statthalterschaft tätige Kollegienassessor und Ritter Pjotr Jefimowitsch Trojekurow, am 14. August 17 . . vom Kanzlisten Faddej Jegorowitsch Spizyn für den Kaufpreis von zweitausendfünfhundert Rubel das Gut Kistenjowka erworben habe, einschließlich des hölzernen Herrenhauses, des dazugehörigen, in den damaligen Revisionslisten als »Vorwerk« bezeichneten Dorfes, der in den dortigen Registern geführten Seelen männlichen Geschlechts und überhaupt alles dessen, was der ehemalige Besitzer an Wäldern, Wiesen, Fischereirechten und bebauten oder brachliegenden Feldern von seinem Vater, dem adeligen Polizeioffizier Jegor Terentjewitsch Spizyn, geerbt hatte, worüber noch am gleichen Tage im Gouvernementsgericht ein entsprechender Kaufvertrag abgeschlossen worden sei. Ferner heißt es in der erwähnten Eingabe, daß am 26. August desselben Jahres die Einführung des ehemaligen Provinzialsekretärs Trojekurow in den Besitz des neu erworbenen Gutes durch das Landgericht ordnungsmäßig stattgefunden habe, und endlich, daß der Vater des Generals en chef nach dem Willen Gottes am 6. September 17 . . gestorben sei. Er aber, der General selber, habe sich seit dem Jahre 17 . ., das heißt also beinahe seit seinen Knabenjahren, im Militärdienst und größtenteils auf Feldzügen im Auslande befunden und sei daher weder über den Tod seines Vaters noch über die Verhältnisse auf den von diesem hinterlassenen Gütern unterrichtet gewesen. So habe er erst, nachdem er den Abschied genommen und auf die väterlichen Güter zurückgekehrt sei, entdeckt, daß eine dieser Besitzungen, nämlich das Gut Kistenjowka, mit allen seinen Liegenschaften sich im faktischen Besitz des vorerwähnten Gardeleutnants Andrej Gawrilowitsch Dubrowskij befinde, ohne daß dieser imstande sei, seine angeblichen Eigentumsrechte auch nur halbwegs glaubhaft zu machen. Deshalb beantrage er, Trojekurow, unter Beifügung jenes Originalkaufkontrakts, der seinerzeit seinem Vater vom Verkäufer Spizyn übergeben worden sei, Dubrowskij den Besitz des genannten

Gutes abzuerkennen und ihm, dem Kläger, zuzusprechen. Für die unrechtmäßige Besitznahme jedoch, die Dubrowskij ausgenutzt habe, um sich die laufenden Erträge anzueignen, ersuche er, diesem nach eingehender Ermittlung des Tatbestandes die Entrichtung einer angemessenen Entschädigungssumme zu seinen, Trojekurows, Gunsten aufzuerlegen.

Zu der daraufhin vom Kreisgericht angeordneten und an Ort und Stelle durchgeführten Untersuchung erklärte der gegenwärtige Inhaber des umstrittenen Gutes, Gardeleutnant Dubrowskij, er habe Kistenjowka von seinem verstorbenen Vater, dem Unterleutnant der Artillerie Gawrila Sergejewitsch Dubrowski, geerbt, der seinerzeit das Gut vom Vater des Klägers, dem früheren Provinzialsekretär und nachmaligen Kollegienassessor Pjotr Jefimowitsch Trojekurow, für dreitausendzweihundert Rubel gekauft habe. Bei dieser Aussage stützte er sich auf eine Vollmacht, die der Kollegienassessor Trojekurow am 30. August 17 . . auf den Namen eines gewissen Titulärrats Grigorij Wassiljewitsch Sobolew ausgestellt habe – eine Vollmacht, der zufolge sein, Dubrowskijs, Vater einen die Veräußerung des Gutes betreffenden Vertrag ohne Zweifel bekommen haben müsse, denn in diesem vom Kreisgericht beglaubigten Schriftstück sei unzweideutig darauf Bezug genommen, daß Trojekurow das von Spizyn gekaufte Gut an Dubrowskij weiterveräußert und die gesamte kontraktlich festgesetzte Kaufsumme auf Heller und Pfennig bereits empfangen habe, weshalb er, Trojekurow, nunmehr den Sobolew ermächtige, den Vertrag dem Käufer zuzustellen. Bis der Auftrag erfüllt sei, könne jedoch Dubrowskij schon als rechtmäßiger Besitzer frei über das Gut verfügen, und weder er, der Verkäufer, noch sonst jemand solle befugt sein, ihn, den neuen Besitzer, daran zu hindern. Wann jedoch die Aushändigung des Kaufvertrags erfolgt sei und welche amtliche Stelle dabei mitgewirkt habe, könne er, Andrej Dubrowskij, nicht angeben, denn er sei damals noch ein Knabe gewesen, und nach dem Tode seines Vaters habe er dann die Urkunde in seinem Nachlaß nicht finden können, wahrscheinlich sei sie nebst allen andern Dokumenten dem Brande des Herrenhauses von Kistenjowka zum Opfer gefallen, dessen sich auch die Dorfbewohner noch gut erinnern könnten. Daß aber vom Tage des Gutsverkaufs durch Trojekurow oder der erwähnten Bevollmächtigung Sobolews an bis heute die Dubrowskijs das Gut unangefochten besessen hätten, werde auch von der Landbevölkerung ausdrücklich bezeugt: nicht weniger als zweiundfünfzig Bauern hätten unter Eid ausgesagt, daß, soweit sie sich noch erinnern könnten, das Gut vor ungefähr siebzig Jahren Eigentum der Familie Dubrowskij geworden sei. Auf welche Weise, wüßten sie zwar nicht, wohl aber, daß bisher noch niemand an der Rechtmäßigkeit dieses Besitzes gezweifelt habe. Ob jedoch vorher der ehemalige Provinzialsekretär Pjotr Trojekurow Kistenjowka besessen habe, sei ihnen nicht mehr erinnerlich. Was das Herrenhaus anbelange, so könnten sie nur bestätigen, daß es in der Tat vor dreißig Jahren bei einem nächtlicherweile im Dorf ausgebrochenen Schadenfeuer ebenfalls von den Flammen ergriffen worden und bis auf den Grund niedergebrannt sei. Übrigens werde der durchschnittliche Jahresertrag des Gutes auch von Fernstehenden auf nicht weniger als zweitausend Rubel geschätzt.

In Erwiderung auf diese Darlegungen übergab der General en chef Trojekurow am 5. Januar dieses Jahres dem Gericht einen neuen Schriftsatz, in dem es hieß, der Gardeleutnant Andrej Dubrowskij habe zwar im Laufe der Untersuchung eine von seinem, Trojekurows, Vater auf den Namen des Titulärrats Sobolew ausgefertigte Vollmacht beigebracht, nicht aber den in diesem Dokument erwähnten Originalkaufvertrag und ebensowenig irgendwelche anderen Beweismittel im Sinne des Generalreglements Abschnitt 19 oder der Verordnung vom 29. November 1752. Infolgedessen komme dieser Vollmacht vom 30. August 17 . . nicht die geringste Bedeutung zu, zumal ja außerdem ein derartige Streitfälle betreffender Erlaß ausdrücklich vorschreibe, daß bei der Prüfung des Sachverhalts und bei der Urteilsfällung vor allen anderen Beweismitteln, insbesondere vor Untersuchungsergebnissen gleichviel welcher Art, gesetzmäßigen

Kaufverträgen unter allen Umständen der Vorrang gebühre. Da aber nun er, Trojekurow, sich bei seiner Klage auf einen solchen Kaufvertrag berufe, den er zugleich vorgelegt habe, müsse nach den vorstehend angeführten Gesetzesbestimmungen das Gut dem Beklagten als unrechtmäßiger Besitz entzogen und ihm, dem Kläger, als dem gesetzlichen Erben seines Vaters zuerkannt werden. Und da schließlich die erwähnten Dubrowskijs gänzlich unbefugterweise Nutznießer dieses ihnen erwiesenermaßen nicht gehörigen Gutes gewesen, sei es nur recht und billig, daß die Gesamtsumme der den eigentlichen Besitzern geflissentlich vorenthaltenen Jahreseinkünfte ermittelt, vom Beklagten zugunsten des Klägers beigetrieben und diesem als Entschädigung ausgezahlt werde.

Nachdem entsprechend der Prozeßordnung sowohl der Kläger wie der Beklagte gehört worden sind, hat das Kreisgericht folgendes

Urteil

gefällt:

Einem vom Kläger, dem General en chef Kirila Petrowitsch Trojekurow, beigebrachten Originalvertrag, aus dem zu ersehen ist, daß sein verstorbener Vater, der Provinzialsekretär und nachmalige Kollegienassessor Pjotr Jefimowitsch Trojekurow, das gegenwärtig im Besitz des Gardeleutnants Andrej Gawrilowitsch Dubrowskij befindliche Gut Kistenjowka nebst allen dazugehörigen Seelen männlichen Geschlechts, sämtlichen Ländereien und sonstigen Liegenschaften vom Kanzlisten Faddej Spizyn erworben hat und, wie aus einem Vermerk auf diesem Kontrakt hervorgeht, noch im gleichen Jahr vom Kreisgericht in den Besitz des Gutes eingeführt worden ist, steht eine vom Beklagten, Gardeleutnant Andrej Dubrowskij, vorgewiesene, vom gleichen Trojekurow dem Titularrat Sobolew ausgefertigte Vollmacht gegenüber, laut welcher besagter Sobolew beauftragt wird, einen von seinem Mandanten mit dem Unterleutnant der Artillerie Gawrila Sergejewitsch Dubrowskij abgeschlossenen, den Weiterverkauf des nämlichen Gutes an den Vater des Beklagten betreffenden Vertrag auszuhändigen. Zu dieser Vollmacht, die ohnehin durch den Tod des Ausstellers ihre Gültigkeit verloren hat, ist jedoch zu bemerken, daß Vereinbarungen in dieser Form laut Erlaß vom . . . untersagt sind. Außer dieser als Beweismittel keinesfalls in Frage kommenden Vollmacht hat der Beklagte seit der Anhängigmachung dieses Verfahrens bis jetzt nichts beizubringen vermocht, woraus zu entnehmen wäre, wann und wo der in jenem Dokument erwähnte Kaufvertrag abgeschlossen worden sei.

Auf Grund dieses Sachverhalts hat das Kreisgericht entschieden, den Kläger, General en chef Kirila Petrowitsch Trojekurow, im Besitz des umstrittenen Gutes mit allem Zubehör und in dem Zustand, in dem es sich gegenwärtig befindet, zu bestätigen, dem Beklagten, Gardeleutnant Andrej Gawrilowitsch Dubrowskij, das Verfügungsrecht über das Gut abzuerkennen und Herrn Trojekurow zufolge seines Erbrechts in den Besitz des Gutes einzuführen. Wenn jedoch der General en chef Trojekurow darüber hinaus noch Entschädigungsansprüche für die ihm vorenthaltenen Einkünfte geltend macht, die der Gardeleutnant Dubrowskij aus dem widerrechtlichen Besitz des Gutes bezogen hat, so darf nicht außer acht gelassen werden, daß das Gut, wie die ältesten Leute bezeugen, sich jahrelang im unangefochtenen Besitz der Dubrowskijs befunden hat und daß diese Aussagen mit den Gerichtsakten übereinstimmen, die keinerlei Hinweise auf etwaige schon früher von seiten der Trojekurows vorgebrachte Klagen enthalten. Da aber das einschlägige Gesetz derartige Vergütungen nicht vorsieht, sondern lediglich bestimmt, daß, wenn jemand ein fremdes Grundstück besät, mit einem Zaun umgibt oder bebaut und eine diesbezügliche Klage vom Gericht für gerechtfertigt erklärt wird, dem Schuldigen das Land einschließlich der Saat, des Zauns und der sonstigen von ihm errichteten Baulichkeiten aberkannt und dem rechtmäßigen Besitzer des Grundstücks zugesprochen werden müsse, wird die Entschädigungsklage des Generals en chef Trojekurow abgewiesen, da er sein Eigentum ungeschmälert zurückbekommt. Zugleich wird ihm aber freigestellt, seine Entschädigungsansprüche an zuständiger Stelle gesondert geltend zu machen, wenn er imstande sein sollte, sie klar und überzeugend zu begründen.

Von dieser Entscheidung ist laut Gesetz sowohl dem Kläger wie dem Beklagten Kenntnis zu geben. Sie sind durch die Polizei vorzuladen, um der Urteilsverkündung persönlich beizuwohnen und durch ihre Unterschriften ihre Zustimmung oder ihren Widerspruch zum Ausdruck zu bringen.«

Der Sekretär hatte seine Aufgabe erfüllt und verstummte. Jetzt stand der Assessor auf, verneigte sich tief vor Trojekurow, überreichte ihm das Schriftstück und forderte ihn auf zu unterzeichnen. Mit triumphierender Miene griff Trojekurow nach der Feder und unterschrieb die richterliche Entscheidung. Nachdem er auf diese Weise sein volles Einverständnis erklärt hatte, war der Beklagte an der Reihe. Der Sekretär legte ihm das Urteil vor, aber Dubrowskij stand mit niedergeschlagenen Augen da und rührte sich nicht. Der Sekretär wiederholte seine Aufforderung, zu unterschreiben und damit ebenfalls seine Zustimmung zu geben oder aber Protest zu erheben, falls sein Gewissen ihm das gebiete und er entschlossen sei, das Urteil innerhalb der gesetzlichen Frist bei der zuständigen Instanz anzufechten.

Dubrowskij sagte noch immer kein Wort – doch plötzlich verlor er seine Selbstbeherrschung, hob den Kopf, seine Augen funkelten, er stampfte mit dem Fuße auf, stieß den Sekretär so heftig zurück, daß dieser zu Boden fiel, ergriff das Tintenfaß und warf es mit ganzer Kraft nach dem Assessor. Alle Anwesenden waren entsetzt. Dubrowskij schrie: »Wie könnt ihr es wagen, das Heiligtum zu schänden? Macht, daß ihr hinauskommt, ihr käuflichen Speichellecker!« Dann, zu Kirila Petrowitsch gewandt: »Wie gefällt Ihnen das, Exzellenz? Ihre Piqueure haben die Hunde in die Kirche hineingelassen, und nun laufen sie dort herum! Aber ich werde sie schon Mores lehren ... «

Der Tumult im Saal rief die Gerichtsdiener herbei. Sie

mußten Gewalt anwenden, um Dubrowskij zu bändigen. Er wurde hinaugseführt und in den Schlitten gesetzt. Trojekurow verließ gleich danach, von sämtlichen Richtern begleitet, das Gebäude. Der plötzliche Tobsuchtsanfall Dubrowskijs hatte ihn stark beeindruckt und ihm die Freude an dem gewonnenen Prozeß verdorben. Die Richter, die auf seinen Dank gerechnet hatten, würdigte er keines freundlichen Wortes. Noch am gleichen Tag fuhr er nach Pokrowskoje zurück, während Dubrowskij bei seinem Freunde, dem Kaufmann, zu Bett lag. Der Kreisarzt, glücklicherweise kein absoluter Stümper, ließ ihn zur Ader und behandelte ihn mit Blutegeln und Spanischen Fliegen. Gegen Abend kam der Kranke wieder zur Besinnung, und am folgenden Morgen bereits konnte er nach Kistenjowka zurückgebracht werden, das ihm jetzt so gut wie nicht mehr gehörte.

4

Längere Zeit verging, ohne daß die erschütterte Gesundheit des armen Dubrowskij sich wesentlich gebessert hätte. Zwar wiederholte sich der Anfall von Geistesgestörtheit nicht mehr, aber seine Kräfte nahmen ständig ab. Er kümmerte sich um nichts, verließ nur noch selten sein Zimmer und verbrachte ganze Tage in einem teilnahmslosen Dämmerzustand. Die treue Jegorowna, einst die Kinderfrau seines Sohnes, wurde jetzt die Wärterin des Vaters. Sie gab auf ihn acht, wachte darüber, daß er die Mahlzeiten nicht unberührt stehenließ, fütterte ihn wie ein kleines Kind und brachte ihn abends zu Bett. Andrej Gawrilowitsch gehorchte ihr widerspruchslos und wollte außer der guten Alten keinen Menschen sehen. Er war nicht mehr fähig, an seine Wirtschaft und seine sonstigen Angelegenheiten zu denken, geschweige denn irgendwelche Verfügungen zu treffen, so daß die Jegorowna sich entschließen mußte, den jungen Dubrowskij zu verständigen, der zur Zeit in Petersburg bei der Gardeinfanterie Dienst tat. Sie riß also ein unbeschriebenes Blatt aus dem Wirtschaftsbuch heraus, diktierte dem Koch

Chariton, dem einzigen in Kistenjowka, der lesen und schreiben konnte, einen Brief, den sie noch am gleichen Tage in die Stadt zur Post schickte.

Doch jetzt ist es Zeit, daß der Leser mit dem eigentlichen Helden dieser Erzählung bekannt gemacht wird.

Wladimir Dubrowskij war im Kadettenkorps erzogen worden und dann als Kornett in ein Garderegiment eingetreten. Der Vater hatte seinem Sohn gegenüber nicht gespart, sondern ihn im Gegenteil mit einem so reichlich bemessenen Monatswechsel ausgestattet, daß er weit mehr erhielt, als er eigentlich erwarten durfte. So erlaubte sich denn der ehrgeizige und zur Verschwendung neigende junge Mann allerhand durchaus nicht billige Liebhabereien. Auch spielte er und machte bedenkenlos Schulden, denn über kurz oder lang – so träumte er wie jeder unbemittelte junge Mann – würde er ja doch eine reiche Braut heimführen und sich dadurch aller seiner Verbindlichkeiten wieder entledigen können.

Eines Abends, als gerade einige Offiziere bei ihm zu Besuch waren, auf den Sofas herumlümmelten und seine Bernsteinpfeifen rauchten, übergab ihm sein Kammerdiener Grischa einen Brief, dessen Poststempel und unbeholfen geschriebene Adresse ihn sogleich beunruhigten. Hastig öffnete er den Umschlag und las folgendes:

»Gnädiger Herr, unser Gebieter Wladimir Andrejewitsch, ich, Deine alte Kinderwärterin, habe mich entschlossen, Dich zu benachrichtigen, daß es mit Papachens Gesundheit sehr schlecht steht. Manchmal sitzt er den ganzen Tag da wie ein dummes Kind und spricht nur Unsinn, nun, Gott ist Herr über Leben und Tod. Deshalb komm her zu uns, Liebster, wir werden Dir Pferde nach Pessotschnoje entgegenschicken. Die Leute sagen, daß das Landgericht kommen und uns alle an Kirila Petrowitsch geben wird, weil wir, wie sie sagen, jetzt die Seinigen sind, wo wir doch schon immer die Eurigen waren und unser Lebtag so etwas nicht gehört haben. Wo du doch in Petersburg bist, könntest Du das dem Väterchen Zaren melden, er wird nicht zulassen, daß uns das Landgericht so beleidigt. Ich bleibe Deine treue Magd und Kinderfrau Arina Jegorowna Busyrewa.

Ich schicke Grischa meinen mütterlichen Segen, dient er Dir zur Zufriedenheit? Bei uns regnet es schon die zweite Woche, und am Nikolaustag starb der Hirt Rodja.«

Wladimir Dubrowskij las diese einfältigen Worte mehrmals hintereinander mit tiefer Erregung. Er hatte seine Mutter schon in frühester Kindheit verloren und kannte seinen Vater nur sehr wenig, da er bereits als achtjähriger Bub nach Petersburg gebracht worden war. Dennoch hing er mit einer geradezu romantischen Liebe an ihm und schwärmte um so mehr für das Familienleben, je weniger er Gelegenheit gehabt hatte, sich dessen stillen Freuden hinzugeben.

Der Gedanke, daß er seinen Vater verlieren könne, zerriß ihm das Herz, und der jammervolle Zustand des Kranken, den er sich nach dem Brief seiner alten Wärterin ungefähr vorstellen konnte, erfüllte ihn mit Schrecken. Er glaubte seinen Vater vor sich zu sehen, wie er dort in der Verlorenheit des einsamen Dorfes, der einfältigen Alten und dem sonstigen Hausgesinde überlassen, langsam dahinsiechte – von irgendeinem dunklen Verhängnis bedroht und seinen körperlichen und seelischen Leiden hilflos ausgeliefert. Wladimir konnte es sich nicht verzeihen, daß er so gewissenlos gewesen war, sich nicht nach dem Vater zu erkundigen, obgleich er schon seit langem ohne Nachricht von ihm geblieben war. Jetzt aber beschloß er hinzufahren und sogar den Abschied zu nehmen, falls der offenbar sehr bedenkliche Gesundheitszustand des Vaters seine dauernde Anwesenheit nötig machen sollte. Die Kameraden, die seine Unruhe bemerkt hatten, verabschiedeten sich und gingen. Als Wladimir sich allein sah, setzte er ein Urlaubsgesuch auf, zündete seine Pfeife an und versank in Nachdenken. Doch bald erhob er sich wieder und ging fort, um das Gesuch gleich einzureichen, da er sich darüber klar war, daß er keine Zeit zu verlieren hatte.

Drei Tage später war Wladimir in Begleitung seines Dieners Grischa bereits unterwegs und näherte sich jener Poststation, wo die Straße nach Kistenjowka abbog. Er wurde von düsteren Ahnungen gequält; er fürchtete, den Vater nicht mehr lebend vorzufinden, und stellte sich das trostlose

Dasein vor, das ihn auf dem Lande erwartete: Einsamkeit, Armut, Geschäfte und Obliegenheiten, von denen er nicht das geringste verstand. Auf der Station angekommen, begab er sich zum Vorsteher und bestellte ausgeruhte Pferde für die Fortsetzung seiner Fahrt. Der Postmeister erkundigte sich nach seinem Reiseziel und teilte ihm mit, daß schon seit vier Tagen Pferde aus Kistenjowka für ihn bereit ständen. Gleich darauf meldete sich bei ihm der alte Kutscher Anton, der ihn früher, als er noch ein Kind gewesen, oft durch den Pferdestall geführt und für sein Pony gesorgt hatte. Anton vergoß bei seinem Anblick Freudentränen, verneigte sich bis zur Erde und berichtete, daß sein alter Gebieter noch lebe. Dann lief er fort, um die Pferde anzuschirren. Wladimir Andrejewitsch verzichtete auf das ihm angetragene Frühstück und beeilte sich weiterzufahren. Anton wählte die kürzeste Strecke über Feld- und Dorfwege, und unterwegs entspann sich ein vertrauliches Gespräch zwischen ihm und seinem jungen Herrn.

»Sag mal, Anton«, fragte Wladimir Andrejewitsch, »was ist das eigentlich für eine Sache, die der Vater mit Trojekurow hat?«

»Das weiß Gott allein, Batjuschka Wladimir Andrejewitsch ... Unser gnädiger Herr, so heißt es, hat sich irgendwie mit Kirila Petrowitsch entzweit, und dieser verklagte ihn bei Gericht, obgleich er sonst doch meist selbst den Richter in eigener Sache spielt. Wir Leibeigenen sollen uns ja nicht in die persönlichen Angelegenheiten unserer Herrschaften einmischen, aber es war doch bei Gott nicht gut, daß Ihr Batjuschka sich gegen Kirila Petrowitsch aufgelehnt hat – gegen den ist nun mal kein Kraut gewachsen.«

»So scheint es also, daß Kirila Petrowitsch bei euch machen kann, was er will?«

»Ganz recht, Wladimir Andrejewitsch, der Assessor ist ihm keinen Groschen wert, und den Polizeichef behandelt er wie seinen Laufburschen. Die Herrschaften können nicht schnell und nicht oft genug bei ihm erscheinen, um ihre Aufwartung zu machen. Man weiß ja, wo ein voller Trog ist, stellen sich die Schweine von selber ein.«

»Ist es denn wahr, daß er uns das Gut fortnehmen will?«

»Ach, gnädiger Herr, man hat auch bei uns davon gehört. Noch kürzlich sagte der Küster von Pokrowskoje bei einer Taufe zu unserem Starost: ‚Ihr habt wahrhaftig lange genug die Hände in den Schoß gelegt – jetzt kommt Kirila Petrowitsch und wird euch schon Beine machen.‘ Worauf der Schmied Nikita entgegnete: ‚Laß das, Saweljitsch, beunruhige den Gevatter und die Gäste nicht! Jeder möge seinen eigenen Weg gehen, auch Kirila Petrowitsch und Andrej Gawrilowitsch, aber alle gehören wir Gott und dem Kaiser.‘ Man kann ja einem fremden Mund keine Knöpfe annähen.«

»Ihr habt also keine Lust, in Trojekurows Besitz überzugehen?«

»In Kirila Petrowitschs Besitz? Gott bewahre uns davor: seinen eigenen Leuten geht es erbärmlich genug, aber wenn er noch fremde dazubekommt, wird er denen nicht nur das Fell über die Ohren ziehen, sondern auch das Fleisch von den Knochen zerren, der Menschenschinder! Nein, Gott gebe Andrej Gawrilowitsch Gesundheit, aber wenn er ihn doch zu sich nimmt, wollen wir niemand anderen als dich, du unser Ernährer und Wohltäter. Laß du uns nur nicht im Stich, so werden wir auch für dich einstehen.«

Bei diesen Worten schwang Anton die Peitsche, zog die Zügel an, und die Pferde trabten schneller drauflos.

Gerührt durch die Treue und Ergebenheit des alten Mannes, schwieg Dubrowskij und gab sich seinen Gedanken hin. Nach etwa einer Stunde störte ihn Grischa auf, indem er ausrief: »Da liegt ja schon Pokrowskoje!« Wladimir schaute auf. Sie fuhren am Ufer eines großen Sees entlang, aus dem ein Bächlein herausfloß, das sich zwischen Hügeln hindurchwand. Über den dichten Laubkronen eines dieser Hügel konnte man das grün gestrichene Dach und den Söller eines sehr großen steinernen Herrenhauses sehen und auf einem anderen eine Kirche mit fünf zwiebelförmigen Kuppeln und einem altertümlichen Glockenturm. Ringsum lagen Bauernhäuser mit ihren Gemüsegärten und Ziehbrunnen verstreut. Der junge Dubrowskij erkannte das alles wieder; er erinnerte sich noch gut, daß er hier auf diesen Hügeln mit der kleinen Mascha Trojekurowa gespielt hatte, die zwei Jahre jünger war als er und schon damals eine Schönheit zu werden versprach. Er hatte nicht übel Lust, sich nach ihr bei Anton zu erkundigen, aber eine gewisse Scheu hielt ihn davon zurück.

Als sie in die Nähe des Parks kamen, sah Wladimir zwischen den Bäumen ein weißes Kleid schimmern. In diesem Augenblick trieb Anton die Pferde an und jagte, einem allen Kutschern in Stadt und Land eigenen Ehrgeiz gehorchend, in wildem Tempo über die Brücke und an den Nebengebäuden des Gutshofs vorbei. Als sie Prokowskoje hinter sich gelassen und den Gipfel des nächsten Hügels erreicht hatten, erblickte Wladimir im Tal ein Birkenwäldchen und links davon auf freiem Feld ein ziegelgedecktes Häuschen. Sein Herz schlug schneller: was da vor ihm lag, war Kistenjowka und sein ärmliches Vaterhaus.

Zehn Minuten später hielten sie vor der Haustür. In unbeschreiblicher Gemütsbewegung schaute sich Wladimir um. Zwölf Jahre hatte er seine Heimat nicht mehr gesehen. Aus den kleinen Birken, die man in seiner Knabenzeit an der Umzäunung gepflanzt hatte, waren inzwischen hohe, dichtbelaubte Bäume geworden. Der Hof, damals geschmückt mit drei rechteckigen Blumenbeeten, die voneinander durch reinlich gefegte Wege getrennt waren, bot jetzt das Bild einer verwilderten, ungemähten Wiese, auf der ein gekoppeltes Pferd weidete. Die Hunde bellten den Wagen an, beruhigten sich aber wieder, als sie Anton erkannten, und wedelten mit den buschigen Schwänzen. Die Hofleute liefen aus ihren Hütten herbei und umringten unter stürmischen Freudenbezeigungen den jungen Herrn. Nur mit Mühe gelang es ihm, sich ihren Begrüßungen zu entziehen und sich einen Weg durch das Gedränge zur Eingangstreppe zu bahnen. Im Flur kam ihm die Jegorowna entgegen, die ihren ehemaligen Pflegebefohlenen unter Tränen in die Arme schloß.

»Sei gegrüßt, Liebe, sei gegrüßt«, wiederholte er und drückte die treue Alte ans Herz. »Wie geht es ihm, wo ist er?«

In diesem Augenblick erschien in der Tür ein hochgewachsener magerer alter Mann in Schlafrock und Nachtmütze. Er sah sehr blaß aus und konnte sich nur mit Mühe fortbewegen.

»Willkommen, Wolodka«, sagte er mit schwacher Stimme, und Wladimir umarmte seinen Vater mit überströmender Herzlichkeit. Die unerwartete Wiedersehensfreude erschütterte den Kranken so sehr, daß er wankte und hingefallen wäre, hätte der Sohn ihn nicht gestützt.

»Warum ist er auch aus dem Bett gekrochen«, murrte die Jegorowna unzufrieden, »vermag sich kaum auf den Beinen zu halten, aber kann's doch nicht lassen . . .«

Der Greis wurde in sein Schlafzimmer zurückgeführt. Er bot seine ganze Kraft auf, um mit seinem Sohn zu sprechen, aber seine Gedanken verwirrten sich, und was er sagte, wurde immer zusammenhangloser. Endlich schwieg er und schien eingeschlafen. Wladimir war sehr bestürzt über den Zustand seines Vaters. Er beschloß, das Schlafzimmer mit ihm zu teilen, und bat, man möge sie beide allein lassen. Die Leute gingen mit Grischa hinaus und führten ihn in die Gesindestube. Dort bewirteten sie ihn mit einem ländlichen Mahl und bestürmten ihn mit Fragen.

5

Einige Tage nach seiner Ankunft wollte der junge Dubrowskij sich um die geschäftlichen Dinge kümmern, aber der Vater war weder imstande, ihm Aufklärungen zu geben, noch hatte er einen Sachwalter, der Wladimir hätte helfen können. Bei der Durchsicht der Papiere des Vaters fand er nur den ersten Brief des Assessors und den Entwurf für die Antwort, konnte daraus jedoch kein klares, geschweige denn erschöpfendes Bild von der ganzen Angelegenheit gewinnen. Es blieb ihm nichts anderes übrig, als sich im Vertrauen auf das gute Recht seines Vaters einstweilen abwartend zu verhalten.

Inzwischen verschlechterte sich Andrej Gawrilowitschs

Zustand von Stunde zu Stunde. Wladimir wich nicht vom Krankenbett, und seine Gedanken waren ausschließlich beim Vater, dessen Ende er jeden Augenblick erwartete. So ließ er die gesetzliche Berufungsfrist ungenutzt verstreichen, und Kistenjowka gehörte nun tatsächlich Kirila Petrowitsch. Schabaschkin erschien bei Trojekurow, beglückwünschte ihn zu dem gewonnenen Prozeß und bat ihn um Angabe des Zeitpunktes, an dem es seiner hohen Exzellenz belieben werde, das ihm zugesprochene Gut persönlich in Besitz zu nehmen oder die Besitznahme durch einen Bevollmächtigten vollziehen zu lassen. Der sonst so entschlossene General en chef wurde unsicher. Von Natur keineswegs raffgierig, war er nur darauf aus gewesen, an Dubrowskij Rache zu üben, doch in seinem Starrsinn hatte er den Bogen überspannt. Jetzt schlug ihm das Gewissen, zumal er wußte, in welchem Zustand sich sein Gegner befand. Der Sieg über den alten Jugendfreund freute ihn gar nicht mehr. Er warf Schabaschkin einen bitterbösen Blick zu, und da er keine Möglichkeit fand, wie er diesem seine eigene Schuld zuschieben könnte, geriet er vollends in Wut. So wußte er sich keinen anderen Rat, als den Assessor anzuschreien. »Hinaus mit dir«, brüllte er, »ich will nichts mehr von dir wissen!«

Schabaschkin sah, daß Trojekurow nicht gerade guter Laune war, verbeugte sich und machte, daß er davonkam. Allein geblieben, erhob sich Kirila Petrowitsch, begann auf und ab zu gehen und pfiff dabei den Militärmarsch »Laut erschalle Siegesjubel«, was er meistens dann tat, wenn er sich in heftiger Erregung befand. Schließlich ließ er seinen Jagdwagen anspannen, hüllte sich in einen warmen Mantel – es war schon Mitte September –, ergriff selber die Zügel und fuhr zum Hoftor hinaus.

Als er sich dem Häuschen Andrej Gawrilowitschs näherte, erfüllten ihn die widerspruchsvollsten Empfindungen. Die Befriedigung seiner Herrschsucht und seiner Rachegelüste erstickte bis zu einem gewissen Grade seine edleren Regungen, doch zuletzt gewannen diese die Oberhand. Er beschloß, sich mit seinem alten Nachbarn auszusöhnen, alle Spuren des Zwistes aus der Welt zu schaffen und Kistenjowka zurückzugeben. Nachdem er sein Gewissen durch diese guten Vorsätze entlastet hatte, fuhr er in schnellstem Trabe in den Hof hinein.

Den Schwerkranken hatte man zu dieser Zeit in einen Lehnstuhl am Fenster gesetzt. Er erkannte Kirila Petrowitsch, und eine furchtbare Erregung verzerrte seine Züge. Zornesröte stieg ihm in die wachsbleichen Wangen, seine Augen funkelten, und er stieß unverständliche Laute aus. Sein Sohn, der bei ihm im Schlafzimmer über den Wirtschaftsbüchern saß, hob den Kopf und erschrak aufs tiefste. Außer sich vor Entsetzen und Wut, wies der Kranke mit dem Finger auf den Hof hinaus. Dann raffte er mit zitternden Händen die Schöße seines Schlafrocks zusammen, erhob sich – und stürzte zu Boden. Der Sohn sprang auf und eilte dem Vater zu Hilfe, doch der Alte lag regungslos und fast ohne Atem da, er hatte einen Schlaganfall erlitten.

»Schnell, schnell in die Stadt, holt den Arzt!« schrie Wladimir.

»Kirila Petrowitsch ist da . . .« sagte ein Diener, der in diesem Augenblick eintrat.

Wladimir starrte ihn an, als hätte er ihn zunächst gar nicht verstanden. Dann aber herrschte er ihn an: »Sag Kirila Petrowitsch, daß er sich fortpacken soll, bevor ich die Hunde auf ihn hetze!«

Erfreut machte der Diener gleich kehrt und eilte hinaus, um dem Befehl seines Herrn nachzukommen. Aber die Jegorowna, die ihm gefolgt war, rang die Hände.

»Batjuschka«, klagte sie mit weinerlicher Stimme, »es geht um deinen Kopf. Kirila Petrowitsch wird dich und uns alle zugrunde richten!«

»Halt den Mund, Alte«, erwiderte Wladimir grob, »geh und schick sofort Anton in die Stadt nach dem Arzt.«

Die Jegorowna ging auf den Flur hinaus, auf dem niemand zu sehen war, und dann in den Hof. Dort hatten sich alle Leute versammelt und gafften Trojekurow an. Sie hörte, wie der Diener seinen Auftrag ausrichtete, den Kirila Petrowitsch im Wagen sitzend entgegennahm. Sein Gesicht verfinsterte sich, und ein verächtliches Lächeln umspielte seine

Lippen. Er musterte die Leute mit unheildrohender Miene und fuhr im Schritt über den Hof, nicht ohne sich nach dem Fenster umzublicken, an dem noch vor wenigen Minuten Andrej Gawrilowitsch gesessen hatte, jetzt aber nicht mehr zu sehen war. Während das Gesinde noch aufgeregt gestikulierend das Ereignis erörterte, über dem die Jegorowna, die auf der Treppe stehengeblieben war, ihren Auftrag an den Kutscher Anton vergessen hatte, erschien plötzlich Wladimir unter der Haustür und sagte mit stockender Stimme: »Wir brauchen keinen Arzt mehr, der Vater ist soeben verschieden.«

Diese Mitteilung löste allgemeine Bestürzung aus. Die Leute drängten sich in das Schlafzimmer ihres alten Herrn. Er lag im Lehnstuhl, in den ihn Wladimir gehoben hatte. Der rechte Arm hing schlaff auf den Fußboden herab, der Kopf war auf die Brust gesunken, und der noch nicht erkaltete Körper zeigte bereits Anzeichen der beginnenden Totenstarre.

Die Jegorowna schluchzte laut auf, als die Diener darangingen, den Toten zu waschen und ihm die Uniform anzuziehen, die noch aus dem Jahre 1797 stammte. Dann bahrten sie ihn auf dem Eßtisch auf, an dem sie ihn so viele Jahre bedient hatten.

6

Die Beerdigung fand drei Tage später statt. Die sterblichen Überreste des bedauernswerten alten Mannes waren mit einem Leichentuch bedeckt und von brennenden Kerzen umgeben. Im Eßzimmer hatten sich die Leute versammelt, um den Verstorbenen zu Grabe zu geleiten. Wladimir und drei Diener trugen den Sarg hinaus. Der Geistliche eröffnete den Trauerzug, begleitet vom Vorsänger, der die Totengebete anstimmte. Der Gutsherr von Kistenjowka verließ für immer sein Haus. Der Zug bewegte sich in Richtung des Birkenwäldchens, hinter dem der Friedhof lag. Der Tag war klar und kalt. Das Herbstlaub rieselte von den Bäumen.

Auf der anderen Seite des Wäldchens hatte man die

hölzerne Dorfkirche vor sich und den von alten Linden beschatteten Friedhof. Dort ruhte Wladimirs Mutter, und neben ihrer Grabstätte war am Vortag eine frische Grube ausgehoben worden.

Die Kirche war überfüllt. Alle Bauern von Kistenjowka waren gekommen, um ihrem alten Herrn die letzte Ehre zu erweisen. Der junge Dubrowskij stand vor dem Sängerchor. Er weinte nicht und betete nicht, aber der Ausdruck seines Gesichts war erschreckend. Als der Trauergottesdienst zu Ende ging, trat Wladimir als erster an den Sarg, um von dem Toten Abschied zu nehmen, ihm folgte das Hausgesinde. Dann wurde der Sarg geschlossen. Die Weiber schluchzten laut, auch von den Männern wischten sich manche mit ihren groben Fäusten die Tränen aus den Augen. Wladimir und die Diener trugen, begleitet von allen Dorfbewohnern, den Sarg auf den Friedhof hinaus, senkten ihn in die Grube, und jeder Leidtragende warf ihm eine Handvoll Erde nach. Nachdem das Grab zugeschüttet war, verbeugten sich alle vor dem frisch aufgeworfenen Hügel und gingen langsam auseinander. Nur Wladimir beeilte sich, den Friedhof zu verlassen, überholte die ganze Trauergemeinde und war bald im Birkenwäldchen verschwunden.

Die Jegorowna lud in seinem Auftrag den Popen und seine Gehilfen zum üblichen Totenmahl ein, doch werde, wie sie mitteilte, der junge Herr nicht daran teilnehmen. So begaben sich denn der Geistliche, die Popenfrau Fedotowna und der Mesner zu Fuß zum Gutshof, wobei sie dankbar der Menschenfreundlichkeit des Verstorbenen gedachten und ihre Meinungen darüber austauschten, was seinen Sohn wohl in Zukunft erwarte. Das überraschende Erscheinen Trojekurows in Kistenjowka und der ihm dort zuteil gewordene Empfang hatten sich schon überall herumgesprochen, und die dörflichen Politiker prophezeiten schwerwiegende Folgen dieses Besuchs.

»Was kommen soll, kommt«, sagte die Fedotowna, »aber bitter wäre es doch, wenn Wladimir Andrejewitsch nicht unser Herr werden sollte – ein prächtiger Bursche, das muß man ihm lassen . . .«

»Wer soll denn sonst unser Herr sein, wenn nicht er?« fiel ihr die Jegorowna ins Wort. »Kirila Petrowitsch versucht es mit Drohungen, aber mein junger Falke gehört nicht zu denen, die sich einschüchtern lassen. Er wird sich schon wehren und, so Gott will, nicht ohne den Beistand anderer achtbarer Männer. Kirila Petrowitsch ist aufgeblasen wie ein Truthahn, aber wie klein und häßlich wurde er doch, als mein Grischa ihn anschrie: ‚Fort mit dir, du räudiger Hund, hier hast du nichts zu suchen!'«

»Ach, Jegorowna«, sagte der Vorsänger, »daß es dem Grigorij nicht die Rede verschlagen hat! Ich würde mich eher trauen, dem Bischof die Wahrheit zu sagen, als Kirila Petrowitsch auch nur scheel anzublicken. Wenn du bloß zu ihm hinsiehst, krümmt sich dein Rücken schon mehr und mehr ...«

»Alles ist nichtig«, sagte der Geistliche. »Über kurz oder lang wird man auch Kirila Petrowitsch zu Grabe tragen, so wie heute Andrej Gawrilowitsch. Die Trauerfeier dürfte zwar prunkvoller sein, und sicher werden viel mehr Gäste an ihr teilnehmen, aber vor Gott spielt das nicht die geringste Rolle.«

»Ach, Batka, auch wir hätten gern die ganze Nachbarschaft eingeladen, aber Wladimir Andrejewtisch wollte das nicht, obgleich wir genug haben, um alle zu bewirten. Was kann man da machen? Wenn aber die Zahl unserer Gäste auch nur gering ist, so sollt doch wenigstens ihr, meine Teuren, keinen Mangel leiden.«

Dieses gutmütige Versprechen und die Aussicht auf eine üppige Mahlzeit beschleunigten die Schritte der Geladenen, und als sie das Gutshaus betraten, war der Tisch schon gedeckt und der Schnaps bereitgestellt.

Unterdessen irrte Wladimir im Walde umher, in der Hoffnung, seinen Schmerz durch körperliche Anstrengung bis zur Erschöpfung zu betäuben. Kreuz und quer stürmte er durch das Dickicht. Die Zweige streiften ihn, zerkratzten ihm Gesicht und Hände, und seine Füße blieben fortwährend in sumpfigen Erdlöchern stecken – er beachtete es nicht. Schließlich versperrte ihm ein Bach den Weg; er folgte seinem Lauf bis zu einer Waldwiese, wo er haltmachte, sich auf den naßkalten Boden niederließ und seinen trüben Gedanken nachhing. Bitter empfand er seine Einsamkeit. Die Zukunft sah er von dunklen Wolken überschattet, und die Feindschaft Trojekurows kündigte weiteres Unheil an. Sein geringer Besitz konnte in fremde Hände übergehen, und dann war er völlig verarmt. Lange saß er regungslos da, sein Blick folgte der trägen Strömung des Baches, auf dem herbstlich verfärbte Blätter langsam davonschwammen. Dieses Bild kam ihm wie ein Gleichnis des menschlichen Daseins vor. Endlich merkte er, daß es anfing zu dämmern. Er stand auf und machte sich auf den Heimweg, aber er irrte noch lange in dem ihm unbekannten Wald umher, bis er einen Pfad entdeckte, der zum Tor des väterlichen Hofes führte.

Unterwegs sah Dubrowskij, daß der Pope und seine Leute ihm entgegenkamen. Ihm fiel der im Volk verbreitete Aberglaube ein, daß eine solche Begegnung eine unglückverheißende Bedeutung habe, und unwillkürlich verbarg er sich hinter einem Baumstamm, um nicht gesehen zu werden. Laut aufeinander einredend, gingen sie an ihm vorüber.

»Meide das Böse und tue das Gute«, sagte der Pope zu seiner Frau. »Wir haben keinen Grund dazubleiben. Was auch dabei herauskommt – dich geht es nichts an.«

Die Antwort, die ihm die Fedotowna gab, konnte Wladimir nicht mehr verstehen.

Als er sich dem Hause näherte, sah er eine große Volksmenge; Bauern und Knechte drängten sich auf dem Hof. Schon von ferne hörte er lautes Stimmengewirr. Vor dem Schuppen hielten zwei Troikas, und auf der Treppe standen mehrere Uniformierte, die sich mit den Leuten zu streiten schienen.

»Was hat das zu bedeuten?« fragte er wütend den Kutscher Anton, der ihm entgegengelaufen kam. »Was sind das da für Fremde? Was wollen sie?«

»Ach, Batjuschka«, erwiderte der Alte atemlos, »Gerichtsbeamte sind gekommen. Man übergibt uns Trojekurow und nimmt uns dir fort.«

Wladimir ließ den Kopf hängen, seine Untergebenen umringten ihren unglücklichen Gebieter.

»Du unser Vater«, klagten sie und küßten ihm die Hände, »wir wollen keinen andern Herrn als dich! Du brauchst nur zu befehlen, und wir räumen diese da sogleich aus dem Wege. Lieber sterben, als dich verlassen!«

Wladimir blickte sie an, und seltsame Gefühle bewegten ihn.

»Bleibt ruhig«, mahnte er, »ich werde mit den Beamten sprechen!«

»Ja, sprich nur mit ihnen, Batjuschka, rede den Verfluchten ins Gewissen!« schrie die Menge.

Wladimir ging zu der Treppe. Die Mütze auf dem Kopf und die Arme in die Seiten gestemmt, stand Schabaschkin da und blickte sich selbstgefällig um. Der Polizeichef, ein großer, dicker Mensch von etwa fünfzig Jahren mit Schnauzbart und gerötetem Gesicht, räusperte sich, als er Dubrowskij auf sich zukommen sah, und sagte mit heiserer Stimme: »Also ich wiederhole, was ich vorhin schon gesagt habe: auf Beschluß des Kreisgerichts gehört ihr alle von heute an Kirila Petrowitsch Trojekurow, den hier sein Bevollmächtigter, Herr Schabaschkin, vertritt. Gehorcht ihm in allen Stücken und tut, was er euch befehlen mag. Ihr Weiber aber, liebt ihn und erfüllt alle seine Wünsche, denn er ist ein großer Schürzenjäger!«

Bei dieser zynischen Anspielung brach der Polizeichef in ein schallendes Gelächter aus, in das Schabaschkin und seine Begleiter bereitwilligst einstimmten. Wladimir kochte vor Wut.

»Wollen Sie mir gefälligst sagen, was das zu bedeuten hat?« fragte er mit mühsam vorgetäuschter Kaltblütigkeit den spaßhaften Polizeichef.

»Das bedeutet«, antwortete der anmaßende Beamte, »daß wir hier sind, um Kirila Petrowitsch seinen Besitz zu übergeben und anderen, die hier überflüssig geworden sind, einen Fußtritt zu geben.«

»Immerhin hätten Sie zuerst mir den Gerichtsbeschluß mitteilen können, statt sich an meine Bauern zu wenden . . .«

»Wer bist du überhaupt?« fragte Schabaschkin mit einem herausfordernden Blick. »Der ehemalige Gutsbesitzer Andrej Gawrilowitsch Dubrowskij ist nach dem Willen Gottes gestorben. Dich aber kennen wir nicht und wollen wir auch nicht kennen.«

»Es ist Wladimir Andrejewitsch, unser junger Herr!« ließ sich eine Stimme aus dem Hintergrund vernehmen.

»Wer hat da gewagt, sein Maul aufzureißen?« rief drohend der Polizeichef, »was für ein Herr, welcher Wladimir Andrejewitsch? Habt ihr Dummköpfe denn noch immer nicht begriffen, daß euer Herr jetzt Trojekurow heißt?«

»Was du nicht sagst!« rief die gleiche Stimme.

»Das ist offene Meuterei!« schrie der Polizeichef. »Wo ist der Starost? Her mit ihm!«

Der Starost trat vor.

»Stell sofort fest, wer die Frechheit hatte, mir zu widersprechen, er soll es büßen!«

Der Starost wandte sich an die Menge und fragte, wer es gewesen sei; aber statt einer Antwort erhob sich in den hinteren Reihen ein Tumult, schwoll immer mehr an und wurde schließlich zu einem wüsten Gebrüll. Der Polizeichef dämpfte seine Stimme und versuchte die Menge zu beschwichtigen.

»Worauf wartet ihr noch?« schrien die Hausleute. »Schlagt los, Freunde, vertreibt die Banditen!« Und die Menge begann sich in Bewegung zu setzen. Schabaschkin und seine Helfershelfer wichen, so schnell sie konnten, in den Flur zurück und versperrten hinter sich die Haustür.

»Los, Freunde, schlagt die Tür ein!« kommandierte dieselbe Stimme, und die Menge drängte weiter vor.

»Halt!« schrie jetzt Dubrowskij. »Seid ihr von Sinnen? Wollt ihr euch selbst und mich zugrunde richten? Geht nach Hause und beruhigt euch. Habt keine Angst: der Zar ist gnädig, ich werde ihn um Hilfe bitten, und er wird uns nicht im Stich lassen. Wir sind ja alle seine Kinder, aber wie kann er uns denn beistehen, wenn ihr euch wie Aufrührer und Räuber benehmt?«

Die Mahnung des jungen Dubrowskij, der Wohlklang

seiner Stimme und seine gebieterische Haltung hatten die gewünschte Wirkung. Die Leute kamen zur Vernunft, gingen beruhigt auseinander, und der Hof war bald wieder menschenleer. Die Beamten saßen abwartend im Hause. Endlich öffnete Schabaschkin ängstlich die Tür, wagte sich auf die Treppe hinaus und begann Dubrowskij unter vielen untertänigen Bücklingen für sein entschlossenes Eintreten zu danken. Wladimir hörte ihn mit Verachtung an und würdigte ihn keines Wortes.

»Wir würden am liebsten hier übernachten«, sagte der Assessor, »aber natürlich nur, wenn Sie nichts dagegen haben. Es ist schon dunkel, und Ihre Bauern könnten uns überfallen. Seien Sie doch so liebenswürdig, uns Stroh ins Wohnzimmer bringen zu lassen, damit wir uns ausstrecken können. Sobald es hell wird, verlassen wir den Hof.«

»Tut, was ihr wollt«, antwortete Dubrowskij wegwerfend »ich habe hier nichts mehr zu sagen.«

Mit diesen Worten begab er sich in das Schlafzimmer seines Vaters und schloß die Tür hinter sich ab.

7

So ist denn jetzt alles zu Ende, sagte sich Wladimir; heute früh hatte ich wenigstens noch ein Dach über dem Kopf und ein Stück Brot. Morgen muß ich das Haus verlassen, in dem ich geboren bin und mein Vater gestorben ist, und muß es dem überlassen, der seinen Tod und meine Armut verschuldet hat. Der Blick des jungen Mannes blieb am Porträt seiner Mutter hängen, die der Maler in einem weißen Morgenkleide dargestellt hatte, mit einer roten Rose im Haar und auf ein Gitter gestützt. Auch dieses Bild wird jetzt in den Besitz des Todfeindes meiner Familie übergehen, dachte Wladimir. Es wird mit zerbrochenen Stühlen und anderem Plunder in die Rumpelkammer kommen oder, in einer Vorzimmerecke aufgehängt, seinen Piqueuren als Zielscheibe für schlüpfrige Bemerkungen dienen. Und im Sterbezimmer des Vaters wird er seinen Verwalter oder seinen Harem einquartieren. Nein, nein! Ich werde schon dafür sorgen, daß auch er es nicht besitzen wird, dieses unselige Haus, aus dem er mich vertreibt!

Wladimir knirschte mit den Zähnen. Haß- und Rachegedanken erfüllten ihn und reiften zu einem finsteren Entschluß, während die lauten Stimmen der Kreaturen Trojekurows zu ihm herüberschallten; sie spielten sich im Nebenzimmer als Herren des Hauses auf, erteilten Befehle und schrien nach diesem und jenem. Es dauerte eine ganze Weile, bis es endlich still wurde.

Der junge Dubrowskij öffnete Kommoden und Laden, um die Papiere des Verstorbenen durchzusehen. Sie bestanden fast ausschließlich aus Rechnungen und allerhand Geschäftsbriefen; er zerriß sie, ohne sie durchzulesen. Hier fand er aber auch ein Bündel mit der Aufschrift: »Briefe meiner Frau«. Mit großer Bewegung vertiefte er sich in diese Briefe, die aus der Zeit des Türkenkrieges stammten. Sie waren aus Kistenjowka auf den Kriegsschauplatz gesandt worden und enthielten Beschreibungen des einsamen Lebens der Mutter und ihrer Beschäftigung im ländlichen Haushalt. Sie klagte über die lange Trennung von ihrem Mann und rief ihn mit liebevollen Worten nach Hause in ihre Arme zurück. In einem dieser zärtlichen Briefe äußerte sie ihre Sorge um die Gesundheit des kleinen Wladimir, in einem anderen ihre Freude über seine frühzeitige körperliche und geistige Entwicklung, von der sie sich eine schöne, ja glänzende Zukunft für ihren Sohn versprach. Mit ganzer Seele in diese Welt eines überaus glücklichen Familienlebens versunken, vergaß Wladimir alles um sich her und kam erst wieder zu sich, als die Uhr bereits elf geschlagen hatte. Er nahm die Briefe an sich, ergriff die Kerze und verließ die Stube. Nebenan schnarchten die Abgesandten des Kreisgerichts auf dem Fußboden. Auf dem Tisch standen leere Gläser, und ein unangenehmer Rumgeruch erfüllte das ganze Zimmer. Angeekelt ging er an den Schlafenden vorbei in den Flur. Die Haustür war zugesperrt, der Schlüssel nicht zu finden. Dubrowskij ging ins Wohnzimmer zurück und entdeckte dort den Schlüssel auf dem Tisch zwischen den Gläsern. Als er die Tür öffnete, stieß er auf einen Mann, der sich, eine Axt in der Hand, in einer Ecke zu verbergen suchte. Wladimir leuchtete ihm ins Gesicht und erkannte den Schmied Archip.

»Was hast du vor?« fragte er überrascht.

»Ach, Wladimir Andrejewitsch, das sind Sie ...« flüsterte Archip. »Gott war mir gnädig – gut, daß Sie eine Kerze bei sich hatten ...«

Wladimir blickte ihn verwundert an.

»Warum versteckst du dich hier im Flur?« fragte er.

»Ich hatte die Absicht ... ich wollte ... bloß nachsehen, ob alle im Hause sind ...« stotterte Archip.

»Und warum hast du die Axt bei dir?«

»Die Axt? Ja, kann man sich denn nachts noch ohne Beil hinauswagen? Diese Bevollmächtigten, wissen Sie, sind solche Halsabschneider, daß man sich schon vorsehen muß ...«

»Du bist ja besoffen, Archip, tu das Beil weg und geh, schlaf dich aus.«

»Ich besoffen? Keine Spur, Batjuschka Wladimir Andrejewitsch, Gott ist mein Zeuge, daß kein Tropfen über meine Lippen gekommen ist. Wer kann denn jetzt noch an Trinken denken? Hat man je so etwas gehört – Schreiberlinge wollen uns regieren und unsre Herren vom Hof vertreiben. Hören Sie bloß, wie sie schnarchen, diese verfluchten Teufel! Man müßte sie alle auf einmal um die Ecke bringen, und damit Schluß.«

Dubrowskij schüttelte unmutig den Kopf.

»Paß mal auf, Archip«, sagte er, nachdem er eine Weile geschwiegen hatte, »du bist auf dem falschen Weg: schuld ist nicht dieses Gesindel. Aber zünde jetzt die Laterne an und folge mir.«

Archip holte die Laterne, die im Flur an der Wand hing, nahm seinem Herrn die brennende Kerze aus der Hand und stellte sie hinein. Dann traten beide auf die Treppe hinaus und gingen quer über den Hof. Die Nachtwache rührte sich, und die Hunde schlugen an.

»Wer hat heute Wache?« rief Dubrowskij in das Dunkel.

»Wir, Batjuschka!« antwortete eine hohe Stimme. »Wir – Wassilissa und Lukerja.«

»Geht heim«, sagte Wladimir, »wir brauchen euch heute nicht mehr.«

»Feierabend!« fügte Archip hinzu.

»Vielen Dank, gnädiger Herr«, entgegneten die Frauen und eilten nach Hause.

Dubrowskij ging weiter. Zwei Männer näherten sich ihm und riefen ihn an. Wladimir erkannte die Stimme Antons und Grischas.

»Warum schlaft ihr nicht?« fragte er.

»Wir können keine Ruhe finden«, sagte Anton. »Wer hätte denken können, daß wir dies noch erleben würden . . .«

»Nicht so laut«, unterbrach ihn Dubrowskij, »wo ist die Jegorowna?«

»Im Herrenhaus in ihrer Dachkammer«, antwortete Grischa.

»Geh und hole sie und führe alle unsere Leute hierher. Niemand soll im Haus zurückbleiben außer den Fremden. Und du, Anton, spann den Wagen an.«

Grischa entfernte sich und kam schon nach wenigen Minuten mit seiner Mutter zurück. Auch die Alte hatte sich in dieser Nacht nicht hingelegt. Mit Ausnahme der Beamten war niemand im Gutshaus zu Bett gegangen.

»Sind nun alle da? Ist keiner zurückgeblieben?« fragte Dubrowskij.

»Niemand außer den Gerichtsleuten«, bestätigte Grischa.

»Gut, dann schafft jetzt Heu und Stroh hierher«, befahl Wladimir.

Die Männer liefen in den Pferdestall und kamen mit Heubündeln zurück.

»Stapelt sie unter der Treppe auf. So ist's recht. Jetzt, Freunde, setzt die Bündel in Brand!«

Archip öffnete die Laterne. Dubrowskij zündete einen Kienspan an.

»Halt!« rief er Archip zu. »Vielleicht habe ich in der Eile die Wohnzimmertür zugeschlossen. Geh und sperr sie wieder auf!«

Archip lief hin – die Tür war offen. Er schloß sie, sagte mit einem tückischen Lächeln zu sich selbst: Es geht auch anders, drehte den Schlüssel um und kehrte befriedigt zu seinem Herrn zurück.

Dubrowskij warf den brennenden Span in das Heu. Es fing sofort Feuer. Eine mächtige Flamme loderte empor und erleuchtete den ganzen Hof.

»Mein Gott!« klagte die Jegorowna, »was tust du, Wladimir Andrejewitsch?«

»Schweig still, Alte«, sagte Dubrowskij. »Und nun, Freunde, lebt wohl, ich gehe, wohin mich Gott führt. Seid glücklich mit eurem neuen Herrn.«

»Du, unser Vater, unser Ernährer«, riefen die Leute, »wir sterben lieber, als daß wir dich im Stich lassen, wir gehen mit dir!«

Der Wagen stand bereit. Dubrowskij stieg mit Grischa ein, gab den Zurückbleibenden das Birkenwäldchen als Treffpunkt an, Anton schlug auf die Pferde ein, und der Wagen verschwand in der Dunkelheit.

Plötzlich erhob sich ein Windstoß. In wenigen Augenblicken stand das ganze Haus in Flammen. Eine rote Rauchsäule stieg über dem Dach auf. Klirrend zerbrachen die Fensterscheiben, qualmende Bretter und Balken prasselten herab, und aus dem lichterloh brennenden Haus erschallten flehende Stimmen: »Helft uns, helft uns!«

»Es geht auch anders«, sagte Archip.

»Archipuschka«, jammerte die Jegorowna, »steh ihnen bei, Gott wird es dir lohnen! Rette sie, die Verdammten!«

»Es geht auch anders«, antwortete der Schmied und blickte unbewegt in die Rauchschwaden, die aus dem Fenster drangen und zwischen denen jetzt die eingeschlossenen Beamten sichtbar wurden. Sie versuchten, die doppelten Fensterrahmen herauszubrechen, aber in diesem Augenblick stürzte das Dach mit lautem Krachen ein, und ihre Hilferufe verstummten.

Inzwischen waren alle Bauern aus ihren Behausungen herausgekommen. Die Weiber bemühten sich schreiend, ihren Hausrat zu retten, während die Kinder sich über das

Schauspiel freuten und jubelnd herumsprangen. Von Zeit zu Zeit fegte ein Funkenregen über die Strohdächer des Dorfes und setzte die Hütten in Brand.

Archip triumphierte. »Alles in bester Ordnung«, lachte er, »werden die aber schauen in Pokrowskoje!«

Mit einemmal jedoch verging ihm seine gute Laune. Etwas ganz andres nahm seine Aufmerksamkeit gefangen: eine Katze lief ängstlich über das brennende Dach des Schuppens. Von züngelnden Flammen eingeschlossen, wagte sie nicht den rettenden Absprung. Die Dorfjugend lachte über das arme Tier, das kläglich miauend um Hilfe rief.

»Was ist da zu lachen, ihr Teufel«, schrie der Schmied wütend. »Ein Geschöpf Gottes ist in Lebensgefahr, und ihr nichtsnutzigen Bengel habt euren Spaß daran! Kennt ihr denn keine Barmherzigkeit?«

Und mit diesen Worten stellte er eine Leiter ans Dach und stieg hinauf. Die Katze begriff, was er wollte, und krallte sich an seinem Ärmel fest. Mit versengten Kleidern brachte er das Tier in Sicherheit.

»Und nun lebt alle wohl«! rief Archip den Leuten zu. »Hier ist meines Bleibens nicht mehr. Behaltet mich nicht in böser Erinnerung!«

Der Schmied ging. Der Brand wütete noch eine Weile, dann wurde er schwächer und schwächer, um endlich ganz zu verlöschen. Was auf der rauchenden Brandstätte übrigblieb, waren nur noch verkohlte Trümmer; sie glühten in der nächtlichen Dunkelheit, und um sie herum standen die obdachlos gewordenen Bauern von Kistenjowka.

8

Am nächsten Tag verbreitete sich die Nachricht von der Feuersbrunst in der ganzen Gegend. Alles sprach über das, was in Kistenjowka geschehen war, und die verschiedensten Vermutungen und Erklärungen wurden laut. Einige versicherten, daß die Leute Dubrowskijs sich nach den Trauerfeierlichkeiten betrunken und aus Fahrlässigkeit das Haus in Brand gesteckt hätten. Andere wiederum beschuldigten die Mitglieder der Vollstreckungskommission, die, ebenfalls berauscht, unvorsichtig gewesen sein sollten. Es gab aber auch solche, die den wahren Sachverhalt ahnten und die Überzeugung äußerten, daß Dubrowskij selbst in Jähzorn und Verzweiflung das schreckliche Unheil angerichtet habe.

Trojekurow erschien schon tags darauf auf der Brandstätte und nahm selber eine eingehende Untersuchung vor. Dabei ergab sich, daß der Polizeichef, der Assessor, der Staatsanwalt und der Schreiber sowie Dubrowskij, die Wärterin Jegorowna, der Diener Grigorij, der Kutscher Anton und der Schmied Archip spurlos verschwunden waren. Alle Hausleute sagten aus, daß die Beamten im Feuer umgekommen seien, und zwar in dem Augenblick, als das Dach einstürzte. Die verkohlten Knochen wurden in der Asche gefunden. Die Weiber Wassilissa und Lukerja gaben zu Protokoll, daß sie Dubrowskij und den Schmied noch wenige Minuten vor dem Ausbruch der Feuersbrunst außerhalb des Hauses gesehen hätten. Der Schmied war nach allgemeiner Ansicht am Leben geblieben und höchstwahrscheinlich der Hauptschuldige, wenn nicht sogar der alleinige Brandstifter. Aber auch Dubrowskij stand unter schwerem Verdacht. Kirila Petrowitsch schickte dem Gouverneur einen ausführlichen Bericht über die ganze Angelegenheit, und ein neues Verfahren wurde angeordnet.

Bald darauf gaben mancherlei beängstigende Gerüchte der Neugier und dem Gerede weitere Nahrung. In ... tauchten plötzlich Wegelagerer auf und verbreiteten Schrekken im ganzen Bezirk. Die Maßnahmen der Regierung gegen die Räuberbande erwiesen sich als unzureichend. Die Raubzüge, einer immer tollkühner als der andere, folgten einander in kurzen Zeitabständen. Es gab keine Sicherheit mehr, weder auf den Landstraßen noch in den Dörfern. Auf mehreren Troikas fuhren die Räuber am hellichten Tage kreuz und quer durch das ganze Gouvernement, überfielen Reisende, hielten Postwagen an, überrumpelten Dörfer, raubten Gutshäuser aus und brannten sie nieder. Dem Anführer dieses gemeingefährlichen Gesindels ging der Ruf eines in allen Sätteln gerechten, besonders unerschrockenen und dabei in gewissem Sinn großmütigen Burschen voraus. Man erzählte sich Wunderdinge von ihm. Der Name Dubrowskij war in aller Munde, denn niemand zweifelte daran, daß er und kein anderer das Haupt der Bande war.

Nur eins fiel allgemein auf: die Güter Trojekurows blieben unbehelligt – nicht eine einzige von seinen Scheunen wurde auch nur aufgebrochen und keine Fuhre, die ihm gehörte, unterwegs angehalten, geschweige denn ausgeplündert. In seiner Überheblichkeit schrieb Kirila Petrowitsch diese offensichtlich planmäßige Schonung seines Besitzes vor allem dem dauernden Angstzustand zu, in dem er das ganze Gouvernement zu halten wußte, nicht zuletzt aber auch der außerordentlich tüchtigen Schutztruppe, die er aus seinen leibeigenen Knechten gebildet und auf seine Güter und Dörfer verteilt hatte.

Anfangs machten sich die Nachbarn, wenn sie unter sich waren, über die Selbstgefälligkeit Trojekurows lustig und erwarteten jeden Tag, daß die unwillkommenen Gäste auch Pokrowskoje besuchen würden, wo ja manches zu holen war. Aber schließlich mußten sie zugeben, daß unbegreiflicherweise auch die Räuber vor Kirila Petrowitsch Respekt hatten. Der General en chef triumphierte und erging sich nach jedem neuen Überfall, von dem er hörte, in sehr geringschätzigen Bemerkungen über den Gouverneur, den neuen Polizeichef und die hilflosen Kompanieführer, denen Dubrowskij immer wieder entkam.

Mittlerweile rückte der 1. Oktober heran – der Tag des Kirchweihfestes im Dorf Pokrowskoje. Aber bevor wir diese Feier und die weiteren Begebenheiten beschreiben, müssen wir dem Leser einige Personen vorführen, die ihm bisher noch unbekannt geblieben oder zu Beginn unserer Erzählung nur flüchtig erwähnt worden sind.

9

Der Leser wird erraten haben, daß Kirila Petrowitschs Tochter, von der bisher nur wenig die Rede war, die eigentliche Heldin unserer Erzählung ist. Als sich die in den vorhergehenden Kapiteln geschilderten Begebenheiten ereigneten, hatte sie ihr siebzehntes Lebensjahr vollendet, und ihre Schönheit stand in voller Blüte. Ihr Vater betete sie an, behandelte aber auch sie höchst willkürlich, indem er je nach Laune ihre Wünsche erfüllte oder auch rücksichtslos abschlug und das Mädchen durch seine rohe, manchmal sogar grausame Handlungsweise oft in Schrecken versetzte. Wohl ließ sie es ihm gegenüber an kindlicher Ehrerbietung nicht fehlen, aber es gelang ihm doch nicht, ihr Vertrauen zu gewinnen. Sie war vielmehr gewöhnt, ihre Gefühle und Gedanken für sich zu behalten. In völliger Einsamkeit aufgewachsen, hatte sie keine Freundinnen. Die Frauen und Töchter aus der Nachbarschaft zeigten sich fast niemals bei Kirila Petrowitsch, denn seine Gespräche, seine Ausdrucksweise und seine Vergnügungen waren bloß für Männer, nicht aber für Damen geeignet. Unsere zarte Schönheit erschien daher nur ganz selten im Kreise der väterlichen Zechgenossen.

Eine ungewöhnlich große Bibliothek, die hauptsächlich Werke französischer Schriftsteller des 18. Jahrhunderts enthielt, stand ganz zu ihrer freien Verfügung. Da ihr Vater mit Ausnahme der »Perfekten Köchin« noch niemals ein Buch aufgeschlagen hatte, war er nicht imstande, sie bei der Auswahl ihrer Lektüre zu beraten, und Mascha beschränkte sich, nachdem sie alle möglichen Bücher durchgesehen hatte, ausschließlich auf Romane. Auf diese Weise vervollständigte sie selber ihre höhere Bildung, die ihr ursprünglich eine französische Erzieherin vermitteln sollte. Dieser jedoch hatte Kirila Petrowitsch ein so weitgehendes Vertrauen entgegengebracht, daß er sie eines Tages in aller Stille auf eines seiner entlegenen Güter bringen mußte, weil die Folgen seines Wohlwollens allzu deutlich in Erscheinung traten. Dennoch blieb Mademoiselle Mimi keineswegs nur dem

General en chef in angenehmster Erinnerung, denn neben allen Vorzügen, die ihr sonst eigen sein mochten, war sie ein gutmütiges Geschöpf und hatte die Wertschätzung Kirila Petrowitschs niemals zum Nachteil anderer Personen ausgenutzt, wodurch sie sich von den übrigen Favoritinnen unterschied, die im übrigen alle Augenblicke wechselten. Trojekurow war ihr weit mehr zugetan gewesen als den anderen, und ein schwarzäugiger Knabe, ein Nichtsnutz von neun Jahren, dessen südländische Gesichtszüge lebhaft an die Mimis erinnerten, wurde unter den Augen Kirila Petrowitschs erzogen und als Sohn des Hauses anerkannt, während ein ganzer Schwarm barfüßige Bengel, die allesamt genauso wie Kirila Petrowitsch aussahen, unter seinen Fenstern herumliefen und als Bauernkinder galten. Trojekurow ließ für seinen kleinen Sascha einen französischen Pädagogen aus Moskau kommen, und der traf gerade zu jener Zeit in Pokrowskoje ein, als sich die in unserer Geschichte geschilderten Ereignisse abspielten.

Dieser Erzieher gefiel ihm vor allem deshalb, weil er eine stattliche Erscheinung war und sich zurückhaltend zu benehmen wußte. Er hatte gute Zeugnisse und den Empfehlungsbrief eines Verwandten der Trojekurows mitgebracht, bei dem er vier Jahre lang Hauslehrer gewesen war. Kirila Petrowitsch sah diese Papiere durch und war mit allem zufrieden – bis auf das nach seiner Meinung allzu jugendliche Alter des Franzosen. Diesen an sich liebenswürdigen Mangel beanstandete er jedoch nicht deshalb, weil er fürchtete, es könnte dem neuen Hausgenossen aus dem besagten Grunde an Geduld und Erfahrung fehlen, sondern weil er eine ganz besondere Art von Bedenken hatte. Damit der Ankömmling von vornherein nicht im unklaren darüber blieb, ließ er Mascha rufen, die ihm – der General en chef konnte kein Französisch – als Dolmetscherin aus der Klemme helfen sollte.

»Komm her, Mascha«, sagte er, »und teil dem Musjöh mit, daß ich ihn in meine Dienste nehmen werde, aber nur, wenn er sich nicht einfallen läßt, meinen Mädels nachzustellen, andernfalls werde ich ihn, den Hundesohn . . . na, schon gut, übersetz ihm das, Mascha.«

Mascha errötete und erklärte dem Lehrer, daß ihr Vater von ihm Bescheidenheit und einwandfreies Benehmen erwarte.

Der Franzose verbeugte sich und antwortete, er hoffe sich auch dann Achtung zu erwerben, wenn man ihm kein Wohlwollen entgegenbringen sollte.

Mascha übersetzte seine Erwiderung Wort für Wort.

»Schon recht«, sagte Kirila Petrowitsch, »er braucht weder Wohlwollen noch Achtung. Seine Aufgabe besteht lediglich darin, Sascha zu beaufsichtigen und ihm Grammatik und Geographie einzupauken.«

Marja Kirilowna milderte in ihrer Übersetzung die groben Ausdrücke ihres Vaters, und Kirila Petrowitsch begleitete den Franzosen ins Nebengebäude, wo ihm ein Zimmer eingeräumt wurde.

Mascha ließ den Franzosen ganz unbeachtet, denn für sie, die in aristokratischen Vorurteilen großgeworden war, gab es kaum einen Unterschied zwischen einem Lehrer und einem Diener oder Handwerker, und ein Diener oder Handwerker war in ihren Augen kein Mann. So bemerkte sie auch weder den Eindruck, den sie auf Monsieur Deforge gemacht hatte, noch seine Verlegenheit, seine unsichere Haltung und das Stocken seiner Stimme. Die ersten Tage nach seiner Ankunft schenkte sie ihm nicht die geringste Aufmerksamkeit, aber dann änderte sich das plötzlich auf eine völlig unvorhergesehene Weise.

In Pokrowskoje war es üblich, junge Bären aufzuziehen, die zur Belustigung des Gutsherrn dienten. Solange sie noch klein waren, brachte man sie täglich ins Wohnzimmer, wo Kirila Petrowitsch oft stundenlang seinen Spaß mit ihnen hatte und sie auf Katzen und junge Hunde hetzte. Später, wenn sie heranwuchsen, wurden sie angekettet, bis sie zur Bärenjagd tauglich waren. Manchmal führte man den einen oder anderen vor die Fenster des Herrenhauses und gab ihm als Spielzeug ein leeres Faß, dessen Außenseiten über und über mit spitzen Nägeln beschlagen waren. Zunächst beroch der Bär das Faß. Dann berührte er es neugierig mit der Tatze und verletzte sich dabei, was ihn in Zorn brachte.

Wenn er dann das Faß von sich stoßen wollte und immer heftiger zuschlug, wurde der Schmerz noch heftiger. Darüber geriet er in Raserei und stürzte sich mit wildem Geheul auf das Faß, bis man schließlich das gequälte Tier von dem Gegenstand seiner Wut befreite. Hier und da kam es auch vor, daß man auf Trojekurows Befehl zwei junge Bären vor einen Wagen spannte, einige Gäste mehr oder weniger zwangsweise hineinsetzte, das Gefährt antrieb und die Insassen erbarmungslos ihrem Schicksal überließ. Den größten Spaß aber machte Kirila Petrowitsch folgendes: ein ausgehungerter Bär wurde in ein leeres Zimmer gesperrt und mit einem starken Seil an einen eisernen Ring gebunden, der an der Wand verankert war. Der Strick war nur wenig kürzer, als der Raum lang war, so daß man nur in einer gegenüberliegenden Zimmerecke vor der Bestie sicher war. Gewöhnlich war es dann ein ahnungsloser Neuling, der vor die Tür dieses Zimmers geführt, unversehens hineingestoßen und mit dem zottigen Eremiten allein gelassen wurde. Der bedauernswerte Gast flüchtete, so schnell er konnte, in die gefahrlose Ecke, doch ging es nicht ohne zerfetzte Kleider und manchen blutigen Kratzer ab. Oft mußte ein solches Opfer des Trojekurowschen Humors bis zu drei Stunden an die Wand gepreßt stehen und zusehen, wie das wutschnaubende Tier zwei Schritte vor ihm herumsprang, sich auf die Hinterbeine stellte, am Seil zerrte und laut brüllend immer wieder versuchte, sich auf ihn zu stürzen, um ihn zu zerfleischen. Solcherart waren die Späße, die sich ein russischer Landedelmann der damaligen Zeit mit seinen Gästen erlaubte!

Eines Tages erinnerte sich Kirila Petrowitsch des Hauslehrers und kam auf den Gedanken, auch den Franzosen mit dem Bärenzimmer bekannt zu machen. Er ließ ihn rufen und führte ihn durch mehrere dunkle Korridore. Plötzlich öffnete sich eine Seitentür, zwei Diener drängten den Franzosen hindurch und drehten hinter ihm den Schlüssel um. Wieder zur Besinnung gekommen, sah der überraschte Lehrer den angeseilten Bären vor sich, der sich brummend auf die Hinterbeine stellte und auf ihn losging. Der Franzose verlor jedoch seine Geistesgegenwart nicht, wich auch nicht zurück, sondern erwartete den Angriff. Als das Tier an ihn herangekommen war, zog Deforge blitzschnell eine Pistole aus der Tasche, hielt sie an das Ohr des Ungeheuers und drückte ab. Der Bär taumelte, stürzte und blieb tot liegen. Draußen lief man aufgeregt durcheinander, die Tür wurde geöffnet, und Kirila Petrowitsch trat ein, äußerst erstaunt über den unerwarteten Ausgang seines Scherzes. Er verlangte sogleich eine Erklärung und wollte vor allem wissen, ob der Franzose vorher gewarnt worden sei und, sollte das nicht der Fall sein, warum er eine geladene Pistole bei sich gehabt habe. Er schickte nach Mascha, die sofort herbeigelaufen kam und die Fragen ihres Vaters ins Französische übersetzte.

»Vor dem Bären hat mich niemand gewarnt«, antwortete Deforge, »aber ich habe immer eine Pistole bei mir, denn ich bin nicht gewillt, Beleidigungen hinzunehmen, für die ich meiner Stellung nach keine Genugtuung verlangen kann.«

Mascha sah ihn bewundernd an und übersetzte seine Worte ihrem Vater. Kirila Petrowitsch erwiderte nichts, er befahl bloß, den verendeten Bären fortzuschaffen und ihm das Fell abzuziehen. Dann wandte er sich an seine Leute und sagte: »Schaut her, was das für ein Kerl ist! Der hat, weiß Gott, keine Angst gehabt!«

Und von diesem Augenblick an hatte der General en chef den Franzosen ins Herz geschlossen und dachte nicht mehr daran, ihn auf die Probe zu stellen.

Einen noch viel tieferen Eindruck machte jedoch dieses Erlebnis auf Marja Kirilowna. Den gelassen neben dem erschossenen Bären stehenden und ruhig mit ihr sprechenden Deforge glaubte sie immer wieder vor sich zu sehen, und dieses Bild übte einen starken Reiz auf ihre Phantasie aus. Es wurde ihr klar, daß Tapferkeit und stolzes Selbstbewußtsein durchaus nicht nur einer einzigen Gesellschaftsschicht vorbehalten sind, und seit jenem Tage begegnete Mascha dem jungen Hauslehrer mit einer Hochachtung, die sich von Stunde zu Stunde steigerte. Es kam zwischen den beiden zu einer gewissen Annäherung. Marja Kirilowna hatte eine schöne Stimme und eine bemerkenswerte musikalische Begabung. Deforge erbot sich, ihr Stunden zu geben. Der Leser wird aus allen diesen Umständen leicht den Schluß ziehen können, daß Mascha sich in den Lehrer verliebt hatte, wenn sie sich dessen auch selbst noch nicht bewußt geworden war.

10

Am Vorabend des Kirchweihfestes begannen die Gäste sich in Pokrowskoje einzufinden. Einige wurden im Gutshause untergebracht, andere in den Nebengebäuden und beim Verwalter, wieder andere beim Geistlichen, und der Rest in den besseren Bauernhäusern. Die Pferdeställe waren überfüllt und die Höfe und Schuppen vollgestopft mit den verschiedensten Reisewagen. Um neun Uhr früh läuteten die Glocken, und alles strömte in die neue, von Kirila Petrowitsch erbaute steinerne Kirche, die er alljährlich durch reiche Stiftungen noch verschönte. Es kamen so viele Ehrengäste, daß die Bauern im Gotteshaus nicht mehr Platz fanden und teils in der Vorhalle, teils unter freiem Himmel stehen mußten. Der Gottesdienst hatte noch nicht begonnen, man wartete auf Kirila Petrowitsch. Endlich fuhr er in einer sechsspännigen Kutsche vor und schritt feierlich, von Mascha begleitet, auf seinen Platz. Mascha zog alle Blicke auf sich. Die Männer bewunderten ihre Schönheit, und die Frauen interessierten sich dafür, wie sie angezogen war. Der Gottesdienst begann. Der aus Leibeigenen zusammengestellte Kirchenchor sang. Kirila Petrowitsch stimmte mit ein, betete, ohne sich nach rechts oder links umzusehen, und verbeugte sich in stolzer Demut bis zur Erde, als der Diakon mit erhobener Stimme vom »hochherzigen Stifter dieses schönen Gotteshauses« sprach.

Als die Messe beendet war, küßte Kirila Petrowitsch als erster das Kreuz in der Hand des Priesters. Alle folgten seinem Beispiel. Dann traten die Nachbarn auf ihn zu, um ihm ihre Hochachtung zu bezeigen. Die Damen umringten Mascha. Beim Verlassen der Kirche lud Kirila Petrowitsch die vornehmen Gottesdienstbesucher zum Mittagessen ein, bestieg seinen Wagen und fuhr heim. Man schloß sich ihm an, und bald füllten sich die Zimmer seines Hauses mit Gästen. Jeden Augenblick traten weitere Gäste ein, die es nicht leicht hatten, sich zur Begrüßung bis zum Hausherrn durchzuzwängen. Die Damen in zwar altmodischen, aber teuren Toiletten und überladen mit Brillanten und Perlen, nahmen, wie es die Etikette verlangte, in weitem Halbkreis Platz, während sich die Herren um den Schnaps und Kaviar sammelten und sich lärmend miteinander unterhielten. Im Speisesaal wurde inzwischen für achtzig Personen gedeckt. Die Diener liefen eilfertig herum und verteilten Flaschen und Karaffen auf der Tafel. Schließlich war es so weit, daß der Haushofmeister verkünden konnte: »Es ist angerichtet.« Kirila Petrowitsch begab sich als erster in den Saal hinüber. Ihm folgten zunächst die Damen und nahmen feierlich die ihnen nach Rang und Alter zustehenden Plätze ein, und dann die jungen Mädchen, die sich wie eine furchtsame Lämmerherde alle dicht zusammendrängten. Die Stühle ihnen gegenüber waren den Herren vorbehalten, am unteren Ende der langen Tafel durfte der Hauslehrer sitzen und neben ihm sein kleiner Zögling.

Die Diener begannen die Speisen herumzureichen, wobei sie eine strenge Rangordnung beobachteten, in der sie sich nur selten irrten. Im Zweifelsfalle schienen sie sich an Lavaters »Physiognomische Fragmente« zu halten. Das Klappern der Teller und Bestecke mischte sich mit dem lauten Stimmengewirr der Gäste. Kirila Petrowitsch schwelgte in dem stolzen Bewußtsein, der Gastgeber zu sein. Als das Diner seinen Höhepunkt erreicht hatte, fuhr noch eine mit sechs Pferden bespannte Kutsche vor.

»Wer kommt denn da?« fragte der Hausherr.

»Anton Pafnutjitsch!« riefen mehrere Stimmen.

Die Flügeltür öffnete sich, und Anton Pafnutjitsch Spizyn, ein dicker, etwa fünfzigjähriger Mann mit rundem, stark gerötetem Gesicht und dreifachem Kinn, kugelte gleichsam in den Saal. Strahlend grüßte er nach allen Seiten und begann sich zu entschuldigen, aber Kirila Petrowitsch ließ ihn gar nicht erst zu Wort kommen.

»Ein Gedeck her!« schrie er wohlgelaunt. »Sei gegrüßt und nimm Platz, Anton Pafnutjitsch! Du, ein großer Beter und ebenso großer Esser, versäumst den Gottesdienst und kommst zu spät zum Diner. Was soll das heißen, rechtfertige dich!«

»Verzeihung«, erwiderte Spizyn und befestigte die Serviette im obersten Knopfloch seines erbsengrünen Rockes, »ich bitte um Verzeihung, Batjuschka Kirila Petrowitsch. Ich hatte mich rechtzeitig auf den Weg gemacht, aber wie ich kaum zehn Werst gefahren bin, bricht, mir nichts dir nichts, ein Vorderrad. Zum Glück war es nicht weit von einem Dorf. Doch bis ein Schmied aufgetrieben und herangeholt war und den Schaden notdürftig behoben hatte, waren nicht weniger als drei Stunden vergangen. Und den nächsten Weg durch den Wald von Kistenjowka zu fahren schien mir nicht ratsam – ich zog es vor, einen Umweg zu machen . . .«

»Schau, schau«, unterbrach ihn Kirila Petrowitsch, »zu den Tapfersten gehörst du wohl nicht gerade! Wovor hast du dich denn so gefürchtet?«

»Wovor ich mich gefürchtet habe, Batjuschka Kirila Petrowitsch? Nun, vor Dubrowskij natürlich – dieser Galgenvogel läßt niemanden ungeschoren und mich schon bestimmt nicht. Er lauert ja nur darauf, mir das Fell nicht nur einmal, sondern zumindest zweimal über die Ohren zu ziehen.«

»Wieso sollte der denn gerade dich, Bruderherz, so besonders bevorzugen?«

»Wieso sollte er das nicht, Batjuschka Kirila Petrowitsch? Hast du denn den Prozeß mit Andrej Gawrilowitsch schon vergessen, und daß ich es war, der dir zu Gefallen – das heißt nach bestem Wissen und Gewissen – ausgesagt hat, die Dubrowskijs hätten ohne jedes Recht und bloß dank eurer mildtätigen Duldsamkeit die Herren von Kistenjowka gespielt? Und dann weißt du ja, daß der Verstorbene – Gott habe ihn selig! – damals gedroht hat, mir diese Zeugenaussage auf seine Weise heimzuzahlen. Was liegt also näher, als daß sein sauberes Söhnchen jetzt die erste Gelegenheit wahrnehmen wird, es an Stelle des Vaters zu tun. Bisher war mir Gott gnädig: nur einen Speicher haben sie mir ausgeraubt, aber wer weiß, vielleicht kommt schon morgen mein Wohnhaus dran!«

»Und dort«, lachte Kirila Petrowitsch, »werden sie keinen schlechten Fischzug machen! Ein gewisses rotes Schatüllchen wird bis zum Platzen gefüllt sein...«

»Wo denkst du hin, Batjuschka Kirila Petrowitsch, das war einmal, aber heute ist nicht das geringste mehr drin.«

»Mach mir nichts vor, Anton Pafnutjitsch, ich kenne dich allzu gut. Wofür solltest du Geld ausgeben? Zu Hause lebst du wie ein Schwein unter Schweinen, Gäste lädst du nicht zu dir ein, und deinen Bauern ziehst du das letzte Hemd vom Leibe. Was tust du denn anderes, als immer nur Geld zusammenkratzen?«

»Sie belieben wieder einmal zu spaßen, Batjuschka«, murmelte Anton Pafnutjitsch mit einem schiefen Lächeln, »bei Gott, ich bin ruiniert.«

Und Spizyn schluckte den giftigen Scherz des Hausherrn zugleich mit einem fetttriefenden Stück Fischpastete hinunter.

Trojekurow ließ jetzt von ihm ab und wandte sich dem neuen Polizeichef zu, der zum erstenmal sein Gast war und am unteren Ende der Tafel in der nächsten Nähe des Hauslehrers saß.

»Na, Verehrtester«, sagte er, »werden Sie den Dubrowskij endlich zur Strecke bringen?«

Der Polizeichef schrak zusammen, verbeugte sich, lächelte betreten und sagte dann stockend: »Wir bemühen uns, Exzellenz.«

»Bemühen, bemühen ... schon lange bemüht ihr euch ohne den geringsten Erfolg. Aber nicht wahr, warum solltet ihr auch Erfolg haben? Dubrowskijs Raubzüge sind ja ein rechter Segen für euch Polizisten – Dienstfahrten, Untersuchungen, Reisespesen, kurz, ihr füllt euch die Taschen mit Geld. Habe ich nicht recht, Verehrtester?«

»Gewiß, Exzellenz, Sie haben ganz recht«, stotterte der Polizeichef, der seine Fassung vollkommen verloren hatte.

Die Gäste brachen in ein schallendes Gelächter aus.

»Eine so aufrichtige Sprache habe ich gern«, sagte der General en chef, »aber schade ist es doch um unsren früheren Polizeichef Taras Alexejewitsch. Hätten sie ihn nicht verbrannt, so wäre es schon wieder ruhig in unserem Bezirk. Was hört man denn von Dubrowskij? Wo wurde er zuletzt gesehen?«

»Bei mir, Kirila Petrowitsch«, zwitscherte eine beleibte Dame. »Letzten Dienstag hat er bei mir zu Mittag gegessen.«

Alle Augen richteten sich auf Anna Ssawischna, eine ziemlich einfach angezogene Witwe, die sich wegen ihrer immer munteren Gutmütigkeit allgemeiner Beliebtheit erfreute. Man war gespannt, was sie zum besten geben würde.

»Sie müssen wissen«, begann sie, »daß ich vor etwa drei Wochen meinen Verwalter in die Stadt sandte, wo er Geld an meinen Wanjuscha abschicken sollte. Ich verwöhne meinen Sohn nicht und könnte es auch nicht, selbst wenn ich es wollte. Aber Sie wissen ja: ein Gardeoffizier muß standesgemäß leben, und darum teile ich eben mit Wanjuscha meine geringen Einkünfte. Ich schickte ihm also zweitausend Rubel. Natürlich dachte ich dabei mehr als einmal an Dubrowskij, aber ich sagte mir: Die Stadt ist nicht weit, bloß sieben Werst von mir entfernt, und Gott wird mir gnädig sein. Doch was mußte ich erleben? Am Abend kommt mein Verwalter zurück, bleich, abgerissen und zu Fuß.

Sie können sich vorstellen, wie erschrocken ich war. ‚Was ist los', schrie ich außer mir, ‚was ist passiert?' Er antwortete: ‚Matuschka, Anna Ssawischna, die Räuber haben mich überfallen und beinahe totgeschlagen, Dubrowskij selbst war dabei. Er wollte mich sogar aufhängen lassen, dann aber habe ich ihm doch leid getan, und er ließ mich laufen, hat mir aber alles weggenommen, auch das Pferd und den Wagen.' Ich war halbtot vor Schreck. Himmlischer Vater, was wird Wanjuscha sagen? Es blieb mir nichts übrig, als ihm zu schreiben und alles zu erzählen. So schickte ich ihm denn meinen Segen, aber nicht einen Groschen.

Eine Woche nach der andern verging – plötzlich fährt eine Kutsche in meinen Hof. Irgendein General wünscht mich zu sprechen. Ich lasse bitten. Ein etwa fünfunddreißigjähriger Herr tritt ein, sieht aus wie das bekannte Bild von Kulnjow* – braungebrannt, schwarzes Haar und Schnurrbart, stellt sich als ehemaliger Regimentskamerad meines verstorbenen Mannes Iwan Andrejewitsch vor und sagt, er habe hier nicht vorbeifahren wollen, ohne der Witwe seines alten Freundes seine Aufwartung zu machen. Ich behielt ihn zum Essen da, ließ auftragen, was es gab, wir sprachen über dies und jenes und schließlich auch über Dubrowskij. Ich klagte ihm mein Leid, und der General runzelte die Stirn.

‚Das ist sonderbar', meinte er, ‚man hat mir doch gesagt, daß Dubrowskij nicht wahllos jeden überfällt, sondern nur Personen, die als besonders wohlhabend bekannt sind, und selbst diese raubt er nicht völlig aus, sondern teilt sich mit ihnen in ihren Reichtum. Auch hat ihm noch niemand Totschlag vorwerfen können. Sollten Sie da nicht das Opfer eines Betrügers geworden sein? Lassen Sie doch Ihren Verwalter rufen.'

Der Verwalter erschien und war sehr bestürzt, als er sich dem General gegenübersah.

‚Erzähl mal, Freundchen, wie Dubrowskij dich ausgeplündert hat und dich aufhängen wollte.'

Der Verwalter zitterte wie Espenlaub und warf sich dem General zu Füßen.

‚Batjuschka', jammerte er, ‚ich bekenne mich schuldig, ich habe gelogen.'

‚Wenn es so ist', antwortete der General, ‚dann entschließe dich jetzt, der gnädigen Frau genau zu erzählen, wie das alles vor sich gegangen ist – ich werde zuhören.'

Der Verwalter tat, als könne er sich auf nichts mehr besinnen.

‚Leg nur los', drängte der General, ‚wie war das also: wo bist du Dubrowskij begegnet?'

‚Bei den zwei Fichten, Batjuschka, bei den zwei Fichten.'

* General Kulnjow = ein volkstümlicher Feldherr, dessen Porträt zu Lebzeiten Puschkins weit verbreitet war.

‚Und was hat er zu dir gesagt?'
‚Er fragte mich, wer ich sei, wohin ich fahre und warum?'
‚Nun, und dann?'
‚Dann verlangte er von mir den Brief und das Geld.'
‚Und weiter?'
‚Ich gab ihm beides.'
‚Und er? Was tat er?'
‚Batjuschka, ich bekenne mich schuldig.'
‚Also, was tat er?'
‚Er gab mir das Geld und den Brief zurück und sagte: Geh mit Gott und liefere alles auf der Post ab.'
‚Und du?'
‚Batjuschka, ich bekenne mich schuldig . . .'
‚Mit dir, mein Lieber, werde ich noch abrechnen', sagte der General, ‚und Sie, Gnädigste, Sie lassen sogleich das Zimmer dieses Gauners durchsuchen, und dann liefern Sie ihn mir aus, ich werde ihn schon Mores lehren. Sie müssen nämlich wissen, daß Dubrowskij früher ebenfalls Gardeoffizier war und einem Kameraden niemals etwas Böses antun würde.'
Ich hatte inzwischen längst erraten, wer diese Exzellenz in Wirklichkeit war. Sein Kutscher und der meinige banden den Verwalter auf dem Kutschbock fest. Das Geld wurde gefunden. Der General aß bei mir zu Mittag und fuhr darauf mit dem gefesselten Spitzbuben davon. Am folgenden Tage fand man den Verwalter im Wald an eine Eiche gebunden, und sein Rücken war so zerschunden, daß er einem abgeschälten Lindenstamm glich.«

Schweigend hatten die Gäste dem Bericht der Witwe gelauscht, mit besonderer Aufmerksamkeit aber die jungen Mädchen. Diese und auch manche andere waren Dubrowskij heimlich wohlgesinnt, weil sie in ihm einen romantischen Helden sahen. Das traf vor allem auf die schwärmerische Marja Kirilowna zu, die ganz unter dem Zauber der Schauerromane der Radcliffe stand.

»Und du, Anna Ssawischna, glaubst somit, daß Dubrowskij selbst bei dir gewesen ist?« fragte Kirila Petrowitsch. »Da bist du aber ganz bestimmt auf dem Holzweg. Ich weiß zwar nicht, wer dich besucht hat, aber Dubrowskij war es sicherlich nicht.«

»Wieso nicht Dubrowskij?« erwiderte die Witwe. »Wer sonst überfällt und durchsucht denn die Reisekutschen und sonstigen Gefährte auf den Landstraßen?«

»Das weiß ich nicht, aber gewiß nicht er. Ich sehe ihn deutlich vor mir, wie er als Kind war. Kann sein, daß sein Haar jetzt dunkel geworden ist, aber damals hatte er blonde Locken, und außerdem ist er fünf Jahre älter als meine Mascha und kann daher jetzt nicht fünfunddreißig Jahre alt sein, sondern höchstens dreiundzwanzig.«

»Ganz recht, Exzellenz«, bestätigte der Polizeichef, »das geht auch aus dem Steckbrief hervor, den ich bei mir habe und in dem alle seine körperlichen Merkmale beschrieben sind.«

»Ah, das trifft sich ja ausgezeichnet!« rief Kirila Petrowitsch aus. »Lesen Sie mal vor, was da steht – das kann uns allen nur nützlich sein für den Fall, daß er uns über den Weg laufen sollte.«

Der Polizeichef zog einen schmutzigen Wisch aus der Tasche, entfaltete ihn, als wenn es sich um ein Gott weiß wie bedeutsames Dokument handle, und begann laut und jedes Wort betonend vorzulesen: »Kennzeichen des Wladimir Dubrowskij nach den Angaben seiner Hofleute: dreiundzwanzig Jahre alt, mittelgroß, glattrasiertes Gesicht, braune Augen, blondes Haar, gerade Nase – weiter keine besonderen Merkmale.«

»Und das ist alles?« fragte Kirila Petrowitsch.

»Jawohl, alles«, antwortete der Polizeichef und faltete das Blatt wieder zusammen.

»Gratuliere, Herr Polizeichef. Wahrhaftig, ein aufschlußreiches Papierchen! Nach diesen Kennzeichen wird es Ihnen gewiß ein leichtes sein, Dubrowskij aufzuspüren. Wer ist schon nicht mittelgroß, wer hat keine gerade Nase und keine braunen Augen! Ich gehe jede Wette ein, daß du drei Stunden lang mit Dubrowskij plaudern kannst, ohne zu erraten, mit wem dich Gott zusammengeführt hat. Das muß man unseren Beamten weiß Gott lassen – findig sind sie!«

Betreten schob der Polizeichef den Steckbrief wieder in die Tasche und wandte sich schweigend dem Gänsebraten mit Kraut zu. Mittlerweile hatten die Diener die Gläser der Gäste schon einige Male gefüllt. Mit lautem Knall wurden immer neue Flaschen russischen Sekts entkorkt und von den Gästen wohlwollend als Champagner genossen. Die Gesichter begannen sich zu röten, die Unterhaltung wurde lärmender, zusammenhangloser und immer vergnügter.

»Nein«, fuhr Kirila Petrowitsch fort, »nie wieder werden wir einen so tüchtigen Polizeichef haben wie den verstorbenen Taras Alexejewitsch. Der war kein Versager und alles andre als eine Schlafmütze! Ewig schade, daß man diesen vortrefflichen Burschen verbrannt hat – ihm wäre auch nicht ein einziger von der ganzen Räuberbande durch die Lappen gegangen. Er hätte sie allesamt abgefangen, und auch Dubrowskij selbst hätte ihm weder entwischen noch sich loskaufen können, denn Taras Alexejewitsch wäre zwar schlau genug gewesen, sich von ihm bestechen zu lassen, aber freigelassen hätte er ihn deshalb noch lange nicht. Das hätte so gar nicht seinen Gepflogenheiten entsprochen. Wie die Dinge nun einmal liegen, bleibt mir nichts andres übrig, als die Sache selbst in die Hand zu nehmen. Ich werde also zunächst einmal zwanzig Mann abkommandieren, damit sie die umliegenden Wälder absuchen. Das sind keine Angsthasen, die sich vor Räubern fürchten – nein, lauter Kerle, die es ohne weiteres mit einem Bären aufnehmen.«

»Wie geht es übrigens Ihrem Bären, Batjuschka Kirila Petrowitsch?« fragte Anton Pafnutjitsch, dem bei diesen Worten Trojekurows sein zottiger Bekannter peinlichen Angedenkens einfiel, denn auch Spizyn hatte früher einmal zum Vergnügen des Gastgebers der Bestie gegenübergestanden.

»Mischa wäre sicher alt geworden«, sagte der General en chef, »aber allzufrüh erlitt er den Heldentod auf dem Feld der Ehre. Da drüben sitzt sein Bezwinger, der hätte dir als Vorbild dienen können.« Und mit dem Finger auf den Hauslehrer zeigend, fügte Kirila Petrowitsch hinzu: »Der Franzose hat deine – mit Verlaub zu sagen – Blamage gerächt. Du weißt doch noch?«

»Wie sollte ich nicht«, sagte Spizyn und kratzte sich am Kopf, »ich weiß es noch allzugut. So, so . . . also Mischa ist tot. Es ist schade um ihn, bei Gott, wirklich schade. Wie klug war er doch, und was für ein Spaßmacher! Wahrhaftig, einen solchen Bären findet man nicht so leicht wieder. Aber warum hat der Musjöh ihn eigentlich getötet?«

Mit dem größten Wohlbehagen begann Kirila Petrowitsch die Heldentat seines Franzosen in allen Einzelheiten zu schildern, wie er sich ja überhaupt mit allem zu brüsten pflegte, was in seiner nächsten Umgebung geschah. Die Gäste hörten gespannt zu und blickten bewundernd zu Deforge hinüber, der keine Ahnung hatte, daß am oberen Ende der Tafel seine Tapferkeit in allen Tonarten gerühmt wurde. Ruhig saß er auf seinem Platz neben seinem Zögling, den er von Zeit zu Zeit für sein vorwitziges Benehmen tadelte.

Das Diner, das nahezu drei Stunden gedauert hatte, war zu Ende. Der Hausherr legte seine Serviette auf den Tisch, alles stand auf und begab sich in den Salon, wo Kaffee und Kartentische die Gäste erwarteten und das im Speisesaal so glanzvoll begonnene Trinkgelage seine Fortsetzung fand.

11

Gegen sieben Uhr abends machten einige Gäste Anstalten aufzubrechen, aber der vom Punsch stark angeheiterte Gastgeber befahl, das Tor zuzusperren, und erklärte, bis zum Morgen werde niemand hinausgelassen. Gleich darauf erklang Tanzmusik, die Flügeltüren zum Festsaal wurden geöffnet, und der Ball nahm seinen Anfang. Der Hausherr und seine vertrautesten Zechkumpane hatten es sich in einer Ecke bequem gemacht, tranken ein Glas nach dem anderen und freuten sich über die Begeisterung der Jugend. Die alten Damen spielten Karten. Es waren weniger Tänzer da als junge Damen, wie überall, wo nicht gerade irgendein Ulanenregiment in Garnison steht. So hatte man auch diejenigen Herren, die noch halbwegs in Frage kamen, aufgeboten.

Der Hauslehrer zeichnete sich besonders aus. Er tanzte eifriger als alle andern, die jungen Mädchen bevorzugten ihn und fanden, daß mit ihm Walzer zu tanzen am schönsten sei. Wiederholt drehte er sich mit Marja Kirilowna im Kreise, und die jungen Damen machten schon spitze Bemerkungen über das Paar. Gegen Mitternacht schließlich erklärte der ermüdete Hausherr den Ball für beendigt, ließ das Souper servieren und – ging selber zu Bett.

In Abwesenheit Kirila Petrowitschs fühlte sich die Gesellschaft ungezwungener und wurde noch ausgelassener. Die jungen Männer erlaubten sich jetzt neben ihren Damen Platz zu nehmen, die kichernd mit ihren Tischnachbarn tuschelten. Die älteren Damen unterhielten sich laut über den Tisch hinweg, während die Herren tranken, sich stritten und dröhnend lachten – kurz, man benahm sich höchst ungeniert, und das Souper hinterließ bei allen Teilnehmern die angenehmsten Erinnerungen.

Nur einer der Gäste war alles andere als heiter und aufgeräumt. Anton Pafnutjitsch saß finster auf seinem Platz, aß zerstreut und schien äußerst unruhig. Die Gespräche über die Räuberbande hatten ihn aufgeregt und erschreckt. Wir werden gleich sehen, daß er allen Grund hatte, sich zu fürchten.

Als Spizyn Gott zum Zeugen anrief, daß seine rote Schatulle vollkommen leer sei, hatte er tatsächlich nicht gelogen. Das Geld, das er früher darin aufzubewahren pflegte, war nämlich neuerdings in einen Lederbeutel übergesiedelt, den er unter seinem Hemd auf der Brust trug – durch diese Vorsichtsmaßnahme wollte er sein Mißtrauen allen gegenüber und seine ewige Angst beschwichtigen. Als er sich nun gezwungen sah, in einem fremden Hause zu nächtigen, fürchtete er, man werde ihm sein Nachtlager in einem entlegenen Zimmer anweisen, wo Einbrecher unbemerkt eindringen könnten. Deshalb ließ er auf der Suche nach einem zuverlässigen und vertrauenerweckenden Schlafkameraden seine Blicke über die Tafel schweifen, bis sie bei dem Hauslehrer haltmachten. Deforges Äußeres, von dem man auf nicht geringe Körperkräfte schließen durfte, und die Tapferkeit, die er bei seiner Begegnung mit dem Bären Mischka bewiesen hatte – Anton Pafnutjitsch konnte nicht ohne nachträgliches Herzklopfen an ihn denken –, bestimmten Spizyns Wahl. Als man sich vom Tisch erhob, machte er sich an den jungen Franzosen heran, hüstelte, räusperte sich und wandte sich schließlich mit folgenden Worten an den Hauslehrer: »Hm, hm ... Musjöh, würden Sie mich wohl ... hm ... bei Ihnen in Ihrer Kammer übernachten lassen, weil nämlich , .. weil, wissen Sie ... «

»Que désire monsieur?« fragte Deforge mit einer höflichen Verbeugung.

»Ach, verdammt, Musjöh, Sie haben wohl noch kein Russisch gelernt? Sche wö, mua, sche wu koscheh ... verstehen Sie, was ich meine?«

»Monsieur, très volontiers«, antwortete Deforge, »veuillez donner des ordres en conséquence.«

Sehr zufrieden mit dem Erfolg seines französischen Gestammels, ging Anton Pafnutjitsch gleich hinaus, um der Dienerschaft die entsprechenden Anweisungen zu geben.

Die Gäste wünschten einander eine gute Nacht und begaben sich in die für sie bestimmten Schlafzimmer. Spizyn schloß sich dem Lehrer an, und dieser führte ihn in das Nebengebäude. Die Nacht war stockdunkel. Deforge trug eine brennende Laterne. Anton Pafnutjitsch ging ziemlich mutig hinter ihm her und drückte nur von Zeit zu Zeit den Lederbeutel an seine Brust, um sich zu vergewissern, daß er das Geld noch bei sich hatte.

Am Ziel angelangt, zündete der Hauslehrer eine Wachskerze an, und beide begannen sich auszuziehen, wobei Anton Pafnutjitsch in der Kammer hin und her ging und die Tür und das Fenster untersuchte. Er schüttelte bedenklich den Kopf, denn die Besichtigung fiel durchaus nicht zu seiner Zufriedenheit aus. Die Tür war nicht verschließbar und hatte nur einen Riegel, das Fenster aber nicht einmal einen Doppelrahmen. Er wollte sich bei dem Lehrer über diese Mängel beklagen, aber seine französischen Sprachkenntnisse reichten für so verzwickte Dinge bei weitem nicht aus. Der Franzose verstand ihn nicht, und Spizyn mußte seine

Absicht wohl oder übel aufgeben und sich in das Bett legen, das demjenigen des Hauslehrers gegenüberstand. Auch Deforge begab sich zur Ruhe und löschte die Kerze aus.

»Purkua wu löscheh, purkua wu löscheh?« klagte Anton Pafnutjitsch, indem er das Wort »löschen« auf seine Art ins Französische übertrug. »Ich kann nicht dormir im Dunkeln.«

Wieder begriff Deforge nichts und wünschte ihm einen ungestörten Schlaf.

»Verfluchter Ausländer!« stöhnte Spizyn und wickelte sich in seine Decke. »Warum muß er auch das Licht auslöschen, ich fürchte mich doch im Finstern. Musjöh, Musjöh«, rief er mit lauter Stimme, »sche wö awek wu parleh!«

Doch der Franzose überließ ihn sich selbst und fing an zu schnarchen.

»Da schnarcht sie schon, die französische Bestie«, brummte Anton Pafnutjitsch, »und ich kann sehen, wo ich bleibe, wenn Diebe durch die unverschlossene Tür oder durchs Fenster hereinkommen. Nicht einmal ein Kanonenschuß könnte diesen verteufelten Musjöh wieder aufwecken!«

Anton Pafnutjitsch schwieg. Abgespanntheit und Weindusel trugen zuletzt den Sieg über seine Furchtsamkeit davon. Er fiel in einen Dämmerzustand und bald darauf in einen tiefen Schlaf, aus dem er im Morgengrauen auf eine höchst unerwartete Weise aufschreckte. Er hatte geträumt, daß ihn jemand am Hemdkragen packte, und als er die Augen aufschlug, sah er im Halbdunkel Deforge, der sich, eine Pistole in der Hand, über ihn beugte und ihm mit der anderen den Geldbeutel abknöpfte. Anton Pafnutjitsch war halbtot vor Schreck.

»Kesskessheh, Musjöh?« stieß er schließlich, am ganzen Körper zitternd, hervor.

»Halt den Mund!« erwiderte der Pädagoge in reinstem Russisch. »Kein Wort mehr, sonst ist es aus mit dir. Ich bin Dubrowskij.«

12

Der Leser möge uns jetzt erlauben, diese letzten Begebenheiten unserer Erzählung durch gewisse Vorgänge zu erklären, die mitzuteilen wir bisher noch keine Möglichkeit hatten.

Im Zimmer des Vorstehers der Poststation . . ., von dem schon einmal kurz die Rede war, saß ein Reisender. Sein zurückhaltendes und geduldiges Benehmen ließ darauf schließen, daß er von geringer Herkunft, wenn nicht gar ein Ausländer war, aber jedenfalls ein Mann, dessen Wort auf einer Poststation nichts gilt. Auf dem Hof stand ein bescheidenes Wägelchen, dessen Räder es nötig hatten, frisch geschmiert zu werden. Im Wagen lag eine sehr kleine Reisetasche – gleichfalls ein Beweis dafür, daß die materielle Lage ihres Besitzers nicht gerade die beste war. Der Reisende hatte weder Tee noch Kaffee bestellt. Er schaute zum Fenster hinaus und pfiff dabei zur höchsten Unzufriedenheit der Frau des Postmeisters, die hinter einer Bretterwand saß.

»Was hat uns Gott da für einen Pfeifer geschickt«, brummte sie ärgerlich, »möchte er doch platzen, der verfluchte Ausländer!«

»Aber warum denn?« sagte der Stationsvorsteher. »Laß ihn doch pfeifen, wenn es ihm Spaß macht.«

»Weißt du denn nicht, daß Pfeifen Unheil herbeiführt?« erwiderte die Frau erbittert.

»Vielleicht, weil es das Geld aus dem Hause bringt, wie die Leute sagen?« spottete der Postmeister. »Ach, Pachomowna, ob bei uns gepfiffen wird oder nicht – Geld haben wir sowieso nicht.«

»Fertige ihn nur ab, Ssidorytsch! Was hast du davon, wenn du ihn noch länger dabehältst? Gib ihm doch Postpferde, der Teufel möge ihn holen!«

»Er muß noch warten, Pachomowna. Im Stall stehen bloß drei Troikas bereit, die vierte hat Ruhetag. Jeden Augenblick können hochgestellte Reisende ankommen. Soll ich diesem Franzosen zuliebe meine Stellung verlieren? Schau hin, was hab ich gesagt? Da kommen sie schon wie der Wirbelwind. Am Ende ist's gar ein General!«

Eine Kutsche hielt vor der Treppe. Der Diener sprang vom Bock und riß den Schlag auf. Ein junger Mann im Militärmantel und mit einer weißen Mütze auf dem Kopf trat gleich darauf ein, hinter ihm der Diener mit einer Schatulle, die er auf das Fensterbrett stellte.

»Pferde!« rief der Offizier in herrischem Ton.

»Zu Befehl«, antwortete der Postmeister, »ich bitte um Ihren Reisepaß.«

»Nicht nötig, ich fahre aufs Land. Erkennst du mich denn nicht?«

Der Vorsteher eilte hinaus, um das Anschirren der Pferde selbst zu überwachen. Der junge Mann ging inzwischen ungeduldig auf und ab. Er musterte den Fremden und schaute dann zur Postmeisterin hinein, um sich nach ihm zu erkundigen.

»Wer das ist, weiß Gott allein«, antwortete sie, »wie es scheint, ein Franzose. Er wartet hier schon fünf Stunden auf Pferde, sitzt am Fenster und pfeift immerzu. Man kann es schon gar nicht mehr aushalten.«

Der Offizier wandte sich auf französisch an den Reisenden.

»Wohin des Weges?« fragte er.

»Ich reise in die nächste Stadt«, erwiderte der Franzose, »und von da zu einem Gutsbesitzer, der mich als Erzieher seines Sohnes ins Haus nimmt, ohne mich vorher gesehen zu haben. Ich hoffte schon heute dort anzukommen, aber der Herr Postmeister hat es wohl anders beschlossen. Hierzulande ist es nun einmal nicht leicht, Pferde zu bekommen, Herr Offizier.«

»Und welcher der hiesigen Gutsbesitzer ist Ihr künftiger Brotherr?«

»Herr Trojekurow«, antwortete der Fremde.

»Wer ist denn dieser Trojekurow?« wollte der Offizier wissen.

»Ma fois, mon officier . . . ich habe nichts Gutes von ihm gehört. Es heißt, er sei ein hochmütiger und launischer Herr und behandle seine Leute so grausam, daß sie schon zittern, wenn nur sein Name genannt wird. Man sagt ihm sogar nach, daß er zwei Hauslehrer zu Tode geprügelt habe ...«

»Um Gottes willen, einem solchen Barbaren liefern Sie sich freiwillig aus?«

»Was bleibt mir übrig, Herr Offizier? Er bietet mir bei freier Station dreitausend Rubel im Jahr. Vielleicht treffe ich's besser als meine Vorgänger. Sehen Sie, meine Mutter ist alt, ich schicke ihr die Hälfte meines Gehalts, und das übrige spare ich. So verfüge ich nach fünf Jahren über ein kleines Kapital, das mich für die Zukunft unabhängig macht. Und dann – bonsoir! – kehre ich nach Paris zurück und mache dort einen eigenen Laden auf.«

»Kennt Sie jemand im Hause des Herrn Trojekurow?« fragte der junge Mann.

»Nein, keine Menschenseele«, antwortete der Lehrer, »er verschrieb mich aus Moskau durch einen seiner Freunde, dessen Koch ein Landsmann von mir ist und mich empfohlen hat. Sie müssen nämlich wissen, daß ich von Hause aus gar kein Lehrer bin, sondern ein Konditor, aber man hat mir versichert, daß in Ihrem Lande die Hauslehrer bedeutend besser bezahlt sind.«

Der Offizier dachte eine Weile nach. Dann sagte er: »Passen Sie mal auf, was würden Sie dazu sagen, wenn man Ihnen für das, was Sie bei Trojekurow erhalten sollen, zehntausend Rubel in bar auf den Tisch legte unter der einzigen Bedingung, daß sie Rußland sofort wieder verlassen und nach Paris zurückkehren?«

Der Franzose sah den Offizier erstaunt an, lächelte ungläubig und schüttelte den Kopf.

»Die Pferde stehen vor der Tür«, sagte der eintretende Postmeister.

Der Diener meldete dasselbe.

»Gleich, gleich«, wehrte der Offizier ab, »laßt uns noch einen Augenblick allein.«

Als der Postmeister und der Diener wieder hinausgegangen waren, fuhr der Offizier auf französisch fort: »Glauben Sie nur nicht, daß ich mich über Sie lustig machen will; es ist mir ernst mit dem, was ich sage – ich kann ihnen sofort zehntausend Rubel geben. Es kommt mir auf Ihre Heimreise an und auf Ihre Ausweispapiere.«

Bei diesen Worten öffnete er seine Schatulle und entnahm ihr ein Bündel Banknoten.

Der Franzose starrte ihn mit großen Augen an. Er war sprachlos.

»Meine Heimreise und meine Papiere ...« wiederholte er schließlich aufs höchste verwundert, »hier ist mein Paß ... aber Sie scherzen doch wohl, wozu brauchen Sie ihn denn?«

»Das geht Sie nichts an. Ich frage nur: Wollen Sie oder wollen Sie nicht«?

Der Franzose, der seinen Ohren noch immer nicht traute, reichte dem Offizier seine Papiere hin, und dieser sah sie schnell durch.

»Ihr Paß ... geht in Ordnung, ein Empfehlungsbrief ... das werden wir noch sehen, Ihr Geburtsschein ... vorzüglich. Hier haben Sie Ihr Geld, und nun verlieren Sie keine Zeit, fahren Sie los!«

Der Franzose stand da wie angewurzelt. Der Offizier kam noch einmal zurück.

»Beinahe hätte ich das Wichtigste vergessen. Geben Sie mir Ihr Ehrenwort, daß das alles unter uns bleibt ... schnell Ihr Ehrenwort!«

»Mein Ehrenwort«, antwortete der Franzose. »Aber meine Papiere, was tue ich ohne sie?«

»Sie erklären in der ersten Stadt, durch die Sie kommen, Sie seien von Dubrowskij ausgeraubt worden. Man wird Ihnen glauben und Ihnen neue Papiere ausstellen. Gott gebe, daß Sie Ihre Mutter bei bester Gesundheit in Paris antreffen. Leben Sie wohl!«

Dubrowskij verließ das Haus, stieg in den Wagen und fuhr davon.

Der Postmeister blickte zum Fenster hinaus, und als die Kutsche abgefahren war, wandte er sich zu seiner Frau mit dem Ausruf: »Pachomowna, weißt du was? Das kann nur Dubrowskij gewesen sein!«

Die Postmeisterin stürzte Hals über Kopf ans Fenster, aber zu spät: Dubrowskij war schon über alle Berge. Enttäuscht drehte sie sich um und überhäufte ihren Mann mit Vorwürfen.

»Wie konntest du nur so gewissenlos sein, Ssidorytsch? Warum hast du mir das nicht früher gesagt, ich wäre herausgekommen und hätte wenigstens noch einen Blick auf ihn geworfen. Jetzt können wir lange warten, bis er sich wieder mal zeigt. Nein, was bist du doch für ein gottloser Mensch, Ssidorytsch, ein ganz und gar gottloser Mensch!«

Der Franzose stand noch immer wie betäubt da. Das Abkommen mit dem Offizier, das viele Geld – alles kam ihm vor wie ein Traum; aber die Banknoten in seiner Rocktasche sprachen eine allzu überzeugende Sprache, so daß er an der Wirklichkeit dieses erstaunlichen Erlebnisses nicht zweifeln konnte.

Als er endlich Pferde bekommen und der Postkutscher ihn fast im Schritt zur Stadt gefahren hatte, war es schon Nacht geworden. Vor dem Schlagbaum, wo statt des Wachtpostens nur noch ein altes, windschiefes Schilderhäuschen stand, ließ der Franzose halten, kroch aus seinem Wägelchen und ging zu Fuß weiter, nachdem er dem Kutscher durch Zeichen und Gebärden bedeutet hatte, daß er ihm den Wagen und die Reisetasche als Trinkgeld schenke. Der Kutscher war von der Freigebigkeit seines Fahrgasts nicht weniger überrascht als der Franzose vom Anerbieten Dubrowskijs. Fest überzeugt, daß der Deutsche, oder was es sonst für ein Ausländer sein mochte, verrückt geworden sei, bedankte er sich mit einer tiefen Verbeugung, und da er es nicht für zweckmäßig hielt, in die Stadt hineinzufahren, begab er sich in eine nahe Kneipe, deren Wirt ein guter Bekannter von ihm war. Dort vergnügte er sich die ganze Nacht und kehrte erst am Morgen mit den Postpferden, doch ohne Wagen und Reisetasche und mit verschwollenem Gesicht und stark geröteten Augen, nach Hause zurück. –

Im Besitz der Papiere des Franzosen, meldete sich Dubrowskij, wie wir schon wissen, bei Trojekurow und bezog das Zimmer im Nebengebäude. Welche geheimnisvollen Absichten er dabei auch verfolgen mochte – wir werden später Näheres darüber erfahren –, jedenfalls erregte er in

Pokrowskoje nicht den geringsten Verdacht. Wenn er sich auch nur wenig mit dem kleinen Sascha beschäftigte, ihm volle Freiheit ließ und die Schulaufgaben, die er ihm der Form halber stellte, kaum nachprüfte, so überwachte er um so sorgfältiger die musikalischen Fortschritte seiner Schülerin und saß oft stundenlang neben ihr am Klavier.

Alle hatten den jungen Hauslehrer gern. Kirila Petrowitsch schätzte ihn als kühnen und leidenschaftlichen Jäger, Marja Kirilowna wegen seines Eifers und seiner scheuen Aufmerksamkeit, und Sascha liebte ihn, weil er seine Bubenstreiche geflissentlich übersah. Auch bei der Dienerschaft hatte er sich schnell beliebt gemacht, da er sich in einem Maße freigebig zeigte, das offenkundig weit über sein Einkommen hinausging. Er selbst schien diese Gefühle zu erwidern, ja sich schon geradezu als Mitglied der Familie zu betrachten.

Seit dem Antritt seiner Stelle als Erzieher bis zu dem denkwürdigen Kirchweihfest war etwa ein Monat vergangen, und niemand vermutete in diesem freundlichen und bescheidenen französischen Hauslehrer jenen gefürchteten Räuberhauptmann, dessen Name die Gutsbesitzer der Umgegend in Schrecken versetzte. In diesen Wochen hatte Dubrowskij Pokrowskoje nicht verlassen, aber die Gerüchte von seinen Überfällen verstummten dank der lebhaften Phantasie der Landbevölkerung nicht. Allerdings war es durchaus möglich, daß die Räuberbande ihre Tätigkeit auch ohne ihren Anführer auf eigene Hand fortsetzte.

Als Dubrowskij in der Nacht, die auf das große Fest bei Kirila Petrowitsch folgte, in seiner Kammer einen Menschen beherbergte, in dem er seinen persönlichen Feind und einen der Hauptschuldigen an seinem Elend sah, konnte er der Versuchung nicht widerstehen, sich an ihm zu rächen, zumal er um das Vorhandensein des ledernen Beutels wußte. So beschloß er denn, sich des Geldes zu bemächtigen. Wir haben gesehen, wie er dieses Vorhaben ausführte und den armen Pafnutjitsch durch seine plötzliche Wandlung vom Lehrer zum Räuber fast zu Tode erschreckte.

Gegen neun Uhr früh erschienen alle Gäste, die in Pokrowskoje übernachtet hatten, einer nach dem andern im Speisesaal, wo der Samowar bereits dampfte; vor ihm saß Marja Kirilowna im Morgenkleid, und Kirila Petrowitsch trank in Schlafrock und Pantoffeln seinen Tee aus einer großen Tasse, die lebhaft an ein Spülbecken erinnerte. Als letzter stellte sich Anton Pafnutjitsch ein, er war so blaß und sah so aufgeregt aus, daß es allgemein auffiel und Kirila Petrowitsch sich nach seinem Befinden erkundigte. Spizyn gab eine völlig verworrene Antwort und starrte dabei mit vor Entsetzen weit aufgerissenen Augen den Hauslehrer an; der aber saß so gelassen am Frühstückstisch, als wäre nicht das geringste geschehen.

In diesem Augenblick trat ein Diener ein und meldete, daß Spizyns Wagen vorgefahren sei. Anton Pafnutjitsch verabschiedete sich hastig, stolperte, ohne auf Kirila Petrowitschs Einladung zum Frühstück zu achten, aus dem Saal und fuhr davon. Niemand konnte sich sein sonderbares Verhalten erklären, und Kirila Petrowitsch vermutete schließlich, er werde wohl zuviel gegessen und getrunken haben.

Nach dem Abschiedsfrühstück brachen auch die anderen Gäste auf; bald lag wieder Stille über Pokrowskoje, und das Leben kehrte in seine alten Bahnen zurück.

13

Mehrere Tage vergingen, ohne daß sich etwas Besonderes ereignet hätte. Das Leben in Pokrowskoje verlief einförmig wie immer. Kirila Petrowitsch fuhr jeden Tag auf die Jagd, und Marja Kirilowna vertrieb sich die Zeit mit Lektüre, Spaziergängen und vor allem mit ihren Musikstunden. Sie begann ihr eigenes Herz zu verstehen und mußte sich, wenn auch zunächst noch gegen ihren Willen, eingestehen, daß sie dem Zauber des jungen Franzosen gegenüber nicht gleichgültig blieb. Er seinerseits wagte sich über die Grenzen der Ehrerbietung und höflichen Zurückhaltung nicht hinaus, so daß er ihren Stolz nicht verletzte und ihre ängstlichen Bedenken beschwichtigte. Der

Umgang mit dem jungen Manne, dem sie wachsendes Vertrauen entgegenbrachte, wurde ihr mehr und mehr zu einer unentbehrlichen Gewohnheit. Sie langweilte sich ohne Deforge. Wenn er zugegen war, beschäftigte sie sich mit ihm, wollte über alles und jedes seine Meinung hören und stimmte ihm immer zu. Vielleicht war sie noch nicht richtig in ihn verliebt, aber bei der ersten Schwierigkeit, die sich ihr in den Weg stellte, oder bei einem unerwarteten Schicksalsschlag mußte die Leidenschaft in ihrem Herzen aufflammen.

Eines Tages, als Marja Kirilowna das Musikzimmer betrat, wo sie der Lehrer erwartete, bemerkte sie zu ihrer Überraschung, daß er sehr verwirrt war, und erschrak über sein bleiches Aussehen. Sie öffnete das Klavier, doch nachdem sie einige Noten gesungen hatte, entschuldigte er sich mit Kopfweh, brach den Unterricht ab und klappte das Notenheft zu, wobei er ihr mit sehr verlegener Miene einen Zettel zusteckte. Ohne zu bedenken, was sie tat, nahm sie ihn entgegen. Zwar bereute sie es schon im nächsten Augenblick, aber Dubrowskij war bereits fort. Marja Kirilowna ging in ihr Zimmer, riß den Briefumschlag auf und las: »Kommen Sie bitte heute abend um sieben Uhr in die Laube am Bach. Ich muß Sie unbedingt sprechen.«

Mascha war aufs höchste gespannt. Schon lange erwartete sie ein Geständnis des Franzosen und wünschte und fürchtete es im gleichen Augenblick. Wie tief es sie auch befriedigt hätte, ihre lang gehegte Vermutung bestätigt zu finden, so mußte sie doch die Liebeserklärung eines Mannes in Verlegenheit bringen, der infolge seiner gesellschaftlichen Stellung niemals hoffen konnte, ihre Hand zu gewinnen. Dennoch beschloß sie zu dem Stelldichein zu gehen, war aber im Zweifel, wie sie das Geständnis beantworten sollte – ob mit hochmütiger Zurückweisung, mit der Versicherung freundschaftlicher Gefühle, mit ein paar harmlosen Scherzen oder mit stummer Anteilnahme. Einstweilen sah sie alle Augenblicke nach der Uhr.

Es fing an zu dämmern. Man brachte Kerzen, und Kirila Petrowitsch setzte sich mit einigen Freunden, die zu Besuch gekommen waren, an den Kartentisch.

Die Eßzimmeruhr schlug dreiviertel sieben. Marja Kirilowna trat auf die Treppe hinaus und sah sich vorsichtig nach allen Seiten um, dann lief sie in den Park.

Die Nacht war dunkel, der Himmel mit Wolken bedeckt, man konnte höchstens zwei Schritt weit sehen, aber die Wege, die Marja Kirilowna in der Finsternis ging, waren ihr wohlbekannt, und nach wenigen Minuten hatte sie die Laube erreicht. Hier blieb sie stehen und holte tief Atem, um auf Deforge einen möglichst ruhigen, gleichmütigen Eindruck zu machen; er stand jedoch schon vor ihr.

»Ich danke Ihnen, daß Sie gekommen sind«, sagte er mit leiser, trauriger Stimme. »Ich wäre verzweifelt gewesen, wenn Sie meine Bitte abgeschlagen hätten.«

Marja Kirilowna antwortete mit einer Phrase, die sie sich schon vorher überlegt hatte: »Ich hoffe, daß Sie mir keinen Grund geben werden, meinen Entschluß zu bereuen.«

Deforge schwieg, als müßte er alle seine Kräfte zusammennehmen.

»Die Umstände erfordern es . . . ich muß Sie verlassen«, sagte er endlich. »Sie werden möglicherweise bald von mir hören . . . aber vor der Trennung bin ich Ihnen eine Erklärung schuldig . . .«

Marja Kirilowna erwiderte nichts. Sie sah in seinen Worten die Einleitung zu einem Liebesgeständnis.

»Ich bin nicht der, für den Sie mich halten«, fuhr er mit niedergeschlagenen Augen fort, »ich bin nicht Deforge, ich bin Dubrowskij.«

Marja Kirilowna stieß einen Schrei aus.

»Um Gottes willen, fürchten Sie nichts! Mein Name soll und darf nichts Erschreckendes für Sie haben . . . Ja, ich bin jener Unglückliche, dem Ihr Vater das letzte Stück Brot nahm, den er aus seinem Elternhause vertrieb und aus dem er einen Straßenräuber gemacht hat. Doch Sie brauchen keine Angst zu haben, weder für sich selbst, noch für ihn. Alles ist vorüber, ich habe ihm vergeben. Hören Sie mich an: Sie sind es, die ihn gerettet hat. Meine erste Bluttat sollte ihm gelten. Ich bin nachts um sein Haus geschlichen, ich habe bestimmt, an welchen Stellen das

Feuer gleichzeitig ausbrechen und wie man in sein Schlafzimmer eindringen und ihm alle Wege zur Flucht versperren sollte. Doch in diesem Augenblick, als ich schon alle Anordnungen getroffen hatte, gingen Sie in nächster Nähe an mir vorüber wie eine himmlische Erscheinung, und tiefer Friede erfüllte mein Herz. Ich begriff mit einemmal, daß das Haus, in dem Sie wohnen, für mich ein unantastbares Heiligtum bedeutet und daß kein Mensch, der mit Ihnen blutsverwandt ist, meinem Fluch verfallen darf. Ich wies den Gedanken an Rache wie eine Wahnidee weit von mir und irrte tagelang um den Park von Pokrowskoje in der Hoffnung, Ihr weißes Kleid von ferne zu sehen. Auf Ihren unvorsichtigen Spaziergängen folgte ich Ihnen, verbarg mich hinter Bäumen und Gebüschen, glücklich im Bewußtsein, daß es für Sie keine Gefahr geben konnte, solange ich Sie heimlich bewachte. Schließlich bot sich mir eine unerwartete Gelegenheit, die mich in das Haus Ihres Vaters führte. Diese Wochen in Ihrer unmittelbaren Nähe wurden mir zu einer unaussprechlich glücklichen Zeit. Die Erinnerung an Sie wird die einzige Freude meines traurigen Lebens sein . . . Heute erreichte mich eine Nachricht, die es mir unmöglich macht, in Pokrowskoje zu bleiben. Noch in dieser Stunde muß ich für immer fort, aber vorher wollte ich Ihnen alles erklären, damit Sie mich nicht verfluchen und verachten . . . Denken Sie manchmal an Dubrowskij zurück, denken Sie daran, daß er zu Besserem geboren war, daß seine Seele fähig war, Sie zu lieben, und wenn jemals . . . «

In diesem Augenblick ertönte ein leiser Pfiff, und Dubrowskij verstummte. Er nahm Maschas Hand und drückte sie an seine heißen Lippen. Der Pfiff wiederholte sich.

»Verzeihung«, sagte Dubrowskij, »man ruft mich, jede Minute kann mir Verderben bringen.«

Er machte einige zögernde Schritte. Marja Kirilowna rührte sich nicht. Er kehrte um und ergriff abermals ihre Hand.

»Wenn jemals«, fuhr er mit weicher, zärtlicher Stimme fort, »wenn jemals Ihnen ein Unglück zustoßen sollte und Sie von niemandem Schutz und Beistand erwarten können, dann vergessen Sie nicht, daß Sie sich immer an mich wenden und von mir alles für Ihre Rettung fordern können. Wollen Sie mir versprechen, daß Sie meine Hilfe nicht zurückweisen werden?«

Marja Kirilowna schluchzte, sie vermochte nicht ein einziges Wort hervorzubringen. Der Pfiff ertönte zum drittenmal.

»Sie richten mich zugrunde!« rief Dubrowskij. »Ich gehe nicht fort, solange Sie nicht antworten. Wollen Sie es mir versprechen oder nicht?«

»Ich verspreche es Ihnen«, flüsterte das arme Mädchen.

Als Marja Kirilowna tief erschüttert von der Zusammenkunft mit Dubrowskij aus dem Park zurückkam, fand sie das ganze Haus in Aufruhr. Die Leute liefen aufgeregt umher, und auf dem Hof hatte sich eine große Menschenmenge um eine Troika versammelt, die vor der Treppe hielt. Sie hörte Kirila Petrowitschs Stimme und beeilte sich, in ihr Zimmer zu gelangen, denn sie fürchtete, daß man ihre Abwesenheit bemerkt haben könnte. Im Saal begegnete sie ihrem Vater; seine Gäste umringten den bis an die Zähne bewaffneten Polizeichef und bestürmten ihn mit Fragen. Er tat sehr wichtig und antwortete mit höchst geheimnisvoller Miene.

»Wo steckst du denn, Mascha«, fragte Kirila Petrowitsch, »hast du nicht zufällig Monsieur Deforge getroffen?«

Es fiel Mascha nicht leicht, eine verneinende Antwort zu geben.

»Stell dir vor«, fuhr Kirila Petrowitsch fort, »der Polizeichef ist gekommen, Deforge zu verhaften. Er versichert, der Franzose sei niemand anders als Dubrowskij.«

»Alle Kennzeichen treffen auf ihn zu, Exzellenz«, sagte der Polizeichef ehrerbietig.

»Ach, Verehrtester«, fiel ihm Kirila Petrowitsch ins Wort. »Mach, daß du fortkommst mit deinen Kennzeichen – ich werde dir meinen Franzosen nicht ausliefern, bevor ich die Sache nicht selbst untersucht habe. Wie kann man bloß dem Feigling und Lügner Anton Pafnutjitsch Glauben schenken! Er wird nur geträumt haben, daß der Hauslehrer ihn beraubte. Warum hat er es nicht gleich an jenem Morgen gesagt?«

»Weil er sich fürchtete, Exzellenz. Der Franzose hatte ihn schwören lassen, daß er den Mund halten werde«, erwiderte der Polizeichef.

»Dummes Geschwätz«, entschied Kirila Petrowitsch, »ich werde der Sache gleich auf den Grund gehen. Wo ist der Lehrer?« fragte er einen eintretenden Diener.

»Nirgends zu finden«, antwortete dieser.

»Dann muß er eben gesucht werden!« befahl Trojekurow, der sich nicht mehr so ganz sicher fühlte. »Zeig mir mal deine Kennzeichen, auf die du so stolz bist!« herrschte er den Polizeichef an, und der reichte ihm beflissen den schmutzigen Zettel hin.

»Hm, hm, dreiundzwanzig Jahre alt«, überlegte Kirila Petrowitsch. »Das stimmt, beweist aber noch gar nichts. Wo steckt er denn, der Dreiundzwanzigjährige?«

»Noch immer nicht zu finden«, gab man ihm zur Antwort.

Kirila Petrowitsch begann sich ernstlich aufzuregen, zumal Marja Kirilowna mehr tot als lebendig schien.

»Du bist blaß, Mascha«, bemerkte der Vater besorgt. »Man hat dich verängstigt.«

»Nein, Papachen, ich habe bloß Kopfweh.«

»Geh in dein Zimmer und beunruhige dich nicht.«

Mascha küßte ihm die Hand und eilte in ihre Stube. Dort warf sie sich in einen Sessel und brach in lautes hysterisches Schluchzen aus. Dienstmädchen liefen herbei, zogen sie aus und gaben sich alle Mühe, Mascha mit kalten Umschlägen und Spiritusabreibungen so weit zu beruhigen, daß sie ins Bett gebracht werden konnte, worauf sie alsbald in einen tiefen Schlaf fiel.

Der Franzose blieb nach wie vor unauffindbar. Kirila Petrowitsch stapfte im Saal auf und ab und pfiff wieder einmal den Militärmarsch »Laut erschalle Siegesjubel«, die Gäste tuschelten miteinander, und der Polizeichef fühlte sich blamiert, weil der Franzose entflohen war. Er mußte wohl von der ihm drohenden Gefahr noch rechtzeitig Wind bekommen haben. Aber von wem er gewarnt worden war, das blieb ungeklärt.

Die Uhr schlug elf, doch noch immer schien niemand ans Schlafengehen zu denken. Endlich fuhr Kirila Petrowitsch den Polizeichef an: »Nun, was soll das? Du willst doch nicht etwa bis morgen früh hier herumstehen? Mein Haus ist kein Nachtlokal! Nein, Verehrtester, mit deiner Findigkeit wirst du Dubrowskij niemals einfangen, vorausgesetzt, daß der Franzose wirklich Dubrowskij ist. Mach nur, daß du wieder nach Hause kommst, und sei in Zukunft schneller bei der Hand! Und auch für euch ist es höchste Zeit!« wandte sich Kirila Petrowitsch an die Gäste. »Laßt anspannen, ich gehe zu Bett.«

Auf so grobe Art verabschiedete der General en chef seine Gäste.

14

Nach diesen Vorfällen kam eine Zeit, in der nichts Besonderes geschah. Erst zu Beginn des nächsten Sommers traten einige Veränderungen in Kirila Petrowitschs Familienleben ein.

Dreißig Werst von ihm entfernt lag das ansehnliche Gut des Fürsten Wereiskij. Der Besitzer hatte sich lange Zeit im Ausland aufgehalten und die Verwaltung des Gutes einem verabschiedeten Major übertragen, so daß keinerlei persönliche Beziehungen zwischen Pokrowskoje und Arbatowo bestanden. Doch Ende Mai war der Fürst nach Rußland zurückgekehrt, um sich auf seinem Besitztum niederzulassen, das er als Kind zuletzt gesehen hatte. An gesellschaftlichen Verkehr gewöhnt, konnte er die Einsamkeit nicht ertragen und sagte sich schon am dritten Tag nach seiner Ankunft zum Mittagessen bei Trojekurow an, dem er früher einmal irgendwo begegnet war.

Der Fürst war etwa fünfzig Jahre alt, machte aber einen bedeutend älteren Eindruck. Ausschweifungen aller Art hatten seine Gesundheit untergraben und ihm ihren Stempel aufgedrückt. Dennoch sah er anziehend, ja sogar interessant aus und zeichnete sich, an Geselligkeit gewöhnt, durch ein charmantes Wesen aus, besonders im Umgang mit

Frauen. Wenn er auf sich selbst angewiesen war, langweilte er sich und war daher immer auf der Suche nach Zerstreuungen.

Kirila Petrowitsch freute sich über den Besuch, zumal er in ihm ein Zeichen der Hochachtung sah, die ihm von diesem Angehörigen der großen Welt entgegengebracht wurde. Seiner Gewohnheit entsprechend, zeigte er dem neuen Gast zunächst alle Wirtschaftsbetriebe und führte ihn dann in den Hundezwinger. Aber der Fürst erstickte fast in dem Gestank, der dort herrschte, hielt sich ein stark parfümiertes Taschentuch vor die Nase und verzog sich möglichst schnell. Auch der altmodische Garten mit den geschorenen Hecken, dem rechteckigen Teich und den schnurgeraden Lindenalleen fand nicht seinen Beifall. Er schwärmte vielmehr für Englische Parks, für die »unverfälschte Natur«, war aber liebenswürdig genug, alles, was er sah, zu bewundern und überschwenglich zu loben. Ein Diener kam und meldete, daß das Essen fertig sei. Man ging zu Tisch. Der Fürst, erschöpft von dem Spaziergang, hinkte und bereute schon, daß er sich auf diesen Besuch eingelassen hatte.

Doch im Speisesaal kam ihnen Marja Kirilowna entgegen, und der alternde Lebemann war verblüfft über ihre Schönheit. Trojekurow forderte ihn auf, neben Mascha Platz zu nehmen. Ihre Anwesenheit regte den Fürsten mächtig an, er wurde sehr aufgeräumt und brachte es wiederholt fertig, ihre Aufmerksamkeit durch witzige Anekdoten zu fesseln. Nach dem Essen schlug Kirila Petrowitsch einen Spazierritt vor, aber Wereiskij entschuldigte sich, indem er auf seine Lackschuhe hinwies und über sein Podagra scherzte. Er zog eine Wagenfahrt vor, um sich nicht von seiner reizenden Tischnachbarin trennen zu müssen. Trojekurow befahl anzuspannen, und die beiden Grauköpfe und das junge Mädchen fuhren zum Tor hinaus. Das Gespräch ging munter weiter, und Marja Kirilowna ließ sich gern die Schmeicheleien des Weltmannes gefallen. Wenig erfreut war aber Kirila Petrowitsch, als der Fürst sich plötzlich an ihn mit der Frage wandte, was das für eine Brandstätte sei, die vor ihnen an der Straße lag. Trojekurow runzelte die Stirn; die Erinnerungen, die sich an diesen verkohlten Trümmerhaufen knüpften, waren ihm keineswegs angenehm. Er gab zur Antwort, daß jetzt er dieses Gelände besitze, daß es aber früher einem gewissen Dubrowskij gehört habe.

»Dubrowskij?« wiederholte der Gast, »doch nicht etwa dem berüchtigten Räuberhauptmann?«

»Seinem Vater«, erwiderte Kirila Petrowitsch, »aber auch der war ein gerissener Gauner.«

»Und was ist aus unserm Rinaldo geworden? Lebt er noch, hat man ihn gefaßt?«

»Er lebt und befindet sich noch immer auf freiem Fuß. Solange er und die Polizei unter einer Decke stecken, wird man ihn auch nicht fangen. Übrigens, Fürst, ist er nicht auch bei dir in Arbatowo gewesen?«

»Ganz recht, im vorigen Jahr, glaube ich, hat er bei mir irgend etwas in Brand gesteckt oder ausgeplündert. Nicht wahr, Marja Kirilowna, es wäre doch interessant, diesen romantischen Helden näher kennenzulernen?«

»Was kann dabei interessant sein!« sagte Kirila Petrowitsch. »Sie kennt ihn nur allzugut – er hat ihr ja drei Wochen lang Musikstunden gegeben, aber glücklicherweise nichts dafür verlangt . . . «

Und Trojekurow erzählte die Geschichte von seinem ehemaligen französischen Hauslehrer.

Marja Kirilowna saß wie auf Kohlen. Wereiskij hörte gespannt zu, fand das alles höchst merkwürdig und – ging auf ein anderes Gesprächsthema über. Als man nach Pokrowskoje zurückgekehrt war und Tee getrunken hatte, befahl der Fürst seinen Wagen und fuhr heim trotz der inständigen Bitte des Generals, bei ihm zu übernachten; doch versäumte er nicht, vorher Trojekurow und seine Tochter zu sich einzuladen. Der hochmütige Kirila Petrowitsch, der sonst, wie wir wissen, keine Besuche zu machen pflegte, nahm ausnahmsweise an, denn der Fürstentitel, die beiden Ordenssterne und das Erbgut Arbatowo mit seinen dreitausend Seelen hatten immerhin Eindruck auf ihn gemacht, und er war nicht abgeneigt, Wereiskij wenigstens bis zu einem gewissen Grade als seinesgleichen zu betrachten.

15

Zwei Tage später fuhr Kirila Petrowitsch mit seiner Tochter zum Fürsten Wereiskij. Als sie sich Arbatowo näherten, konnte er nicht umhin, die sauberen, freundlichen Bauernhütten und das steinerne Herrenhaus zu loben, das im Stil englischer Schlösser erbaut war. Vor dem Haus breitete sich eine schöne dunkelgrüne Rasenfläche aus. Auf ihr weideten Rinder, die Wereiskij aus der Schweiz bezogen hatte, und ließen ihre Glocken ertönen. Das Wohnhaus des Fürsten lag in einem großen Park. Der Hausherr erwartete seine Gäste an der Treppe, bot Marja Kirilowna den Arm und geleitete sie in einen prachtvollen Saal, wo für drei Personen gedeckt war. Der Fürst führte seine Gäste an ein Fenster und zeigte ihnen die wunderbare Aussicht: vor ihnen lag die Wolga, auf der schwerbeladene Barken mit geblähten Segeln vorbeizogen und sich jene kleinen Fischerboote tummelten, die so treffend »Seelenverkäufer« genannt werden. Auf der gegenüberliegenden Seite des Stroms dehnten sich Felder und Hügelketten aus, und einige Dörfer belebten die Landschaft.

Als sie sich an dem schönen Bild satt gesehen hatten, unternahmen sie einen Gang durch die Gemäldesammlung, die der Fürst im Ausland erworben hatte. Er erklärte Marja Kirilowna, was die Bilder darstellten, ging auf die Lebensgeschichte der einzelnen Künstler ein und wies auf die Vorzüge und Mängel ihrer Werke hin, jedoch nicht in dem trockenen Ton eines Fachgelehrten, sondern als Kunstfreund von Gefühl und Phantasie. Marja Kirilowna hörte ihm mit Vergnügen zu.

Dann ging man zu Tisch. Trojekurow würdigte mit Kennermiene die Weine seines Amphitryon sowie die Kunst des Kochs, und Marja Kirilowna zeigte nicht die geringste Befangenheit oder gar Verwirrung bei der Unterhaltung mit einem Menschen, den sie erst zum zweitenmal in ihrem Leben sah. Nach dem Diner forderte der Hausherr seine Gäste auf, ihm in den Park zu folgen. Man trank Kaffee in einer Laube am Ufer eines großen Sees, der mit vielen kleinen Inseln wie übersät war. Plötzlich ertönte Blasmusik, und ein mit mehreren Ruderknechten bemanntes Boot holte sie zu einer Spazierfahrt zu den Inseln ab, von denen sie einige besuchten. Auf einer dieser Inseln besichtigten sie ein marmornes Standbild, auf einer anderen eine romantische Höhle und auf der dritten ein Denkmal mit einer unverständlichen Inschrift, durch die die jungmädchenhafte Neugier Marja Kirilownas zwar geweckt, trotz der geheimnisvollen Andeutungen des Fürsten aber nicht befriedigt wurde.

Die Zeit verging im Fluge, und schon begann es zu dämmern. Unter dem Vorwand, daß bereits Tau falle und es kühl werde, schlug der Fürst vor, ins Haus zurückzukehren. Hier, wo der Samowar die Gäste erwartete, bat Wereiskij Marja Kirilowna, die Obliegenheiten der Hausfrau am Tisch eines alten Junggesellen zu übernehmen. Sie schenkte den Tee ein und lauschte dem liebenswürdigen Plauderer, dessen Vorrat an Geschichten unerschöpflich zu sein schien. Plötzlich krachte es, und eine Rakete erleuchtete den Himmel. Der Fürst reichte Marja Kirilowna ihren Schal und geleitete sie und Trojekurow auf den Balkon. In der Dunkelheit des Parks brannte ein Feuerwerk ab; Garben strahlenden Lichts stiegen auf in den Himmel, teilten sich hoch oben und sprühten als Regen vielfarbiger Sterne herab; feurige Räder flammten auf, drehten sich immer schneller und erloschen, Lichtfontänen schossen empor und sanken in sich zusammen, immer neue folgten und spielten in bunten Farben durcheinander. Marja Kirilowna jubelte wie ein Kind, Wereiskij war glücklich über ihr Entzücken, und Kirila Petrowitsch fühlte sich sehr geschmeichelt, denn er war fest davon überzeugt, daß dieser wahrhaft fürstliche Aufwand nur ihm galt und ein weiterer Beweis war für den Wunsch des Fürsten, ihm zu gefallen.

Das Souper, das dem Feuerwerk folgte, war ebenso ausgezeichnet wie das Diner. Danach zogen sich die Gäste in die für sie hergerichteten Schlafzimmer zurück und verabschiedeten sich am nächsten Morgen von ihrem liebenswürdigen Gastgeber mit der gegenseitigen Zusicherung, sich recht bald wieder zu treffen.

16

Marja Kirilowna saß am Fenster ihres Zimmers vor dem Stickrahmen. Sie brachte die Seidenfäden nicht durcheinander wie die Braut Konrads* die, ihren Liebesträumen hingegeben, eine Rose mit grüner Seide stickte. Obgleich Maschas Gedanken nicht bei der Arbeit waren, sondern weit abschweiften, entstand unter ihren Händen ein getreues Abbild der Vorlage.

Plötzlich tastete sich eine Hand vorsichtig durch das offene Fenster, legte einen Brief auf die Stickerei und zog sich schnell wieder zurück, ehe Marja Kirilowna noch zur Besinnung kam. Im gleichen Augenblick trat ein Diener ein mit der Meldung, daß Kirila Petrowitsch sie zu sehen wünsche. Zitternd vor Aufregung versteckte sie den Brief in ihrem Brusttuch und eilte ins Arbeitszimmer des Vaters.

Kirila Petrowitsch war nicht allein – Fürst Wereiskij saß bei ihm. Als Marja Kirilowna eintrat, stand er auf und verbeugte sich mit einer an ihm sonst ungewohnten Schüchternheit.

»Komm her, Mascha«, sagte Kirila Petrowitsch, »ich habe eine Überraschung für dich, die dir, wie ich hoffe, Freude machen wird. Hier steht dein Bräutigam, der Fürst hat um deine Hand angehalten.«

Mascha fiel aus allen Wolken. Sie erblaßte und war keines Wortes mächtig. Wereiskij trat auf sie zu, nahm ihre Hand und fragte mit Rührung in der Stimme, ob sie bereit sei, ihn glücklich zu machen. Mascha schwieg.

»Natürlich ist sie es«, sagte Trojekurow, »aber du weißt ja, Fürst, einem Mädchen fällt es nicht leicht, das auszusprechen. Na also, Kinder, besiegelt euer Glück mit einem Kuß!«

Mascha rührte sich nicht. Der Fürst küßte ihr die Hand. Plötzlich rollten Tränen über ihre bleichen Wangen. Der Fürst sah es und runzelte die Stirn.

* Anspielung auf den zu Puschkins Zeit viel gelesenen Roman »Konrad Wallendorf« von Mickiewicz oder auf den Helden der Dichtung Lord Byrons »Der Korsar«.

»Geh, geh«, sagte Kirila Petrowitsch, »trockne deine Tränen und komm fröhlich zu uns zurück. Sie weinen ja alle bei der Verlobung«, meinte er, zu Wereiskij gewandt, »das ist nun einmal Brauch bei ihnen ... aber jetzt zur Sache, Fürst, wir müssen über Mitgift und Aussteuer sprechen.«

Marja Kirilowna nutzte die Erlaubnis, sich zu entfernen, eilig aus und lief in ihr Zimmer, schloß sich ein und ließ ihren Tränen freien Lauf. Wenn sie sich vorstellte, daß sie die Frau dieses alten Mannes wäre, dann erschien er ihr plötzlich abstoßend und verabscheuungswürdig. Die Ehe mit ihm schreckte sie mehr als der Galgen oder das Grab. »Nein, nein, nein«, rief sie, »lieber sterben oder ins Kloster gehen, lieber heirate ich Dubrowskij!« Und dabei fiel ihr der Brief ein, den sie bei sich trug. Sie riß ihn hastig auf, denn sie ahnte, daß er von ihm sei, und sie täuschte sich nicht. Er enthielt nur wenige Worte: »Abends um zehn Uhr an der gleichen Stelle.«

17

Der Mond schien, die Julinacht war still, nur ganz selten erhob sich ein schwacher Wind, und es rauschte leise in den Baumwipfeln des Parkes.

Wie ein Schatten huschte das junge Mädchen zum vereinbarten Ort der Zusammenkunft. Noch war niemand da, doch plötzlich stand Dubrowskij vor ihr.

»Ich weiß alles«, flüsterte er mit trauriger Stimme, »denken Sie an Ihr Versprechen!«

»Sie bieten mir Ihren Schutz an«, antwortete Mascha, »aber seien Sie mir nicht böse, das erschreckt mich. Auf welche Weise wollen Sie mir zu Hilfe kommen?«

»Ich könnte Sie von dem verhaßten Menschen befreien.«

»Um Gottes willen, rühren Sie ihn nicht an, wenn Sie mich lieben! Ich möchte nicht an dem Unglück eines anderen schuld sein.«

»Ich werde ihm nichts tun«, erwiderte Dubrowskij, »Ihr Wille ist mir heilig. Ihnen allein wird er es zu danken haben, wenn er am Leben bleibt. In Ihrem Namen soll niemals eine Bluttat begangen werden, am allerwenigsten von mir. Doch wie kann ich Sie vor Ihrem erbarmungslosen Vater retten?«

»Es bleibt noch ein Hoffnungsschimmer. Ich werde versuchen, ihn durch meine Tränen und meine Verzweiflung zu rühren. Er ist zwar halsstarrig, aber er liebt mich über alles.«

»Täuschen Sie sich nicht, Marja Kirilowna; in Ihren Tränen wird er nichts anderes erblicken als die gewöhnliche Furchtsamkeit und Abneigung aller jungen Mädchen gegen eine Ehe, die nicht aus Leidenschaft, sondern aus kalter Berechnung geschlossen wird. Wie aber, wenn Ihr Vater es sich in den Kopf gesetzt hat, Sie gegen Ihren Willen glücklich zu machen, Ihnen mit Gewalt den Brautkranz aufsetzen zu lassen und Ihr Schicksal für immer in die Hände dieses alten Mannes zu legen?«

»Dann gibt es keinen anderen Ausweg mehr, dann entführen Sie mich, und ich werde Ihnen an den Traualtar folgen!«

Dubrowskij zuckte zusammen. Sein bleiches Gesicht überzog sich mit dunkler Röte und wurde gleich darauf noch blasser als vorher. Er senkte den Kopf und schwieg lange Zeit.

»Nehmen Sie alle Ihre Kräfte zusammen, flehen Sie Ihren Vater an, werfen Sie sich ihm zu Füßen! Stellen Sie ihm vor Augen, wie grauenhaft Ihr ganzes künftiges Leben sein muß, erinnern Sie ihn an Ihre Jugend, die an der Seite dieses hinfälligen, von Lastern zermürbten Greises hinwelken wird; sagen Sie ihm, daß Reichtum Ihnen keinen einzigen glücklichen Augenblick bringen kann, denn er tröstet nur die Armut und auch sie nur für kurze Zeit durch den flüchtigen Reiz der Neuheit. Lassen Sie sich nicht von Ihrem Vater einschüchtern, fürchten Sie nicht seinen Jähzorn und seine Drohungen, solange noch eine leise Hoffnung besteht. Lassen Sie sich um Gottes willen nicht abschrecken! Wenn aber nichts anderes hilft, dann scheuen Sie auch vor dem letzten Mittel nicht zurück – erklären Sie ihm, daß Ihnen, wenn er sich nicht erweichen lassen sollte, ein schrecklicher Beschützer zur Seite stehen wird . . .«

Bei diesen Worten bedeckte Dubrowskij sein Gesicht mit den Händen und schien nach Atem zu ringen. Mascha schluchzte.

»Welch ein grausames Geschick!« fuhr er dann mit einem tiefen Seufzer fort. »Ich würde alles, ja selbst mein Leben dafür opfern, Sie auch nur von ferne sehen zu können, und die Berührung Ihrer Hand ließe mich taumeln vor Glück. Aber jetzt, da sich mir die Gelegenheit bietet, Sie an mein fast zerspringendes Herz zu drücken und Ihnen zu sagen: Mein Engel, laß uns beide zusammen sterben – jetzt muß ich Ärmster auf diese Seligkeit verzichten und sie mit der ganzen Kraft meiner Seele zurückweisen . . . Ich darf mich Ihnen nicht einmal zu Füßen werfen, um dem Himmel für die unverdiente Gnade Ihrer Liebe zu danken. Ach, wie müßte ich die hassen, die an meinem Elend schuld sind, aber ich spüre, in meinem Herzen ist kein Raum für Haß.«

Zärtlich nahm er ihre schlanke Gestalt in seine Arme und drückte sie an sein Herz. Sie lehnte ihren Kopf vertrauensvoll an seine Schulter. Beide schwiegen.

Die Zeit verging im Fluge.

»Ich muß jetzt gehen«, sagte Mascha endlich.

Wie aus einem süßen Traum erwachend, ergriff Dubrowskij ihre Hand und steckte ihr einen Ring an den Finger.

»Wenn Sie sich entschließen können, Ihre Zuflucht bei mir zu suchen«, sagte er, »so bringen Sie diesen Ring hierher und legen Sie ihn in die Höhlung dieses Eichenstammes, dann werde ich wissen, was ich zu tun habe.«

Dubrowskij drückte einen Kuß auf ihre Hand und verschwand hinter den Bäumen.

18

Die Werbung des Fürsten Wereiskij war für die Nachbarschaft kein Geheimnis mehr. Kirila Petrowitsch nahm die Glückwünsche entgegen, und die Hochzeitsvorbereitungen hatten bereits begonnen. Mascha schob ihre bindende Erklärung von Tag zu Tag hinaus und verhielt sich weiterhin ihrem bejahrten Verlobten gegenüber kühl und unfrei. Der Fürst machte sich deswegen keine Sorgen. Er begnügte sich mit ihrem stummen Einverständnis, auf ihre Liebe rechnete er nicht.

Doch die Zeit ging hin, und schließlich raffte sich Mascha auf und schrieb einen Brief an Wereiskij. Sie rief seinen Edelmut an, gestand offen, daß sie nichts für ihn übrig habe, flehte ihn an, auf ihre Hand zu verzichten und sie vor der Gewalttätigkeit ihres Vaters zu schützen. Sie drückte den Brief dem Fürsten Wereiskij heimlich in die Hand. Als dieser allein war, las er den Brief und war keineswegs gerührt, sondern vielmehr überzeugt, daß die Hochzeit beschleunigt werden müsse. Aus diesem Grunde hielt er es für unerläßlich, den Brief seinem künftigen Schwiegervater zu zeigen.

Kirila Petrowitsch war empört. Der Fürst konnte ihn nur mit Mühe davon abhalten, daß er Mascha seine Kenntnis des Briefes merken ließ. Er stimmte schließlich zu, beschloß jedoch, keine Zeit mehr zu verlieren, und setzte die Hochzeit schon auf den übernächsten Tag fest. Wereiskij fand das sehr verständig. Er begab sich zu Marja Kirilowna, sagte ihr, daß ihr Brief ihn betrübt habe, daß er aber mit der Zeit ihre Zuneigung zu gewinnen hoffe. Der Gedanke, daß er sie verlieren solle, sei ihm unerträglich, und er könne sich unmöglich damit einverstanden erklären, sein eigenes Todesurteil zu unterschreiben. Dann küßte er ihr ehrerbietig die Hand und fuhr davon, ohne den Entschluß ihres Vaters auch nur mit einem Wort zu erwähnen.

Der Fürst hatte kaum Pokrowskoje verlassen, als Kirila Petrowitsch bei seiner Tochter erschien und ihr kurz und bündig befahl, sich für übermorgen bereit zu halten. Mascha, schon erregt durch die Erklärung des Fürsten, brach in einen Strom von Tränen aus und warf sich ihrem Vater zu Füßen.

»Papachen«, rief sie kläglich, »Papachen, richten Sie mich nicht zugrunde, ich liebe den Fürsten nicht und will nicht seine Frau werden . . .«

»Was soll das heißen?« sagte Kirila Petrowitsch drohend. »Bis heute hast du geschwiegen, warst also einverstanden, und jetzt, da alles beschlossen ist, hast du's dir plötzlich anders überlegt und willst die Verlobung wieder rückgängig machen. Mit solchen Albernheiten kommst du bei mir nicht durch!«

»Richten Sie mich doch nicht zugrunde«, wiederholte die arme Mascha, »warum wollen Sie mich von sich stoßen und einem ungeliebten Mann geben? Haben Sie denn genug von mir? Ich möchte bei Ihnen bleiben, lassen Sie doch alles, wie es war. Papachen, Sie werden traurig sein ohne mich und noch viel, viel trauriger, wenn Sie wissen, daß ich unglücklich bin. Papachen, zwingen Sie mich doch nicht, ich will nicht heiraten . . .«

Kirila Petrowitsch war gerührt, unterdrückte aber seine Gemütsbewegung. Er stieß Mascha zurück und sagte erbarmungslos: »Das sind Kindereien, hörst du. Ich weiß besser als du, was für dein Glück nötig ist. Tränen helfen da nichts, übermorgen findet die Trauung statt und damit basta!«

»Mein Gott, schon übermorgen!« rief Mascha verzweifelt. »Nein, nein, das ist unmöglich, das kann nicht sein. Hören Sie, Papachen, wenn Sie wirklich entschlossen sind, mich unglücklich zu machen, werde ich einen Beschützer finden, an den Sie nicht denken. Sie werden entsetzt sein, wenn Sie sehen, wozu Sie mich getrieben haben.«

»Wie, was?« sagte Trojekurow. »Du wagst es, mir mit Drohungen zu kommen, du unverschämtes Frauenzimmer? Ja, weißt du denn nicht, daß ich dir etwas antun kann, was du nicht für möglich hältst? Du glaubst mich mit einem Beschützer einschüchtern zu können? Das möchte ich doch mal sehen, was das für ein Beschützer sein wird.«

»Wladimir Dubrowskij«, antwortete Mascha in ihrer Verzweiflung.

Kirila Petrowitsch dachte, sie hätte den Verstand verloren, und blickte sie staunend an.

»Gut«, sagte er, nachdem er eine Weile geschwiegen hatte, »warte auf welchen Befreier du willst, aber einstweilen bleibst du in diesem Zimmer und wirst es bis zur Hochzeit nicht mehr verlassen!«

Mit diesen Worten ging er hinaus und sperrte die Tür hinter sich zu.

Lange weinte das arme Kind im Bewußtsein dessen, was ihr bevorstand, aber die stürmische Auseinandersetzung hatte ihr Herz erleichtert, und sie konnte ruhiger über ihr Los und das, was sie jetzt zu tun hatte, nachdenken. Die Hauptsache war, sie mußte der verhaßten Hochzeit entgehen. Die Ehe mit einem Räuber erschien ihr wie ein Paradies im Vergleich zu dem Schicksal, das sie erwartete. Sie betrachtete den Ring, den Dubrowskij ihr gegeben hatte. Sie wünschte nichts so sehr, als ihn nochmals zu sehen und sich mit ihm vor dem entscheidenden Augenblick zu beraten. Eine Vorahnung sagte ihr, daß sie ihn vor der Laube treffen werde, und so beschloß sie, ihn dort zu erwarten, sobald es zu dunkeln begänne. Als es dämmerte, machte sie sich bereit, doch sie fand die Tür verschlossen. Die Zofe rief ihr vom Flur aus zu, daß Kirila Petrowitsch untersagt habe, sie aus dem Zimmer herauszulassen. Sie war also eingesperrt. Tief gekränkt setzte sie sich ans Fenster und verbrachte dort unausgekleidet die ganze Nacht. Regungslos starrte sie in den dunklen Himmel. Erst im Morgengrauen schlummerte sie ein, doch in ihrem leichten Schlaf wurde sie von traurigen Traumgesichten heimgesucht, und schon die ersten Strahlen der aufgehenden Sonne weckten sie wieder.

19

Marja Kirilowna erwachte, und augenblicklich kam ihr der ganze Schrecken ihrer Lage wieder zum Bewußtsein. Sie klingelte, die Zofe trat ein und gab ihr Antwort auf ihre Fragen. Kirila Petrowitsch, sagte sie, sei gestern abend nach Arbatowo gefahren und erst spät in der Nacht zurückgekehrt. Er habe strengstens befohlen, sie nicht aus ihrem Zimmer herauszulassen und darauf zu achten, daß sie mit niemandem spreche. Im übrigen sei von Hochzeitsvorbereitungen nichts zu merken, ausgenommen, daß der Pope angewiesen worden sei, unter keinen Umständen das Dorf zu verlassen. Nach diesen Mitteilungen ging das Mädchen wieder hinaus und schloß die Tür hinter sich zu.

Diese Worte brachten die junge Gefangene noch mehr auf, sie zitterte vor Erbitterung und beschloß, Dubrowskij über alles zu unterrichten, wußte aber nicht, wen sie damit beauftragen konnte, den Ring in die Höhlung der Eiche zu legen. Während sie sich noch den Kopf darüber zerbrach, flog ein Steinchen gegen das Fenster. Marja Kirilowna blickte auf den Hof hinaus und sah den kleinen Sascha, der ihr heimliche Zeichen machte. Sie wußte, wie sehr er an ihr hing, und öffnete erfreut das Fenster.

»Sei gegrüßt, Sascha«, sagte sie, »warum rufst du mich?«

»Ich wollte bloß wissen, Schwesterchen, ob du irgend etwas brauchst. Papachen ist böse und hat verboten, deine Wünsche zu erfüllen, aber sag mir nur, was du nötig hast, für dich tue ich alles.«

»Danke, mein lieber Saschenka, hör zu: du kennst doch die alte Eiche bei der Laube mit dem Loch im Stamm?«

»Natürlich kenn ich sie, Schwesterchen.«

»Nun also, wenn du mich liebst, lauf schnell hin und verstecke diesen Ring in dem Loch, aber paß schön auf, daß dich niemand sieht.«

Mit diesen Worten warf sie den Ring hinunter und schloß das Fenster.

Der Knabe hob den Ring auf, rannte, so schnell er konnte, davon und war in wenigen Minuten an der Eiche. Hier blieb er stehen, holte tief Atem, sah sich nach allen Seiten um und ließ den Ring in die Höhlung des Baumes fallen. Nachdem er das getan hatte, wollte er umkehren, um Marja Kirilowna die Ausführung ihres Auftrags zu melden, als plötzlich ein rothaariger, abgerissener Bengel aus der Laube trat und in die Höhlung griff. Schnell wie ein Eichhörnchen warf sich Sascha über ihn und fiel ihm in den Arm.

»Was fällt dir ein?« rief er drohend.

»Das geht dich nichts an!« sagte der Junge und versuchte sich freizumachen.

»Laß den Ring liegen, roter Hund, oder du sollst was erleben!« fauchte Sascha ihn an.

Statt einer Antwort schlug ihm der andre mit der Faust ins Gesicht, aber Sascha hielt ihn fest und schrie aus vollem Halse um Hilfe.

Der Junge spannte alle seine Kräfte an, um loszukommen. Er mochte etwa zwei Jahre älter sein als Sascha und war viel stärker, aber weniger gewandt als dieser. So rangen sie eine Weile miteinander, bis der Rothaarige schließlich den Sieg davontrug. Er warf Sascha zu Boden und würgte ihn. Doch in diesem Augenblick faßte eine starke Hand in sein verfilztes Haar und hob ihn in die Höhe.

»Ach du rotes Biest«, sagte der Gärtner, »wie kannst du es wagen, den jungen Herrn zu schlagen?«

Sascha kam auf die Beine und brachte seine Kleidung wieder in Ordnung.

»Du hast mich untergefaßt, sonst wäre es dir bestimmt nicht gelungen, mich umzuwerfen«, sagte er. »Jetzt her mit dem Ring, und dann verschwinde!«

»Fällt mir nicht ein«, antwortete der Rothaarige, und blitzschnell hatte er durch eine ruckartige Kopfdrehung seinen borstigen Schopf aus der Hand des Gärtners Stepan befreit und rannte davon. Aber Sascha holte ihn ein und versetzte ihm einen so kräftigen Stoß in den Rücken, daß er hinschlug. Der Gärtner packte ihn von neuem und fesselte ihn mit seinem Gürtel.

»Gib den Ring her!« schrie Sascha.

»Langsam, junger Herr«, sagte Stepan, »wir bringen ihn zum Verwalter, der mag den Fall untersuchen.«

Der Gärtner führte den Gefangenen auf den Gutshof. Sascha begleitete ihn und musterte besorgt seine zerrissene und mit Grasflecken beschmutzte Hose. Plötzlich sahen sie sich alle Kirila Petrowitsch gegenüber, der auf dem Weg zum Pferdestall war.

»Was ist hier los?« fragte er Stepan.

Der Gärtner berichtete kurz über den Vorfall. Kirila Petrowitsch hörte ihm aufmerksam zu.

»Er hat aus der Baumhöhle den Ring gestohlen, Papachen, befehlen Sie ihm, den Ring zurückzugeben.«

»Was für einen Ring, aus welchem Baum?«

»Den von Mascha . . . sie schickte mich doch . . .«

Sascha blieb mitten im Satz stecken und wußte nicht weiter. Kirila Petrowitsch runzelte die Stirn und sagte kopfschüttelnd: »So, so, Mascha ist in die Sache verwickelt . . . Gesteh mir sofort alles, sonst kriegst du eine Tracht Prügel, daß du nicht mehr weißt, wer du bist.«

»Bei Gott, Väterchen . . . ich, Väterchen . . . Mascha hat mir nichts aufgetragen . . .«

»Stepan, geh und richte eine frische Birkenrute her . . .«

»Warten Sie, Papachen, ich will Ihnen alles erzählen. Als ich heute über den Hof lief, machte Mascha das Fenster auf und ließ dabei aus Versehen einen Ring fallen. Ich hob ihn auf und versteckte ihn in der Eiche und . . . und . . . dieser rothaarige Junge wollte den Ring stehlen . . .«

»Aus Versehen, sagst du, und du wolltest ihn verstecken – Stepan, hol die Rute!«

»Papachen, warten Sie doch, ich werde ja alles sagen. Schwesterchen Mascha trug mir auf, zur Eiche zu laufen und den Ring in die Höhle zu legen, und ich tat, was sie wollte, aber dieser gemeine Lausbub . . .«

Kirila Petrowitsch fuhr jetzt den gemeinen Lausbuben an: »Wem gehörst du?«

»Dem Herrn Dubrowskij«, antwortete der Rothaarige.

Das Gesicht Kirila Petrowitschs verfinsterte sich.

»Du erkennst mich also nicht als deinen Herrn an«, sagte Trojekurow. »Und was hast du in meinem Garten zu suchen?«

»Ich mauste Himbeeren«, gab der Junge gelassen zur Antwort.

»Sieh da, wie der Herr, so der Knecht, wie der Priester, so die Gemeinde! Seit wann wachsen denn Himbeeren auf meinen Eichbäumen?«

Der Junge schwieg.

»Papachen, befehlen Sie ihm, den Ring herauszugeben«, sagte Sascha.

»Halt den Mund, Alexander«, erwiderte Kirila Petrowitsch. »Geh auf dein Zimmer, und vergiß nicht, daß ich mit dir noch abrechnen werde. Und du, Schieläugiger, scheinst mir ein ganz gerissener Bursche zu sein. Gib den Ring her, und geh heim.«

Der Junge öffnete die Faust und zeigte, daß er nichts in der Hand hatte.

»Wenn du alles eingestehst, kommst du ohne Prügel davon, und ich gebe dir sogar fünf Kopeken für Nüsse. Andernfalls sollst du etwas erleben. Nun?«

Der Junge schwieg, ließ den Kopf hängen und stellte sich dumm.

»Auch gut«, sagte Kirila Petrowitsch, »sperrt ihn ein und paßt auf, daß er nicht ausreißt, sonst werde ich allen im Hause das Fell über die Ohren ziehen.«

Stepan nahm den Jungen mit, schloß ihn im Taubenschlag ein und schärfte der alten Geflügelfrau Agafja ein, ihn nicht aus den Augen zu lassen.

»Und jetzt in die Stadt, so schnell wie möglich den Polizeichef herbeiholen«, sagte Kirila Petrowitsch und verfolgte den Jungen mit seinen Blicken. Dann kehrte er ins Haus zurück.

Es kann keinen Zweifel mehr geben, Mascha unterhält noch immer Beziehungen zu Dubrowskij. Aber sollte sie ihn wirklich zu Hilfe gerufen haben? dachte Kirila Petrowitsch, während er im Saal auf und ab ging und wütend das Lied vom Siegesjubel pfiff. Möglicherweise habe ich den Räuber tatsächlich aufgespürt. Nun, wir wollen uns diesen glücklichen Zufall zunutze machen, jetzt wird er uns nicht mehr entkommen! ... Aber höre ich da nicht Pferdeglocken? Gott sei Dank, der Polizeichef ist da! Und Kirila Petrowitsch gab Befehl, den gefangenen Jungen hereinzuführen.

Unterdessen war der Wagen vorgefahren, und der uns schon bekannte Polizeichef trat ein, ganz mit Staub bedeckt.

»Eine gute Nachricht!« rief ihm Trojekurow entgegen. »Ich habe Dubrowskij gefangen.«

»Ich gratuliere, Exzellenz«, sagte der Polizeichef erfreut. »Wo ist er denn?«

»Das heißt, es ist nicht Dubrowskij selbst, aber einer von seinen Leuten. Gleich wird er hergebracht. Er wird uns helfen, auch den Führer der Bande selbst zu verhaften. Da ist er schon.«

Der Polizeichef, der einen wilden, kraftstrotzenden Burschen erwartet hatte, war enttäuscht, als er bloß einen kümmerlichen, etwa dreizehnjährigen Halbwüchsigen vor sich sah. Auf eine Erklärung gespannt, blickte er Kirila Petrowitsch fragend an, und dieser berichtete, was am Morgen vorgefallen war, ohne jedoch Marja Kirilowna auch nur zu erwähnen.

Der Polizeichef hörte ihn aufmerksam an und beobachtete dabei den kleinen Spitzbuben, der sich abermals dumm stellte und so tat, als ginge ihn das alles überhaupt nichts an.

»Gestatten, Exzellenz, ein Wort unter vier Augen«, sagte endlich der Polizeichef.

Kirila Petrowitsch führte ihn in ein anderes Zimmer und schloß die Tür hinter sich. Eine halbe Stunde später erschienen die beiden wieder im Saal, wo der Rothaarige auf seine Strafe wartete.

»Dein Herr«, sagte der Polizeichef, »hatte eigentlich die Absicht, dich ins Gefängnis zu stecken, dich dort gehörig durchprügeln zu lassen und dann nach Sibirien zu schicken, aber ich habe mich für dich verwendet und dir Verzeihung erwirkt. – Nehmt ihm die Fesseln ab!«

Der Junge wurde losgebunden.

»Bedank dich bei deinem gnädigen Herrn«, sagte der Polizeichef. Der Junge trat auf Kirila Petrowitsch zu und küßte ihm die Hand.

»Und jetzt geh nach Hause«, fügte Kirila Petrowitsch hinzu, »und hüte dich künftig, Himbeeren aus hohlen Baumstämmen zu stehlen.«

Der Junge ging hinaus, sprang fröhlich die Treppenstufen hinunter und rannte, ohne sich noch einmal umzusehen, über die Felder nach Kistenjowka. Als er im Dorf angelangt war, klopfte er bei einer halbzerfallenen Hütte ans Fenster. Die Tür öffnete sich, und eine alte Frau erschien.

»Großmütterchen, gib mir ein Stück Brot«, bat der Junge, »ich habe seit heute früh noch nichts gegessen, ich sterbe vor Hunger.«

»Ach, das bist du, Mitja, wo hast du dich denn herumgetrieben, du Nichtsnutz?« antwortete die Alte.

»Das erzähle ich dir später, Babuschka, um Himmels willen, gib mir erst Brot!«

»Ja, komm nur herein.«

»Keine Zeit, Babuschka, muß noch woanders hin, aber um Christi willen, gib mir schnell Brot!«

»Was bist du doch für ein Windhund, Mitja«, keifte die Großmutter, »schau her, hier ist ein tüchtiger Brocken für dich!«

Mit diesen Worten reichte sie ihm ein Stück Schwarzbrot aus dem Fenster. Der Junge biß gierig hinein und lief kauend davon.

Es fing an zu dämmern. Mitja eilte durch Gemüsegärten, Wiesen und Felder, bis er schließlich zu den beiden hohen Fichten gelangte, die wie Vorposten am Waldrand standen. Hier machte er halt, sah sich vorsichtig um, stieß einen durchdringenden Pfiff aus und horchte. Ein leises, aber langgedehntes Pfeifen gab ihm Antwort. Jemand tauchte aus dem Dunkel des Waldes auf und kam auf ihn zu.

20

Kirila Petrowitsch ging im Saal auf und ab und pfiff lauter denn je sein Marschlied. Ganz Pokrowskoje glich einem Ameisenhaufen. Die Diener waren schon vom frühen Morgen an auf den Beinen, die Mägde rannten hin und her, die Pferde wurden gestriegelt, die Kutschen aus dem Schuppen gezogen, und auf dem Hof tummelte sich das Volk. Im Ankleidezimmer der Tochter des Hauses vollendete eine Dame unter der Beihilfe von Zofen und Stubenmädchen die Toilette der bleichen, unbeweglichen Marja Kirilowna. Sie hielt den brillantengeschmückten Kopf gesenkt, zuckte schmerzlich zusammen, wenn ihr eine ungeschickte Hand mit der Haarnadel weh tat, und starrte schweigend und teilnahmslos vor sich hin.

»Wird's bald?« fragte Kirila Petrowitsch ungeduldig hinter der Tür.

»Einen Augenblick noch«, antwortete die Dame. »Stehen Sie auf, Marja Kirilowna, und schauen Sie in den Spiegel. Sind Sie mit sich zufrieden?«

Mascha erhob sich stumm. Die Tür wurde geöffnet.

»Die Braut ist bereit«, meldete die Dame, »wir können fahren.«

»Mit Gott«, erwiderte Kirila Petrowitsch und ergriff ein Heiligenbild, das auf dem Tisch stand. »Komm her zu mir, Mascha«, sagte er gerührt, »ich will dich segnen.«

Das arme Mädchen sank ihm zu Füßen.

»Papachen, Papachen«, schluchzte sie, ihre Stimme versagte.

Kirila Petrowitsch beeilte sich mit dem Segen. Dann hob man Mascha auf und trug sie fast in den Wagen. Die Dame, die sie an Stelle der Mutter begleitete, und eine Zofe setzten sich zu ihr. Sie fuhren zur Kirche. Vor dem Eingang kam ihr der Bräutigam entgegen; er war peinlich berührt von ihrer Blässe und ihrem erschreckend veränderten Aussehen. Sie betraten miteinander das kalte, fast leere Gotteshaus. Die Türen wurden geschlossen. Der Pope kam hinter dem Altar hervor und begann sofort mit der Trauung. Marja Kirilowna sah und hörte nichts, sie dachte nur daran, daß sie seit dem frühen Morgen auf Dubrowskij wartete. Die Hoffnung, daß er noch rechtzeitig kommen werde, hatte sie keinen Augenblick verlassen. Aber als der Geistliche sich mit der üblichen Frage an sie wandte, schrak sie zusammen und war nahe daran, die Besinnung zu verlieren. Sie zögerte mit der Antwort, sie hoffte auch jetzt noch. Der Pope wartete ihre Antwort nicht ab, sondern sprach die für immer bindenden Worte.

Die feierliche Zeremonie war beendet. Mascha fühlte den kalten Kuß des ungeliebten Gatten, sie hörte die Glückwünsche der wenigen Anwesenden und konnte es immer noch nicht fassen, daß ihr Schicksal besiegelt, daß Dubrowskij nicht zu ihrer Rettung herbeigeeilt war. Der Fürst redete sie mit freundlichen Worten an, sie begriff nichts. Das Paar verließ die Kirche, vor der sich die Bauern von Pokrowskoje versammelt hatten. Sie sah die Leute an und sah sie doch nicht. Sie stiegen in den Wagen, der nach Arbatowo fahren sollte, wohin Kirila Petrowitsch sich schon vorher begeben hatte, um die Neuvermählten dort zu empfangen. Mit seiner jungen Frau allein im Wagen, ließ sich der Fürst durch ihre abweisende Kälte keineswegs die Stimmung verderben. Er quälte sie nicht mit abgeschmackten Redensarten oder gar gefühlvollen Liebesbeteuerungen; was er sagte, war einfach und ungezwungen und verlangte keine Antwort. So ging es in schnellem Trab dahin, und trotz der holprigen Landstraße schaukelte der Wagen nur sanft auf seinen englischen Federn.

Als sie etwa zehn Werst gefahren waren, hörte man plötzlich lautes Schreien; die Kutsche hielt, eine Schar Bewaffneter umringte die Kalesche, ein Mann mit einer Halbmaske riß den Schlag neben der jungen Frau auf und rief ihr zu: »Sie sind frei, steigen Sie aus!«

»Was soll das heißen«, schrie der Fürst, »wer sind Sie?«

»Das ist Dubrowskij«, sagte die Fürstin.

Ohne seine Geistesgegenwart zu verlieren, zog der Fürst eine Pistole aus der Tasche und schoß auf den maskierten Räuber. Die Fürstin schrie auf und bedeckte das Gesicht mit beiden Händen. Dubrowskij war an der Schulter verwundet, Blut lief herab. Wereiskij aber zögerte keinen Augenblick und zog eine zweite Pistole hervor; noch einen Schuß abzugeben, war er jedoch nicht mehr imstande: starke Fäuste zerrten ihn aus dem Wagen und entrissen ihm die Waffe. Dolche wurden gezückt.

»Rührt ihn nicht an!« rief Dubrowskij, und seine Spießgesellen ließen widerwillig von Wereiskij ab.

»Sie sind frei«, wiederholte Dubrowskij, indem er sich an die blasse Fürstin wandte.

»Nein«, antwortete sie, »es ist zu spät, ich bin getraut, ich bin die Frau des Fürsten Wereiskij.«

»Was sagen Sie!« rief Dubrowskij außer sich. »Nein, Sie sind nicht seine Frau, freiwillig wären Sie es niemals geworden, man hat sie gezwungen ...«

»Ich habe aber zugestimmt, ich habe mein Wort gegeben«, widersprach sie mit Festigkeit, »der Fürst ist mein Gatte, geben Sie ihn frei, ich bleibe bei ihm. Bis zum letzten Augenblick habe ich auf Sie gewartet. Jetzt aber ist es zu spät, lassen Sie uns gehen.«

Doch Dubrowskij hörte ihre letzten Worte nicht mehr. Die schmerzende Wunde und die starke seelische Erschütterung waren zuviel für ihn gewesen – er taumelte und wäre hingefallen, wenn ihn seine Getreuen nicht aufgefangen hätten. Sie hoben ihn in den Sattel, zwei von ihnen stützten ihn von beiden Seiten, und ein dritter führte sein Pferd am Zügel. So zog sich die Bande zurück, während die fürstliche Hochzeitskutsche mitten auf der Landstraße stehenblieb. Sie hatten nichts mitgenommen, auch die schon ausgespannten Pferde nicht, und keinen Tropfen Blut vergossen, um das Blut ihrer Anführers zu rächen.

21

Auf einer schmalen Lichtung mitten im dichtesten Wald befand sich ein kleines, aus einem Erdwall und einem Graben bestehendes Bollwerk, das zum Schutze einiger Zelte und Lehmhütten errichtet war. Hier hatte sich eine Schar von Männern, an der Art ihrer Kleidung und Bewaffnung leicht als Räuber zu erkennen, um einen Kessel gelagert, der über einem lodernden Feuer hing. Auf dem Wall neben einer kleinen Haubitze saß ein Wachtposten mit untergeschlagenen Beinen. Er war mit einer Flickarbeit beschäftigt, wobei er so geschickt mit der Nadel umging, daß man ihn für einen gelernten Schneider halten mußte.

Obgleich der Becher schon mehrmals reihum gegangen war, herrschte in dem Kreise ein bedrücktes Schweigen. Die Räuber beendeten ihre Mahlzeit, standen einer nach dem andern auf und verrichteten ihre Gebete. Dann verschwanden einige in den Zelten und Hütten, andere im Wald, und wieder andere legten sich nach russischem Brauch am Feuer hin, um zu schlafen.

Als er mit seiner Arbeit fertig war, suchte der Wachtposten sein Zeug zusammen, betrachtete zufrieden die aufgesetzten Flicken und steckte die Nadel in seinen Ärmel. Dann setzte er sich rittlings auf die Kanone und stimmte aus voller Kehle das alte schwermütige Volkslied an:

Rausche nicht, mein heimatlicher Wald,
Weck mich nicht aus meinen tiefen Träumen . . .

In diesem Augenblick trat eine sauber gekleidete alte Frau mit weißer Haube aus einer der Lehmhütten.

»Hör auf, Stjopka«, rief sie ärgerlich, »unser gnädiger Herr schläft, du aber brüllst aus voller Kehle! Habt ihr gewissenlosen Kerle denn gar kein Erbarmen?«

»Vergib, Jegorowna«, antwortete Stjopka, »ist schon recht, ich werde den Mund halten. Möge er sich ausschlafen, damit er uns bald wieder gesund wird.«

Die Alte kehrte befriedigt um, und der Schneider begann auf dem Wall hin und her zu gehen.

In der Hütte, aus der die Jegorowna gekommen war, lag der verwundete Dubrowskij hinter einem Vorhang auf einem Feldbett, über dem in Reichweite ein Säbel hing. Neben dem Lager stand ein Tischchen mit seinen Pistolen. Der viel größere Vorraum war mit kostbaren Teppichen ausgelegt, und in einer Ecke hing ein schöner Wandspiegel, auf dessen Konsole silberne Toilettengegenstände für eine Dame bereit lagen. Dubrowskij hielt ein aufgeschlagenes Buch in der Hand, aber seine Augen waren geschlossen, so daß die Alte, die durch die Vorhangspalte zu ihm hineinschaute, nicht wissen konnte, ob er eingeschlafen oder nur in Nachdenken versunken war. Plötzlich fuhr Dubrowskij auf: draußen gab es Alarm, Stjopka steckte den Kopf zum Fenster herein und rief: »Batjuschka Wladimir Andrejewitsch, die Unsrigen geben Zeichen, daß wir gesucht werden!«

Dubrowskij sprang auf, ergriff seine Waffen und eilte aus der Hütte, vor der sich seine Getreuen lärmend versammelten. Als sie ihn erblickten, verstummten sie.

»Sind alle da?« fragte er.

»Alle außer den Kundschaftern!«

»Auf die Plätze!« kommandierte Wladimir Andrejewitsch,

und jeder nahm den Platz ein, der ihm angewiesen worden war.

In diesem Augenblick erschienen die Kundschafter am Eingang der Umwallung. Dubrowskij ging ihnen entgegen.

»Was ist los?« erkundigte er sich.

»Soldaten sind im Walde«, berichteten sie, »wir sind eingekreist.«

Dubrowskij gab Befehl, das Tor zu schließen, ging zu dem kleinen Geschütz und blieb dort stehen, nachdem er es in Ordnung befunden hatte. Man hörte Stimmen im Walde, sie kamen immer näher. Die Eingeschlossenen warteten schweigend. Plötzlich tauchten drei oder vier Soldaten auf, zogen sich aber gleich wieder zurück und verständigten ihre Kameraden durch Gewehrschüsse.

»Macht euch fertig zum Gefecht!« rief Dubrowskij.

Unter seinen Leuten entstand eine lebhafte Bewegung, dann wurde es wieder still. Jetzt hörte man deutlich Kommandorufe – die Soldaten rückten vor. Schon blitzten ihre Waffen zwischen den Baumstämmen, und gleich darauf brachen etwa hundertfünfzig Mann aus dem Wald hervor und setzten mit Hurrageschrei zum Sturm auf den Erdwall an. Die Lunte in der Hand Dubrowskijs flammte auf, der Schuß traf gut: einem Soldaten wurde der Kopf abgerissen, zwei weitere wurden verwundet. Die anderen gerieten in Verwirrung, doch als der Offizier vorwärts stürmte, folgten sie ihm und sprangen in den Graben. Hier wurden sie von oben her mit einem Hagel von Flinten- und Pistolenkugeln empfangen, und die Räuber begannen mit der Axt in der Faust den Wall zu verteidigen, den die Soldaten wütend – etwa zwanzig verwundete Kameraden waren zurückgeblieben – zu erklettern suchten. Es kam zu einem Handgemenge. Die Soldaten hatten den Wall bereits erklommen, doch als der Widerstand der Verteidiger zu erlahmen anfing, setzte Dubrowskij dem Offizier die Pistole auf die Brust und drückte ab. Der Leutnant fiel rücklings zu Boden. Einige seiner Leute hoben ihn auf und trugen ihn schnell in den Wald. Ihres Führers plötzlich beraubt, stutzten die Soldaten, und die Räuber nutzten diesen Augenblick ihrer Unsicherheit aus und warfen sich den Feinden von neuem entgegen. Sie drängten sie in den Graben zurück, schlugen sie vollends in die Flucht und verfolgten sie mit wilden Triumphgeschrei. Damit war der Kampf entschieden. Dubrowskij, der einen weiteren Angriff kaum mehr zu fürchten brauchte, rief die Seinen hinter den Wall zurück, ließ aber, nachdem die Verwundeten eingebracht waren, die Wachen auf alle Fälle verdoppeln, und keiner durfte das Lager verlassen.

Diese letzten Vorfälle bewogen die Regierung endlich zu tatkräftigem Handeln. Man zog Erkundigungen über Dubrowskijs kühne Raubzüge und seinen Aufenthalt ein und schickte eine Kompanie Soldaten ab, die Befehl hatten, ihn tot oder lebendig herbeizuschaffen. Man konnte aber nur einige wenige Mitglieder der Bande festnehmen; von ihnen erfuhr man, daß Dubrowskij sich inzwischen von seinen Leuten getrennt habe.

Tatsächlich hatte er kurz nach dem siegreichen Gefecht im Wald seine Anhänger um sich versammelt und ihnen erklärt, daß er sie verlassen und ein neues Leben beginnen wolle, und dann hinzugefügt: »Ihr seid unter meiner Führung reich geworden, und da ich jedem von euch Ausweispapiere verschafft habe, könnt ihr euch unbehelligt in einem entfernten Gouvernement niederlassen und den Rest eures Lebens mit ehrlicher Arbeit, wenn nicht gar in Wohlstand verbringen. Aber ihr seid ja allesamt Abenteurer und Taugenichtse und werdet vermutlich keine Lust haben, euer jetziges Handwerk aufzugeben.«

Nach dieser Ansprache überließ er sie sich selbst; nur einen einzigen nahm er mit sich. Und niemand wußte, wo er seitdem geblieben war. Anfangs zweifelte man an der Wahrheit dieser Aussagen, denn es war ja bekannt, mit welcher Treue die Bande an ihrem Anführer hing, und nahm an, daß sie nur gemacht worden waren, um seine Spuren zu verwischen und ihn zu retten. Aber es zeigte sich, daß sie den Tatsachen entsprachen: die Überfälle, Brände und Plünderungen hörten auf, und die Landstraßen wurden wieder sicher.

Späteren Nachrichten zufolge war Dubrowskij ins Ausland entkommen.

DIE HAUPTMANNSTOCHTER

Wahre deine Ehre von Jugend auf.
Sprichwort

1

Der Sergeant der Garde

»Hauptmann der Garde soll er morgen werden.«
»Warum? In der Armee braucht keiner sich zu schämen!«
»Trefflich gesagt! So mag er sich denn grämen« ...
Doch wer kann wohl sein Vater sein?

Kniashnin

Mein Vater Andrej Petrowitsch Grinew hatte in seiner Jugend unter dem Grafen Münnich gedient und im Jahr 17 . . als Premiermajor seinen Abschied genommen. Seitdem lebte er auf seinem Gut im Simbirskischen Gouvernement, wo er Fräulein Awdotja Wassiljewna J., die Tochter eines unbemittelten Landedelmannes, geheiratet hatte. Sie schenkte ihm neun Kinder, aber alle meine Brüder und Schwestern starben im frühesten Kindesalter.

Schon als meine Mutter mich noch unter ihrem Herzen trug, wurde ich dank der freundlichen Vermittlung eines nahen Verwandten von uns, des Gardemajors Fürsten B., beim Semjonowschen Garderegiment als Sergeant angemeldet und eingeschrieben. Hätte meine Mutter jedoch wider Erwarten einer Tochter das Leben gegeben, so war ausgemacht, daß mein Vater an zuständiger Stelle erklärte, der Sergeant sei gestorben, womit die Angelegenheit erledigt gewesen wäre. Da ich nun aber glücklich zur Welt gekommen und auch weiterhin am Leben geblieben war, galt ich einstweilen, bis zum Abschluß meiner Studien, als beurlaubt. Man muß wissen, daß Kinder damals anders erzogen wurden als heutzutage. Als ich fünf Jahre alt geworden war, wurde ich dem ersten Stallknecht anvertraut, der wegen seines musterhaften Lebenswandels – er trank nämlich nicht – zu meinem Erzieher bestellt worden war. Unter seiner Aufsicht hatte ich mit zwölf Jahren Lesen und Schreiben gelernt und konnte darüber hinaus ein recht verständiges Urteil über die Eigenschaften eines Windhundes abgeben. Als ich es so weit gebracht hatte, stellte mein Vater für mich einen Franzosen, Monsieur Beauprés an, den er zusammen mit dem Jahresvorrat an Wein und Provenceöl aus Moskau kommen ließ. Beauprés' Ankunft erregte Saweljitschs äußerstes Mißfallen.

»Gott sei Dank«, murrte er in seinen Bart, »das Kind dürfte ausreichend gewaschen, gekämmt und ernährt worden sein. Warum also noch Geld verplempern für einen Musjöh, als wären nicht genügend eigene Leute vorhanden?«

Beauprés war in seinem Vaterland Friseur gewesen, dann in Preußen Soldat, und schließlich war er nach Rußland gekommen, pour être outchitel, ohne eine Ahnung zu haben, daß dieses Wort »Lehrer« bedeutete. Er war ein gutmütiger Bursche, aber über alle Maßen windig und liederlich. Seine Hauptschwäche bestand in seiner Leidenschaft für das schöne Geschlecht. Für seine zärtlichen Anwandlungen erntete er nicht selten Püffe, über die er dann tagelang stöhnte und ächzte. Außerdem war er, wie er sich auszudrücken pflegte, kein Feind der Flasche, das heißt auf russisch: er liebte es, über den Durst zu trinken. Aber da es bei uns bloß zu Mittag Wein gab, und zwar für jeden nur ein kleines Spitzglas voll, wobei Beauprés noch häufig übergangen wurde, gewöhnte er sich bald an den russischen Schnaps, ja zog ihn sogar den Weinen seiner Heimat vor, die, wie er meinte, dem Magen weniger bekömmlich wären. Wir beide hatten bald einen Pakt miteinander geschlossen. Obgleich er vertraglich verpflichtet war, mich im Deutschen, Französischen und überhaupt in sämtlichen Wissenschaften zu unterrichten, legte er mehr Wert darauf, von mir so schnell wie möglich das Nötigste zu lernen, um russisch schwatzen zu können, und dann beschäftigte sich jeder von uns nur noch mit seinen eigenen Angelegenheiten. Wir waren so sehr ein Herz und eine Seele, daß ich mir gar keinen anderen Mentor wünschte. Aber bald trat ein Ereignis ein, das uns voneinander trennte.

Die Wäscherin Palaschka, ein fettes, blatternarbiges Geschöpf, und die einäugige Kuhmagd Akulka hatten eines Tages beschlossen, sich gemeinsam meiner Mutter zu Füßen zu werfen: sie beschuldigten sich, ihrer sündhaften Schwäche zum Opfer gefallen zu sein, und beklagten sich gleichzeitig unter Tränen über den Musjöh, der ihre Unerfahrenheit ausgenützt und sie verführt habe. Meine Mutter ließ in diesen Dingen nicht mit sich spaßen und beschwerte sich bei meinem Vater. Er machte kurzen Prozeß und schickte augenblicklich nach der französischen Kanaille. Man sagte ihm, daß der Musjöh gerade dabei sei, mir Unterricht zu erteilen. Der Vater eilte in mein Zimmer, wo er Beauprés auf meinem Bette liegend und den Schlaf des Gerechten schlafend fand, während ich mich eifrig auf eigene Faust beschäftigte. Man hatte für mich aus Moskau eine große Landkarte kommen lassen, die unbenützt an der Wand hing und auf deren starkes Papier ich ein begehrliches Auge geworfen hatte. Ich beabsichtigte nämlich schon lange, aus diesem haltbaren Material einen Drachen herzustellen, und hatte jetzt, da Beauprés fest schlief, den Augenblick für gekommen gehalten, mich ans Werk zu machen. Mein Vater trat ein, als ich gerade im Begriff war, einen Schweif aus Lindenbast an das Kap der Guten Hoffnung anzuheften. Als er mich bei dieser geographischen Übung ertappte, zog er mich empfindlich an den Ohren. Dann weckte er Beauprés höchst unsanft auf und überschüttete ihn mit Vorwürfen und Schimpfworten. In größter Verwirrung versuchte der überrumpelte Franzose aufzustehen, was ihm aber nicht gelang, weil er, wie sich jetzt herausstellte, zu allem anderen noch einen gewaltigen Rausch hatte. Sein Maß war also voll. Mein Vater packte ihn am Kragen, zerrte ihn vom Bett herunter, stieß ihn aus dem Zimmer und warf ihn zur unbeschreiblichen Freude Saweljitschs noch am gleichen Tage hinaus. Damit hatten meine Studien ihr Ende gefunden.

Meine Beschäftigung bestand seitdem hauptsächlich darin,

die Tauben aufzuscheuchen und mich mit den Hofjungen in jenem Spiel zu üben, bei dem einer über den gekrümmten Rücken des anderen hinwegspringt. So wurde ich sechzehn Jahre alt. Da trat eine Veränderung in meinem Leben ein.

Eines Tages im Herbst kochte meine Mutter im Wohnzimmer Honigsirup, während ich den Schaum beobachtete und mir dabei gierig die Lippen leckte. Der Vater saß am Fenster und las den Hofkalender, den er sich alljährlich schicken ließ. Dieses Buch versetzte ihn stets in eine geradezu beängstigende Erregung; er las nie, ohne daß ihm die Galle überlief. Die Mutter, die alle seine Eigentümlichkeiten und Gewohnheiten genau kannte, suchte den unseligen Kalender jedesmal möglichst unauffindbar zu verstecken, was ihr auch manchmal so gut gelang, daß der Vater ihn monatelang nicht zu Gesicht bekam. Wenn er ihn aber doch entdeckte, gab er ihn viele Stunden lang nicht mehr aus der Hand. Er pflegte dann von Zeit zu Zeit die Achseln zu zucken und mißfällige Bemerkungen zu machen, die etwa folgendermaßen lauteten: »Generalleutnant, was nicht gar! Er war in meiner Kompanie Sergeant . . « oder: »Ritter beider russischer Orden! Wie lange ist es denn her, daß wir zwei . . . « Schließlich schleuderte er den Hofkalender auf den Diwan und versank in ein tiefes Nachdenken, das nichts Gutes verhieß.

Plötzlich wandte er sich an die Mutter: »Awdotja Wassiljewna, wie alt ist eigentlich Petruscha?«

»Er steht im achtzehnten Lebensjahr«, antwortete die Mutter. »Petruscha wurde ja im gleichen Jahr geboren, als Tante Nastasja Gerassimowna auf dem einen Auge erblindete und als außerdem . . . «

»Schon gut«, unterbrach sie der Vater, »höchste Zeit, daß er zum Militär kommt. Wie lange soll er denn noch in den Taubenschlag klettern und mit den Mädchen herumlaufen?«

Der Gedanke, sich bald von mir trennen zu müssen, erschreckte die Mutter so sehr, daß sie den Löffel in den Kochtopf fallen ließ und ihr die Tränen über die Wangen liefen.

Dagegen läßt sich schwer beschreiben, wie begeistert ich selber war. Denn der Dienst war für mich gleichbedeutend mit Freiheit und allen Annehmlichkeiten des Petersburger Lebens. Ich sah mich schon als Gardeoffizier, was in meinen Augen der Gipfel menschlicher Glückseligkeit war.

Der Vater liebte es nicht, seine Pläne abzuändern oder ihre Ausführung hinauszuschieben. Er setzte sogleich den Tag meiner Abreise fest und verlangte am Abend zuvor Feder und Papier, da er mir einen Brief an meinen künftigen Vorgesetzten mitgeben wolle.

»Vergiß nicht, Andrej Petrowitsch«, sagte die Mutter, »den Fürsten B. auch in meinem Namen zu grüßen. Schreibe ihm, daß ich hoffe, er werde Petruscha freundlich aufnehmen.«

»Welch ein Unsinn!« erwiderte mein Vater und runzelte die Stirn. »Was sollte mich wohl veranlassen, dem Fürsten B. einen Brief zu schreiben?«

»Aber du hast doch gesagt, daß du an Petruschas Vorgesetzten schreiben wirst.«

»Gewiß, werde ich auch.«

»Das verstehe ich nicht – Petruschas Vorgesetzter ist ja der Fürst. Petruscha ist doch beim Semjonowschen Regiment vorgemerkt, will ich meinen.«

»Vorgemerkt! Was geht es mich an, wo er vorgemerkt ist? Petruscha geht nicht nach Petersburg. Was könnte er dort auch lernen außer bummeln und Geld verschwenden? Nein, in der Armee soll er dienen, von der Pike auf, und Pulver soll er riechen, damit ein ehrlicher Soldat aus ihm wird und kein Zierbengel. Bei der Garde eingeschrieben! Wo ist Petruschas Paß? Gib ihn mir her.«

Die Mutter brachte den Paß, den sie zusammen mit meinem Taufhemd verwahrte, und reichte ihn mit zitternder Hand dem Vater. Er las ihn aufmerksam durch, legte ihn vor sich auf den Tisch und begann seinen Brief zu schreiben.

Mich quälte die Neugier: Wohin sollte ich geschickt werden, wenn nicht nach Petersburg? Mein Blick hing wie gebannt an der Feder des Vaters, die sich nur langsam über das Papier bewegte. Endlich war er fertig, schob Brief und Paß in den Umschlag, den er versiegelte, nahm seine Brille ab und wandte sich zu mir: »Hier hast du den Brief an Andrej Karlowitsch R., meinen alten Kameraden und Freund. Du fährst nach Orenburg und wirst dort unter ihm dienen.«

Damit waren alle meine glänzenden Hoffnungen zunichte geworden. Statt des lustigen Petersburger Lebens erwartete mich nichts als Langeweile in einem fernen, weltverlorenen Nest. Der Militärdienst, an den ich noch vor wenigen Minuten mit Begeisterung gedacht hatte, erschien mir jetzt wie ein schweres Unglück. Aber es war nichts zu machen. Am nächsten Morgen stand der Reiseschlitten unwiderruflich vor der Tür; mein Koffer, der Behälter mit dem Teegeschirr und die Tüten mit Weißbrot und Piroggen, die letzten Zeichen mütterlicher Verwöhnung, wurden verstaut. Die Eltern segneten mich. Der Vater sagte: »Leb wohl, Pjotr. Diene gewissenhaft dem Herrn, dem du Treue geschworen hast, gehorche deinen Vorgesetzten, strebe nicht danach, dich bei ihnen beliebter zu machen als andere, dräng dich nicht zum Dienst, aber drück dich auch nicht vor ihm und bleibe des Sprichworts eingedenk: Hüte dein Kleid, wenn es neu ist, und deine Ehre von Jugend auf.«

Schluchzend ermahnte die Mutter mich, auf meine Gesundheit zu achten, und Saweljitsch, das Kind nicht aus den Augen zu lassen. Man half mir in eine Joppe aus Hasenfell und zog mir einen Fuchspelz darüber. Ich stieg mit Saweljitsch in den Schlitten und fuhr tränenüberströmt davon.

Nachts langten wir in Simbirsk an, wo wir einen Tag bleiben mußten, weil Saweljitsch hier einige notwendige Sachen besorgen sollte. Gleich am andern Morgen suchte er die Läden auf, während ich in der Herberge zurückblieb und aus dem Fenster auf die schmutzige Gasse hinausblickte. Als mir das langweilig wurde, begann ich alle Räume des Gasthofs anzusehen. Im Billardzimmer stieß ich auf einen stattlichen, etwa fünfunddreißigjährigen Herrn mit langem schwarzem Schnurrbart. Im Schlafrock und mit einer Pfeife zwischen den Zähnen, spielte er mit dem Markeur; dieser bekam, wenn er gewann, einen Schnaps zu trinken, wenn er aber verlor, mußte er auf allen vieren unter dem Billard hindurchkriechen. Ich sah dem Spiel interessiert zu. Je betrunkener der Markeur wurde, um so häufiger mußte er unter das Billard kriechen, bis er zuletzt überhaupt nicht mehr zum Vorschein kam. Der Herr hielt ihm eine kurze, aber mit Kraftausdrücken reichlich gewürzte Leichenrede und schlug dann mir eine Partie vor. Ich lehnte ab, weil ich nicht zu spielen verstand. Dafür fehlte ihm offensichtlich jedes Verständnis, denn er schaute mich geringschätzig von oben bis unten an. Immerhin – wir kamen miteinander ins Gespräch. Ich erfuhr dabei, daß er Iwan Iwanowitsch Surin hieß, Rittmeister eines Husarenregiments war und im Gasthof wohnte. Man hatte ihn nach Simbirsk zur Rekrutenmusterung abkommandiert. Surin lud mich zu einem »schlichten Mittagessen nach soldatischer Art« ein. Ich willigte gerne ein, und wir nahmen Platz. Surin trank viel und ermunterte mich, ein Gleiches zu tun, denn man könne sich – so meinte er – nicht früh genug an den Dienst gewöhnen. Er erzählte eine Menge Militäranekdoten, über die ich so lachte, daß ich beinahe vom Stuhl gefallen wäre, und als wir vom Tisch aufstanden, waren wir die besten Freunde. Surin erbot sich, mir das Billardspiel beizubringen. »Auch das«, sagte er, »ist für unsereinen ganz unumgänglich. Stell dir mal vor, du kommst im Kriege in irgendein elendes Nest – was fängst du da an? Man kann doch nicht immer nur Juden verprügeln! Du gehst also in die Kneipe und spielst Billard, aber dazu mußt du es erst gelernt haben.«

Das leuchtete mir natürlich ein, und ich machte mich eifrig ans Studium. Surin feuerte mich mit lauten Beifallsrufen an, staunte immer wieder über meine raschen Fortschritte und schlug mir schon nach wenigen Probepartien vor, um Geld zu spielen – beileibe nicht um des Gewinnes willen, sondern bloß um einen Groschen, denn ganz umsonst zu spielen gelte, wie ich ja wohl wüßte, als eine der allerschlimmsten Gewohnheiten. Ich war damit einverstanden. Surin bestellte Punsch und überredete mich, ebenfalls Punsch zu trinken, da man sich doch, wie er wiederholte, an den Dienst gewöhnen müsse; was aber sei Dienst ohne Punsch? Ich stimmte ihm abermals zu. Unser Spiel ging weiter. Je mehr ich dem Punsch zusprach, desto kühner wurde ich. Meine Kugeln flogen nur so über den Billardtisch; ich wurde immer hitziger und erhöhte den Einsatz bei jedem Spiel. Kurzum, ich führte mich auf wie ein kleiner Junge, der sich endlich jeder Aufsicht enthoben fühlt. Inzwischen verstrich die Zeit. Surin sah nach der Uhr, legte sein Billardqueue beiseite und eröffnete mir, daß ich hundert Rubel verloren hätte. Das machte mich ein wenig besorgt. Mein ganzes Geld hatte Saweljitsch in Verwahrung. Ich begann mich zu entschuldigen. Surin unterbrach mich. »Hat nicht das geringste auf sich«, sagte er beschwichtigend, »ich kann warten. Jetzt aber fahren wir zu Arinuschka.«

Und was geschah weiter? Nun, der Tag verlief ebenso ausschweifend, wie er begonnen hatte. Wir speisten bei Arinuschka. Surin füllte dauernd mein Glas und beteuerte dabei immer wieder, man müsse sich an den Dienst gewöhnen. Als wir aufstanden, konnte ich mich kaum noch auf den Beinen halten. Um Mitternacht brachte mich Surin ins Gasthaus zurück.

Saweljitsch erwartete uns vor der Tür. Er stöhnte, als er die unverkennbaren Anzeichen meines militärischen Diensteifers sah.

»Was ist mit dir geschehen, junger Herr?« klagte er. »Wo hast du dir die Nase begossen? Ach Gott, ach Gott, hat man je etwas Derartiges gesehen?«

»Halt den Mund, alter Esel!« antwortete ich, wobei ich aufstoßen mußte. »Du bist betrunken! Geh schlafen und ... bring mich zu Bett.«

Am andern Morgen erwachte ich mit heftigem Kopfweh und konnte mich nur dunkel an die gestrigen Begebenheiten erinnern. Während ich mir noch darüber klarzuwerden versuchte, trat Saweljitsch mit einer Tasse Tee ein.

»Früh, Pjotr Andrejewitsch«, sagte er bekümmert, »allzufrüh fängst du an zu bummeln. Von wem hast du das eigentlich? Weder dein Vater noch dein Großvater waren Säufer, von deiner Mutter gar nicht erst zu reden, außer Kwaß* ist

* Kwaß = ein volkstümliches, aus grobem Schwarzbrot hergestelltes Getränk mit geringem Alkoholgehalt.

nie etwas über ihre Lippen gekommen. Und wer ist schuld daran? Niemand anders als der verfluchte Musjöh. Immerfort kam er zur Antipjewna gelaufen: ‚Madame, sche wu prie Wudki.' Da haben wir jetzt den Schewuprie! Wahrhaftig, schön ist das nicht gerade, was er dich gelehrt hat, der Hundesohn. Hab ich nicht gleich gesagt, es ist unnötig, diesen Ausländer ins Haus zu nehmen? Als ob der Herr nicht genug eigene Leute gehabt hätte!«

Ich schämte mich und drehte mich zur Wand um. »Geh hinaus, Saweljitsch«, sagte ich, »ich will keinen Tee.« Aber es war nicht leicht, Saweljitsch den Mund zu verschließen, wenn er einmal mit einer Strafpredigt begonnen hatte.

»Da siehst du's jetzt selbst, Pjotr Andrejewitsch, was beim Bummeln herauskommt. Du hast Kopfschmerzen, und essen willst du auch nichts. Ein Säufer ist zu nichts nütze ... Trink mal ein Glas Gurkenlake mit Honig oder besser noch ein halbes Gläschen Branntwein, dann wirst du dich wohler fühlen. Soll ich's dir holen?«

In diesem Augenblick betrat ein Junge mein Zimmer und übergab mir einen Zettel von Surin. Ich nahm ihn entgegen und las die folgenden Zeilen:

»Lieber Pjotr Andrejewitsch, bitte schicke mir durch den Jungen die hundert Rubel, die Du gestern an mich verloren hast. Ich brauche das Geld dringend.

Iwan Surin«

Da war nichts zu wollen. Mit einer möglichst gleichgültigen Miene wandte ich mich an Saweljitsch, der mein Geld, meine Wäsche und überhaupt alle meine Angelegenheiten verwaltete, und befahl ihm, dem Jungen hundert Rubel auszuhändigen.

»Wie, was, warum?« fragte Saweljitsch äußerst erstaunt.

»Ich bin ihm das Geld schuldig«, antwortete ich, so kühl ich konnte.

»Schulden!« rief Saweljitsch aus und riß seine Augen noch erstaunter auf. »Wann hast du denn schon Zeit gehabt, Schulden zu machen? Hier ist doch etwas ganz und gar nicht in Ordnung. Mach, was du willst, junger Herr, aber das Geld gebe ich nicht her!«

Ich überlegte, daß ich, wenn ich in diesem entscheidenden Augenblick dem eigensinnigen Alten gegenüber meinen Willen nicht durchsetzte, mich in Zukunft überhaupt nicht mehr von seiner Vormundschaft würde freimachen können. So sah ich ihn durchdringend an und sagte: »Ich bin dein Herr, und du bist mein Diener. Das Geld gehört mir. Ich habe es verspielt, weil ich es wollte. Ich rate dir, den Mund nicht so vollzunehmen und zu tun, was man dir befiehlt.«

Saweljitsch war von meinen Worten so überrascht, daß er die Hände rang und wie angewurzelt dastand.

»Warum rührst du dich nicht?« fauchte ich ihn wütend an.

Saweljitsch brach in Tränen aus.

»Batjuschka, Pjotr Andrejewitsch«, schluchzte er mit zitternder Stimme, »ich sterbe vor Kummer. Mein Herzensjunge, hör auf mich alten Mann, schreib diesem Räuber, daß du nur Spaß gemacht hast und daß wir gar nicht so viel Geld haben. Hundert Rubel! Gott sei mir gnädig! Sage ihm, daß deine Eltern dir strengstens untersagt haben zu spielen, es sei denn um Nüsse ...«

»Komm mir nicht mit Lügengeschichten«, unterbrach ich ihn barsch, »her mit dem Geld, oder ich werfe dich hinaus!«

Saweljitsch sah mich bekümmert an und ging, um das Geld zu holen. Mir tat der arme Alte leid, aber ich wollte frei sein und ihm zeigen, daß ich kein Kind mehr war. Surin bekam sein Geld, und Saweljitsch beeilte sich, mich aus diesem verfluchten Gasthaus fortzubringen. Er meldete, daß der Schlitten zur Abfahrt bereitstehe. Mit schlechtem Gewissen und von Reue gequält, verließ ich Simbirsk, ohne mich von meinem Billardlehrer zu verabschieden, und fest überzeugt, daß ich ihn niemals wiedersehen würde.

2

Der Führer

Ach du Land, mein Land,
Ach du fremdes Land,
Was zog mich wohl in die Fremde?
Nicht mein Rößlein brav hat mich hingeführt,
Mich Burschen so kühn und so wacker –
Meine Jugend war's und mein Wagemut
Und das Räuschlein im Wirtshaus am Wege!
Altes Lied

Die Betrachtungen, die ich unterwegs anstellte, waren höchst unerfreulich. Mein Spielverlust war bei den damaligen Preisen keineswegs unbeträchtlich. Ich mußte mir ehrlicherweise eingestehen, daß mein Benehmen im Simbirsker Gasthof sehr töricht gewesen war, und ich hatte Saweljitsch gegenüber ein schlechtes Gewissen. Das alles quälte mich. Der Alte saß grämlich auf dem Bock des Schlittens, hatte sich von mir abgewandt und schwieg. Nur ab und zu räusperte er sich. Ich wollte mich mit ihm versöhnen, wußte aber nicht, wie ich das Gespräch einleiten sollte. Endlich sagte ich: »Nun, nun, Saweljitsch, laß gut sein. Wollen wir uns wieder vertragen? Ich sehe ja selber ein, daß ich schuld bin, mich dumm benommen und dich grundlos gekränkt habe. Ich verspreche dir, in Zukunft vernünftig zu sein und dir zu gehorchen. Mach wieder ein freundliches Gesicht und laß uns miteinander Frieden schließen.«

»Ach, Batjuschka Pjotr Andrejewitsch«, erwiderte Saweljitsch mit einem tiefen Seufzer. »Ich ärgere mich ja nur über mich selbst, ich allein bin der Schuldige. Wie konnte ich dich nur im Wirtshaus allein lassen! Aber was nützt das jetzt alles! Der Teufel hat mich zu einem Besuch bei der Küstersfrau und bei der Gevatterin verleitet. Es ist schon so: Gehst du zur Gevatterin, sitzt du in der Tinte drin. Es ist ein Jammer! Wie soll ich jetzt der Herrschaft gegenübertreten? Was werden sie sagen, wenn sie erfahren, daß das Kind trinkt und spielt?«

Um den alten Saweljitsch zu trösten, gab ich ihm mein Wort, künftig keinen Groschen mehr ohne sein Einverständnis auszugeben. Allmählich beruhigte er sich, wenn er auch von Zeit zu Zeit noch kopfschüttelnd vor sich hinmurmelte: »Hundert Rubel, nein, nein, keine Kleinigkeit!«

Wir näherten uns unserem Bestimmungsort. Um uns her dehnte sich eine trostlose, von Hügelketten und Schluchten unterbrochene Schneewüste aus. Die Sonne war im Begriff unterzugehen. Die Kibitka* bewegte sich auf einer schmalen Straße oder, genauer gesagt, in den Spuren von Bauernschlitten vorwärts. Plötzlich hielt der Postkutscher nach allen Seiten Ausschau, dann nahm er die Mütze ab, wandte sich zu mir um und sagte: »Herr, lassen Sie uns lieber umkehren.«

»Warum das?« fragte ich.

»Das Wetter ist bedenklich, ein leichter Wind erhebt sich – schau, wie er den Pulverschnee aufwirbelt.«

»Was macht denn das?«

»Und das da? Schau nur dorthin«, sagte der Postkutscher und zeigte mit der Peitsche nach Osten.

»Ich sehe nichts, nur die weiße Steppe und den klaren Himmel.«

»Aber dort, dort – jenes Wölkchen?«

Jetzt bemerkte ich tatsächlich am Horizont ein weißes Wölkchen, das ich bisher bloß für einen kleinen, weit entfernten Hügel gehalten hatte. Der Postkutscher erklärte mir, daß dieses Wölkchen der Vorbote eines Schneesturmes sei.

Ich hatte von solchen Schneestürmen gehört und wußte, daß nicht selten ganze Züge von Transportschlitten in den Schneeverwehungen versanken. Saweljitsch teilte die Meinung des Postkutschers und riet ebenfalls zur Umkehr, mir aber schien der Wind harmlos und ungefährlich zu sein. Ich glaubte, wir würden die nächste Poststation noch rechtzeitig erreichen, und befahl, schneller zu fahren.

Der Kutscher schlug auf die Pferde ein, ließ aber den östlichen Horizont nicht aus den Augen. Die Pferde trabten ruhig vorwärts. Doch der Wind wurde immer stärker. Das

* Kibitka = gedeckter Reiseschlitten.

weiße Pünktchen wuchs zu einer gewaltigen Wolke an, die sich weiter und immer weiter ausbreitete und schließlich den ganzen Himmel bedeckte. Es begann zu schneien, anfangs ganz fein, dann plötzlich in dichten Flocken. Der Wind heulte. In wenigen Augenblicken war der dunkle Himmel verschwunden. Man sah nur noch Schnee.

»Nun, Herr«, schrie der Postkutscher, »jetzt haben wir es – der Schneesturm ist da!«

Ich blickte aus dem Schlitten hinaus: nichts als Finsternis und wirbelnder Schnee. Der Wind pfiff und winselte in so klagenden Tönen, daß man ihn für ein beredtes Wesen hätte halten können. Er überschüttete mich und Saweljitsch mit Schnee. Die Pferde bewegten sich nur noch im Schritt und blieben bald stehen.

»Warum fährst du nicht weiter?« fragte ich den Postkutscher.

»Wohin denn?« antwortete er und kletterte vom Bock herunter. »Wir haben ja keine Ahnung, wo wir sind: von der Straße keine Spur mehr, und rundherum ist es Nacht.«

Ich fing an zu schimpfen, aber Saweljitsch nahm den Kutscher in Schutz.

»Du wolltest ja nicht auf ihn hören«, sagte er verärgert. »Wären wir in die Herberge zurückgekehrt, hättest du in aller Ruhe deinen Tee trinken und ungestört schlafen können. Am Morgen wären wir dann weitergefahren, wenn sich das Unwetter in der Nacht gelegt hätte. Warum eilen wir denn so, als müßten wir fürchten, zu einer Hochzeit zu spät zu kommen?«

Saweljitsch hatte recht, aber jetzt war nichts mehr zu ändern. Das Schneegestöber dauerte an. Zu beiden Seiten der Kibitka wurden die Schneehaufen höher und höher. Die Gäule standen mit gesenkten Köpfen da und zuckten hin und wieder zusammen. Der Postkutscher stolperte um sie herum und klopfte, weil er nichts anderes zu tun hatte, den Schnee von den Pferdegeschirren. Saweljitsch brummte vor sich hin, und ich versuchte mit meinen Blicken die Dämmerung zu durchdringen, in der Hoffnung, Umrisse einer menschlichen Behausung oder auch nur Spuren der Straße zu entdecken, konnte aber im trüben Flockenwirbel nicht das geringste erkennen. Doch plötzlich glaubte ich einen schwarzen Schatten zu bemerken.

»Hallo, Kutscher«, rief ich, »siehst du das Schwarze dort vor uns?«

Der Postkutscher blickte auf.

»Gott weiß, was das ist, gnädiger Herr«, sagte er und nahm seinen Platz auf dem Bock wieder ein. »Ein Baum ist es nicht, eine Fuhre kann es auch nicht sein, obgleich es sich zu bewegen scheint. Vielleicht ein Wolf oder gar ein Mensch.«

Ich befahl ihm, die Pferde anzutreiben und dem Schatten entgegenzufahren, der, wie sich gleich darauf zeigte, tatsächlich ein Mensch war.

»Heda, guter Mann!« rief der Kutscher ihn an. »Sag mal, weißt du, wo hier die Straße ist?«

»Die Straße ist hier, ich stehe auf festem Boden«, antwortete der Wanderer, »aber was hilft uns das?«

»Paß mal auf, Bäuerlein«, sagte ich, »kennst du dich hier aus? Getraust du dich, uns zu einem Gehöft zu führen, wo wir ein Nachtlager finden?«

»Die Gegend ist mir gut bekannt«, erwiderte der Vagabund, »oft genug habe ich sie nach allen Richtungen durchstreift. Aber du siehst ja selbst, was das für ein Unwetter ist – im Handumdrehen irrt man vom Wege ab. Bleiben wir lieber hier und warten wir, bis der Schneesturm abflaut und der Himmel sich wieder aufklärt. Dann zeigen uns die Sterne den Weg.«

Seine Kaltblütigkeit machte mir wieder Mut. Ich war schon entschlossen, mich dem Willen Gottes zu fügen und hier in der Steppe zu übernachten, als der Landstreicher sich zum Kutscher auf den Bock schwang und ihm zurief: »Na, Gott sei Dank, ein Gehöft ist in der Nähe. Halte dich nach rechts und fahr los!«

»Warum denn nach rechts?« meinte der Kutscher unwillig.

Diese Frage schien mir nicht unberechtigt.

»In der Tat«, sagte ich, »warum vermutest du ein Anwesen in der Nähe?«

»Der Wind kommt aus jener Richtung«, antwortete der Wanderer. »Er riecht nach Rauch, also müssen dort Menschen wohnen.«

Seine Intelligenz und seine feine Witterung überraschten mich. Ich befahl dem Kutscher, seinem Rat zu folgen. Die Pferde arbeiteten sich mühsam durch den tiefen Schnee. Die Kibitka bewegte sich nur ganz langsam vorwärts. Bald nach der einen, bald nach der anderen Seite schwankend, kroch sie abwechselnd auf hohe Schneehügel hinauf und stürzte in tiefe Mulden und erinnerte so an ein schlingerndes Schiff auf stürmischer See. Saweljitsch stöhnte jedesmal, wenn wir einen Stoß bekamen und übereinanderfielen. Ich zog den Vorhang vor, wickelte mich in meinen Pelz und schlief ein, eingelullt vom eintönigen Brausen des Sturmes und vom Schaukeln des Schlittens.

Ich hatte dabei einen Traum, den ich niemals habe vergessen können und in dem ich auch heute noch etwas Prophetisches sehe, wenn ich an die seltsamen Ereignisse meines Lebens denke. Der Leser wird mir das zugute halten, denn er wird aus Erfahrung wissen, daß der Mensch von Natur aus zum Aberglauben neigt, auch wenn er jede Art von Vorurteilen verächtlich von sich weist.

Ich befand mich in jenem Zustand der Sinne und der Seele, in dem die Wirklichkeit von phantastischen Visionen überwuchert wird und beide in unklaren Traumbildern verschmelzen. Mir war, als wütete der Sturm noch immer, während wir in der Schneewüste umherirrten. Plötzlich sah ich vor mir ein Tor und fuhr in den elterlichen Gutshof hinein. Mein erster Gedanke war, mein Vater könnte über meine eigenmächtige Heimkehr in Wut geraten und in ihr einen bewußten Ungehorsam erblicken. In dieser Befürchtung sprang ich aus der Kibitka und sah meine Mutter mit bekümmertem Gesicht auf die Treppe hinaustreten, um mich zu empfangen. »Mach keinen Lärm«, sagte sie, »der Vater ist todkrank und will dich noch einmal sehen.« Aufs tiefste erschrocken, folgte ich ihr in das schwach erleuchtete Schlafzimmer. Vor dem Sterbelager standen Leute mit traurigen Gesichtern. Ich trat leise ans Bett. Die Mutter schlug den

Vorhang zurück und sagte: »Andrej Petrowitsch, Petruscha ist gekommen. Er ist zurückgekehrt, nachdem er von deiner Krankheit gehört hat. Segne ihn!« Ich kniete nieder und richtete meinen Blick auf den Kranken. Aber was war das? . . . Statt meines Vaters lag auf einmal ein schwarzbärtiger Bauer im Bett und zwinkerte mir verschmitzt zu. Erstaunt wandte ich mich nach meiner Mutter um: »Was geht hier vor? Das ist ja gar nicht der Vater. Aus welchem Grunde soll ich denn diesen Bauern um seinen Segen bitten?« – »Gleichviel, Petruscha«, antwortete die Mutter, »das ist der Stellvertreter deines Vaters. Küß ihm die Hand und bitte um seinen Segen . . .« Ich widersetzte mich. Da sprang der Bauer aus dem Bett, zog hinter sich eine Axt hervor und begann, damit um sich zu schlagen. Ich wollte fliehen, konnte es aber nicht. Das Zimmer füllte sich mit Leichen. Ich stolperte über die leblosen Körper und glitt in Blutlachen aus . . . Der unheimliche Bauer rief mir freundlich zu: »Fürchte dich nicht, empfange meinen Segen . . .« Ich schauderte, und zitternd vor Entsetzen erwachte ich. Die Pferde standen still, Saweljitsch packte mich am Arm und sagte: »Steig aus, Herr, wir sind am Ziel.«

»Wo sind wir?« fragte ich und rieb mir die Augen.

»Vor einer Herberge. Mit Gottes Hilfe sind wir unmittelbar auf den Zaun gestoßen. Steig rasch aus und wärm dich im Haus!«

Ich verließ die Kibitka. Der Sturm flaute allmählich ab. Es war so dunkel, daß man die Hand nicht vor Augen sehen konnte. Der Wirt kam uns bis zur Hofpforte entgegen; er hielt die brennende Laterne unter den Rockschößen. Er führte mich in die Gaststube, die eng, aber leidlich sauber war. Ein Kienspan beleuchtete sie. An der Wand hingen ein Gewehr und eine hohe Kosakenmütze.

Der Wirt war ein etwa sechzigjähriger, aber noch rüstiger und frischer Jaikkosake. Saweljitsch trug das Teegeschirr hinter mir her und verlangte heißes Wasser, um Tee zu bereiten. Ich hatte ihn noch nie so nötig gehabt wie in diesem Augenblick. Der Wirt nahm den Auftrag entgegen und ging hinaus.

»Wo ist unser Führer?« fragte ich.

»Hier, Euer Wohlgeboren!« antwortete eine Stimme von oben,

Ich blickte zur Polata* hinauf und sah einen schwarzen Bart und zwei funkelnde Augen.

»Nicht wahr, Bruder, hast ordentlich gefroren?« sagte ich.

»Wie sollte ich es nicht kalt gehabt haben, in dieser dünnen Jacke! Ich hatte schon einen Pelz, aber, ehrlich gestanden, ich habe ihn gestern abend in einer Kneipe versetzt, der Frost schien mir nicht allzu stark.«

In diesem Augenblick brachte der Wirt den kochenden Samowar herein. Ich bot unserm Führer eine Tasse Tee an, und er kletterte herunter. Sein Äußeres schien mir bemerkenswert. Er war etwa vierzig Jahre alt, mittelgroß, mager und breitschultrig. In seinem schwarzen Bart zeigten sich schon einige graue Strähnen. Der durchdringende Blick seiner großen Augen schweifte unruhig umher; seine Gesichtszüge wirkten sympathisch, aber man sah es ihm an, daß er vor keiner Schandtat zurückscheuen würde. Sein Haar war kurz geschnitten. Er trug eine zerrissene Jacke und breite Tatarenhosen. Ich gab ihm eine Tasse Tee, er nahm einen Schluck und verzog das Gesicht.

»Euer Wohlgeboren«, sagte er, »tun Sie mir den Gefallen, lassen Sie mir ein Glas Branntwein geben. Tee ist kein Getränk für Kosaken.«

Ich erfüllte seine Bitte mit Vergnügen. Der Wirt entnahm einem Schrank eine vierkantige Flasche und ein Glas, trat auf ihn zu, sah ihm aufmerksam ins Gesicht und sagte: »Aha, machst du mal wieder unsere Gegend unsicher! Von wo hat Gott dich hergeführt?«

Unser Führer zwinkerte dem Wirt bedeutungsvoll zu und antwortete mit einer Redensart: »In den Gemüsegarten bin ich geflogen, zu den Hanfkörnern hat's mich gezogen; Großmutter warf nach mir einen Stein, aber er fiel und verfehlte sein Ziel ... Was machen denn eure Leute?«

* Eine Art Pritsche, die in russischen Bauernhütten unterhalb der Decke hängt und als Schlafstelle benutzt wird.

»Ja, was machen sie!« erwiderte der Wirt und fuhr ebenfalls in Wendungen des Volksmunds fort: »Als man zur Vesper läuten wollte, saß die Popenfrau da und schmollte. Der Pope war zu Gast, auf dem Friedhof machen die Teufel Rast.«

»Halt den Mund, Onkel!« fiel ihm mein Vagabund ins Wort. »Wenn es regnet, gibt es Pilze – gibt es Pilze, findet sich auch ein Korb. Jetzt jedoch« – hier zwinkerte er dem Wirt abermals zu – »versteck die Axt hinterm Rücken – der Förster ist unterwegs ... Euer Wohlgeboren, auf Eure Gesundheit!«

Und damit ergriff der Landstreicher das Glas, bekreuzigte sich und leerte es auf einen Zug. Dann verbeugte er sich vor mir und kletterte wieder auf die Polata hinauf.

Ich verstand damals kein Wort dieser Gaunersprache und erriet erst viel später, daß sich dieses Zwiegespräch um das Heer der Jaikkosaken gedreht hatte, deren Aufstand erst kürzlich im Jahre 1772 unterdrückt worden war. Saweljitsch hatte sehr beunruhigt zugehört und dabei sowohl den Landstreicher wie den Wirt mit mißtrauischen Blicken beobachtet. Die Herberge lag in der Steppe, weitab von jeder Siedlung, und erinnerte nur zu sehr an eine Räuberhöhle. Aber von einer Fortsetzung der Reise konnte vorläufig keine Rede sein. Die Unruhe, die Saweljitsch quälte, machte mir nur Spaß, und ich streckte mich zur Nachtruhe auf einer Bank aus, während der Alte auf den Ofen kroch und der Wirt sich auf den Fußboden legte. Bald schnarchte alles in der Hütte, und auch ich selbst schlief wie ein Toter.

Als ich am Morgen ziemlich spät aufwachte, hatte der Sturm aufgehört. Die Sonne schien. Der Schnee lag wie eine blendendweiße Decke auf der unabsehbaren Steppe. Die Pferde waren bereits angeschirrt. Ich rechnete mit dem Wirt ab; er forderte so wenig Geld von mir, daß sogar Saweljitsch einverstanden war und nicht zu feilschen begann, wie er es sonst immer tat. Sein gestriger Argwohn war völlig verflogen. Ich rief unsern Führer herbei, dankte ihm für die uns erwiesene Hilfe und befahl Saweljitsch, ihm ein Fünfzigkopekenstück als Trinkgeld zu geben. Saweljitsch machte ein finsteres Gesicht.

»Ganze fünfzig Kopeken!« rief er empört. »Wofür eigentlich? Vielleicht dafür, daß du ihm gestattest hast, zu der Herberge mitzufahren? Wir haben keine überflüssigen Fünfzigkopekenstücke. Doch wie du willst, Herr. Wenn wir überall Trinkgelder verteilen, werden wir selbst bald hungern müssen.«

Ich mochte Saweljitsch nicht widersprechen, zumal ich ihm ja das volle Verfügungsrecht über mein Geld eingeräumt hatte. Es war mir nur peinlich, daß ich mich dem Mann nicht erkenntlich zeigen durfte, der mir, wenn auch nicht aus der größten Not, so doch aus einer sehr unangenehmen Situation herausgeholfen hatte.

»Gut«, sagte ich gelassen, »wenn du also die fünfzig Kopeken nicht opfern willst, so soll er eines meiner Kleidungsstücke haben. Er ist schlecht ausgerüstet. Gib ihm meinen Hasenpelz.«

»Um Gottes willen, Batjuschka Pjotr Andrejewitsch«, jammerte Saweljitsch, »warum deinen Hasenpelz? Er wird ihn in der erstbesten Kneipe versaufen, der Hundesohn!«

»Ob ich ihn vertrinke oder nicht, braucht nicht deine Sorge zu sein«, sagte der Vagabund. »Seine Wohlgeboren schenkt mir den Pelz, den er selber trägt – das ist der Wille des Herrn, du aber bist sein Knecht, der den Mund zu halten und zu gehorchen hat.«

»Du gottloser Räuber!« fuhr Saweljitsch ihn wütend an. »Du siehst, daß der gnädige Herr noch ein unvernünftiger Knabe ist, und scheust dich trotzdem nicht, ihn auszuplündern. Was nützt dir denn dieser Kinderpelz, den du nicht einmal über deine verdammten Schultern ziehen kannst?«

»Misch dich nicht ein, Saweljitsch«, sagte ich, »bring den Pelz sofort her.«

»Mein Gott«, stöhnte der Alte, »der Pelz ist ja so gut wie neu. Wenn ihn noch ein ordentlicher Mensch bekäme, aber so ein zerlumpter Saufaus . . .«

Trotz seines zähen Widerstrebens mußte Saweljitsch den Pelz holen, dem ich schon entwachsen war und der sich daher für den Landstreicher erst recht als viel zu eng erwies. Dennoch gelang es ihm, ihn anzuziehen; und wenn dabei auch einige Nähte platzten, so minderte das seine Freude über mein Geschenk durchaus nicht. Er begleitete mich zur Kibitka und sagte mit einer tiefen Verbeugung: »Ich bedanke mich, Euer Wohlgeboren, möge Gott Ihre Wohltat belohnen! Nie werde ich Sie vergessen.«

Er ging seines Weges, ich aber fuhr weiter, ohne auf den Ärger Saweljitschs zu achten, und hatte den Sturm, unsern Führer und meinen Hasenpelz bald vergessen.

Als ich in Orenburg angekommen war, meldete ich mich sogleich beim General. Ich stand einem weißhaarigen Mann gegenüber; er war groß, aber vom Alter gebeugt. Seine abgetragene Uniform stammte noch aus der Zeit der Kaiserin Anna Iwanowna, und seine Sprache ließ erkennen, daß er von Geburt ein Deutscher war. Ich überreichte ihm den Brief meines Vaters. Als ich dessen Namen nannte, warf er mir einen schnellen Blick zu.

»Mein Gott«, sagte er, »es scheint mir noch gar nicht so lange her zu sein, daß Andrej Petrowitsch in deinen Jahren war, und jetzt hat er schon einen so großen Jungen! Wie schnell vergeht doch die Zeit!«

Er öffnete den Brief, las ihn halblaut und machte seine Bemerkungen dazu: »Hochverehrter Herr Andrej Karlowitsch, ich hoffe, daß Eure Exzellenz ... was sind das für Förmlichkeiten? Pfui Teufel, schämt er sich gar nicht? Gewiß, Disziplin muß sein, aber schreibt man denn in dieser Weise einem alten Kameraden? ... Eure Exzellenz haben noch nicht vergessen ... hm, hm ... und ... als ... der verstorbene Feldmarschall Mün ... während des Feldzugs ... und ebenso ... Karolinchen ... Ha, Bruder, er erinnert sich noch unserer gemeinsamen Jugendstreiche! ... Doch jetzt zur Sache ... ich schicke Ihnen meinen Bengel ... mit Handschuhen aus Igelhaut anzufassen ... was heißt denn das, Igelhaut? Muß wohl ein russisches Sprichwort sein ... Ja, was bedeutet denn: mit Igelhaut anfassen?« wiederholte der General, indem er mich fragend anblickte.

»Das bedeutet«, antwortete ich und machte dabei ein möglichst unschuldiges Gesicht, »jemanden freundlich, das heißt, nicht besonders streng behandeln, ihm ziemlich viel

Freiheit lassen, mit einem Wort: ihn mit Handschuhen aus Igelhaut anfassen.«

»Hm, ich verstehe ... ihm nicht zuviel Freiheit lassen ... nein, mit Igelhaut bedeutet offenbar etwas ganz anderes ... anbei sein Paß ... aber wo ist er denn? Aha, hier ... Beim Semjonowschen Regiment abmelden ... Gut, gut, wird gemacht ... und erlaube mir, Dich ohne alle Titulaturen und sonstige Förmlichkeiten zu umarmen ... Dein alter Freund und Regimentskamerad ... Na, endlich nimmt er Vernunft an!«

Als der General den Brief durchgelesen und meinen Paß beiseite gelegt hatte, wandte er sich wieder an mich.

»Nun, Batjuschka«, sagte er, »soll alles geschehen; du wirst also als Offizier hierherversetzt. Um keine Zeit zu verlieren, fährst du schon morgen in die Festung Belogorskaja, wo du unter dem Kommando des Kapitäns Mironow, eines guten und ehrenhaften Menschen, dienen und Disziplin lernen wirst, wie es sich gehört. Orenburg ist nichts für dich: Vergnügungen sind für junge Leute nur schädlich. Und heute lade ich dich zum Mittagessen ein.«

Das wird ja von Stunde zu Stunde schlimmer, dachte ich; was hat es mir genützt, daß ich schon im Mutterleib Gardesergeant war? Wohin hat mich das geführt? In eine weltverlorene Festung am Rande der Kirgisensteppe! Wir speisten zu dritt beim General: Andrej Karlowitsch, sein alter Adjutant und ich. Strenge deutsche Sparsamkeit herrschte an seiner Mittagstafel, und ich nahm an, die Befürchtung, er werde ab und zu einen unnützen Gast an seinem Junggesellentisch sehen, hatte mit dazu beigetragen, daß ich so schnell in meine Garnison abgeschoben wurde. Am andern Tag verabschiedete ich mich vom General und fuhr an meinen Bestimmungsort ab.

3

Die Festung

Hinter unsern Festungsgräben
Wir von Brot und Wasser leben.
Soll's der böse Feind nur wissen:
Statt mit Wein und Leckerbissen
Bewirten wir mit blauen Bohnen
Ihn aus unseren Kanonen.
Soldatenlied

Leute vom alten Schlage, Batjuschka.
Nedorosl*

Die Festung Belogorskaja lag etwa vierzig Werst von Orenburg entfernt. Die Straße dorthin führte am steilen Hang des Jaik entlang. Der Fluß war noch nicht zugefroren. Seine bleigrauen Fluten wälzten sich langsam zwischen den öden, schneebedeckten Ufern dahin, hinter denen sich die endlose Kirgisische Steppe ausbreitete. Ich gab mich Betrachtungen meist wehmütiger Natur hin. Das Garnisonsleben hatte wenig Anziehendes für mich. Ich versuchte mir ein Bild von meinem künftigen Vorgesetzten, dem Kapitän Mironow, zu machen und stellte ihn mir als einen mißgünstigen alten Mann vor, der nichts anderes als den Militärdienst im Kopfe hatte und immer bereit war, mich für die geringste Kleinigkeit bei Wasser und Brot einzusperren. Es fing an zu dämmern. Wir kamen ziemlich schnell vorwärts.

»Ist es noch weit bis zur Festung?« fragte ich den Postkutscher.

»Nein«, antwortete er, »dort liegt sie ja schon.«

Ich blickte mich nach allen Seiten um in der Erwartung, drohende Bastionen, Türme und Wälle zu sehen, entdeckte aber nichts als ein kleines Dorf, das mit einem hölzernen Lattenzaun umgeben war. Auf der einen Seite des Dörfchens standen drei oder vier tief verschneite Heuschober

* Nedorosl: Komödie des russischen Dramatikers Denis Iwanowitsch Fonwisin (1745–1792).

und auf der anderen eine windschiefe Mühle mit träge herabhängenden Flügeln aus Baumrinde.

»Wo ist denn die Festung?« wiederholte ich erstaunt meine Frage.

»Da ist sie doch«, erwiderte der Kutscher und zeigte auf das Dorf, in das wir jetzt hineinfuhren. Am Tor sah ich eine alte gußeiserne Kanone. Die Straßen waren eng und krumm, die Hütten niedrig und meistens mit Stroh bedeckt. Ich befahl, zum Kommandanten zu fahren, und gleich darauf hielt die Kibitka vor einem Holzhäuschen, das in der Nähe der ebenfalls hölzernen Kirche auf einer kleinen Anhöhe stand.

Niemand kam mir entgegen. Ich trat in den Flur und öffnete die Tür zum Wohnzimmer. Ein alter Invalide saß auf einem Tisch und nähte einen blauen Flicken auf den Ärmel einer dunkelgrünen Uniform. Ich forderte ihn auf, mich zu melden.

»Geh nur hinein, Batjuschka«, sagte der Invalide, »unsere Leute sind zu Haus.«

Ich betrat ein sauberes Stübchen, das in altväterischer Weise eingerichtet war. In der Ecke stand ein Geschirrschrank, an der Wand hingen ein Offiziersdiplom hinter Glas und Rahmen und bunte Holzschnitte, welche die Eroberung von Küstrin und Otschakow sowie die Brautwahl und das Begräbnis des Katers darstellten. Am Fenster saß eine alte Frau; sie trug einen sogenannten Seelenwärmer und ein Kopftuch und wickelte einen Wollstrang auf, den ihr ein einäugiger Greis in Offiziersuniform auf seinen ausgebreiteten Armen entgegenhielt.

»Was wünschen Sie, Batjuschka?« fragte sie, ohne ihre Beschäftigung zu unterbrechen. Ich antwortete, daß ich gekommen sei, um hier meinen Dienst anzutreten und mich pflichtgemäß beim Herrn Kommandanten zu melden. Diese Worte sagte ich zu dem einäugigen Alten gewandt, den ich für den Kommandanten hielt. Doch die Hausfrau unterbrach meine wohlvorbereitete Rede: »Iwan Kusmitsch ist nicht zu Hause, er macht einen Besuch bei Vater Gerassim. Aber das hat nichts zu sagen, ich bin seine Frau. Nimm nur Platz, Batjuschka.«

Sie rief das Dienstmädchen herbei und befahl, den Unteroffizier zu rufen. Der Alte musterte mich neugierig mit seinem einen Auge.

»Ich gestatte mir die Frage, in welchem Regiment Sie gedient haben«, sagte er.

Als ich seine Neugier befriedigt hatte, fuhr er fort:

»Ich gestatte mir, weiter zu fragen, aus welchem Grunde Sie die Garde mit dem Garnisonsdienst vertauscht haben.«

Meine Antwort lautete, es sei der Wille meiner Vorgesetzten gewesen.

»Gewöhnlich geschieht das für Vergehen, die der Garde unwürdig sind«, fuhr der unerbittliche Fragensteller fort.

»Laß doch den Unsinn«, sagte die Kommandantenfrau ärgerlich zu ihm, »siehst du denn nicht, daß der junge Mann von der Reise erschöpft ist? Halte lieber deine Arme gerade, statt ihn noch mehr zu ermüden! Und du, Batjuschka«, fuhr sie zu mir gewandt fort, »sei nicht traurig, daß man dich in unsre Einöde geschickt hat. Du bist nicht der erste und nicht der letzte. Du wirst dich schon einleben – Geduld bringt Huld. Alexej Iwanytsch Schwabrin ist schon das fünfte Jahr da, seit man ihn für einen Totschlag hierherversetzt hat. Gott weiß, was ihn zu diesem Verbrechen veranlaßt hat. Er war, denke nur, mit einem Leutnant vor die Stadt hinausgefahren. Beide hatten sie ihre Säbel mitgenommen, mit denen sie dann mir nichts dir nichts aufeinander einstachen, bis Alexej Iwanytsch den Leutnant aufspießte, und das alles noch dazu in Gegenwart von zwei Zeugen! Aber was willst du, mein Lieber – wer kann denn für sein Unglück?«

In diesem Augenblick trat der Unteroffizier ein, ein junger hübscher Kosak.

»Maximytsch«, sagte die Kommandantenfrau, »weise dem Herrn Offizier ein Zimmer an, aber sieh zu, daß es sauber ist.«

»Zu Befehl, Wassilissa Jegorowna«, antwortete der Unteroffizier. »Sollte man Seine Wohlgeboren nicht bei Iwan Poleshajew einquartieren?«

»Wo denkst du hin, Maximytsch«, entgegnete die Hauptmannsfrau, »bei Poleshajew ist es ohnehin schon so eng. Auch ist er mein Gevatter und vergißt nie, daß wir seine

Vorgesetzten sind. Führe den Herrn Offizier . . . wie, Batjuschka, lautet übrigens Ihr Name und Vatersname?«

»Pjotr Andrejewitsch«, sagte ich.

»Also führe Pjotr Andrejewitsch zu Semjon Kusow. Der Gauner hat sein Pferd in meinen Gemüsegarten hereingelassen. Und sonst, Maximytsch? Ist alles in Ordnung?«

»Gott sei Dank, ja«, antwortete der Kosak, »bloß der Korporal Prochorow hat sich in der Badestube um einen Kübel heißes Wasser mit Ustinja Negulina geprügelt.«

»Iwan Ignatjitsch«, sagte die Hauptmannsfrau zu dem einäugigen Alten, »untersuch mal die Sache. Stell fest, wer der Schuldige ist, Prochorow oder Ustinja, und bestraf sie dann beide. So, Maximytsch, und nun geh mit Gott. Pjotr Andrejewitsch, Maximytsch wird Sie in Ihre Wohnung führen.«

Ich verabschiedete mich. Der Kosak brachte mich in eine Hütte, die auf dem hohen Flußufer am äußersten Rande der Festung lag. Die eine Hälfte des kleinen Hauses bewohnte die Familie Kusow, die andere wurde mir überlassen. Sie bestand aus einem geräumigen Zimmer, das in der Mitte durch eine Bretterwand geteilt war. Saweljitsch begann sogleich Ordnung zu schaffen, und währenddessen schaute ich durch das kleine Fenster hinaus. Vor mir breitete sich die öde Steppe aus, und schräg gegenüber lagen einige Hütten. Auf der Straße liefen Hühner herum. Drüben stand eine alte Bäuerin neben einem Trog und lockte die Schweine herbei, die mit freundlichem Grunzen antworteten. Das also war die Gegend, wo ich meine Jugend verbringen sollte! Mir wurde das Herz schwer; ich verließ das Fenster, wies das Abendbrot zurück, das Saweljitsch mir aufdrängen wollte, und legte mich nieder, während der Alte in einem fort klagte: »Mein Gott, er will nichts essen! Was wird die gnädige Frau sagen, wenn das Kind mir unter den Händen erkrankt?«

Am nächsten Morgen, als ich gerade im Begriff war aufzustehen, öffnete sich die Tür, und ein junger Offizier trat bei mir ein. Er war klein von Wuchs und hatte ein gebräuntes, ausgesprochen häßliches Gesicht mit einem jedoch durchaus lebhaften Ausdruck.

»Entschuldigen Sie«, sagte er auf französisch, »daß ich so formlos bei Ihnen eindringe, um Sie kennenzulernen. Gestern hörte ich von Ihrer Ankunft, und der Wunsch, endlich einmal wieder ein menschliches Antlitz zu sehen, wurde so stark in mir, daß ich es nicht aushielt, noch länger zu warten. Sie werden das verstehen, wenn Sie hier einige Zeit gelebt haben!«

Ich erriet, daß es der Gardeoffizier war, den man wegen seines Duells hierherverbannt hatte. Wir machten uns miteinander bekannt. Schwabrin schien alles andere als dumm zu sein, und was er sagte, war geistreich und amüsant. Mit viel Humor beschrieb er die Familie des Kommandanten, seinen Verkehr und die ganze Gegend, in die mich das Schicksal verschlagen hatte. Ich lachte herzlich; da erschien jener Invalide, der im Vorzimmer des Kommandanten die grüne Uniform geflickt hatte, bei mir und lud mich im Auftrag Wassilissa Jegorownas zum Mittagessen ein. Schwabrin erbot sich, mich zu begleiten.

In der Nähe der Kommandantur sahen wir auf einem kleinen Platz zwanzig bejahrte Invaliden mit langen Zöpfen und dreieckigen Hüten. Sie standen in Reih und Glied vor dem Kommandanten, einem rüstigen hochgewachsenen Greis, der einen Nankingschlafrock anhatte und auf dem Kopf eine Nachtmütze trug. Als er uns bemerkte, kam er uns entgegen, sagte mir ein paar freundliche Worte und wandte sich dann wieder seinen Leuten zu. Wir blieben stehen, um zuzuschauen, aber er bat uns, wir möchten zu Wassilissa Jegorowna gehen – er selbst werde uns gleich folgen.

»Hier«, fügte er hinzu, »gibt es für Sie doch nichts zu sehen.«

Wassilissa Jegorowna empfing uns auf die natürlichste und freundlichste Weise. Sie behandelte mich, als wären wir längst gute Bekannte. Der Invalide und das Dienstmädchen Palaschka deckten den Mittagstisch.

»Was ist denn mit meinem Iwan Kusmitsch los, daß er heute so lange beim Exerzieren verweilt?« fragte die Kommandantenfrau. »Palaschka, lauf hinaus und ruf den gnädigen Herrn zum Essen! Aber wo bleibt denn Mascha?«

In diesem Augenblick erschien ein etwa achtzehnjähriges Mädchen mit rundem Gesicht und rosigen Wangen. Sie hatte ihr hellblondes Haar glatt hinter die Ohren gekämmt, die heftig glühten. Auf den ersten Blick gefiel sie mir nicht besonders. Ich war gegen sie voreingenommen, denn Schwabrin hatte mir Mascha, die Hauptmannstochter, als richtiges Gänschen geschildert. Marja Iwanowna setzte sich in eine Ecke und begann zu nähen. Inzwischen wurde die Kohlsuppe aufgetragen. Wassilissa Jegorowna, die immer noch auf ihren Mann wartete, schickte Palaschka abermals auf den Exerzierplatz.

»Richte dem gnädigen Herrn aus, daß die Gäste ungeduldig werden und das Essen kalt wird. Das Exerzieren läuft ja gottlob nicht davon, er wird noch Gelegenheit genug haben, die Leute anzuschreien.«

Gleich darauf kam der Hauptmann, begleitet von dem Einäugigen.

»Was ist mit dir, Batjuschka?« rief ihm seine Frau entgegen. »Das Essen ist längst aufgetragen, und du läßt immer noch auf dich warten!«

»Nun hör mal zu, Wassilissa Jegorowna«, antwortete Iwan Kusmitsch, »der Dienst geht vor, ich muß doch meine Soldaten ausbilden.«

»Übertreib nicht!« erwiderte die Kommandantenfrau. »Sie lernen weder etwas bei dir, noch verstehst du selber etwas vom Exerzieren. Es wäre besser, wenn du zu Hause säßest und betetest. Und nun bitte zu Tisch, meine lieben Gäste.«

Wir nahmen Platz. Wassilissa Jegorowna schwieg keinen Augenblick; sie überschüttete mich mit Fragen, wer meine Eltern seien, ob sie noch lebten, wo sie wohnten und wie ihre Vermögensverhältnisse seien. Als sie hörte, daß mein Vater dreihundert Leibeigene hätte, sagte sie: »Kaum zu glauben, was es doch für reiche Leute auf der Welt gibt! Wir, Batjuschka, haben alles in allem bloß eine einzige leibeigene Seele, das Mädchen Palaschka, und dennoch geht es uns, Gott sei gelobt, einigermaßen gut. Nur eins ist schlimm: Mascha ist jetzt so alt, daß sie heiraten könnte, aber wer nimmt sie mit einer Mitgift, die aus einem Taschenkamm, einem Birkenbesen und – Gott vergebe mir! – aus einem Dreikopekenstück besteht, für das sie gerade in die Badestube gehen kann. Es wäre schön, wenn sich trotzdem ein braver Freier fände, denn sonst muß sie wohl oder übel ihr Leben lang eine Jungfer bleiben.«

Ich blickte zu Marja Iwanowna hinüber; sie war ganz rot geworden, und sogar ein paar Tränen fielen auf ihren Teller. Sie tat mir leid, und ich beeilte mich, dem Gespräch eine andere Wendung zu geben.

»Ich habe gehört«, sagte ich reichlich unvermittelt, »daß die Baschkiren zu einem Überfall auf Ihre Festung rüsten.«

»Wer hat Ihnen das gesagt, Batjuschka?« fragte Iwan Kusmitsch.

»Man sprach davon in Orenburg«, antwortete ich.

»Leeres Geschwätz!« sagte der Kommandant. »Bei uns weiß man nichts davon. Die Baschkiren sind eingeschüchtert, und auch die Kirgisen haben ihren Denkzettel weg. Keine Angst, uns wird niemand anrühren. Und versuchen sie es doch, werde ich sie mit blutigen Köpfen nach Hause schicken, daß sie mindestens zehn Jahre lang mucksmäuschenstill sein werden.«

»Und Sie«, fuhr ich fort, indem ich mich an die Kommandantenfrau wandte, »fürchten Sie sich gar nicht davor, in einer Festung zu bleiben, die solchen Gefahren ausgesetzt ist?«

»Ich bin daran gewöhnt, Batjuschka«, antwortete sie. »Es sind jetzt zwanzig Jahre her, daß man uns vom Regiment hierher abkommandiert hat, und damals habe ich Gott weiß was für Ängste ausgestanden vor diesen ungläubigen Hunden! Wenn ich bloß ihre Pelzmützen aus Luchsfell sah und ihr Geschrei hörte, stand mir schon das Herz still, das kannst du mir glauben, Batjuschka! Jetzt aber ist mir das so zur Gewohnheit geworden, daß ich mich nicht vom Platze rühre, wenn uns gemeldet wird, das Pack treibe sich in der Nähe herum.«

»Wassilissa Jegorowna ist eine selten tapfere Dame«, bemerkte Schwabrin mit Nachdruck, »Iwan Kusmitsch kann es bestätigen.«

»Ja freilich«, sagte dieser, »furchtsam ist sie bestimmt nicht.«

»Und Marja Iwanowna«, fragte ich, »ist sie ebenso mutig?«

»Nein«, antwortete die Mutter, »Mascha ist ein Angsthase. Bis zum heutigen Tage kann sie keinen Flintenschuß hören, ohne gleich wie Espenlaub zu zittern. Als vor zwei Jahren Iwan Kusmitsch an meinem Namenstag auf den Gedanken kam, die Kanone abzufeuern, hätte sie vor Schreck beinahe ihren Geist aufgegeben. Seitdem schießen wir die Kanone überhaupt nicht mehr ab.«

Nach dem Essen zogen sich der Kommandant und seine Frau zurück, um ein Schläfchen zu halten. Ich ging zu Schwabrin und blieb bei ihm bis in die späten Abendstunden.

4

Das Duell

Kaum tratst du an, schon war es dir bewußt:
Mein schneller Degen stak in deiner Brust.
Kniashnin

Es vergingen einige Wochen, und das Leben in der Festung schien mir nicht nur erträglich zu sein, sondern sogar angenehm. Im Hause des Kommandanten wurde ich behandelt wie ein Verwandter. Der Hauptmann und seine Frau waren ehrenwerte Leute. Iwan Kusmitsch, der sich, obwohl der Sohn eines einfachen Soldaten, bis zum Offizier heraufgedient hatte, war zwar ungebildet, aber rechtschaffen und herzensgut. Er stand ganz und gar unter dem Pantoffel seiner Frau, was seiner unbekümmerten Natur in keiner Weise widersprach. Wassilissa Jegorowna machte keinen Unterschied zwischen dienstlichen Angelegenheiten und denen ihres Haushalts und regierte die Festung genauso wie ihr Haus. Marja Iwanowna hatte ihre Scheu vor mir schnell verloren. Wir wurden gute Freunde, und ich sah bald, daß sie ein verständiges und gefühlvolles Mädchen war. Aber ich schloß nicht nur diese liebenswürdige Familie mehr und mehr in mein Herz, sondern auch den einäugigen Garnisonsleutnant Iwan Ignatjitsch, den Schwabrin verdächtigte, in unerlaubten Beziehungen zu Wassilissa Jegorowna zu stehen – eine Behauptung, die auch nicht ein Körnchen Wahrheit enthielt. Aber das belastete Schwabrins Gewissen kein bißchen.

Ich war zum Offizier befördert worden. Der Dienst nahm mich kaum in Anspruch. In der allein dem Schutze Gottes überlassenen Festung gab es weder Truppenbesichtigungen noch militärische Übungen, noch waren Wachtposten zu kontrollieren, und wenn der Kommandant seine Soldaten gelegentlich exerzieren ließ, so tat er das nur zu seinem eigenen Vergnügen. Übrigens hatte er es noch nicht einmal erreichen können, daß sie wußten, wo rechts und links war, weshalb sie beim Kommando rechtsum oder linksum sich jedesmal bekreuzigten und Gott um seinen Beistand anriefen.

Schwabrin war im Besitz einiger französischer Bücher. Ich begann mit ihrer Lektüre, und in mir erwachte eine starke Neigung zur Literatur. An den Vormittagen las ich, übte mich im Übersetzen und versuchte mich manchmal auch im Verseschmieden. Das Mittagessen nahm ich fast immer beim Kommandanten ein, bei dem ich meist auch den Rest des Tages verbrachte. An den Abenden stellte sich gewöhnlich Vater Gerassim mit seiner Frau Akulina Pamfilowna ein, die als größte Klatschbase des ganzen Bezirks galt. Mit Alexander Iwanowitsch Schwabrin kam ich natürlich täglich zusammen, aber von Tag zu Tag wurde mir der Umgang mit ihm unangenehmer. Seine beständigen Witzeleien auf Kosten der Familie des Kommandanten mißfielen mir sehr, vor allem die boshaften Bemerkungen über Marja Iwanowna. – Anderen Verkehr gab es in der Festung nicht, aber ich hatte auch kein Bedürfnis danach.

Entgegen den Orenburger Prophezeiungen verhielten sich die Baschkiren vollkommen ruhig. Im Umkreis der Festung rührte sich nichts. Aber dieser Friede wurde plötzlich durch ein Zerwürfnis gestört.

Ich erwähnte schon, daß ich mich mit Literatur beschäftigte. Meine Versuche auf diesem Gebiet waren für die damalige Zeit ganz leidlich, und selbst Sumarokow* hat sie einige Jahre später sehr gelobt. Einmal glückte mir ein kleines Lied, auf das ich nicht wenig stolz war. Man weiß ja, daß Autoren unter dem Vorwand, sich beraten zu lassen, gern verständnisvolle Zuhörer aufsuchen. So brachte auch ich mein Liedchen, fein säuberlich abgeschrieben, zu Schwabrin, dem einzigen in der Festung, dem ich ein Urteil über das Werk eines Dichters zutraute. Nach einer kurzen Vorrede zog ich ein Heftchen aus der Tasche und las ihm folgende Verse vor:

Von deinem Liebreiz ganz besessen,
Schwindet meine Freiheit hin.
Ach, könnt ich, Mascha, dich vergessen –
Aus den Augen, aus dem Sinn!

Doch deinen Blick, der mich bezwungen,
Seh ich vor mir immerzu.
Er ist mir tief ins Herz gedrungen,
Raubt ihm Frieden, raubt ihm Ruh.

Ach, süße Mascha, sieh mich Armen –
Liebesqualen sind mein Teil.
Nur durch dein Mitleid, dein Erbarmen
Wird mein wundes Herze heil.

»Wie findest du das?« fragte ich Schwabrin in Erwartung eines Lobes, das meine Verse, wie ich überzeugt war, vollauf verdienten. Aber zu meinem großen Ärger erklärte er mein Gedicht rundweg für miserabel.

»Warum?« fragte ich, wobei ich meine Enttäuschung nur mühsam verbarg.

»Weil solche Verse«, antwortete er, »mich nur allzusehr

* Alexander Petrowitsch Sumarokow (1718–1777), Tragödiendichter und Direktor des ersten russischen Hoftheaters, hielt sich für die allein maßgebende literarische Autorität im damaligen Rußland.

an die Machwerke meines Lehrers Tredjakowskij* erinnern.«

Mit diesen Worten nahm er mir das Heft fort und begann jeden Vers und jedes einzelne Wort erbarmungslos zu bekritteln, und schließlich machte er sich auch über mich selbst in der giftigsten Weise lustig.

Da ließ ich meiner Empörung freien Lauf, riß ihm das Heft aus der Hand und erklärte, ich würde ihm nie wieder Dichtungen von mir zeigen. Auch darüber lachte er nur.

»Wir werden ja sehen«, sagte er, »ob du deine Drohung wahr machen wirst: Dichter brauchen ein Publikum, wie Iwan Kusmitsch sein Schnäpschen vor dem Essen. Aber wer ist denn eigentlich diese Mascha, der du deine zärtliche Neigung und deinen Liebeskummer gestehst? Etwa Marja Iwanowna?«

»Das geht dich nichts an«, erwiderte ich finster, »ich brauche weder dein Urteil noch deine Vermutungen.«

»Siehe da, der selbstgefällige Dichter und verschämte Liebhaber!« lachte Schwabrin und reizte mich immer mehr. »Aber eines will ich dir doch noch sagen«, fuhr er fort, »wenn du Erfolg haben willst, so rate ich dir, es nicht mit Versen, sondern mit anderen Dingen zu versuchen.«

»Was soll das heißen, Verehrtester? Drück dich deutlicher aus.«

»Mit Vergnügen. Das soll heißen: willst du Mascha Mironowna in der Dämmerung bei dir sehen, dann fährst du besser, wenn du ihr keine Gedichte, sondern ein paar Ohrringe schenkst.«

Ich zitterte vor Wut.

»Wie kommst du dazu, eine solche Meinung von ihr zu haben?« fragte ich; ich konnte meine Selbstbeherrschung kaum noch bewahren.

»Wie ich dazu komme?« antwortete er mit boshaftem Lachen. »Nun, weil ich ihre Sitten und Gewohnheiten aus eigener Erfahrung kenne.«

* Wassilij Kirilowitsch Tredjakowskij (1703–1769), ein völlig talentloser Dichter, der schon zu seiner Zeit mit Recht als lächerliche Figur galt.

»Du lügst, räudiger Hund«, schrie ich ihn wütend an, »du lügst in der schamlosesten Weise!«

Schwabrins Gesicht verzerrte sich.

»Das soll dich teuer zu stehen kommen«, sagte er und faßte mich hart am Arm. »Sie werden mir Satisfaktion geben.«

»Ich stehe Ihnen jederzeit zur Verfügung«, antwortete ich erfreut. Ich hätte ihn in diesem Augenblick am liebsten in Stücke gerissen.

Ich begab mich sofort zu Iwan Ignatjitsch und fand ihn mit einer Stopfnadel in der Hand; auf Befehl der Kommandantin war er damit beschäftigt, den Pilzvorrat für den Winter zum Trocknen an einer Schnur aufzureihen.

»Ah, Pjotr Andrejewitsch!« rief er mir entgegen, als er mich erblickte. »Seien Sie mir willkommen! Was führt Sie her? In welcher Sache kommen Sie, wenn ich fragen darf?«

In kurzen Worten teilte ich ihm mit, daß ich mich mit Alexej Iwanytsch überworfen hätte und ihn, Iwan Ignatjitsch, bäte, mein Sekundant zu sein. Er hörte mich aufmerksam an, wobei er sein einziges, weit aufgerissenes Auge starr auf mich gerichtet hielt.

»Wenn ich recht verstehe«, sagte er, »wünschen Sie Alexej Iwanytsch totzustechen und mich als Zeugen dabeizuhaben? Nicht wahr, so ist es, wenn ich fragen darf?«

»Jawohl, so ist es«, erwiderte ich.

»Aber ich bitte Sie, Pjotr Andrejewitsch, was haben Sie beide da angerichtet! Sie und Alexej Iwanytsch sind miteinander in Streit geraten – was für eine Staatsaktion! Er gebraucht Ihnen gegenüber ein Schimpfwort, und Sie werfen ihm dafür zwei an den Kopf. Er verabreicht Ihnen eine Maulschelle, und Sie geben sie ihm doppelt oder sogar dreifach zurück. Dann gehen Sie auseinander – und uns bleibt es überlassen, die Angelegenheit wieder in Ordnung zu bringen. Andernfalls, was gewinnen Sie denn, wenn Sie Alexej Iwanowitsch umbringen? Gewiß, auch ich habe nicht viel für ihn übrig. Wie aber, wenn umgekehrt er Ihnen das Lebenslicht ausbläst? Wer ist dann der Leidtragende, gestatte ich mir zu fragen?«

Diese Überlegungen des verständigen Leutnants konnten mich nicht irremachen, ich hielt an meiner Absicht fest.

»Wie Sie wollen«, sagte Iwan Ignatjitsch, »machen Sie, was Sie für richtig halten, aber warum soll ich dabei Zeuge sein? Aus welchem Grunde, wenn ich fragen darf? Zwei Menschen versuchen, sich gegenseitig umzubringen – als wenn man das noch nie erlebt hätte. Nicht umsonst bin ich gegen den Schweden und den Türken in den Krieg gezogen – ich habe genug gesehen.«

Ich bemühte mich, ihm die Aufgaben eines Sekundanten klarzumachen, aber Iwan Ignatjitsch konnte mich nicht verstehen.

»Wie Sie wollen«, sagte er abermals, »doch wenn ich schon in diese Geschichte mit hineingezogen werden soll, kann ich höchstens zu Iwan Kusmitsch gehen und ihm dienstlich melden, daß in der Festung eine Bluttat geplant wird, die ganz gewiß nicht dem Interesse der Krone dient. Belieben der Herr Kommandant, entsprechende Maßnahmen dagegen zu treffen?«

Ich erschrak und bat Iwan Ignatjitsch, dem Kommandanten nichts von der Sache zu sagen. Es gelang mir schließlich, ihn zu überreden. Er versprach es mir, und ich ließ ihn allein.

Den Abend verbrachte ich wie gewöhnlich beim Kommandanten. Ich gab mir alle Mühe, heiter und gleichmütig zu erscheinen, um keinen Verdacht zu erwecken und unbequemen Fragen aus dem Wege zu gehen. Aber ich muß gestehen, daß mir jene Gelassenheit fehlte, mit der sich fast alle zu brüsten pflegen, die sich in meiner Lage befinden. An diesem Abend war ich verträglich und sogar ein wenig rührselig gestimmt. Marja Iwanowna gefiel mir noch mehr als sonst. Der Gedanke, daß ich sie vielleicht zum letzten Male sähe, gab ihr in meinen Augen etwas Ergreifendes.

Schwabrin war ebenfalls anwesend. Ich nahm ihn beiseite und berichtete ihm über mein Gespräch mit Iwan Ignatjitsch.

»Wozu brauchen wir überhaupt Sekundanten?« fragte er gleichgültig, »wir kommen auch ohne sie aus.«

Wir vereinbarten, daß wir uns in der Nähe der Festung hinter den Heuschobern schlagen und uns dort am nächsten Morgen um sieben Uhr einfinden wollten. Unsere Unterhaltung machte anscheinend einen so harmlosen, freundschaftlichen Eindruck, daß Iwan Ignatjewitsch vor Freude beinahe aus der Schule geplaudert hätte, als er schmunzelnd zu mir sagte: »Ein schlechter Friede ist immer noch besser als ein guter Streit.«

»Was sagst du da, Iwan Ignatjitsch?« fragte die Kommandantenfrau, die in der Ecke saß und aus den Karten wahrsagte. »Ich habe nicht recht verstanden.«

Iwan Ignatjitsch, der mir meine Unzufriedenheit ansah und sich an sein Versprechen erinnerte, wurde verwirrt und wußte nicht, was er antworten sollte. Schwabrin half ihm aus der Verlegenheit.

»Iwan Ignatjitsch«, sagte er, »heißt es gut, daß wir wieder Frieden geschlossen haben.«

»Aber mit wem hattest du dich denn entzweit, Batjuschka?«

»Pjotr Andrejewitsch und ich waren miteinander in einen ziemlich heftigen Streit geraten.«

»Weswegen denn?«

»Wegen einer völlig bedeutungslosen Angelegenheit. Wenn Sie es genau wissen wollen, Wassilissa Jegorowna, wegen eines Liedchens.«

»Und wegen so einer Kleinigkeit zankt ihr euch? Ausgerechnet wegen eines Liedchens? Ja, wie kam denn das?«

»Das kam so: Pjotr Andrejewitsch hat kürzlich ein kleines Lied verfaßt und sang es mir heute vor, worauf auch ich mein Lieblingslied summte:

Hauptmannstöchterlein, hab acht,
Wag dich nicht hinaus um Mitternacht.

Das führte zu einem Wortwechsel. Pjotr Andrejitsch ärgerte sich, kam aber dann zu dem Schluß, daß jeder singen kann, was er will, und damit war die Sache erledigt.«

Schwabrins Schamlosigkeit hatte bei mir beinahe einen Wutanfall zur Folge, aber niemand außer mir verstand seine unverschämten Anspielungen oder achtete darauf. Von dem Liedchen kam man auf die Dichter selbst zu sprechen, und der Kommandant bemerkte dazu, daß sie allesamt verkommene Subjekte und unheilbare Gewohnheitssäufer seien, und gab mir den kameradschaftlichen Rat, das Versemachen sein zu lassen, da es dem Dienst nur schade und überhaupt zu nichts gut sei.

Die Anwesenheit Schwabrins war mir unerträglich. Ich verabschiedete mich bald vom Kommandanten und seiner Familie. Zu Hause angelangt, prüfte ich meinen Degen, insbesondere die Spitze. Dann ging ich zu Bett, nachdem ich Saweljitsch befohlen hatte, mich gegen sieben Uhr zu wekken.

Am andern Morgen war ich pünktlich an Ort und Stelle und erwartete meinen Gegner. Er stellte sich gleich nach mir ein.

»Man kann uns hier erwischen«, sagte er, »also beeilen wir uns.«

Wir entledigten uns unserer Uniformen, behielten aber die Westen an. Dann zogen wir die Degen. In diesem Augenblick kam plötzlich Iwan Ignatjitsch in Begleitung von fünf Invaliden hinter einem Heuschober zum Vorschein und befahl uns, ihm zum Kommandanten zu folgen. Wir gehorchten ihm verärgert. Die Soldaten nahmen uns in die Mitte, und so kehrten wir in die Festung zurück, den triumphierenden Iwan Ignatjitsch an der Spitze, der mit außerordentlicher Würde voranmarschierte.

Wir betraten die Kommandantur. Iwan Ignatjitsch öffnete die Tür und verkündete feierlich: »Hier bringe ich sie!«

Wassilissa Jegorowna kam uns entgegen.

»Ah, Freundchen, was denkt ihr euch eigentlich? Wie? Was? Mord und Totschlag in unserer Festung? Iwan Kusmitsch, unverzüglich in den Arrest mit ihnen! Pjotr Andrejewitsch, Alexej Iwanytsch, gebt eure Degen ab. Her damit! Und du, Palaschka, trägst sie sofort in die Rumpelkammer. Nein, Pjotr Andrejewitsch, von dir hätte ich das nie und nimmer erwartet. Schämst du dich nicht? Mit Alexej Iwanytsch ist es etwas anderes – man hat ihn wegen Mord hinausgeworfen, und an Gott glaubt er auch nicht. Aber du? Wie konntest du seinem schlechten Beispiel folgen?«

Iwan Kusmitsch stimmte seiner Gattin in allem bei und sagte: »Ja, seht, Wassilissa Jegorowna hat wieder einmal den Nagel auf den Kopf getroffen, Duelle sind nach den militärischen Bestimmungen ganz und gar verboten.«

Inzwischen hatte Palaschka uns unsere Degen abgenommen und fortgebracht. Ich konnte ein Lächeln nicht unterdrücken, Schwabrin jedoch blieb ernst.

»Bei aller meiner Achtung vor Ihnen«, sagte er zu Wassilissa Jegorowna, »kann ich nicht umhin zu bemerken, daß es nicht Ihre, sondern Iwan Kusmitschs Sache ist, über uns zu Gericht zu sitzen.«

»Ach Batjuschka«, widersprach die Kommandantenfrau, »sind denn nicht Mann und Frau ein Geist und ein Fleisch? Iwan Kusmitsch, warum trödelst du noch? Sperr sie sofort getrennt voneinander ein, damit ihnen bei Wasser und Brot die Lust zu solchen Torheiten vergeht. Auch möge Vater Gerassim ihnen eine Kirchenbuße auferlegen, damit sie vor Gott und der Gemeinde Abbitte tun.«

Iwan Kusmitsch wußte nicht, wie er sich verhalten sollte. Marja Iwanowna war ganz blaß geworden. Allmählich legte sich der Sturm. Die Kommandantenfrau beruhigte sich und überredete uns, einander zu küssen. Als das geschehen war, durfte Palaschka uns auch unsere Degen zurückbringen. Wir verließen den Kommandanten, scheinbar miteinander versöhnt. Iwan Ignatjitsch begleitete uns hinaus.

»Haben Sie sich denn wirklich nicht geschämt«, sagte ich empört zu ihm, »uns beim Kommandanten anzuzeigen, nachdem Sie doch Ihr Wort gegeben hatten, sie würden es nicht tun?«

»Gott ist mein Zeuge, daß ich ihm nichts davon gesagt habe«, antwortete er. »Wassilissa Jegorowna hat alles aus mir herausgepreßt. Sie war es auch, die ohne Wissen des Kommandanten die Anordnungen getroffen hat. Im übrigen sollten Sie Gott danken, daß die Angelegenheit ein so glückliches Ende genommen hat.«

Mit diesen Worten ließ er uns allein und ging nach Hause.

»Damit kann es nicht sein Bewenden haben«, sagte ich zu Schwabrin.

»Selbstverständlich nicht«, antwortete er, »Sie werden mir mit Ihrem Blut für Ihre Unverschämtheit zahlen, aber man wird vermutlich auf uns aufpassen. Wir werden einige Tage abwarten müssen. Auf Wiedersehen!«

Und wir gingen auseinander, als wäre nichts vorgefallen.

Zum Kommandanten zurückgekehrt, setzte ich mich wie gewöhnlich zu Marja Iwanowna. Iwan Kusmitsch war ausgegangen, und Wassilissa Jegorowna hatte in ihrem Haushalt zu tun. Wir plauderten halblaut. Marja Iwanowna machte mir in fast zärtlicher Weise Vorwürfe wegen der Aufregung, die ich durch meinen Streit mit Schwabrin verursacht hatte.

»Ich war außer mir«, sagte sie, »als ich hörte, daß Sie die Absicht hätten, sich zu schlagen. Wie sonderbar sind doch die Männer! Für ein einziges Wort, das sie wahrscheinlich schon nach einer Woche vergessen hätten, sind sie bereit, sich umzubringen, und sind gewissenlos genug, nicht nur ihr eigenes Leben zu opfern, sondern auch das Glück jener, die ... Aber ich bin fest überzeugt, daß nicht Sie der Urheber des Streites gewesen sind. Sicher war Alexej Iwanytsch der Schuldige.«

»Warum glauben Sie das, Marja Iwanowna?«

»Nun ... er ist ja so ein boshafter Spötter. Ich mag ihn überhaupt nicht, er ist mir in tiefster Seele zuwider. Aber ist es nicht merkwürdig: um keinen Preis möchte ich, daß auch ich ihm mißfiele. Das würde mich so ängstigen, daß ich keinen Augenblick Ruhe hätte.«

»Was denken Sie denn, Marja Iwanowna, gefallen Sie ihm oder nicht?«

Marja Iwanowna wurde verlegen und errötete.

»Mir scheint ...« sagte sie, »es kommt mir so vor, als ob ich ihm gefalle.«

»Warum kommt Ihnen das so vor?«

»Weil er um meine Hand angehalten hat.«

»Um Ihre Hand? Tatsächlich um Ihre Hand? Wann tat er denn das?«

»Im vorigen Jahr, etwa zwei Monate vor Ihrer Ankunft.«

»Und Sie haben nein gesagt?«

»Wie Sie sehen. Gewiß, Alexej Iwanowitsch ist ein kluger Mensch, ist von guter Familie und wohlhabend, aber wenn ich mir vorstelle, daß ich ihn öffentlich bei der Trauung hätte küssen müssen ... um nichts in der Welt!«

Die Worte Marja Iwanownas öffneten mir die Augen und machten mir manches klar. Ich begriff jetzt, warum Schwabrin ihrem guten Ruf so hartnäckig zu schaden suchte. Wahrscheinlich hatte er unsre gegenseitige Neigung längst erkannt und bemühte sich nun, uns auseinanderzubringen.

Die Ausdrücke, die den Anlaß zu unserem Zwist gegeben hatten, erschienen mir jetzt um so niederträchtiger, als ich in ihnen nicht mehr groben und zynischen Spott, sondern bewußte, wohlüberlegte Verleumdung erblicken mußte. Mein Wunsch, diesen gewissenlosen Ehrabschneider zu bestrafen, verstärkte sich noch, und mit größter Ungeduld wartete ich auf eine geeignete Gelegenheit.

Ich brauchte nicht lange zu warten. Schon am nächsten Tag – ich brütete über einer Elegie, kaute an meinem Federhalter und zerbrach mir den Kopf über einen passenden Reim – klopfte Schwabrin an mein Fenster. Ich warf die Feder hin, ergriff meinen Degen und trat zu ihm hinaus.

»Warum noch aufschieben?« sagte Schwabrin. »Wir werden ja gar nicht beobachtet. Gehen wir zum Fluß hinunter. Dort wird uns niemand stören.«

Wir machten uns schweigend auf, stiegen einen steilen Fußweg hinab, blieben unmittelbar am Ufer stehen und zogen die Degen aus der Scheide. Schwabrin war geschickter, aber ich war kräftiger und kühner, auch hatte Monsieur Beauprés, der einst Soldat gewesen war, mir Unterricht im Fechten gegeben, und das kam mir jetzt zugute. Schwabrin hatte wohl nicht erwartet, in mir einen so gefährlichen Gegner zu finden. Lange vermochten wir einander nichts anzutun. Schließlich, als ich merkte, daß Schwabrins Kräfte erlahmten, bedrängte ich ihn immer heftiger und trieb ihn fast ins Wasser hinein. Plötzlich hörte ich mit lauter Stimme meinen Namen rufen. Ich sah mich um und erblickte

Saweljitsch, der den Fußpfad im Laufschritt herunterkam . . . In diesem Augenblick fühlte ich einen heftigen Stich in der Brust unter der rechten Schulter. Ich fiel hin und verlor die Besinnung.

5

Die Liebe

Ach du Mägdlein, schönes Mägdlein
Heirat, Mägdlein, nicht zu jung!
Frage erst die Eltern dein,
Vater, Mutter, Anverwandte.
Bis du klug wirst, laß dir Zeit,
Bis die Mitgift liegt bereit.

Wenn du eine Schönre findst,
Wirst du ihr dein Herze schenken;
Wenn du eine Schönre findst,
Wirst du mein gedenken.

Volkslied

Als ich wieder zu mir kam, konnte ich mich eine Weile an nichts erinnern und begriff nicht, was mit mir geschehen war. Ich lag in einem unbekannten Zimmer im Bett und fühlte mich sehr schwach. Vor mir stand Saweljitsch mit einer Kerze in der Hand, während jemand den Verband abwickelte, der mir um Brust und Schulter gelegt war. Allmählich wurden meine Gedanken klarer. Ich erinnerte mich des Duells und erriet, daß ich verwundet war. In diesem Augenblick öffnete sich die Tür.

»Wie steht es? Wie fühlt er sich?« fragte eine Stimme, die mich aufhorchen ließ.

»Alles noch unverändert«, antwortete Saweljitsch seufzend, »den fünften Tag schon bewußtlos.«

Ich wollte mich umdrehen, war aber nicht dazu imstande.

»Wo bin ich, wer ist bei mir?« brachte ich mit Mühe hervor.

Marja Iwanowna trat an mein Bett und beugte sich über mich.

»Wie fühlen Sie sich?« fragte sie.

»Gott sei Dank besser«, erwiderte ich mit schwacher Stimme. »Sind Sie es, Marja Iwanowna? Sagen Sie mir . . .«

Aber ich vermochte nicht weiterzusprechen und schwieg. Saweljitsch atmete auf, und sein Gesicht leuchtete vor Freude. »Er ist wieder bei Besinnung!« rief er beglückt. »Gott sei Lob und Dank! Ach, Pjotr Andrejitsch, hast du mir angst gemacht, fünf Tage lang, wahrhaftig keine Kleinigkeit . . .«

Marja Iwanowna unterbrach seinen Redeschwall.

»Sprich nicht soviel mit ihm«, sagte sie, »er ist noch zu schwach dazu.«

Sie ging wieder hinaus und schloß leise die Tür.

Mein Inneres war in Aufruhr. Marja Iwanowna war bei mir gewesen – also befand ich mich im Hause des Kommandanten. Ich wollte einige Fragen an Saweljitsch richten, doch der Alte schüttelte den Kopf und hielt sich die Ohren zu. Ärgerlich schloß ich die Augen und war bald eingeschlafen.

Als ich wieder erwachte, rief ich nach Saweljitsch, sah aber statt seiner Marja Iwanowna vor mir, die mich mit ihrer Engelsstimme begrüßte. Ich kann das Gefühl der Beseligung nicht beschreiben, das mich in diesem Augenblick erfüllte. Ich nahm ihre Hand und drückte sie an mein Gesicht. Tränen der Rührung überströmten sie. Mascha zog sie nicht zurück, und plötzlich berührten ihre Lippen meine Wange, ich fühlte ihren warmen, frischen Kuß. Mir wurde heiß.

»Liebe, gute Marja Iwanowna«, sagte ich, »willst du meine Frau werden, willst du mich glücklich machen?«

Sie richtete sich auf.

»Um Gottes willen, beruhigen Sie sich«, antwortete sie und entzog mir ihre Hand. »Sie befinden sich noch in Lebensgefahr, Ihre Wunde kann sich wieder öffnen. Fassen Sie sich, und sei es auch bloß mir zuliebe.«

Mit diesen Worten ging sie aus dem Zimmer und ließ mich mit meinem Glück allein. Sie liebt mich, sie wird die Meine werden – dieser Gedanke erfüllte mich ganz.

Von diesem Augenblick an ging es schnell aufwärts mit mir. Behandelt wurde ich in Ermangelung eines Wundarztes vom Regimentsbader, der aber zum Glück keine allzu übertriebene Meinung von seinen medizinischen Kenntnissen hatte. Meine Jugend und meine kräftige Natur trugen nicht wenig zu meiner Genesung bei. Die ganze Familie des Kommandanten pflegte mich, und Marja Iwanowna wich nicht von meiner Seite. Natürlich benutzte ich die erstbeste Gelegenheit, um auf meine unterbrochene Liebeserklärung zurückzukommen, und Marja Iwanowna hörte mich geduldig an. Ohne sich zu zieren, gestand sie mir, daß sie meine Gefühle für sie erwidere, und sagte, auch ihre Eltern würden sich bestimmt von Herzen über ihr Glück freuen.

»Aber überlege dir ernstlich«, fügte sie hinzu, »ob nicht deine Angehörigen Einwände erheben werden.«

Ich ging mit mir zu Rate. Am liebevollen Einverständnis meiner Mutter zu zweifeln hatte ich keinen Grund; aber wenn ich mir den Charakter und die nüchterne Denkart des Vaters vergegenwärtigte, so sah ich voraus, daß er in meiner Liebe höchstwahrscheinlich nur eine Jugendeselei sehen würde. Diese Bedenken verschwieg ich Marja Iwanowna nicht, entschloß mich jedoch, ihm einen möglichst schönen Brief zu schreiben und um den elterlichen Segen zu bitten. Ich zeigte den Brief Marja Iwanowna; sie fand ihn so überzeugend und rührend, daß sie am Erfolg nicht zweifelte und sich den Gefühlen ihres zärtlichen Herzens mit der ganzen Vertrauensseligkeit ihrer Jugend und ihrer Liebe hingab.

Mit Schwabrin versöhnte ich mich gleich in den ersten Tagen meiner Genesung. Iwan Kusmitsch hatte mir Vorwürfe wegen des Duells gemacht und gesagt: »Ach, Pjotr Andrejewitsch, eigentlich hätte ich dich hinter Schloß und Riegel setzen sollen, aber du bist jetzt schon genug bestraft. Alexej Iwanytsch dagegen wird im Getreidemagazin bewacht, seinen Degen hat Wassilissa Jegorowna eingeschlossen. Möge er nun dort nachdenken und bereuen.«

Ich war viel zu glücklich, um noch unfreundliche Empfindungen zu hegen. Deshalb bat ich um Gnade für Schwabrin, und der gutmütige Kommandant ließ ihn – nachdem er die Erlaubnis seiner Frau eingeholt hatte – wieder frei. Schwabrin kam zu mir, sprach sein tiefstes Bedauern aus über das, was geschehen war, gestand seine Schuld ein und bat mich, alles zu vergessen. Von Natur nicht nachtragend, verzieh ich ihm von Herzen auch die Wunde, die ich von ihm empfangen hatte. Seine Verleumdung führte ich auf gekränktes Selbstgefühl und verschmähte Liebe zurück und beschloß großmütig, meinem unglücklichen Rivalen gegenüber Nachsicht zu üben.

Bald war ich so weit, daß ich wieder in meine Wohnung übersiedeln konnte. Mit Ungeduld erwartete ich die Antwort meines Vaters. Ich wagte kaum zu hoffen und bemühte mich, meine bösen Vorahnungen zu unterdrücken. Mit Wassilissa Jegorowna und ihrem Mann hatte ich mich noch nicht ausgesprochen, aber meine Brautwerbung wäre ihnen wohl kaum überraschend gekommen. Weder ich noch Marja Iwanowna hielten es für nötig, unsere Gefühle vor ihnen zu verbergen, denn wir waren ihres Einverständnisses von vornherein sicher.

Eines Morgens endlich brachte mir Saweljitsch ein Schreiben. Zitternd vor Aufregung nahm ich ihm den Brief aus der Hand. Die Adresse hatte mein Vater geschrieben; es handelte sich also um etwas besonders Wichtiges, denn gewöhnlich war es die Mutter, die an mich schrieb, und der Vater fügte am Schluß nur einige Zeilen hinzu. Lange konnte ich es nicht über mich bringen, den Brief zu öffnen, sondern las nur immer wieder die feierliche Anschrift: »Meinem Sohn Pjotr Andrejewitsch Grinew, Gouvernement Orenburg, Festung Belogorskaja.« Ich suchte aus der Handschrift die Stimmung zu erraten, in welcher der Brief geschrieben war. Endlich faßte ich Mut, riß den Umschlag auf und ersah schon aus den ersten Zeilen, daß meine bange Ahnung mich nicht getäuscht hatte: alles war zu Ende.

Der Brief hatte folgenden Wortlaut:

»Mein Sohn Pjotr!

Deinen Brief, in dem Du um den elterlichen Segen bittest und um unsere Erlaubnis, Marja Iwanowna Mironowa zu heiraten, erhielten wir am 15. des Monats. Ich habe jedoch weder die Absicht, Dir meinen Segen noch meine Zustimmung zu erteilen, sondern wünsche vielmehr Dir, ohne die geringste Rücksicht auf deinen Offiziersrang, Deine kindischen Streiche noch einmal auf dieselbe handgreifliche Weise auszutreiben, mit der man einen dummen Jungen Mores lehrt. Denn Du hast bewiesen, daß Du noch nicht würdig bist, einen Degen zu tragen, der Dir zur Verteidigung des Vaterlandes verliehen wurde, aber nicht für Duelle mit ebensolchen Windbeuteln, wie Du selbst einer bist. Ich werde sofort an Andrej Karlowitsch schreiben und ihn bitten, Dich von der Festung fort noch weiter weg zu versetzen, damit Dir die Lust zu solchen Torheiten endgültig vergeht. Deine Mutter ist, als sie von Deinem Duell und Deiner Verwundung hörte, vor Kummer krank geworden und liegt jetzt zu Bett. Was soll aus Dir werden? Ich flehe zu Gott, daß Du endlich zur Vernunft kommst, habe aber wenig Hoffnung, daß Er Dir gnädig sein wird.

Dein Vater A. G.«

Der Inhalt dieses Briefes löste in mir ganz verschiedene Gefühle aus. Die scharfen Ausdrücke, an denen mein Batjuschka nicht gespart hatte, kränkten mich tief. Die Geringschätzung, die darin lag, daß er Marja Iwanowna gerade nur erwähnte, schien mir ebenso unschicklich wie ungerecht zu sein. Der Gedanke, man könnte mich aus der Festung fortschicken, beunruhigte mich sehr, aber mehr als alles andere betrübte mich die Nachricht von der Krankheit meiner Mutter. Ich grollte Saweljitsch, da ich fest überzeugt war, daß er meine Eltern von dem Duell unterrichtet hatte. Ich ging in meiner kleinen Stube auf und ab, machte schließlich vor ihm halt und sagte, indem ich ihm starr in die Augen blickte: »Wie ich sehe, war es dir noch nicht genug, daß ich infolge deiner unerwarteten Einmischung verwundet wurde und einen Monat lang in Lebensgefahr war, du willst auch noch meine Mutter ins Grab bringen.«

Saweljitsch war wie vom Donner gerührt.

»Ich bitte dich, Herr«, sagte er und war dem Weinen nahe, »was sprichst du da? Ich soll an deiner Verwundung schuld sein? Gott ist mein Zeuge, ich eilte herbei, um dich mit meiner Brust vor Alexej Iwanowitschs Säbel zu schützen! Nur mein verdammtes Alter hat mich daran gehindert. Und was habe ich denn deiner Mutter angetan?«

»Was du getan hast?« antwortete ich. »Wer hat dich darum gebeten, mich hinzuhängen? Bist du mir denn als Spion beigegeben?«

»Himmlischer Vater, ich soll ein Angeber sein?« erwiderte Saweljitsch mit Tränen in den Augen. »Da lies nur, was der gnädige Herr mir schreibt! Dann wirst du selbst sehen, ob ich dich verraten habe oder nicht.«

Er zog einen Brief aus der Tasche, und ich las folgendes:

»Schäm Dich, alter Hund, daß Du mir ungeachtet meines ausdrücklichen Befehls nichts über meinen Sohn Pjotr Andrejewitsch mitgeteilt hast und daß daher fremde Leute gezwungen waren, mich über seine Dummheiten zu unterrichten. So also erfüllst Du Deine Pflicht und den Willen Deines Herrn! Ich werde Dich, Hundesohn, in Zukunft die Schweine hüten lassen zur Strafe dafür, daß Du mir die Wahrheit verschwiegen hast, vor allem aber dann, wenn Du dem jungen Mann auch weiterhin alles zu Gefallen tust. Laß Dir das gesagt sein! Jetzt aber befehle ich Dir, mir unverzüglich zu schreiben, wie sein Befinden ist, von dem man mir berichtet, daß es sich inzwischen gebessert habe, ferner an welcher Stelle er verwundet wurde und ob er ordentlich behandelt worden ist.«

Aus diesem Brief ging klar hervor, daß Saweljitsch unschuldig war und daß ich ihn grundlos gekränkt und verdächtigt hatte. Ich bat ihn um Verzeihung, aber er war untröstlich.

»Daß ich das noch erleben muß!« jammerte er. »Habe ich's denn verdient, daß meine Herrschaft mich einen alten Hund und einen Schweinehirten nennt und mir die Schuld an deiner Verwundung gibt? Nein, Batjuschka Pjotr Andrejitsch, nicht ich bin der Schuldige, sondern der verfluchte Musjöh, der dich gelehrt hat, mit eisernen Bratspießen herumzufuchteln und dabei hin und her zu springen, als ob man sich damit vor schlechten Menschen retten könnte! War es denn wirklich nötig, den Musjöh ins Haus zu nehmen und sich das noch eine Menge Geld kosten zu lassen?«

Aber wer hatte sich dann die Mühe gemacht, meinen Vater von meinem Benehmen in Kenntnis zu setzen? Konnte es der General gewesen sein, der sich doch, wie mir schien, nur wenig oder gar nicht um mich gekümmert hatte? Oder Iwan Kusmitsch? Auch er hatte es bestimmt nicht für nötig gehalten, mein Duell an die große Glocke zu hängen. Ich erging mich in den verschiedensten Vermutungen, bis mein Verdacht schließlich auf Schwabrin fiel. Ihm allein war die Denunziation zuzutrauen, zumal er sich davon meine Versetzung von der Festung und meine Trennung von der Familie des Kommandanten versprechen mochte. Ich suchte Marja Iwanowna auf, um ihr alles zu erzählen, und begegnete ihr vor der Haustür.

»Was ist geschehen? Warum sind Sie so blaß?« fragte sie, als sie mich kommen sah.

»Alles ist aus!« antwortete ich und gab ihr den Brief meines Vaters.

Jetzt erbleichte auch sie. Als sie den Brief gelesen hatte, gab sie ihn mir zurück und sagte mit bebender Stimme: »Ich weiß, daß ich kein Glück habe . . . Die Ihrigen verweigern mir die Aufnahme in die Familie. So geschehe denn Gottes Wille. Er weiß besser als wir, was uns nottut. Wir müssen uns fügen, Pjotr Andrejitsch, mögen wenigstens Sie glücklich werden . . .«

»Das darf nicht sein!« rief ich aus und ergriff ihre Hand. »Du liebst mich, ich bin zum Äußersten entschlossen. Gehen wir, fallen wir deinen Eltern zu Füßen. Sie sind einfache Leute, keine grausamen, überheblichen Menschen . . . Sie werden uns ihren Segen geben, wir werden uns trauen lassen . . . meine Mutter ist auf unserer Seite, und mit der Zeit wird auch mein Vater sich umstimmen lassen und uns verzeihen . . .«

»Nein, Pjotr Andrejewitsch«, antwortete Mascha, »ich darf dich nicht heiraten ohne den Segen deiner Eltern. Wenn sie nicht einverstanden sind, kannst auch du nicht glücklich werden. Unterwerfen wir uns dem Willen Gottes. Wenn du eine andre findest, die du liebst und die dir vom Schicksal bestimmt ist, so möge Gott mit dir sein, Pjotr Andrejitsch, ich aber will für euch beide . . .«

Sie brach in Tränen aus und flüchtete ins Haus. Ich wollte

ihr folgen, fühlte aber, daß ich meine Fassung verlieren würde, und ging in meine Wohnung zurück.

In Gedanken versunken saß ich da, als mich plötzlich Saweljitsch aufstörte. Er hielt mir ein beschriebenes Blatt entgegen und sagte: »Schau her, gnädiger Herr, ob ich ein Verräter bin und mich bemühe, Vater und Sohn miteinander zu entzweien.«

Ich nahm ihm das Blatt aus der Hand. Es war Saweljitschs Antwort auf den Brief, den er von meinem Vater erhalten hatte. Sie lautete wörtlich:

»Herrn Andrej Petrowitsch, unserm gnädigsten Vater!

Ich bekam Euren werten Brief, in dem Ihr geruht habt, Euch über mich, Deinen Knecht, zu erzürnen, weil ich Euren Befehlen nicht gehorcht habe, worüber ich mich schämen soll. Ich bin kein alter Hund, sondern Dein treuer Diener gewesen, bis mein Haar grau wurde. Ich habe Euch über Pjotr Andrejitschs Wunde nicht geschrieben, um Euch nicht zu erschrecken, und ich höre, daß die gnädige Frau, unsre Mutter Awdotja Wassiljewna, schon sowieso vor Schreck sich hat niederlegen müssen, und ich werde zu Gott beten um ihre Gesundheit. Aber Pjotr Andrejitsch wurde verwundet an der rechten Schulter in der Brust, gleich unter dem Knöchelchen, anderthalb Zoll hinein in die Tiefe, und lag im Hause des Kommandanten, wohin wir ihn vom Ufer trugen, und kurierte ihn der hiesige Barbier Stepan Paramonow. Jetzt ist Pjotr Andrejitsch, Gott sei gelobt, gesund, und außer Gutem ist sonst nichts über ihn zu schreiben. Die Kommandeure sind, wie man sagt, mit ihm zufrieden, und für Wassilissa Jegorowna ist er wie ein eigener Sohn. Daß mit ihm aber so eine Begebenheit geschehen konnte, dafür darf man dem wackren Jungen keine Schuld geben: das Roß hat vier Beine und stolpert doch. Aber da Sie geruhen, mir zu schreiben, daß Sie mich schicken wollen, die Schweine zu hüten, so ist das Euer eigner Wille, gnädiger Herr. Und somit verneige ich mich unterwürfig als Euer gehorsamer Knecht

Archip Saweljew.«

Als ich dieses Schriftstück des guten Alten las, konnte ich

nicht anders, ich mußte ein paarmal lächeln. Meinem Vater zu antworten, fühlte ich mich nicht imstande, und um die Mutter zu beruhigen, schien mir Saweljitschs Brief hinreichend.

Von diesem Augenblick an veränderte sich meine Lage. Marja Iwanowna sprach kaum noch mit mir und bemühte sich, soweit es möglich war, mir aus dem Weg zu gehen. Meine Besuche im Hause des Kommandanten mußte ich daher einstellen. Allmählich gewöhnte ich mich daran, allein daheim zu sitzen. Wassilissa Jegorowna nahm mir das anfangs übel, ließ mich aber in Ruhe, als sie merkte, daß sie mich nicht umstimmen konnte. Iwan Kusmitsch sah ich nur noch, wenn der Dienst es verlangte. Mit Schwabrin kam ich nur selten und ungern zusammen, zumal ich an ihm eine versteckte Feindseligkeit mir gegenüber bemerkte, die meinen Verdacht nur verstärken konnte. Das Leben wurde mir immer unerträglicher. Ich verfiel in ein trübseliges Vormichhinbrüten, das durch den Mangel an Beschäftigung und auch dadurch, daß ich nur auf mich allein angewiesen war, noch genährt wurde. Meine Liebe wurde infolge dieser völligen Vereinsamung von Stunde zu Stunde heißer und peinigte mich immer mehr. Ich verlor die Lust am Lesen und das Interesse für Literatur. Ich ließ den Kopf hängen und fürchtete, entweder den Verstand zu verlieren oder in einem lasterhaften Leben zu versinken. Doch da traten ganz unerwartete Ereignisse ein, die einen entscheidenden Einfluß auf mein ganzes späteres Leben ausüben sollten, sie rüttelten mich aus meiner dumpfen Erschlaffung auf und belebten und ermutigten mich wieder.

6

Der Kosakenaufstand

Ihr jungen Leute, hört nur zu,
Was wir Alten euch erzählen.
Volkslied

Bevor ich an die Beschreibung der denkwürdigen Begebenheiten herangehe, deren Zeuge ich war, muß ich noch einige Worte der Lage widmen, in der sich das Gouvernement Orenburg am Ende des Jahres 1773 befand.

Dieses ausgedehnte und reiche Gebiet wurde von vielen halbwilden Volksstämmen bewohnt, die erst seit kurzem die Herrschaft der russischen Monarchie anerkannten. Ihre häufigen Aufstände, ihr Unvermögen, sich an Gesetze und an ein bürgerliches Leben zu gewöhnen, ihre Unbesonnenheit und Grausamkeit erforderten von seiten der Regierung eine beständige Überwachung; nur dadurch konnte die Ordnung aufrechterhalten werden. An geeigneten Plätzen hatte man daher Festungen errichtet und sie hauptsächlich mit Kosaken besiedelt, die von jeher die Ufer des Jaik bewohnten. Aber auch diese angeblich regierungstreuen Jaikkosaken, die in ihrem Bezirk für Ruhe und Ordnung sorgen sollten, waren neuerdings zu unzuverlässigen und gefährlichen Untertanen geworden. Im Jahre 1772 war es in ihrer Hauptstadt zu blutigen Ausschreitungen gekommen infolge der strengen Maßnahmen, die der Generalmajor von Traubenberg angeordnet hatte, um die gelockerte Disziplin seiner Truppe zu festigen. Nachdem Traubenberg auf bestialische Weise ermordet worden war und die Aufständischen sich bereits selbst eine eigene Verwaltung gegeben hatten, wurde die Revolte mit Hilfe von Kartätschen und grausamen Bestrafungen niedergeschlagen.

Das alles hatte sich einige Zeit vor meiner Ankunft in der Festung Belogorskaja ereignet. Inzwischen war es wieder ruhig geworden, oder wenigstens schien es so. Doch die Regierung machte einen Fehler: sie schenkte dem noch recht fragwürdigen Gesinnungswechsel der heimtückischen Anführer allzu schnell Glauben. In Wirklichkeit nämlich machten die Rebellen nur gute Miene zum bösen Spiel und warteten insgeheim auf die erste beste Gelegenheit, um von neuem loszuschlagen. –

Ich wende mich jetzt wieder meiner Erzählung zu.

Eines Abends – es war Anfang Oktober 1773 – saß ich allein am Fenster, lauschte dem Heulen des Herbstwindes und beobachtete die schnell dahinziehenden Wolken, die den Mond bald verhüllten und bald wieder sichtbar werden ließen. Da wurde ich überraschend zum Kommandanten gerufen; ich ging sofort zu ihm. Bei Iwan Kusmitsch fand ich bereits Schwabrin, Iwan Ignatjitsch und den Kosakenunteroffizier vor. Wassilissa Jegorowna und Marja Iwanowna waren nicht anwesend. Der Kommandant begrüßte mich mit sorgenvoller Miene. Er schloß die Tür, forderte alle auf, Platz zu nehmen, ausgenommen den Unteroffizier, der an der Tür stehenblieb, zog ein Schreiben aus der Tasche und sagte: »Meine Herren Offiziere, eine wichtige Neuigkeit! Hören Sie, was mir der General mitteilt.«

Nach dieser Einleitung setzte er seine Brille auf und las folgendes vor:

»Dem Herrn Kommandanten der Festung Belogorskaja, Hauptmann Mironow.

Geheim.

Hiermit bringe ich Ihnen zur Kenntnis, daß der Donkosak und Altgläubige Jemeljan Pugatschow, der die unverzeihliche Frechheit besitzt, sich als der hochselige Kaiser Peter III. auszugeben, aus dem Gewahrsam entflohen ist, sich an die Spitze einer Räuberbande gestellt und einen Aufstand in den Jaiksiedlungen angestiftet hat. Er und seine Anhänger haben bereits einige Festungen niedergebrannt und überall geplündert und gemordet. Infolgedessen befehle ich Ihnen, Herr Hauptmann, sogleich nach Empfang dieses Schreibens entsprechende Maßnahmen zur Abwehr und, sofern möglich, zur völligen Vernichtung dieses Verbrechers und Usurpators zu treffen, wenn er die Ihrer Obhut anvertraute Festung angreifen sollte.«

»Entsprechende Maßnahmen treffen!« sagte der Kommandant, nahm seine Brille ab und faltete den Brief zusammen. »Leicht gesagt! Der Aufrührer verfügt offenbar über nicht zu unterschätzende Kräfte. Wir aber haben bloß hundertdreißig Mann, die Kosaken ungerechnet, auf die ja nur wenig Verlaß ist – nimm's mir nicht übel, Maximytsch.« Der Unteroffizier lachte. – »Aber da ist nichts zu machen, meine Herren Offiziere! Ich verlasse mich auf Ihre Gewissenhaftigkeit. Sorgen Sie für Wachtposten und nächtliche Patrouillen, schließen Sie bei einem drohenden Überfall die Tore und führen Sie die Soldaten hinaus. Du, Maximytsch, paß gut auf deine Kosaken auf. Die Kanone muß nachgesehen und ordentlich geputzt werden. Vor allem aber haltet alle den Mund, damit niemand in der Festung vorzeitig etwas erfährt.«

Nachdem Iwan Kusmitsch diese Anordnungen getroffen hatte, verabschiedete er uns. Ich ließ mir das alles durch den Kopf gehen, als ich mit Schwabrin zusammen fortging.

»Was meinst du, wie wird das enden?« fragte ich ihn.

»Gott weiß«, antwortete er, »man wird ja sehen. Sehr ernst scheint mir die Lage einstweilen noch nicht zu sein. Wenn jedoch wirklich . . .«

Er wurde nachdenklich und begann geistesabwesend eine französische Arie zu pfeifen.

Obwohl wir Schweigen bewahrten, war die Nachricht vom Erscheinen Pugatschows bald in aller Munde. Zwar brachte Iwan Kusmitsch seiner Frau unbegrenztes Vertrauen entgegen, doch hätte er sie um keinen Preis in ein Dienstgeheimnis eingeweiht. Als er die Mitteilung des Generals erhielt, hatte er daher auf schlaue Weise Wassilissa Jegorowna entfernt, indem er ihr sagte, Vater Gerassim habe aus Orenburg irgendwelche wunderbaren Nachrichten erhalten, die er aber hartnäckig für sich behalte. Wassilissa Jegorowna ließ sofort alles stehen und liegen und eilte zur Popenfrau. Auf Rat ihres Mannes nahm sie auch Mascha mit, damit diese sich zu Hause nicht langweile. So war es Iwan Kusmitsch tatsächlich gelungen, sein Ziel zu erreichen: er war alleiniger Herr im Hause, wenn auch nur für kurze Zeit, was er dazu benutzte, nach uns zu schicken und Palaschka in die Rumpelkammer zu sperren, um ihr das Horchen unmöglich zu machen.

Unterdessen hatte sich Wassilissa Jegorowna vergeblich bemüht, die Popenfrau auszuhorchen: sie wußte von nichts. Neuigkeiten erfuhr die Kommandantenfrau vielmehr erst, als sie wieder zu Hause war. Und diese Überraschungen bestanden darin, daß in ihrer Abwesenheit bei ihrem Mann eine Beratung stattgefunden und Palaschka unterdessen hinter der verschlossenen Tür der Rumpelkammer gesessen hatte. Wassilissa Jegorowna merkte, daß sie von ihrem Mann an der Nase herumgeführt worden war, und stellte ihn sofort zur Rede. Aber Iwan Kusmitsch hatte sich auf diesen Angriff vorbereitet und antwortete seiner neugierigen Ehehälfte unbefangen und ohne die geringsten Zeichen von Verlegenheit.

»Paß mal auf, Mütterchen«, sagte er, »unsre Weiber sind auf den Gedanken gekommen, ihre Öfen mit Stroh anzuheizen. Weil aber dadurch Unheil entstehen kann, habe ich eine strenge Verordnung erlassen, daß in Zukunft nur Reisig und Holzspäne benutzt werden dürfen.«

»Und aus welchem Grunde hast du Palaschka eingesperrt?« fragte die Kommandantenfrau. »Warum, bitte, mußte das arme Mädchen in der dunklen Kammer sitzen, bis wir nach Hause kamen?«

Auf diese Frage war Iwan Kusmitsch nicht gefaßt. Er fühlte sich in die Enge getrieben und stotterte eine sinnlose Antwort. Wassilissa Jegorowna sah, daß sie nichts aus ihm herausbringen würde, stellte das Verhör ein und begann von Salzgurken zu sprechen, die Akulina Pamfilowna auf eine ganz andere Art zubereite. Die Kommandantenfrau verbrachte eine schlaflose Nacht, weil sie nicht zu erraten vermochte, was Iwan Kusmitsch ihr vorenthielt.

Als sie am andern Morgen aus der Messe kam, fiel ihr auf, daß Iwan Ignatjitsch sich an der Kanone zu schaffen machte. Sie sah, daß er Lappen, Steinchen, Holzstücke, zerbrochenes Spielzeug und den sonstigen Plunder herausholte, mit dem die Kinder das Rohr der Haubitze vollgestopft hatten. Was hatten diese kriegerischen Vorbereitungen zu bedeuten? fragte sich die Kommandantenfrau. Erwartete man etwa einen Überfall der Kirgisen? Aber warum sollte Iwan Kusmitsch mir eine solche Kleinigkeit verheimlichen? Sie rief Iwan Ignatjitsch zu sich, fest entschlossen, ihm das Geheimnis zu entlocken, das ihre weibliche Neugier so quälte.

Wassilissa Jegorowna ließ zuerst einige Bemerkungen über ihren Haushalt fallen, ganz wie ein gewiegter Untersuchungsrichter das Verhör mit nebensächlichen Fragen beginnt, um das wachsame Mißtrauen des Angeklagten einzuschläfern. Dann schwieg sie eine Weile, seufzte und sagte kopfschüttelnd: »Mein Gott, solche Neuigkeiten! Was soll nur daraus werden?«

»Ach, Matuschka«, antwortete Ignatjitsch, »Gott ist gnädig: Soldaten haben wir genug, Pulver ebenfalls, und die Kanone habe ich bereits geputzt. Mit Gottes Hilfe werden wir den Pugatschow schon kleinkriegen, das Schwein wird uns nicht fressen!«

»Was ist das eigentlich für ein Mensch, dieser Pugatschow?« fragte die Kommandantenfrau.

Iwan Ignatjisch biß sich auf die Lippen – er hatte sich wieder einmal verplappert. Das Unglück war nicht mehr gutzumachen. Wassilissa Jegorowna zwang ihn, das Geheimnis preiszugeben, nachdem sie ihm hoch und heilig gelobt hatte, Stillschweigen zu bewahren.

Sie hielt auch ihr Versprechen und sagte niemandem ein Wort außer der Popenfrau, und dieser auch nur deshalb, weil Akulina Pamfilownas Kuh in der Steppe weidete und dort von den Aufrührern weggeschnappt werden könnte.

Bald gab es in der Festung kein anderes Gesprächsthema mehr als Pugatschow, und die verschiedensten Gerüchte und Vermutungen wurden in Umlauf gesetzt. Der Kommandant schickte den Kosakenunteroffizier mit dem Auftrag fort, in den benachbarten Siedlungen und Festungen Erkundigungen einzuziehen. Maximytsch kehrte nach zwei Tagen zurück und berichtete, daß er etwa sechzig Werst von der Festung entfernt eine Menge Lagerfeuer gesehen und von den Baschkiren gehört habe, eine gewaltige Truppenmacht sei im Anmarsch. Im übrigen könne er nichts Sicheres sagen, weil er sich nicht getraut habe, weiter vorzudringen.

Die Erregung unter den Kosaken innerhalb der Festung nahm merklich zu. Sie standen auf den Straßen in Gruppen herum, flüsterten miteinander und zogen sich in ihre Hütten zurück, sobald ein Dragoner oder ein anderer Soldat der Garnison auftauchte. Man versuchte sie auszuhorchen. Der getaufte Kalmücke Julaj machte dem Kommandanten die wichtige Mitteilung, der Bericht des Unteroffiziers sei irreführend gewesen: der doppelzüngige Kosak habe seine Leute wissen lassen, daß er mit den Aufständischen Fühlung genommen und mit ihrem Anführer, der so gnädig gewesen sei, seinen Handkuß entgegenzunehmen, lange gesprochen habe. Der Kommandant ließ den Verräter sogleich einsperren und bewachen und setzte Julaj an seine Stelle, was bei den Kosaken heftige Erbitterung hervorrief. Sie gaben ihrer Unzufriedenheit offen Ausdruck, und Iwan Ignatjitsch, der die Anordnungen des Kommandanten auszuführen hatte, hörte mit eigenen Ohren, wie sie drohten: »Das werden wir dir schon heimzahlen, du Garnisonsratte!«

Iwan Kusmitsch hatte vor, den Arrestanten noch am gleichen Tage zu verhören, aber es stellte sich heraus, daß es dem Unteroffizier inzwischen gelungen war zu entfliehen – vermutlich mit Hilfe seiner Gesinnungsgenossen.

Ein anderer Vorfall verstärkte die Besorgnis des Kommandanten. Man hatte einen Baschkiren festgenommen, der hetzerische Flugblätter verteilte. Aus diesem Anlaß gedachte Iwan Kusmitsch seine Offiziere abermals bei sich zu versammeln und Wassilissa Jegorowna wiederum unter einem stichhaltigen Vorwand aus dem Hause zu schicken. Da er aber ein durch und durch aufrichtiger und wahrheitsliebender Mensch war, fiel ihm nichts anderes ein als das schon einmal erprobte Verfahren.

»Paß mal auf, Wassilissa Jegorowna«, sagte er mit verlegenem Hüsteln, »wie ich höre, erhielt Vater Gerassim aus Orenburg . . .«

»Lüg doch nicht schon wieder, Iwan Kusmitsch«, unterbrach ihn seine Frau, »du willst eine neue Beratung abhalten und, ohne daß ich dabei bin, über Jemeljan Pugatschow sprechen. Aber diesmal gehe ich dir nicht auf den Leim!«

Iwan Kusmitsch machte große Augen.

»Nun, Matuschka«, sagte er, »wenn du das schon weißt, so bleib meinetwegen da. Wir können uns schließlich auch aussprechen, wenn du dabei bist.«

»Na also, Batjuschka«, antwortete sie, »Verschlagenheit ist nicht gerade deine Stärke! Schick mal nach deinen Offizieren.«

Wir kamen wieder zusammen. Der Kommandant las uns in Gegenwart seiner Frau Pugatschows Aufruf vor, den ein des Schreibens offenbar nur halbwegs kundiger Kosak aufgesetzt haben mochte. Der Anführer kündigte darin seine Absicht an, unsere Festung in Kürze zu überfallen; ferner forderte er alle Kosaken und Soldaten auf, sich seiner Bande anzuschließen, und warnte die Kommandanten und Offiziere, sich zur Wehr zu setzen, andernfalls werde er sie hinrichten lassen. Die Proklamation war in ordinären, aber wirkungsvollen Worten abgefaßt und sollte offensichtlich dazu dienen, einen starken Eindruck auf die einfachen Leute zu machen.

»So ein gemeiner Verbrecher!« rief die Kommandantenfrau aus. »Wie kann er sich unterstehen, uns so etwas zuzumuten! Wir sollen ihm wohl entgegengehen und ihm unsere Fahnen zu Füßen legen! Weiß denn dieser Hundesohn nicht, daß wir vierzig Jahre im Dienst sind und, Gott sei's gelobt, schon manches überstanden haben? Sollte es wirklich Kommandeure geben, die sich diesem Räuber gefügt haben?«

»Das ist eigentlich undenkbar«, antwortete Iwan Kusmitsch, »aber wie man hört, hat dieser Übeltäter schon viele Festungen in seine Gewalt gebracht.«

»Er muß also doch sehr stark sein«, bemerkte Schwabrin.

»Wie stark er in Wirklichkeit ist, werden wir gleich erfahren«, sagte der Kommandant. »Wassilissa Jegorowna, gib mir mal den Schlüssel zum Speicher, und du, Iwan Ignatjitsch, führ uns den Baschkiren vor und sage Julaj, er soll einige Knuten herbringen.«

»Warte, Iwan Kusmitsch«, sagte die Kommandantenfrau und erhob sich, »laß mich erst Mascha aus dem Hause schaffen; sie würde außer sich sein, wenn sie das Jammergeschrei hörte. Übrigens bin auch ich, offengestanden, keine Anhängerin solcher Untersuchungsmethoden. Ich habe keine Lust, das mit anzusehen.«

Die Folter galt für die Rechtsprechung der alten Zeit als so unentbehrlich, daß der menschenfreundliche Erlaß, der sie aufhob, sich lange nicht durchsetzen konnte. Man war der Meinung, das Geständnis des Verbrechers sei für seine Verurteilung unumgänglich notwendig – eine nicht nur falsche, sondern auch jedem natürlichen Rechtsempfinden widersprechende Auffassung; denn wenn die Erklärung des Angeklagten, er sei unschuldig, nicht als Beweis seiner Unschuld gelten kann, so kann in seinem Geständnis erst recht nicht der Beweis seiner Schuld gesehen werden. Sogar heute noch kommt es vor, daß alte Richter die Aufhebung dieser barbarischen Sitte bedauern. In jener Zeit jedoch, in der diese Erzählung spielt, zweifelte niemand daran, daß die Folter unerläßlich sei, weder die Richter noch die Angeklagten. So wunderte, geschweige denn empörte sich auch keiner von uns über den Befehl des Kommandanten.

Iwan Ignatjitsch holte den Baschkiren, der sich, weil seine Füße gefesselt waren, nur mühsam vorwärts bewegen konnte. Er blieb an der Tür stehen und nahm seine hohe Mütze ab. Ich fuhr bei seinem Anblick zusammen. Nie werde ich diesen Menschen vergessen. Er war etwa siebzig Jahre alt und hatte weder Nase noch Ohren. Sein Schädel war glattrasiert, und statt eines Bartes wuchsen ihm nur einige stachlige Haare unter dem Kinn. Er war klein von Gestalt, mager und krumm, aber seine Schlitzaugen funkelten.

»Aha«, sagte der Kommandant, der an den schrecklichen Malen des Gefangenen sofort erkannte, daß dieser zu den bestraften Rebellen des Jahres 1741 gehörte, »du bist, wie man sieht, ein alter Wolf, der schon einmal in unsere Falleisen geriet. Du meuterst also nicht zum erstenmal, wenn man dir den ganzen Kopf so glattgehobelt hat. Komm näher! Gestehe, wer hat dich hergeschickt?«

Der alte Baschkire schwieg und sah den Kommandanten an, als verstünde er ihn überhaupt nicht.

»Warum schweigst du, Dummkopf«, fuhr Iwan Kusmitsch fort, »verstehst du kein Russisch? Julaj, frag ihn in eurer Sprache, wer ihn in die Festung geschickt hat.«

Julaj wiederholte auf tatarisch die Frage des Kommandanten, aber der Baschkire sah ihn ebenso stumpfsinnig an und gab keine Antwort.

»Na, paß mal auf, Freundchen«, sagte der Kommandant, »ich werde dir schon die Zunge lösen! Zieht ihm den lächerlichen gestreiften Rock aus und haut ihm den Buckel voll. Aber tüchtig, Julaj.«

Zwei Invaliden fingen an den Baschkiren zu entkleiden. Das Gesicht des Unglücklichen drückte Unruhe aus. Er blickte sich ängstlich nach allen Seiten um wie ein hilfloses, von Kindern gefangenes Tier. Als aber jetzt einer der Invaliden seine Arme sich um den Hals legte und den Greis auf die Schultern hob, während Julaj mit einer Knute zum Schlag auf den Rücken des Alten ausholte, stöhnte er mit leiser, flehender Stimme, schüttelte abwehrend den Kopf und sperrte den Mund auf, in dem nur noch ein kümmerlicher Stumpf seiner abgeschnittenen Zunge zu sehen war.

Wenn ich daran denke, daß barbarische Strafen dieser Art noch zu meiner Zeit vollstreckt worden sind, und wenn ich mir dann die jetzige milde Regierungsweise des Kaisers Alexander vor Augen halte, so kann ich nicht umhin, mich über die schnellen Fortschritte der Aufklärung und Menschlichkeit zu wundern. Jugendlicher Leser! Sollten diese meine Aufzeichnungen in deine Hände geraten, so lerne daraus, daß alle Reformen des öffentlichen Lebens nur dann wirklich gut und von Dauer sind, wenn sie die Sitten des Volkes zu bessern bestrebt sind und ohne gewaltsame Erschütterungen durchgeführt werden.

Alle Anwesenden waren mehr oder weniger betroffen.

»Nun«, sagte der Kommandant, »unter diesen Umständen werden wir nichts von ihm erfahren. Julaj, führ den Baschkiren in den Speicher zurück. Und wir, meine Herren, wollen noch einiges miteinander besprechen.«

Als wir unsere Lage eben zu erörtern begannen, trat plötzlich Wassilissa Jegorowna wieder ein. Sie war ganz außer Atem und sehr aufgeregt.

»Was ist mit dir?« fragte der Kommandant besorgt.

»Schlechte Nachrichten, Batjuschka«, antwortete Wassilissa Jegorowna. »Die Festung Nishneosornaja ist heute früh gefallen. Vater Gerassims Knecht kam soeben von dort zurück. Er hat mit angesehen, wie sie erobert wurde. Der Kommandant und alle Offiziere sind gehenkt und sämtliche Soldaten gefangengenommen worden. Die Verbrecher können jeden Augenblick hier sein.«

Diese unerwartete Kunde wirkte niederschmetternd auf mich. Der Kommandant der eroberten Festung war ein stiller und bescheidener junger Mann, den ich persönlich kannte. Vor noch nicht zwei Monaten war er, von Orenburg kommend, hier durchgefahren und hatte mit seiner jungen Frau bei Iwan Kusmitsch Station gemacht. Seine Festung lag nur etwa fünfundzwanzig Werst von der unsrigen entfernt. So war damit zu rechnen, daß Pugatschow in kürzester Frist auch uns überfallen würde. Das Schicksal, das Marja Iwanowna drohte, stand mir sogleich vor Augen, und mein Herz stockte.

»Hören Sie, Iwan Kusmitsch«, sagte ich, »es ist unsere Pflicht, die Festung bis zum letzten Blutstropfen zu verteidigen; darüber brauchen wir kein Wort zu verlieren. Aber wir müssen auch an die Sicherheit der Frauen denken. Schicken Sie sie nach Orenburg, wenn die Straße dorthin noch frei ist, oder in eine weiter entfernte und weniger gefährdete Festung, welche die Aufständischen nicht so leicht erreichen können.«

Iwan Kusmitsch wandte sich an seine Frau und sagte: »Hörst du, Matuschka, wäre es nicht tatsächlich das Vernünftigste, euch fortzuschicken, bis wir hier mit den Banditen fertiggeworden sind?«

»Dummes Zeug!« antwortete die Kommandantenfrau. »Wo gibt es eine Festung, in die keine Kugeln hineinfliegen können? Warum soll unsere nicht widerstandsfähig sein? In den zweiundzwanzig Jahren, die wir hier wohnen, habe ich genug Baschkiren und Kirgisen gesehen, warum soll ich jetzt vor Pugatschow davonlaufen?«

»Nun, Matuschka«, erwiderte Kusmitsch, »bleib meinetwegen da, wenn du soviel auf unsere Festung gibst. Aber was sollen wir denn mit Mascha anfangen? Gut, wenn wir uns halten können, bis wir Verstärkungen bekommen; wie aber, wenn sie die Festung nehmen?«

»Ja, dann freilich ... «

Hier verstummte die Kommandantenfrau; sie wußte sich keinen Rat mehr.

»Nein, Wassilissa Jegorowna«, fuhr Iwan Kusmitsch fort, als er bemerkte, daß seine Worte, vielleicht zum erstenmal in seinem Leben, ihre Wirkung auf seine Frau nicht verfehlt hatten, »Mascha kann hier nicht bleiben. Schicken wir sie nach Orenburg zu ihrer Taufpatin; dort gibt es genügend Truppen und Kanonen, und die Stadt ist von einer richtigen Mauer umgeben. Auch dir würde ich raten, dich dort hinzubegeben. Du bist zwar eine alte Frau, aber das wird dir gar nichts helfen, wenn sie die Festung im Sturm nehmen.«

»Einverstanden«, sagte Wassilissa Jegorowna, »schicken wir Mascha fort. Aber was mich betrifft, so fällt es mir auch im Traum nicht ein, sie zu begleiten. Ich bleibe, wo ich bin, und denke nicht daran, mich noch auf meine alten Tage von dir zu trennen und mir ein einsames Grab in der Fremde zu suchen. Haben wir zusammen gelebt, so wollen wir auch zusammen sterben.«

»Auch recht«, sagte der Kommandant. »Doch wir haben jetzt keine Zeit mehr zu verlieren. Geh und hilf Mascha, sich reisefertig zu machen. Morgen in aller Frühe schicken wir sie fort und geben ihr auch eine militärische Begleitung mit, obgleich wir eigentlich nicht einen Mann missen können. Aber wo ist denn Mascha?«

»Bei Akulina Pamfilowna«, antwortete die Kommandantenfrau. »Ihr wurde schlecht, als sie von der Katastrophe in Nishneosornaja hörte. Wenn sie bloß nicht noch krank wird. Mein Gott, was müssen wir alles erleben!«

Wassilissa Jegerowna ging hinaus, um die Reisevorbereitungen für ihre Tochter zu treffen. Die Beratung beim Kommandanten wurde fortgesetzt, aber ich mischte mich nicht ein und hörte überhaupt nicht mehr zu. Zum Abendessen erschien auch Marja Iwanowna; sie war sehr bleich und sah verweint aus. Wir aßen schweigend und standen früher auf als sonst. Nachdem wir uns von der Familie verabschiedet hatten, begaben wir uns in unsere Wohnungen. Ich tat so, als hätte ich meinen Degen vergessen, und ging noch einmal zurück. Ich ahnte, daß ich Marja Iwanowna allein antreffen würde, und irrte mich nicht. Sie kam mir an der Tür entgegen und gab mir meinen Säbel, den sie bereits in der Hand hielt.

»Leben Sie wohl, Pjotr Andrejewitsch«, sagte sie mit Tränen in den Augen. »Man schickt mich nach Orenburg. Bleiben Sie am Leben und werden Sie glücklich! Vielleicht wird es Gott so fügen, daß wir uns noch einmal wiedersehen, wenn aber nicht . . .«

Sie brach in lautes Schluchzen aus. Ich umarmte sie.

»Leb wohl, mein Engel«, erwiderte ich, »leb wohl, meine Liebste, der meine ganze Sehnsucht gehört! Was mir auch immer bevorstehen mag, sei überzeugt, daß mein letzter Gedanke, mein letztes Gebet dir allein gelten werden!«

Weinend warf sich Mascha an meine Brust. Ich küßte sie auf den Mund und verließ schnell das Zimmer.

7

Der Sturm auf die Festung

Ach du Kopf, mein lieber Kopf,
Treulich hast du mir gedient
Dreiunddreißig Jahre lang.
Doch was du erdient, mein Kopf,
Waren keine Freuden, keine Würden,
War kein Reichtum und kein Hab und Gut –
Zwei hohe Pfähle nur aus Ahorn
Mit einem Balken quer darüber
Und einem Strick mit seidner Schlinge . . .

Volkslied

In dieser Nacht schlief ich nicht und zog mich auch nicht aus. Ich hatte die Absicht, bei Sonnenaufgang zum Festungstor zu gehen und dort von Marja Iwanowna zum letzten Male Abschied zu nehmen. Ich fühlte, daß in meinem Inneren eine große Veränderung vorgegangen war: die seelische Erregung belastete mich viel weniger als die Niedergeschlagenheit, die mich noch vor kurzem so ganz beherrscht hatte. Zugleich mit dem Trennungsschmerz erfüllten mich noch andere Empfindungen: eine unklare, aber süße Hoffnung, die ungeduldige Erwartung der unmittelbar bevorstehenden Gefahren und ein edler Tatendurst. Unmerklich verging die Nacht. Als ich gerade im Begriff war, das Haus zu verlassen, öffnete sich die Tür, und der Korporal erschien mit der Nachricht, unsre Kosaken hätten in der Nacht die Festung verlassen und Julaj gewaltsam entführt. Auch seien unbekannte Reiter aufgetaucht, die sich in der nächsten Umgebung herumtrieben. Der Gedanke, Marja Iwanowna müsse nun in der Festung zurückbleiben, setzte mich in Schrecken. Ich gab dem Korporal einige Anweisungen und eilte zum Kommandanten.

Es fing an hell zu werden. Ich rannte die Straße hinauf, doch da rief mich jemand an. Ich blieb stehen.

»Wohin so schnell?« erkundigte sich Iwan Ignatjitsch, als er mich eingeholt hatte. »Iwan Kusmitsch befindet sich auf dem Wall und hat mich nach Ihnen geschickt. Pugatschow ist da.«

»Ist Marja Iwanowna abgereist?« fragte ich mit Herzklopfen.

»Nein, es war schon zu spät«, antwortete Iwan Ignatjitsch. »Die Straße nach Orenburg ist blockiert und die Festung eingeschlossen. Es steht schlimm, Pjotr Andrejewitsch!«

Wir begaben uns auf den Wall, einen natürlichen, mit einem Bretterzaun befestigten Erdrücken. Hier war bereits die ganze Bevölkerung der Festung versammelt. Die Garnison stand Gewehr bei Fuß. Die Kanone hatte man schon am Abend zuvor hergeschafft. Der Kommandant ging vor der Front seiner Truppe auf und ab, die freilich nicht sehr zahlreich war. Dennoch erweckte die Nähe der Gefahr in dem alten Haudegen den lebhaften Wunsch, ihr zu trotzen. In der Steppe, nicht allzuweit von der Festung entfernt, tummelten etwa zwanzig Reiter ihre Pferde. Es schienen Kosaken zu sein, aber auch Baschkiren waren dabei – Bogenschützen, die leicht an ihren Köchern und Luchsfellmützen zu erkennen waren. Der Kommandant blieb vor seiner Kriegsmacht stehen und rief den Soldaten zu: »Nun, Kinder, laßt uns heute unser aller Mutter, der Kaiserin, Ehre machen und der Welt beweisen, daß wir tapfere Männer sind, die ihren Treueschwur halten!«

Die Soldaten stimmten Iwan Kusmitsch mit lauter Stimme zu.

Schwabrin stand neben mir und hielt seinen Blick unverwandt auf den Feind gerichtet. Die Leute dort in der Steppe schienen jetzt die Bewegung in der Festung bemerkt zu haben – sie sammelten sich, offenbar um miteinander zu beraten. Der Kommandant befahl Iwan Ignatjitsch, das Rohr der Kanone auf die Gruppe draußen zu richten, und legte selbst die Lunte an. Die Kugel sauste über die Köpfe der Feinde hinweg, ohne ihnen den geringsten Schaden zuzufügen. Die Reiter zerstreuten sich und verschwanden aus unserem Blickfeld; die Steppe lag wieder öde und menschenleer da.

Jetzt erschien Wassilissa Jegorowna auf dem Wall, zusammen mit Mascha, die sich nicht von ihrer Mutter trennen wollte.

»Wie steht es mit der Bataille?« fragte die Kommandantenfrau. »Wo ist der Feind?«

»Der Feind ist in der Nähe«, antwortete Iwan Kusmitsch. »Gott gebe, daß alles gut geht. Fürchtest du dich, Mascha?«

»Nein, Papachen«, erwiderte Marja Iwanowna, »ich fürchte mich nur, wenn ich allein zu Hause bin.«

Bei diesen Worten blickte sie zu mir herüber und lächelte krampfhaft. Unwillkürlich umschloß meine Hand fester den Griff des Degens, den sie mir am Abend gleichsam zu ihrer Verteidigung übergeben hatte. Mein Herz schlug höher. Ich fühlte mich als ihr Ritter und dürstete danach, ihr meine Vertrauenswürdigkeit zu beweisen. Mit Ungeduld erwartete ich die entscheidende Stunde.

In diesem Augenblick zeigten sich auf der Anhöhe, die etwa eine halbe Werst von der Festung entfernt lag, neue Reiterscharen, und gleich darauf war die Steppe voll von Bogenschützen und Lanzenträgern. Zwischen ihnen ritt auf weißem Pferd ein Mann in einem roten Kaftan, den gezogenen Säbel in der Faust. Es war Pugatschow.

Jetzt machte er halt, und seine Getreuen umringten ihn. Kurz darauf jagten, offenbar auf seinen Befehl, vier Mann dicht an den Festungswall heran. Sie gehörten zu den Kosaken, die uns in der Nacht im Stich gelassen hatten und zum Feind übergegangen waren. Einer dieser Verräter schwenkte ein Blatt Papier in der Hand, ein anderer trug eine Lanze, auf deren Spitze der Kopf Julajs aufgespießt war; er riß ihn jetzt herunter und schleuderte ihn über den Zaun. Der Kopf des armen Kalmücken rollte dem Kommandanten vor die Füße.

»Nicht schießen!« schrien die Abtrünnigen. »Kommt heraus zum Kaiser. Er ist hier bei uns!«

»Das könnte euch so passen!« rief Iwan Kusmitsch. »Gebt Feuer, Jungen!«

Die Salve krachte. Der Kosak, der das Schreiben überbringen sollte, verlor das Gleichgewicht und fiel vom Pferd. Die übrigen ritten davon. Ich sah mich nach Marja Iwanowna um. Zu Tode erschrocken über den blutigen Kopf Julajs und betäubt von der Salve, schien sie ihre Fassung völlig verloren zu haben. Der Kommandant befahl dem Korporal, das Papier, das der gefallene Kosak noch immer in der Hand hielt, zu holen. Der Korporal ging aufs Feld hinaus und kehrte, das Pferd des Toten am Zügel führend, zurück. Er brachte das Schriftstück. Der Kommandant las es durch und zerriß es in Fetzen. Unterdessen bereiteten sich die Aufrührer offensichtlich zum Angriff vor. Bald pfiffen uns die Kugeln um die Ohren, und mehrere Pfeile blieben vor uns in der Erde und in den Planken des Zaunes stecken.

»Wassilissa Jegorowna«, sagte der Kommandant, »das ist nichts für Frauen. Bring Mascha fort. Wie du siehst, ist das arme Mädchen mehr tot als lebendig.«

Wassilissa Jegorowna, die während des Kugelregens still geworden war, blickte in die Steppe hinaus, wo es jetzt sehr unruhig herging. Dann wandte sie sich zu ihrem Mann um und sagte: »Iwan Kusmitsch, Gott ist Herr über Leben und Tod, segne deine Tochter. Mascha, komm her zu deinem Vater.«

Blaß und am ganzen Leibe zitternd, trat Mascha auf Iwan Kusmitsch zu und kniete vor ihm nieder. Der alte Kommandant machte dreimal das Zeichen des Kreuzes über sie. Dann hob er sie auf, küßte sie und sagte mit veränderter Stimme: »Nun, Mascha, sei glücklich. Bete zu Gott – er wird dich nicht verlassen. Wenn sich ein ehrenhafter Mensch findet, möge Gott eure Liebe segnen, und dann lebt so, wie Wassilissa Jegorowna und ich miteinander gelebt haben. Leb wohl. Mascha . . . Bring sie jetzt schnell fort, Wassilissa Jegorowna!«

Mascha fiel dem Vater schluchzend um den Hals.

»Gib auch mir einen Abschiedskuß«, sagte die Kommandantenfrau, die ebenfalls weinte. »Leb wohl, mein geliebter Iwan Kusmitsch, und verzeih mir, wenn ich dir jemals Anlaß zu Ärger gegeben habe.«

»Leb wohl, leb wohl, Matuschka!« erwiderte der Kommandant und schloß die Alte in seine Arme. »Aber jetzt beeilt euch!«

Die Kommandantenfrau und ihre Tochter entfernten sich. Ich blickte Marja Iwanowna nach, und auch sie sah sich um und nickte mir zu. Iwan Kusmitsch wandte sich wieder uns zu und widmete seine Aufmerksamkeit nur noch dem Feind. Die Aufständischen sammelten sich um ihren Anführer und sprangen von ihren Pferden.

»Jetzt haltet euch gut«, sagte der Kommandant, »sie greifen an!«

In diesem Augenblick erhoben die Rebellen ein wildes Geschrei und rannten auf die Festung zu. Unsere Kanone war mit einer Kartätsche geladen. Der Kommandant wartete, bis die Gegner ganz nah herangekommen waren, und ließ dann plötzlich feuern. Das Geschoß traf mitten in den dichtesten Haufen der Anstürmenden. Die Meuterer stoben nach beiden Seiten auseinander und wichen zurück. Ihr Anführer sah sich mit einem Male allein. Er fuchtelte mit seinem Säbel und schien seine Leute von neuem anzutreiben. Das Geschrei, das einen Augenblick aufgehört hatte, setzte wieder ein.

»Meine tapfren Draufgänger«, rief Iwan Kusmitsch, »jetzt öffnet das Tor und schlagt die Trommel! Und dann vorwärts, mir nach zum Ausfall!«

Der Kommandant, Iwan Ignatjitsch und ich waren schon außerhalb des Walles, aber die eingeschüchterten Soldaten rührten sich nicht von der Stelle.

»Warum zögert ihr noch?« rief Iwan Kusmitsch. »Will's der Dienst, daß wir sterben, dann sterben wir eben!«

In diesem Augenblick überrannten uns die Rebellen und drangen in die Festung ein. Die Trommel verstummte, die Soldaten warfen ihre Gewehre fort. Ich wurde umgestoßen, stand aber gleich wieder auf und drängte mich mit den Aufrührern zusammen durchs Tor. Der am Kopf verwundete Kommandant war von einer Gruppe Kosaken umringt, die ihm die Schlüssel abverlangten. Ich versuchte mich zu ihm durchzuschlagen, wurde aber von einigen handfesten Kerlen ergriffen.

»Jetzt wirst du sehen, was es bedeutet, sich dem Zaren zu widersetzen!« drohten sie mir, als sie mich mit ihren Hosenriemen fesselten.

Man zerrte uns durch die Straßen. Die verängstigten Einwohner kamen aus ihren Hütten und brachten Salz und Brot. Die Kirchenglocken wurden geläutet. Plötzlich ertönten Rufe aus der Menge, der Zar erwarte die Gefangenen auf dem Marktplatz und lasse sie den Treueid schwören. Das Volk drängte sich nach dem Platz. Uns schleppte man gleichfalls dorthin.

Pugatschow saß auf einem Lehnstuhl vor dem Haus des Kommandanten. Er trug einen roten Kosakenkaftan, der mit goldenen Tressen besetzt war. Unter der hohen Pelzmütze aus Zobelfell mit goldenen Troddeln funkelten seine Augen. Sein Gesicht kam mir bekannt vor. Die Rädelsführer der Kosaken umgaben ihn. Vater Gerassim stand, das Kreuz in der Hand, bleich und zitternd neben ihm und schien ihn schweigend um Gnade für die Opfer anzuflehen. Auf dem Platz wurde in aller Eile ein Galgen aufgerichtet. Als wir uns näherten, jagten die Baschkiren das Volk auseinander, und wir wurden Pugatschow vorgeführt.

»Wer ist der Kommandant?« fragte der Usurpator.

Unser ehemaliger Unteroffizier trat vor und zeigte auf Iwan Kusmitsch. Pugatschow warf einen bösen Blick auf den Alten und sagte: »Wie konntest du es wagen, dich mir, deinem Zaren, entgegenzustellen?«

Der Kommandant, der infolge seiner Verwundung sehr geschwächt war, nahm seine ganze Kraft zusammen und antwortete mit fester Stimme: »Paß auf, was ich dir sage: Du bist nicht mein Zar, sondern ein Dieb und Usurpator.«

Pugatschows Gesicht verfinsterte sich. Er gab ein Zeichen mit einem weißen Tuch. Mehrere Kosaken packten den alten Hauptmann und stießen ihn zum Galgen. Auf dem Querbalken saß rittlings der verunstaltete Baschkire, den wir noch am Vortage verhören wollten. Er hielt einen Strick in der Hand, und eine Minute später sah ich den armen Iwan Kusmitsch in der Luft schweben. Dann wurde Iwan Ignatjitsch vorgeführt.

»Schwöre deinem Zaren Pjotr Feodorowitsch!« herrschte ihn Pugatschow an.

»Du bist nicht unser Zar«, entgegnete Iwan Ignatjitsch,

indem er die Worte seines Hauptmanns wiederholte. »Du, Onkelchen, bist ein Dieb und Thronräuber!«

Pugatschow schwenkte abermals sein Tuch, und der brave Leutnant hing gleich darauf neben seinem alten Vorgesetzten.

Jetzt war ich an der Reihe. Ich blickte Pugatschow ruhig an, entschlossen, die gleiche Antwort zu geben wie meine beiden unerschrockenen und hochherzigen Kameraden. Da bemerkte ich zu meinem unbeschreiblichen Erstaunen unter den Rädelsführern auch – Schwabrin; er trug einen Kaftan, und sein Kopf war nach Kosakenart kurz geschoren. Er beugte sich über Pugatschow und sagte ihm etwas ins Ohr.

»Hängen!« entschied der Usurpator kurz und bündig, ohne noch einen Blick auf mich zu werfen.

Man legte mir die Schlinge um den Hals. Ich sprach ein Gebet vor mich hin und bat Gott aufrichtig um Vergebung meiner Sünden und um die Rettung aller derer, die meinem Herzen nahestanden. Man schleppte mich unter den Galgen.

»Keine Angst, keine Angst!« flüsterten mir meine Henker zu, die mir möglicherweise ernstlich Hoffnung auf Begnadigung machen wollten. Plötzlich hörte ich eine Stimme:

»Hände weg, ihr Verfluchten! Wartet, haltet ein!«

Die Henkersknechte ließen tatsächlich von mir ab. Ich sah mich um: Saweljitsch lag vor Pugatschow auf den Knien.

»Batjuschka«, klagte der alte treue Diener, »was hast du vom Tode unsres Söhnchens? Laß ihn doch laufen, man wird dir ein Lösegeld geben. Aber wenn es dir bloß darauf ankommt, zu warnen und abzuschrecken, dann gib Befehl, daß man statt seiner mich alten Mann aufhängt!«

Und wirklich, Pugatschow ließ sich erweichen; man nahm mir die Schlinge wieder ab.

»Unser Batjuschka hat dich begnadigt«, sagten die Kosaken.

Ich kann nicht behaupten, daß ich mich über meine Befreiung gefreut hätte, aber ebensowenig kann ich sagen, daß ich enttäuscht gewesen wäre. Meine Empfindungen waren in diesem Augenblick allzu unklar und verworren. Man brachte mich wieder zu Pugatschow und zwang mich, vor ihm niederzuknien. Er streckte mir seine knochige Hand entgegen.

»Küß ihm die Hand! Küß ihm die Hand!« drängten mich die Leute, die ihn umringten.

Aber ich hätte die grausamste Hinrichtung einer so niederträchtigen Demütigung vorgezogen.

»Batjuschka, Pjotr Andrejewitsch«, flüsterte mir Saweljitsch zu, der hinter mir stand und mich in den Rücken stieß, »sei nicht widerspenstig! Was macht es dir aus? Spuck auf das Ganze und küß dem Betrü . . . pfui Teufel! – küß ihm die Pranke!«

Ich rührte mich nicht. Pugatschow zog seine Hand zurück und sagte höhnisch: »Seine Wohlgeboren scheinen vor Freude den Verstand verloren zu haben. Stellt ihn wieder auf die Füße!«

Man hob mich auf und ließ mich frei. Ich blieb stehen und beobachtete den Fortgang der abstoßenden Komödie.

Die Vereidigung der Bevölkerung begann. Einer nach dem andern trat herzu, küßte das Kruzifix und verneigte sich vor dem Usurpator. Bevor die Soldaten der Garnison an die Reihe kamen, schnitt ihnen der Kompanieschneider mit seiner stumpfen Schere die Zöpfe ab. Dann wurden sie zum Handkuß zugelassen. Pugatschow verzieh ihnen und nahm sie in seine Bande auf. Das alles dauerte ungefähr drei Stunden. Schließlich erhob sich Pugatschow von seinem Lehnstuhl. Man führte seinen mit prächtigem Zaumzeug ausgestatteten Schimmel vor. Zwei Kosaken halfen ihm in den Sattel. Er eröffnete Vater Gerassim, daß er bei ihm das Mittagsmahl einzunehmen gedenke. In diesem Augenblick stieß eine Frauenstimme einen Schrei des Entsetzens aus. Mehrere Kosaken stießen Wassilissa Jegorowna aus dem Haus. Ihr Haar war zerzaust, und man hatte ihr alle Kleider vom Leibe gerissen. Einer von dem Gesindel zog sich bereits ihren Seelenwärmer an, andere waren mit Federbetten, Pappschachteln, Wäsche, Teegeschirr und sonstigem Hausgerät beladen.

»Liebe Freunde«, jammerte die alte Frau, »habt doch Erbarmen mit mir und führt mich zu Iwan Kusmitsch!«

Plötzlich entdeckte sie den Galgen und erkannte ihren Mann.

»Ihr Bestien«, schrie sie außer sich, »was habt ihr mit ihm gemacht? Ach, Iwan Kusmitsch, du tapferer Soldat, du Sonne meines Lebens! Weder preußische Bajonette noch türkische Kugeln haben dir etwas antun können! Nicht auf dem Felde der Ehre hast du dein Leben hingegeben – ein davongelaufener Zuchthäusler hat dir den Strick um den Hals gelegt!«

»Macht sie still, die alte Hexe!« rief Pugatschow.

Ein junger Kosak versetzte Wassilissa Jegorowna einen Säbelhieb über den Kopf, und sie brach tot zusammen. Pugatschow gab seinem Pferd die Sporen, und das Volk lief hinter ihm her.

8

Der ungeladene Gast

Ein ungeladener Gast ist
schlimmer als ein Tatare.
Sprichwort

Der Platz lag verödet. Ich stand immer noch auf derselben Stelle, unfähig, meine Gedanken zu ordnen, die durch dieses grauenhafte Schauspiel völlig verwirrt waren.

Die Ungewißheit über Marja Iwanownas Schicksal peinigte mich am meisten. Wo befand sie sich? Was war mit ihr geschehen? Hatte sie sich verbergen können? War ihr Zufluchtsort auch wirklich sicher? Gequält von diesen Überlegungen, betrat ich das Haus des Kommandanten. Hier herrschte eine fürchterliche Unordnung – Stühle und Tische zerbrochen, das Geschirr zerschlagen, viele Gegenstände gestohlen und fortgeschleppt. Ich lief die schmale Treppe hinauf, die ins Dachgeschoß führte, und betrat zum erstenmal Marja Iwanownas Zimmer. Ich sah ihr Bett, das die Banditen durchwühlt hatten. Der Schrank war aufgebrochen und ausgeraubt, nur das Lämpchen brannte noch vor dem leeren Ikonenschrein. Heil war auch der Spiegel geblieben, der an der Fensterwand hing . . . Aber wo befand sich die ehemalige Bewohnerin dieser bescheidenen Jungmädchenkammer? Ein unheimlicher Gedanke ging mir durch den Kopf: Wie, wenn sie den Räubern in die Hände gefallen war? Mein Herz krampfte sich zusammen . . . Mir kamen die Tränen, und ich rief laut den Namen meiner Liebsten . . . In diesem Augenblick hörte ich ein leises Geräusch, und plötzlich stand, bleich und zitternd vor Angst, Palaschka vor mir, die sich hinter dem Schrank verborgen hatte.

»Ach, Pjotr Andrejewitsch«, sagte sie händeringend, »was für ein Tag, was für entsetzliche Ereignisse!«

»Und Marja Iwanowna?« fragte ich ungeduldig. »Was ist mit ihr? Wo befindet sie sich?«

»Das Fräulein lebt«, antwortete Palaschka. »Akulina Pamfilowna hat sie versteckt.«

»Die Popenfrau!« rief ich aufs tiefste erschrocken. »Mein Gott, gerade dort, wo Pugatschow sich jetzt aufhält!«

Ohne ein Wort weiter lief ich die Treppe hinunter auf die Straße und, so schnell ich konnte, zum Haus des Geistlichen, das von Geschrei, Gelächter und Gesang widerhallte: Pugatschow zechte mit seinen Spießgesellen. Ich schickte Palaschka, die mir gefolgt war, zu Akulina Pamfilowna, die gleich darauf, eine leere Branntweinflasche in der Hand, zu mir herauskam.

»Um Gottes willen, wo ist Marja Iwanowna?« fragte ich in größter Erregung.

»Das liebe Kind liegt hinter dem Wandschirm auf meinem Bett«, antwortete die Popenfrau. »Um ein Haar hätte es ein Unglück gegeben, aber Gott sei gelobt, alles ist noch gut abgelaufen. Wie dieser Satan sich gerade zum Essen hinsetzt, stöhnt das arme Kind auf, und er hört es. Ich vergehe vor Schreck. ‚Wer stöhnt da in deinem Zimmer, Alte?‘ fragt er. Ich werfe mich vor ihm auf die Knie: ‚Meine Nichte ist es, Herr, sie ist krank, sie liegt schon zwei Wochen darnieder.‘ – ‚Ist deine Nichte jung?‘ – ‚Ja, Herr, sie ist jung.‘ – ‚Gut, Alte, dann zeig mir mal deine junge Nichte.‘

Ich mußte hin hinführen. ‚Gewiß, Herr', sagte ich, ‚aber das arme Mädchen ist zu schwach, um aufzustehen und sich vor deiner Hoheit zu verneigen.' – ‚Macht nichts, Alte, ich gehe schon selbst hin, sie mir anzusehen.' Und wirklich, der Verdammte ging in den Verschlag, zog den Bettvorhang beiseite und starrte die Unglückliche mit seinen Raubvogelaugen an. Aber was meinst du wohl, was dann geschah? Nichts geschah. Gott hat uns seinen Schutz nicht versagt! Du kannst es ruhig glauben, ich und Vater Gerassim waren schon darauf gefaßt, den Märtyrertod zu erleiden, doch das gute Kind hat ihn zum Glück gar nicht erkannt. Mein Gott, was müssen wir alles erleben! Der arme Iwan Kusmitsch, wer hätte das gedacht! Und Wassilissa Jegorowna! Und Iwan Ignatjitsch! Warum denn auch er? Wie kam es denn, daß sie dich, Batjuschka, verschont haben? Und Schwabrin, Alexej Iwanytsch! Nicht zu glauben, daß er sich die Haare kurz geschnitten hat und sich jetzt mit der Räuberbande betrinkt. Wahrhaftig, ein verschlagener Mensch! Als ich Mascha für meine kranke Nichte ausgab, da hat er mich angesehen, als wollte er mir ein Messer in den Leib stoßen, aber verraten hat er uns nicht. Dafür sei ihm nun doch gedankt.«

Akulina Pamfilowna wurde jäh unterbrochen: die betrunkenen Gäste erhoben ein lautes Geschrei, sie verlangten mehr Branntwein. Man hörte auch Vater Gerassims Stimme, der nach seiner Frau rief. Akulina Pamfilowna wurde unruhig.

»Gehen Sie jetzt heim, Pjotr Andrejitsch«, drängte sie, »ich habe keine Zeit mehr für Sie, das Gelage der Banditen ist in vollem Gang. Es könnte schlimm werden, wenn Sie ihnen nochmals unter die Augen kämen. Leben Sie wohl, Pjotr Andrejitsch. Alles kommt, wie es kommen soll, aber Gott wird uns beistehen!«

Die Popenfrau eilte ins Haus zurück. Einigermaßen beruhigt begab ich mich nach Hause. Als ich über den Platz ging, bemerkte ich mehrere Baschkiren, die sich beim Galgen zu schaffen machten. Einige von ihnen zogen den Gehenkten die Stiefel aus. Mit Mühe unterdrückte ich meine Empörung, aber mein Einschreiten wäre nutzlos gewesen. Unter lautem Geschrei plünderten die betrunkenen Aufständischen die Wohnungen der Offiziere. Als ich nach Hause kam, empfing mich Saweljitsch an der Tür.

»Gott sei Dank, daß du da bist«, sagte er, »ich fürchtete schon, daß sie dich doch noch festnehmen würden. Aber gestohlen haben sie alles bei uns, die Schweinehunde! Kleider, Wäsche, Geschirr – nichts ist uns geblieben. Doch was macht das! Die Hauptsache ist, daß sie dich nicht auch umgebracht haben! Hast du übrigens den Anführer erkannt?«

»Nein«, sagte ich, »wer ist es denn?«

»Nun, Batjuschka, hast du denn jenen Trunkenbold vergessen, der dir damals im Wirtshaus den Hasenpelz abgeschwindelt hat? Den fast neuen Pelz, der dem Hundesohn noch dazu viel zu eng war, so daß er alle Nähte aufreißen mußte, um ihn anzuziehen!«

Ich war aufs äußerste überrascht. Die Ähnlichkeit Pugatschows mit meinem Führer im Schneesturm war in der Tat auffallend, und ich begriff jetzt, warum er mich nicht auch hatte hinrichten lassen. Wahrhaftig, diese Verkettung der Umstände war höchst sonderbar: ein Kinderpelz, den ich einem Vagabunden geschenkt hatte, rettete mich vor dem Galgen, und ein Saufbruder, der von einer Kneipe zur anderen unterwegs war, belagerte Festungen und brachte den Staat ins Wanken!

»Willst du nicht etwas essen?« fragte Saweljitsch, der unerschütterlich an seinen Gewohnheiten festhielt. »Im Hause ist nichts mehr da, aber ich will sehen, wo ich etwas für dich bekomme.«

Als ich allein war, überlegte ich, was ich jetzt tun sollte. In der Festung zu bleiben, die nunmehr dem Feind unterstand, war für einen Offizier ebenso unstatthaft, wie den Mordbrennern zu folgen. Die Pflicht verlangte von mir, mich dorthin durchzuschlagen, wo ich dem Vaterland unter diesen schwierigen Umständen noch nützlich sein konnte. Aber andererseits drängte mich die Liebe zu Marja Iwanowna, bei ihr auszuharren und sie zu schützen und zu verteidigen. Obgleich ich einen baldigen Umschwung der Verhältnisse voraussah, zitterte ich doch bei dem Gedanken an die Gefahren, die Mascha bedrohten.

Meine Betrachtungen wurden durch das Erscheinen eines Kosaken unterbrochen, der mit der Mitteilung zu mir kam, der »großmächtige Zar« wünsche mich zu sehen.

»Wo ist er denn?« fragte ich, bereit, seinem Befehl zu folgen.

»Im Hause des Kommandanten«, antwortete der Bote. »Nach dem Essen hat sich unser Gebieter ins Schwitzbad begeben, und jetzt erholt er sich. Nun, Euer Wohlgeboren, aus alledem sieht man, daß er eine hochgestellte Persönlichkeit ist. Zu Mittag geruhte er zwei Spanferkel zu verspeisen, und dann ließ er in der Badestube so übermäßig heizen, daß es selbst der Bademeister Taras Kurotschkin nicht aushalten konnte. Er mußte sich mit kaltem Wasser begießen, nachdem er sich von Fomka Bikbajew hatte ablösen lassen. Da ist nichts dagegen zu sagen: lauter Gewohnheiten wie bei ganz feinen Leuten! Und als er nackt dastand, da hat man, wie ich gehört habe, die kaiserlichen Abzeichen auf seiner Brust gesehen: rechts den Doppeladler, so groß wie ein Fünfkopekenstück, und links sein eigenes Gesicht.«

Ich hielt es nicht für nötig, die Richtigkeit dieser Behauptungen des Kosaken anzuzweifeln, und begab mich mit ihm zum Hause des Kommandanten. Unterwegs versuchte ich mir die Begegnung mit Pugatschow vorzustellen und zu erraten, wie sie enden würde. Der Leser wird sich leicht denken können, daß mir dabei nicht ganz wohl war.

Es begann zu dämmern, als ich bei der Kommandantur anlangte. Der Galgen mit seinen Opfern stand schauerlich dunkel gegen den Himmel. Der Körper der armen Kommandantenfrau lag noch immer vor dem Eingang, der von zwei Kosaken bewacht wurde. Mein Begleiter ging hinein, um mich anzumelden. Er kam sogleich zurück und führte mich in den Raum, in dem ich am Vortage so zärtlich von Marja Iwanowna Abschied genommen hatte.

Ein ungewöhnliches Bild bot sich meinen Augen: an einem gedeckten Tisch, auf dem eine Menge Kannen und Gläser standen, saßen Pugatschow und etwa zehn seiner Unterführer in Fellmützen und bunten Hemden. Alle waren sie vom Branntwein erhitzt, ihre Gesichter waren gerötet und aufgedunsen, ihre Augen glühten. Schwabrin und unser Unteroffizier, die beiden frischgebackenen Verräter, fehlten.

»Aha, Euer Wohlgeboren!« rief mir Pugatschow entgegen, als er mich eintreten sah. »Habe die Ehre, dich bestens zu begrüßen. Nimm Platz!«

Die Kumpane rückten zusammen. Ich setzte mich schweigend an das Ende des Tisches. Mein Nachbar, ein hübscher, gutgewachsener junger Kosak, füllte ein Glas und stellte es vor mich hin. Doch ich rührte es nicht an, sondern musterte die Versammlung. Pugatschow saß am andern Ende, die Ellbogen auf den Tisch gestützt. Mit der rechten Hand kraute er sich den schwarzen Bart. Seine regelmäßigen und sympathischen Gesichtszüge hatten nichts Rohes und Grausames an sich. Er wandte sich mehrfach an einen etwa fünfzigjährigen Mann, den er bald mit »Herr Graf« und bald mit »Timofejitsch« anredete, aber manchmal auch »Onkelchen« titulierte. Alle gingen wie gute Freunde und Kameraden miteinander um, und selbst dem Anführer begegnete man durchaus nicht mit besonderer Ehrerbietung. Das Gespräch drehte sich um den siegreichen Sturm auf die Festung, um die bisherigen Erfolge des Aufstandes und um die künftigen Unternehmungen. Alle prahlten, äußerten offenherzig ihre Meinungen und scheuten sich nicht, gelegentlich auch Pugatschow zu widersprechen. Und zuletzt beschloß dieser sonderbare Kriegsrat, Orenburg anzugreifen; ein wahrhaft vermessenes Wagnis, das um ein Haar gelungen wäre und großes Unglück über die Stadt gebracht hätte. Der Aufbruch wurde für den nächsten Tag vereinbart.

»Jetzt, Brüder«, sagte Pugatschow, »singen wir vor dem Schlafengehen noch mein Lieblingslied. Tschumakow, fang an!«

Mein Nachbar stimmte mit heller Stimme ein schwermütiges Kahnschlepperlied an, und einer nach dem andern fiel ein. Es war, als ob dieser Chorgesang sie alle zu einer untrennbaren Schicksalsgemeinschaft verschmolz:

Rausche nicht, du mütterlicher Wald,
Störe mich verwegnen Burschen nicht beim Denken!

Morgen muß ich Armer zur Vernehmung
Vor den strengsten Richter, vor den Zaren.
Und er wird mich armen Burschen fragen:
Sag mir, Bürschchen, sag mir, Bauernsohn,
Wer hat mitgestohlen, mitgeplündert,
Waren viele mit dir auf dem Raubzug?
Sagen will ich dir, rechtgläubiger Gebieter,
Die reine Wahrheit, dir, dem Zaren, meiner letzten
Hoffnung,
Daß ich vier Getreue hatte auf dem Raubzug:
War mein erster wohl die dunkle Nacht,
War mein zweiter wohl mein scharfgeschliffner Dolch,
War mein dritter wohl mein schnelles Roß,
War mein vierter wohl mein scharf gespannter Bogen;
Meine Boten waren meine spitzen Pfeile.
Und was wird er sagen, meine letzte Hoffnung?
Wohl dir, Bürschchen, wird er sagen,
Daß die reine Wahrheit du bekanntest.
Darum sollst du deinen Lohn erhalten,
Darum will ich ein Gemach dir bauen
Auf dem Felde aus zwei hohen Pfählen
Und dem Balken quer darüber.

Ich finde keine Worte für den Eindruck, den dieses Volkslied vom Galgen, gesungen von Männern, die selber dem Henker über kurz oder lang verfallen sein würden, auf mich machte. Ihre harten, entschlossenen Gesichter, ihre weichen, klangvollen Stimmen, der ergreifende Ausdruck, den sie den ohnehin schon tief melancholischen Worten zu geben wußten – das alles erfüllte mich mit einer unaussprechlichen, poetischen Empfindung.

Die Gäste leerten ihre Gläser, standen auf und verabschiedeten sich von ihrem Anführer. Ich wollte mich ihnen anschließen, aber Pugatschow hielt mich zurück.

»Bleib sitzen«, sagte er, »ich muß mit dir sprechen.«

Wir blieben allein. Eine Weile schwiegen wir beide. Pugatschow sah mich unverwandt an, wobei er sein linkes Auge unglaublich verschmitzt und spöttisch zukniff.

Schließlich brach er in ein so treuherziges und ansteckendes Lachen aus, daß auch ich zu lachen anfing, ohne zu wissen warum.

»Euer Wohlgeboren«, begann er, »gib's nur zu, daß dir das Herz in die Hosen fiel, als dir meine Leute den Strick um den Hals legten! Da hast du wohl vor Angst den Himmel für ein Schaffell gehalten? Und du würdest jetzt auch bestimmt am Querbalken schaukeln, wenn dein Diener nicht gewesen wäre. Ich habe ihn ja sofort erkannt, den alten Trottel. Hättest du dir wohl träumen lassen, daß der Mensch, der dir den Weg zur Herberge zeigte, der große Zar selber war?«

Bei diesen Worten suchte er sich ein erhabenes und geheimnisvolles Aussehen zu geben.

»Du hast eine schwere Schuld auf dich geladen«, fuhr er fort, »doch ich habe dich um deiner Güte willen begnadigt, weil du mir damals, als ich von meinen Widersachern verfolgt wurde, einen Dienst erwiesen hast. Aber ich werde dich noch ganz anders auszeichnen, wenn ich erst die Herrschaft über mein Reich angetreten habe! Gelobst du, mir treulich zu dienen?«

Diese Frage des Gauners und seine Unverschämtheit kamen mir so närrisch vor, daß ich ein Lächeln nicht unterdrücken konnte.

»Worüber lachst du?« fragte er mit finstrer Miene. »Oder glaubst du vielleicht nicht, daß ich der große Zar bin? Antworte mir offen und ehrlich!«

Ich fühlte mich in die Enge getrieben. Den Strolch als Kaiser anzuerkennen war mir unmöglich, es wäre eine unverzeihliche Feigheit gewesen. Ihm aber auf den Kopf zuzusagen, daß er ein Betrüger sei, hieß, mich selbst zugrunde richten; und was ich unter dem Galgen vor allem Volk und in der ersten Erbitterung zu tun bereit gewesen war, erschien mir jetzt als eine sinnlose Prahlerei. Ich war mir nicht klar darüber, was ich sagen sollte, Pugatschow wartete mit gerunzelter Stirn auf meine Antwort. Endlich – und heute noch denke ich mit Stolz an diesen Augenblick – triumphierte das Pflichtgefühl über die menschliche Schwäche. Ich erwiderte Pugatschow: »Hör mich an, ich werde dir die ganze Wahrheit sagen. Überlege doch selbst, wie kann ich dich als Zaren anerkennen? Du bist ein gescheiter Mensch und würdest ja selber sehen, daß ich dich anlüge.«

»Wer bin ich denn, deiner Meinung nach?«

»Das weiß nur Gott allein, aber wer du auch immer sein magst, du treibst ein gefährliches Spiel.«

Pugatschow sah mich überrascht an.

»Du glaubst also nicht, daß ich der Zar Pjotr Feodorowitsch bin?« sagte er und fuhr dann fort: »Sei's drum, aber hat der Mutige keinen Erfolg? Hat etwa Grischka Otrepjew nicht in alten Zeiten regiert? Denk von mir, was du willst, aber bleibe bei mir. Was gehen dich die andern Leute an? Wenn einer nicht Pope ist, dann ist er doch immer noch ein Priester. Diene mir treu und wahr, und ich mache dich zum Feldmarschall und Fürsten. Was meinst du dazu?«

»Nein«, antwortete ich standhaft. »Ich bin von altem Adel und habe der Kaiserin den Treueid geschworen, dir kann ich nicht dienen. Wenn du mir wirklich eine Wohltat erweisen willst, dann entlasse mich nach Orenburg.«

Pugatschow dachte nach.

»Und wenn ich dich entlasse«, sagte er, »gibst du mir dann wenigstens dein Wort, nicht gegen mich zu kämpfen?«

»Wie kann ich denn das versprechen?« entgegnete ich. »Du weißt ja selbst, daß man mich gar nicht fragt. Befehl ist Befehl! Du bist doch selber ein Befehlshaber und verlangst von deinen Untergebenen Gehorsam. Wo käme man denn hin, wenn ein Offizier seinen Dienst verweigerte, gerade wenn man ihn am nötigsten braucht? Mein Kopf ist in deiner Gewalt. Gibst du mich frei, so sei's dir gedankt – läßt du mich umbringen, so wird Gott dein Richter sein. Ich aber habe dir die Wahrheit gesagt.«

Meine Aufrichtigkeit hatte ihren Eindruck auf Pugatschow nicht verfehlt.

»So mag es denn sein«, sagte er und klopfte mir auf die Schulter. »Wenn ich hinrichte, dann richte ich eben hin; wenn ich begnadige, dann begnadige ich eben. Geh also, wohin du willst, und tu, was du magst. Komm morgen her, um dich von mir zu verabschieden, und leg dich jetzt schlafen; auch ich bin müde.«

Ich verließ Pugatschow und trat auf die Straße hinaus. Die Nacht war still und kalt. Der Mond und die Sterne funkelten und beschienen den Platz und den Galgen. Die Festung lag ohne Laut und dunkel da. Bloß in der Kneipe brannte noch Licht, und man hörte das Geschrei verspäteter Saufbrüder. Ich sah mich nach dem Hause des Geistlichen um. Fensterläden und Hoftor waren geschlossen. Auch dort schien alles ruhig.

In meiner Wohnung fand ich Saweljitsch in Sorge über mein langes Ausbleiben. Als er hörte, daß ich frei sei, freute er sich unbeschreiblich.

»Dank sei dir, Vater im Himmel!« sagte er und bekreuzigte sich. »Morgen in aller Frühe verlassen wir die Festung und gehen, wohin uns die Füße tragen. Ich habe dir etwas hergerichtet. Iß, Batjuschka, und dann schlaf dich aus wie in Abrahams Schoß.«

Ich folgte seinem Rat, stillte meinen Hunger, und körperlich und seelisch völlig erschöpft, sank ich in tiefen Schlaf auf dem nackten Fußboden meiner ausgeraubten Behausung.

9

Die Trennung

> Ach, wie süß war's, zu bekennen
> Meine Liebe, Mädchen, dir –
> Und wie bitter, sich zu trennen,
> Herz, wie blutest du in mir.
>
> Cheraskow

Am Morgen weckte mich ein Trommelwirbel. Ich begab mich auf den Sammelplatz. Die Scharen Pugatschows ordneten sich in nächster Nähe des Galgens, an dem noch immer die Opfer vom Tag zuvor hingen. Die Kosaken waren bereits aufgesessen, das Fußvolk hatte die Gewehre geschultert, die Fahnen knatterten im Wind. Einige Kanonen, unter denen ich auch die unsere erkannte, standen auf Lafetten.

Die gesamte Bevölkerung hatte sich eingefunden und erwartete den Usurpator. Vor der Treppe der Kommandantur hielt ein Kosak das schöne weiße Pferd kirgisischer Rasse am Zügel. Ich sah mich nach der Leiche der Kommandantenfrau um. Man hatte sie ein wenig beiseite geschoben und mit einer Bastmatte bedeckt. Schließlich erschien Pugatschow. Die Einwohner der Festung nahmen ihre Mützen ab. Er blieb auf der Treppe stehen und begrüßte sie. Einer von seinem Gefolge reichte ihm einen mit Kupfergeld gefüllten Sack. Er griff hinein und warf die Münzen unter das Volk. Die Leute stürzten sich so gierig darauf, daß es nicht ohne Verletzungen abging. Seine wichtigsten Unterführer umringten ihn. Unter ihnen sah ich auch Schwabrin. Unsere Blicke begegneten sich. In dem meinen las er offenbar die Verachtung, die ich ihm gegenüber empfand, denn er wandte sich mit dem Ausdruck giftigen Hasses und gekünstelten Spottes ab. Als Pugatschow mich in der Menge bemerkte, nickte er mir freundlich zu und rief mich zu sich.

»Höre, mein Lieber«, sagte er, »begib dich sofort nach Orenburg und melde dem Gouverneur und den Generälen, daß sie mich in einer Woche erwarten können. Ich ließe ihnen sagen, daß sie mich mit kindlicher Liebe und Ergebenheit empfangen sollen, wenn ihnen ihr Leben lieb ist. Glückliche Reise, Euer Wohlgeboren!«

Dann wandte er sich an das Volk und rief, indem er auf Schwabrin zeigte: »Hier seht ihr euren neuen Kommandanten! Gehorcht ihm in allem, er ist mir für euch und die Festung verantwortlich.«

Mit Entsetzen hörte ich diese Worte, die bedeuteten, daß Marja Iwanowna Schwabrins Willkür preisgegeben war. Mein Gott, was würde jetzt mit ihr geschehen?

Pugatschow ging die Treppe hinunter. Sein Pferd wurde vorgeführt. Er schwang sich schnell in den Sattel, ohne sich von den Kosaken hinaufhelfen zu lassen. In diesem Augenblick sah ich, wie mein Saweljitsch sich durch die Volksmenge drängte, Pugatschow in den Weg trat und ihm ein Blatt Papier überreichte. Ich konnte mir gar nicht vorstellen, was er damit bezweckte.

»Was soll das?« fragte Pugatschow überrascht.

»Lies nur, dann wirst du es schon erfahren«, antwortete Saweljitsch.

In majestätischer Haltung nahm Pugatschow den Zettel entgegen und hielt ihn sich eine Weile vor die Augen.

»Hast du aber eine verrückte Handschrift«, sagte er schließlich. »Kein vernünftiger Mensch kann das lesen. Wo ist mein Obersekretär?«

Ein junger Mann in Korporalsuniform kam eilig herbei.

»Lies vor«, befahl der Usurpator und übergab ihm das Blatt.

Ich war sehr gespannt auf den Inhalt. Mit lauter Stimme buchstabierte der Obersekretär:

»Zwei Schlafröcke, ein baumwollener und ein gestreifter seidener – sechs Rubel.«

»Was soll das heißen?« fragte Pugatschow mit gerunzelter Stirn.

»Befiehl ihm weiterzulesen« antwortete Saweljitsch unbeirrt.

Der Obersekretär fuhr fort: »Eine Uniform aus feinem grünem Tuch – sieben Rubel; weiße Tuchhosen – fünf Rubel; zwölf Hemden mit Manschetten aus holländischem Leinen – zehn Rubel; ein Behälter mit Teegeschirr – zwei Rubel fünfzig Kopeken wert . . .«

»Welch ein Unsinn!« unterbrach Pugatschow. »Was gehen mich Teebehälter und Hosen mit Manschetten an?«

Saweljitsch räusperte sich und begann seine Aufstellung zu erklären.

»Das, Batjuschka«, sagte er, »ist, wenn du gestattest, ein Verzeichnis des herrschaftlichen Eigentums, das dieses Diebsgesindel . . .«

»Was für ein Diebsgesindel?« fragte Pugatschow drohend.

»Verzeih«, sagte Saweljitsch und schlug sich mit der flachen Hand an die Stirn, »ich habe mich da in der Eile versprochen. Diebsgesindel ist nicht das richtige Wort, aber es waren trotzdem deine Untergebenen, die unsere Wohnung durchwühlt und vieles gestohlen und fortgeschleppt haben.

Sei mir nicht böse – der Gaul hat vier Beine und stolpert doch! Befiehl nur, zu Ende zu lesen.«

»Lies zu Ende«, sagte Pugatschow.

Der Sekretär fuhr fort: »Eine Decke mit Kattunbezug und eine Steppdecke – vier Rubel; ein Fuchspelz aus braunem Stoff – vierzig Rubel; und zuletzt noch ein Hasenpelz – fünfzehn Rubel, im Wirtshaus Deiner Gnaden geliehen . . .«

»Was steht da noch zuletzt?« schrie Pugatschow mit funkelnden Augen.

Ich muß gestehen, daß mir für meinen armen Saweljitsch angst und bange wurde. Er holte umständlich aus, um noch weitere Erläuterungen vorzubringen, aber Pugatschow ließ sich nicht mehr darauf ein, seine Geduld war erschöpft.

»Wie kannst du es wagen, mich mit solchen Kleinigkeiten aufzuhalten?« brüllte er, riß dem Sekretär das Papier aus der Hand, knüllte es zusammen und warf es Saweljitsch ins Gesicht. »Du alter Esel! Man hat euch ausgeplündert – welches Unglück! Du alter Narr solltest Gott auf den Knien danken, daß wir dich und deinen Herrn nicht mit den übrigen Verrätern aufgehängt haben. Sieh da, ein Hasenpelz! Ich werde dich lehren, was es mit diesem Hasenpelz auf sich hat. Ich werde dir bei lebendigem Leibe die Haut abziehen lassen, um Hasenpelze daraus zu machen!«

»Du kannst tun, was du willst«, antwortete Saweljitsch, »aber ich bin ein Leibeigener und muß für das mir anvertraute herrschaftliche Hab und Gut Rechenschaft ablegen.«

Trotz seines Ärgers war Pugatschow offensichtlich nicht in der Stimmung, seine Drohung wahrzumachen. Er kehrte ohne ein Wort weiter Saweljitsch den Rücken und ritt davon. Schwabrin und die anderen Bandenführer schlossen sich ihm an. Die ganze Heerschar folgte Pugatschow und verließ die Festung in Reih und Glied. Das Volk begleitete sie hinaus. Ich blieb mit Saweljitsch allein auf dem Platz zurück. Er hielt sein Verzeichnis in der Hand und betrachtete es tief enttäuscht.

Als er mein gutes Verhältnis zu Pugatschow gesehen hatte, war er der Meinung gewesen, es ausnutzen zu können, aber seine allzu schlaue Berechnung war fehlgeschlagen. Ich machte ihm Vorwürfe wegen seines unangebrachten Eifers, konnte aber dabei ein Lächeln nicht unterdrücken.

»Ja, lache nur, Herr«, erwiderte Saweljitsch, »mach dich nur lustig über mich. Aber wenn wir eines Tages gezwungen sein werden, alles, was uns geraubt worden ist, neu zu kaufen, dann wirst du sehen, daß wir nichts zu lachen haben.«

Ich eilte in das Haus des Geistlichen, um Marja Iwanowna zu sehen. Die Popenfrau kam mir mit der traurigen Nachricht entgegen, daß Mascha in der Nacht von einem heftigen Fieber befallen worden sei. Sie lag bewußtlos da und phantasierte. Akulina Pamfilowna führte mich zu ihr. Ich trat leise an ihr Bett. Sie sah so verändert aus, daß ich erschrak. Die Kranke erkannte mich nicht. Lange stand ich vor ihrem Lager, ohne auf Vater Gerassim und seine Frau zu achten, die mich, wie es schien, zu trösten suchten. Trübe Gedanken gingen mir durch den Kopf. Der Zustand der armen schutzlosen Waise, die unter den rohen Aufständischen allein zurückbleiben mußte, und meine eigene Hilflosigkeit ließen mir keine Ruhe. Die größte Sorge aber machte mir die Ernennung Schwabrins zum Befehlshaber der Festung. Dem unglücklichen Mädchen galt ja sein abgrundtiefer Haß – er war zu allem fähig. Was konnte ich tun, auf welche Weise ihr helfen, wie sie aus den Händen dieses Lumpen befreien? Es gab nur ein Mittel: ich mußte so schnell wie möglich nach Orenburg, um den Entsatz der Festung Belogorskaja zu beschleunigen, an dem ich selbst teilnehmen wollte. Ich nahm Abschied von dem Geistlichen und Akulina Pamfilowna und legte ihnen die Sorge für das Mädchen, das ich als meine künftige Frau ansah, dringend ans Herz. Mit Tränen in den Augen nahm ich Maschas Hand und küßte sie.

»Leben Sie wohl, Pjotr Andrejewitsch«, sagte die Popenfrau, die mich hinausbegleitete. »Vergessen Sie uns nicht und schreiben Sie möglichst oft. Die arme Marja Iwanowna hat niemanden mehr außer Ihnen, niemanden, der sie tröstet und beschützt.«

Draußen auf dem Platz blieb ich einen Augenblick vor dem Galgen stehen, sprach ein Gebet und verließ dann mit Saweljitsch, der treu an meiner Seite blieb, die Festung. Wir gingen zu Fuß auf der Straße nach Orenburg.

Ich hing meinen Gedanken nach, als ich plötzlich Pferdegetrappel hörte. Ich sah mich um: hinter mir her kam ein Kosak geritten, der ein Baschkirenpferd am Zügel hielt und mir Zeichen machte. Ich blieb stehen und erkannte bald unsern ehemaligen Unteroffizier. Als er mich eingeholt hatte, stieg er ab, übergab mir den ledigen Gaul, an dessen Sattel ein Schafpelz befestigt war und sagte: »Euer Wohlgeboren, unser Gebieter schickt dir das Pferd und diesen Pelz von seinen eigenen Schultern. Außerdem«, fuhr der Unter offizier stotternd fort, »einen silbernen Halbrubel, den ich aber ... sei mir nicht böse – unterwegs verloren habe ...«

Saweljitsch sah den Boten Pugatschows mißtrauisch an und geiferte sofort los: »Unterwegs verloren? Aber was klimpert denn da in deiner Tasche, du schamloser Lügner?«

»Was in meiner Tasche klimpert?« entgegnete der Unteroffizier ohne die geringste Verlegenheit. »Sprich keinen Unsinn, Alter! Das ist bloß der Zaum, aber nicht das Geld.«

»Laßt gut sein«, unterbrach ich die Streitenden. »Du aber«, fuhr ich, zu dem Kosaken gewandt, fort, »sag deinem Auftraggeber, daß ich ihm bestens danke, und wenn du den halben Rubel auf dem Rückweg finden solltest, darfst du ihn als Trinkgeld behalten.«

»Schönen Dank, Euer Wohlgeboren«, antwortete der Bote, »ich werde für dich beten, solange ich lebe.«

Dann ritt er, die linke Hand in der Tasche, davon und war gleich darauf spurlos verschwunden.

Ich zog den Pelz an, bestieg das Pferd und ließ Saweljitsch hinter mir aufsitzen.

»Siehst du wohl, Herr«, sagte der Alte, »es war doch nicht umsonst, daß ich dem Anführer mein Verzeichnis unter die Nase gehalten habe – jetzt hat er Gewissensbisse bekommen. Wenn auch die zottige Baschkirenmähre und der Schafpelz höchstens halb soviel wert sind wie alles das, was die Gauner uns gestohlen haben und du geruht hast, dem Oberbetrüger zu schenken, so haben wir doch Nutzen davon gehabt, denn selbst einem bissigen Köter reißt du noch ein Büschel Fell aus dem Balg.«

10

Die Belagerung der Stadt

> Steppe und Bergland sind in seinen Krallen,
> Jetzt soll ihm nachts die Stadt zum Opfer fallen.
> Mit scharfem Adlerblick späht er nach Mauern,
> Palisaden,
> Indes die Schützen die Kanonen laden.
>
> Cheraskow

Als wir uns Orenburg näherten, sahen wir einen Trupp Zuchthäusler mit kahlrasierten Schädeln und mit Gesichtern, die die Zange des Henkers entstellt hatte. Sie arbeiteten an den Befestigungen der Stadt unter der Aufsicht von Garnisonsinvaliden. Andere säuberten die Festungsgräben und karrten den Schlamm fort, der sich in ihnen angesammelt hatte. Wieder andere schaufelten Erde, und auf den Wällen schleppten Maurer Ziegelsteine und besserten die Stadtmauer aus. Vor dem Tor hielten uns Wachtposten auf und verlangten unsere Pässe. Als der Sergeant hörte, daß ich von der Festung Belogorskaja komme, brachte er mich gleich zum Haus des Generals.

Ich wurde zu ihm in den Garten geführt, wo er seine Apfelbäume besichtigte und die Stämme mit Stroh umwickelte. Ein alter Gärtner half ihm dabei. Der General war freundlich und schien in keiner Weise beunruhigt zu sein. Er freute sich sichtlich über meinen Besuch und begann sofort mich nach den schrecklichen Ereignissen auszufragen, deren Augenzeuge ich gewesen war. Ich erzählte ihm alles. Er hörte mich aufmerksam an, schnitt dabei jedoch die vertrockneten Äste seiner Obstbäume ab.

»Armer Mironow!« sagte er, als ich mit meinem traurigen Bericht zu Ende war, »es ist schade um ihn, er war ein tüchtiger Offizier. Auch Madame Mironow war eine gute Frau, und was für eine Meisterin war sie im Einmachen von Pilzen! Und was ist mit Mascha, der Hauptmannstochter?«

Ich antwortete, daß sie in der Festung geblieben sei, in der Obhut der Popenfrau.

»Ach, ach, ach!« bemerkte der General. »Das ist schlimm, sehr schlimm. Mit Disziplin kann man bei diesem Räubergesindel nicht rechnen. Was wird aus dem unglücklichen Mädchen werden?«

Ich wies darauf hin, daß es ja bis zur Festung Belogorskaja nicht weit sei, und sprach die Vermutung aus, daß Seine Exzellenz nicht zögern werde, Truppen zur Befreiung der bedauernswerten Bevölkerung hinzuschicken. Der General schüttelte bedenklich den Kopf.

»Wollen mal sehen«, sagte er. »Das wird man sich noch überlegen müssen. Ich erwarte dich zu einer Tasse Tee bei mir. Wir halten heute einen Kriegsrat ab, und du kannst uns zuverlässige Nachrichten über den Taugenichts Pugatschow und seine Truppen geben. Einstweilen aber ruh dich aus.«

Ich begab mich in die mir angewiesene Wohnung, wo sich Saweljitsch schon häuslich einrichtete. Mit Ungeduld erwartete ich die festgesetzte Stunde. Der Leser wird sich unschwer vorstellen können, daß ich nicht versäumte, am Kriegsrat teilzunehmen, der für mein Schicksal von so entscheidender Bedeutung sein konnte. Pünktlich erschien ich beim General.

Ich fand dort einen städtischen Beamten vor. Er war, soviel ich weiß, der Direktor des Zollamts – ein beleibter rosiger alter Herr in einem seidenen Rock. Er wollte alle Einzelheiten vom Schicksal unseres Kommandanten wissen, den er seinen Gevatter nannte, und unterbrach mich fortwährend durch weitere Fragen und belehrende Bemerkungen, die ihn zwar nicht gerade als Kenner der Kriegskunst auswiesen, aber doch wenigstens von Scharfblick und Verstand zeugten. Unterdessen stellten sich auch die übrigen Gäste ein. Von den Anwesenden gehörte außer dem General und mir kein einziger zur Armee. Als alles Platz genommen und jeder eine Tasse Tee erhalten hatte, schilderte der General klar und ausführlich die Lage.

»Und nun«, sagte er schließlich, »werden wir uns entscheiden müssen, wie wir uns den Aufständischen gegenüber verhalten sollen – offensiv oder defensiv. Beide Methoden haben ihre Vorteile und ihre Nachteile. Der Angriff läßt eine schnellere Vernichtung des Gegners erhoffen, während die Verteidigung sicherer und gefahrloser ist. So schreiten wir denn zur Abstimmung in der gesetzlichen Reihenfolge, das heißt, der Rangjüngste gibt sein Votum als erster ab. Herr Fähnrich«, wandte er sich an mich, »seien Sie so liebenswürdig, uns Ihre Auffassung mitzuteilen.«

Ich erhob mich, charakterisierte in kurzen Worten Pugatschow und seine Heerschar und bekannte mich entschieden zu der Ansicht, daß der Usurpator nicht imstande sei, regulären Truppen standzuhalten.

Meine Meinung erregte bei den Beamten offenkundigen Unwillen. Sie sahen in ihr nur die Leichtfertigkeit und Verwegenheit eines jungen Mannes. Ein Murren erhob sich, und ich hörte deutlich das halblaut ausgesprochene Wort »Milchbart«. Der General sagte lächelnd zu mir: »Herr Fähnrich, die ersten Stimmen in einem Kriegsrat werden gewöhnlich für die Offensive abgegeben, das ist nun einmal so. Jetzt wollen wir die anderen Herren hören. Herr Kollegienrat, wie denken Sie darüber?«

Der Alte im Seidenrock trank schnell seine dritte, tüchtig mit Rum versetzte Tasse Tee aus und antwortete dem General: »Ich denke, Eure Exzellenz, man sollte es weder auf die eine noch auf die andere Weise probieren . . . «

»Wie meinen Sie das, Herr Kollegienrat? Es gibt nichts Drittes – die Taktik kennt lediglich die Offensive und die Defensive.«

»Eure Exzellenz, versuchen Sie es mit Bestechung!«

»Schau her«, erwiderte der General, »Ihr Vorschlag ist nicht übel, zumal die Taktik ihn ebenfalls zuläßt. Wahrhaftig, wir sollten Ihrem klugen Rat folgen. Man könnte für den Kopf des Anführers eine Prämie aussetzen, siebzig

Rubel oder vielleicht sogar hundert aus dem Geheimfond . . .«

»Und dann«, fiel ihm der Zolldirektor ins Wort, »will ich ein kirgisischer Hammel sein und kein Kollegienrat, wenn diese Diebe uns nicht ihren Anführer an Händen und Füßen gefesselt ausliefern.«

»Wir werden uns das noch überlegen und darüber sprechen«, entgegnete der General, »aber militärische Maßnahmen müssen trotzdem auf alle Fälle getroffen werden. Meine Herren, stimmen Sie weiter in der vorgeschriebenen Reihenfolge ab!«

Es zeigte sich, daß keiner meine Meinung teilte. Ohne Ausnahme wiesen sämtliche Beamte auf die Unzuverlässigkeit der Truppen hin und sprachen von der Ungewißheit des Erfolges, daß es ratsam sei, nichts zu überstürzen, und dergleichen mehr. Alle betonten, es sei zweckmäßiger, im Schutz der Festungskanonen und der starken Stadtmauer zu bleiben, als sich im freien Feld auf die Schlagkraft des Heeres zu verlassen.

Nachdem der General alle seine Ratgeber angehört hatte, klopfte er die Asche aus seiner Pfeife und hielt folgende Ansprache: »Meine Herren, ich muß Ihnen erklären, daß ich für meine Person die Ansicht des Herrn Fähnrichs vollkommen teile, denn sie entspricht in jeder Beziehung den Regeln einer gesunden Taktik, die fast immer den Angriff der Verteidigung vorzieht.«

Hier machte der General eine Pause und begann seine Pfeife von neuem zu stopfen. Mein Selbstgefühl triumphierte. Ich sah mich stolz im Kreise der Beamten um, die enttäuscht und unruhig miteinander flüsterten.

»Aber, meine Herren«, fuhr der Redner fort und blies nach einem tiefen Atemzug eine dichte Rauchwolke in die Luft, »ich wage es nicht, eine so schwere Verantwortung auf mich zu nehmen, wenn die Sicherheit der mir von Ihrer Kaiserlichen Majestät, der Allergnädigsten Zarin, anvertrauten Provinzen auf dem Spiel steht. So schließe ich mich denn der Mehrheit dieser Versammlung an, die sich dahin entschieden hat, daß es weiser sei, die Belagerung der Stadt abzuwarten und die Angriffe des Feindes mit Hilfe der Artillerie und, wenn das möglich sein sollte, durch Ausfälle zurückzuschlagen.«

Jetzt waren es die Beamten, die aus ihrem Triumph kein Hehl machten und mir spöttische Blicke zuwarfen. Die Herren gingen auseinander. Ich konnte den ehrenwerten Krieger nur tief bemitleiden, der sich in seiner Schwäche gegen seine eigene Überzeugung der Meinung unerfahrener Leute angeschlossen hatte, die nichts von militärischen Dingen verstanden.

Wenige Tage nach diesem unrühmlichen Kriegsrat erfuhren wir, daß sich Pugatschow, wie er es angekündigt hatte, auf dem Anmarsch gegen Orenburg befand. Ich konnte schon seine Scharen von der Stadtmauer aus sehen, und mir schien, daß sie sich seit dem letzten Angriff, dessen Zeuge ich gewesen war, mindestens verzehnfacht hatten. Pugatschow führte jetzt auch Geschütze mit sich, die ihm in den bereits eroberten Festungen in die Hände gefallen waren. Ich dachte an den Beschluß des Kriegsrats und sah eine lange Einschließung der Stadt voraus. Ich weinte fast vor Erbitterung.

Ich versage mir eine genaue Schilderung der Belagerung Orenburgs – das ist Sache der Geschichtsschreibung und gehört nicht in den Rahmen einer Familienchronik. Es sei hier nur am Rande erwähnt, daß diese Blockade infolge der Kurzsichtigkeit der Behörden verhängnisvolle Folgen für die städtische Bevölkerung hatte, die Hunger und viele andere Nöte erleiden mußte. Man kann sich leicht vorstellen, daß das Leben in Orenburg unerträgliche Formen annahm. Die Einwohner warteten verzweifelt darauf, daß sich ihr Schicksal entschied, und jammerten über die Teuerung, die auch wirklich jedes Maß überstieg. Sie gewöhnten sich an die Kugeln, die in ihre Häuser und Höfe einschlugen, und beachteten schließlich nicht einmal mehr die Angriffe des Feindes. Ich starb fast vor Langeweile. Die Zeit verging. Briefe aus Belogorskaja erhielt ich nicht: alle Straßen waren gesperrt. Die Trennung von Marja Iwanowna konnte ich kaum mehr ertragen. Die Ungewißheit über ihr Schicksal peinigte mich Tag und Nacht. Meine einzige Zerstreuung waren Ausritte in die nächste Umgebung. Dank der Freigebigkeit Pugatschows besaß ich ein gutes Pferd, auf dem ich jeden Tag aus der Stadt hinausritt, um Schüsse mit seinen Vorposten zu wechseln, die satt, betrunken und weit besser beritten waren als ich. Unsre halb verhungerte Kavallerie war dem Feind ebensowenig gewachsen wie die Infanterie; die Ausfälle, die sie hier und da machte, blieben im tiefen Schnee stecken. Das gleiche galt für unsere mit ausgemergelten Pferden bespannten Feldgeschütze. Die von den Wällen herabdonnernde Festungsartillerie konnte gegen die weit ausschwärmende Reiterei Pugatschows natürlich erst recht nichts ausrichten. So kläglich stand es mit unseren militärischen Operationen, dem Ergebnis dessen, was die Orenburger Beamten Vorsicht und Weisheit genannt hatten.

Als es uns einmal gelungen war, einen größeren Trupp feindlicher Reiter auseinanderzusprengen und zu verjagen, stieß ich auf einen Kosaken, der hinter seinen Kameraden zurückgeblieben war. Ich wollte ihm gerade einen Hieb mit meinem türkischen Säbel versetzen, als er plötzlich die Mütze abnahm und mir zurief: »Sei gegrüßt, Pjotr Andrejewitsch! Wie ist dir Gott doch so gnädig!«

Ich sah ihn an und erkannte in ihm unseren früheren Unteroffizier. Ich freute mich sehr über dieses Zusammentreffen und fragte ihn gleich, wann er zuletzt in Belogorskaja gewesen sei.

»Gestern noch, Batjuschka«, antwortete er, »ich habe für dich einen Brief.«

»Wo ist er denn?« rief ich in großer Erregung.

»Hier«, sagte Maximytsch und schob seine Hand in die Brusttasche. »Ich habe Palaschka versprochen, ihn dir irgendwie zuzustellen.«

Mit diesen Worten übergab er mir ein zusammengefaltetes Blatt Papier und ritt davon. Ich entfaltete das Blatt gleich an Ort und Stelle und las folgende Zeilen:

»Es hat Gott gefallen, mir meine beiden Eltern zu nehmen, und jetzt habe ich auf Erden keine Verwandten und keinen Beschützer mehr. Ich nehme meine Zuflucht zu

Ihnen, denn ich weiß, daß Sie mir immer Gutes gewünscht haben, wie Sie ja überhaupt jederzeit bereit sind, allen Menschen zu helfen. Ich bete zu Gott, daß dieser Brief in Ihre Hände gelangt. Maximytsch hat versprochen, ihn zu besorgen. Er hat Palaschka erzählt, daß er Sie oft bei den Ausfällen sieht und daß Sie sich in keiner Weise schonen und nicht an diejenigen denken, die unter Tränen Gott bitten, Ihnen beizustehen. Ich war lange krank, bin aber wieder genesen. Alexej Iwanowitsch, der jetzt an Stelle meines seligen Vaters hier kommandiert, hat Vater Gerassim gezwungen, mich ihm auszuliefern, indem er ihm mit der Rache Pugatschows drohte. Ich lebe in unserem Hause und werde bewacht. Alexej Iwanowitsch verlangt, daß ich ihn heirate. Er sagt, daß er mir das Leben gerettet habe; denn er habe den Betrug Akulina Pamfilownas gedeckt, als sie mich den Aufrührern gegenüber als ihre Nichte ausgab. Ich möchte aber lieber sterben als die Frau eines solchen Menschen werden, wie Alexej Iwanowitsch einer ist. Er behandelt mich sehr grausam und droht, wenn ich mich nicht einverstanden erkläre, mich zu dem Anführer ins Lager zu bringen, wo es mir dann ebenso ergehen werde wie Lisaweta Karlowna. Ich bat Alexej Iwanowitsch, mir Zeit zum Nachdenken zu geben. Er gab mir eine Frist von drei Tagen, wenn ich ihn aber dann nicht heiraten wolle, werde es keine Schonung mehr für mich geben. Batjuschka Pjotr Andrejewitsch! Sie sind mein einziger Beschützer, treten Sie für mich Arme ein. Bitten Sie den General und alle Kommandeure, uns so schnell wie möglich Hilfe zu schicken, und kommen Sie selbst, wenn Sie irgend können. Ich bleibe Ihre ergebene Waise

Marja Mironowna.«

Als ich diesen Brief gelesen hatte, verlor ich fast den Verstand. Ich jagte in die Stadt, indem ich meinem armen Pferd erbarmungslos die Sporen gab. Unterwegs zerbrach ich mir den Kopf, wie ich das bedrohte Mädchen retten könnte. Ich wußte mir aber keinen Rat. In der Stadt begab ich mich sofort zum General und überfiel ihn in seinem Zimmer. Er ging auf und ab und sog an seiner Meerschaumpfeife. Als er mich sah, blieb er stehen. Mein Anblick hatte ihn wohl erschreckt; besorgt erkundigte er sich, weshalb ich so unvermittelt bei ihm eindringe.

»Euer Exzellenz«, sagte ich, »ich suche Hilfe bei Ihnen wie bei einem Vater. Um Gottes willen, schlagen Sie mir meine Bitte nicht ab. Es geht um das Glück meines ganzen Lebens!«

»Was gibt es denn, mein Lieber?« fragte der Alte verwundert. »Was kann ich für dich tun? Sprich dich nur aus.«

»Euer Exzellenz, überlassen Sie mir ein paar Soldaten und ein halbes Hundert Kosaken und geben Sie mir den Befehl, die Festung Belogorskaja zu säubern.«

Der General blickte mich unverwandt an; er glaubte wohl, ich sei verrückt geworden – was auch wirklich beinahe zutraf.

»Wie?« fragte er. »Die Festung Belogorskaja zu säubern?«

»Ich verbürge mich für den Erfolg«, beteuerte ich, »lassen Sie mir nur freie Hand!«

»Nein, junger Mann«, sagte er kopfschüttelnd. »Auf eine so weite Entfernung hin wird es dem Feind leichtfallen, euch von der Verbindung mit dem strategischen Zentrum abzuschneiden und zu besiegen. Die abgeschnittene Verbindung . . .«

Ich erschrak, als er sich in militärische Spekulationen zu verlieren begann, und unterbrach ihn.

»Die Tochter des Hauptmanns Mironow«, sagte ich, »hat mir einen Brief geschrieben, sie fleht um Hilfe. Schwabrin will sie zwingen, ihn zu heiraten.«

»Nicht möglich! Oh, dieser Schwabrin ist ein Gauner, und wenn er mir in die Hände fallen sollte, werde ich ihn binnen vierundzwanzig Stunden aburteilen und auf dem Wall erschießen lassen! Aber vorläufig müssen wir noch Geduld haben.«

»Geduld haben!« schrie ich außer mir. »Aber unterdessen heiratet er Marja Iwanowna!«

»Oh«, erwiderte der General, »das wäre noch nicht das schlimmste. Möge sie doch einstweilen Schwabrins Frau werden, dann droht ihr für den Augenblick wenigstens keine Gefahr. Wenn wir ihn aber erschossen haben, werden sich mit Gottes Hilfe schon andere Freier einstellen. Eine reizende kleine Witwe bleibt nie lange unverheiratet, ich wollte sagen: findet schneller einen Mann als eine Jungfer.«

»Eher sterbe ich«, rief ich erbittert, »als daß ich Marja Iwanowna Schwabrin überlasse!«

»Bah, bah, bah!« sagte der Alte. »Jetzt verstehe ich: du bist in Marja Iwanowna verliebt. Das ist natürlich etwas ganz anderes. Mein armer Junge! Aber dennoch kann ich dir keine Soldaten und keine fünfzig Kosaken geben. Ein solches Unternehmen wäre ja heller Wahnsinn. Das kann ich unter keinen Umständen verantworten.«

Ich ließ den Kopf hängen. Verzweiflung packte mich. Doch plötzlich kam mir ein Einfall. Worin er bestand, wird der Leser im folgenden Kapitel erfahren – welche Wendung die alten Romanschreiber mit Vorliebe zu benutzen pflegten.

11

Die Rebellenvorstadt

Der Löwe, reizbar sonst und wild,
Zeigt sich plötzlich sanft und mild,
»Was kann ich tun, was führt dich her?«
Fragt freundlich er.

A. Sumarokow

Ich verließ den General und eilte in meine Wohnung. Saweljitsch empfing mich mit seinen gewohnten Ermahnungen.

»Wie kannst du dich nur mit diesem betrunkenen Räuber einlassen. Gehört sich denn das für einen Herrn aus guter Familie? Man hat nicht immer Glück, einmal kann es auch schiefgehen. Ja, wenn du noch gegen den Türken oder den Schweden kämpftest – aber gegen dieses Raubgesindel! Man schämt sich ja schon, wenn man der Bande die Bezeichnung gibt, die sie verdient.«

Ich unterbrach seine Moralpredigt mit der Frage, wieviel Geld ich noch hätte.

»Immer noch eine ganze Menge«, antwortete er selbstzufrieden. »Obgleich die Gauner alles durchwühlt haben, konnten sie das Geld nicht finden. Ich hatte es zu gut versteckt.«

Mit diesen Worten zog er einen langen gestrickten Beutel aus der Tasche, der prall mit Silbermünzen gefüllt war.

»Gut, Saweljitsch«, sagte ich, »gib mir die Hälfte, und die andere Hälfte behältst du. Ich reite nach Belogorskaja.«

»Batjuschka, Pjotr Andrejitsch!« rief der gute Alte mit zitternder Stimme. »Das heißt ja Gott versuchen! Wie kannst du das in dieser Zeit wagen, wo die Räuber alle Straßen besetzt halten! Denk doch wenigstens an deine Eltern, wenn du schon dich selber nicht schonen magst. Wo willst du hin? Aus welchem Grunde? Gedulde dich noch ein wenig. Hilfstruppen werden kommen und den Rebellen das Handwerk legen. Dann kannst du reiten, wohin du willst.«

»Mein Entschluß ist gefaßt, da gibt es nichts mehr zu räsonieren«, entgegnete ich. »Ich muß hin, es geht nicht anders. Nimm es dir nicht zu Herzen, Saweljitsch, Gott ist gnädig – wir werden uns wiedersehen. Und leg dir keinen Zwang auf, sei nicht allzu knauserig. Kauf dir, was du nötig hast, auch wenn es dreimal teurer ist als früher, ich schenke dir das Geld. Wenn ich nach drei Tagen noch nicht zurück bin . . .«

»Was sagst du da, Herr?« fiel mir Saweljitsch ins Wort. »Du glaubst doch nicht, daß ich dich allein lassen werde? Das darf dir auch im Traume nicht einfallen. Wenn du wirklich beschlossen hast aufzubrechen, so folge ich dir, wenn nicht anders, auch zu Fuß. Soll ich vielleicht ohne dich hinter der schützenden Stadtmauer sitzen? Ich bin doch nicht verrückt! Tu, was du willst, aber ich gehe mit.«

Ich wußte, daß Saweljitsch nicht umzustimmen war, und gestattete ihm daher, sich reisefertig zu machen. Eine halbe Stunde später saß ich bereits im Sattel. Saweljitsch hatte eine klapperdürre, lahmende Mähre bestiegen, die ihm ein Bürger der Stadt geschenkt hatte, weil er sie nicht mehr ernähren konnte. Die Wache am Tor hielt uns nicht zurück, und wir verließen die Stadt.

Es begann zu dämmern. Weil der kürzeste Weg allzu tief verschneit war, mußte ich an der vom Feind besetzten Berdskischen Vorstadt vorbei. Die Steppe war voll frischer Pferdespuren. Ich ritt in scharfem Trab. Saweljitsch blieb immer mehr zurück, und ich hörte ihn hinter mir fortwährend rufen: »Langsamer, Herr, um Gottes willen, langsamer! Meine verfluchte Mähre kann mit deinem langbeinigen Teufel nicht Schritt halten. Warum eilst du denn so? Wenn es noch zu einem Festmahl ginge, aber paß auf, du rennst ja in dein Verderben ... Pjotr Andrejitsch, Batjuschka Pjotr Andrejitsch, richte dich nicht zugrunde! Vater im Himmel, er geht uns noch ganz verloren!«

Schon leuchteten die Lichter der Vorstadt auf. Wir näherten uns den Schluchten, die den natürlichen Schutz der Siedlung bildeten. Saweljitsch folgte mir, ohne mit seinem Gejammer aufzuhören. Ich hoffte ungesehen an der Vorstadt vorbeizukommen, doch plötzlich tauchten fünf mit Knüppeln bewaffnete Bauern unmittelbar vor mir auf – die Vorposten Pugatschows. Sie riefen uns an. Da ich die Parole nicht kannte, wollte ich schweigend an ihnen vorbeireiten. Aber sie umringten mich, und einer von ihnen faßte mein Pferd am Zügel. Ich zog den Säbel und versetzte ihm einen Hieb auf den Kopf. Seine dicke Pelzmütze rettete ihn, doch er taumelte und ließ den Zügel los. Die anderen gerieten in Verwirrung und flohen. Ich gab meinem Pferd die Sporen und jagte davon.

In der schnell zunehmenden Dunkelheit hätte ich mich leicht allen Gefahren entziehen können, doch als ich mich jetzt umblickte, sah ich, daß Saweljitsch nicht mehr hinter mir war. Der arme Alte auf seinem lahmen Gaul war den Räubern offenbar in die Hände gefallen. Was sollte ich tun? Ich wartete noch einige Minuten, aber als ich nicht mehr daran zweifeln konnte, daß Saweljitsch erwischt worden war, kehrte ich um und ritt zu der Schlucht zurück, um ihn zu befreien.

Schon von ferne hörte ich Lärm und die Stimme meines Saweljitsch. Ich beeilte mich und befand mich gleich darauf unter den Bauern, die mich vorhin angehalten hatten. Sie waren im Begriff, den Alten zu fesseln. Sie ließen jetzt von ihm ab, stürzten sich auf mich und zerrten mich aus dem Sattel. Einer von ihnen, offensichtlich ihr Anführer, erklärte, er werde uns sofort zum Zaren führen.

»Unser Batjuschka«, fügte er hinzu, »mag befehlen, ob wir euch gleich aufknüpfen oder damit warten sollen, bis Gottes Sonne wieder aufgeht.«

Ich wehrte mich nicht, Saweljitsch schloß sich meinem Beispiel an, und die Wachtposten führten uns im Triumph durch die Schlucht in die Vorstadt. In den meisten Hütten brannte Licht, und überall wurde gelärmt und geschrien. Die Straßen waren voller Menschen, aber wir blieben unbeachtet, und in der Dunkelheit erkannte niemand in mir einen Orenburger Offizier. An einer Straßenkreuzung machten unsre Bauern vor einer Haustür halt, vor der Branntweinfässer und zwei Kanonen standen.

»Das ist der Palast, ich werde euch gleich melden«, sagte einer von ihnen und verschwand in der Hütte.

Ich sah Saweljitsch an. Er bekreuzigte sich und murmelte ein Gebet. Ich mußte ziemlich lange warten. Endlich erschien der Bauer wieder und sagte zu mir: »Geh hinein, der Zar hat befohlen, den Offizier einzulassen.«

Ich betrat die Hütte oder den »Palast«, wie die Leute das Haus genannt hatten. Zwei Talglichter brannten in der Stube, die Wände waren mit Goldpapier beklebt. Die Bänke, der Tisch, die blecherne, an einer Schnur hängende Waschschüssel, das Handtuch am Nagel, die Ofengabel in der Ecke und das breite Wandbrett, auf dem Kochtöpfe standen – kurz, die ganze Einrichtung unterschied sich in nichts von der einer ganz gewöhnlichen Bauernstube. Pugatschow saß unter den Heiligenbildern; er hatte seinen roten Kaftan an, eine hohe Fellmütze auf dem Kopf und hielt die Arme selbstbewußt in die Seiten gestemmt. Neben ihm standen einige seiner Großwürdenträger, deren Mienen grenzenlose Ehrerbietung vorzutäuschen suchten. Es bestand kein Zweifel, daß die Nachricht von der Einlieferung eines Orenburger Offiziers bei den Rebellen höchstes Interesse geweckt hatte und daß sie mir einen möglichst großartigen Empfang bereiten wollten. Pugatschow erkannte mich auf den ersten Blick. Sofort legte er seine reichlich theatralische Pose ab.

»Ah, Euer Wohlgeboren!« sagte er lebhaft. »Wie geht es? Wieso hat dich Gott hierhergeführt?«

Ich antwortete, daß ich in privaten Angelegenheiten unterwegs sei und daß seine Leute mich angehalten hätten.

»Was sind denn das für Angelegenheiten?« fragte er.

Ich wußte nicht, was ich erwidern sollte. Pugatschow vermutete wohl, daß ich mich in Gegenwart von Zeugen nicht darüber äußern wollte, und befahl seinen Spießgesellen, uns allein zu lassen. Sie gingen hinaus bis auf zwei, die sich nicht von ihren Plätzen rührten.

»Sprich ruhig, auch wenn diese beiden dabei sind«, sagte Pugatschow, »vor ihnen habe ich keine Geheimnisse.«

Ich sah die besonderen Vertrauensleute des Usurpators von der Seite an. Der eine von ihnen war ein kleiner krummer Greis mit weißem Bärtchen; er hatte nichts Bemerkenswertes an sich außer einer breiten hellblauen Schärpe, die er von der Schulter bis zur Hüfte quer über seine graue Bauernjoppe gespannt hatte. Niemals aber werde ich den anderen vergessen. Er war groß, dick, breitschultrig und etwa fünfundvierzig Jahre alt. Sein dichter rötlicher Bart, seine blitzenden grauen Augen, seine entstellte Nase und die glühenden Brandmale auf Stirn und Wangen verliehen seinem breiten pockennarbigen Gesicht einen Ausdruck, der sich nicht in Worte fassen läßt. Er trug ein rotes Hemd, einen kirgisischen Kaftan und eine weite Kosakenhose. Der erste war, wie ich später erfuhr, ein fahnenflüchtiger Korporal namens Beloborodow und der andere – Afanassij Sokolow, genannt Chlopuscha – ein Verbrecher, der dreimal aus den sibirischen Bergwerken entflohen war. Trotz den Gefühlen, die mich, seit ich den Brief Marja Iwanownas erhalten hatte, ganz und gar beherrschten, beeindruckte diese unerwartete Umgebung meine Phantasie in hohem Maße. Aber Pugatschow brachte mich wieder zur Besinnung.

»Also erzähl mal«, sagte er, »weshalb hast du Orenburg verlassen?«

Ein überraschender Gedanke ging mir durch den Kopf: Wollte nicht am Ende die Vorsehung, die mich zum zweitenmal mit Pugatschow zusammengeführt hatte, mir auf diese Weise die Möglichkeit geben, meinen Plan erfolgreich durchzuführen? Ich beschloß, diese Gelegenheit auszunützen, und erwiderte, ohne zu überlegen, was ich damit anrichten könnte, auf die Frage Pugatschows: »Ich beabsichtigte, nach Belogorskaja zu reiten, um einer hilflosen Waise beizustehen, die dort gekränkt und verfolgt wird.«

Pugatschows Augen funkelten.

»Wer von meinen Leuten wagt es, eine Waise zu beleidigen?« schrie er. »Wer es auch immer sei – meinem Strafgericht wird er nicht entgehen! Nenn mir den Schuldigen.«

»Schwabrin ist es«, antwortete ich. »Er hält jenes kranke Mädchen, das du bei der Popenfrau gesehen hast, hinter Schloß und Riegel und will es zwingen, ihn zu heiraten.«

»Ich werde dem Schwabrin schon beikommen«, sagte Pugatschow wütend. »Er soll am eigenen Leibe erfahren, was es heißt, den Gewalthaber zu spielen und das Volk zu beleidigen. An den Galgen mit ihm!«

»Laß mich dazu ein Wort sagen«, mischte sich Chlopuscha mit heiserer Stimme ein. »Du hast überstürzt gehandelt, als du Schwabrin zum Kommandanten der Festung ernanntest, und jetzt bist du drauf und dran, einen weiteren Fehler zu begehen, indem du ihn unbesehen aufhängen willst. Du hast die Kosaken verärgert, als du ihnen einen adligen Vorgesetzten gabst, und jetzt wirst du den Adel gegen dich aufbringen, wenn du einen von ihnen mir nichts dir nichts hinrichten läßt.«

»Sie verdienen es nicht anders«, sagte der Alte mit der blauen Schärpe. »Wenn Schwabrin baumelt, ist es kein Unglück; aber man sollte auch den Herrn Offizier peinlich befragen, warum er hierhergekommen ist. Wenn er dich nicht als Zaren anerkennt, so soll er dich auch nicht um Hilfe bitten; erkennt er dich aber an – warum hat er dann bis zum heutigen Tage bei deinen Todfeinden in Orenburg gehockt? Willst du nicht lieber befehlen, daß man ihn in die Folterkammer bringt und dort das Feuerchen schürt? Mir will doch scheinen, daß es die Orenburger Kommandeure gewesen sind, die uns Seine Gnaden hierhergeschickt haben.«

Die Logik des Alten kam mir recht einleuchtend vor. Es lief mir kalt über den Rücken bei dem Gedanken, in wessen Händen ich mich befand. Pugatschow merkte, daß ich mich in die Enge getrieben fühlte.

»He, Euer Wohlgeboren«, sagte er und zwinkerte mir vertraulich zu. »Hat mein Feldmarschall nicht am Ende den Nagel auf den Kopf getroffen? Wie denkst du darüber?«

Bei dieser gutmütig-ironischen Frage faßte ich wieder Mut. Ich gab einigermaßen gelassen zur Antwort, daß ich in seiner Gewalt sei und er mit mir machen könne, was er wolle.

»Gut«, erwiderte Pugatschow. »Jetzt sag mal, wie steht es in eurer Stadt?«

»Gott sei Dank, alles in bester Ordnung«, antwortete ich.

»In bester Ordnung?« fragte Pugatschow erstaunt. »Aber wie ich höre, stirbt dort das Volk vor Hunger.«

Der Usurpator sagte die Wahrheit. Aber eingedenk meines Diensteides versicherte ich, daß alles nur Geschwätz sei und daß Orenburg Lebensmittel in Hülle und Fülle habe.

»Du siehst«, warf der Alte ein, »wie frech er dich anlügt. Alle Überläufer sagen einstimmig aus, in Orenburg herrschten Hungersnot und Seuchen und man nähre sich hauptsächlich von Aas. Seine Gnaden aber behauptet, man hätte von allem mehr als genug. Wenn du Schwabrin hinrichten willst, dann laß am selben Galgen auch diesen jungen Betrüger aufhängen, damit keine Mißstimmung aufkommt.«

Pugatschow schien schwankend zu werden. Zum Glück widersprach Chlopuscha dem Alten.

»Kein Wort mehr, Naumytsch«, sagte er. »Du willst immer bloß erwürgen und erstechen. Was bist du doch für ein Held! Denk lieber an deine eigene Seele. Du stehst schon mit einem Fuß im Grabe und bringst trotzdem die Leute um, als wenn du nicht schon genug Blut auf dem Gewissen hättest.«

»Und bist du etwa ein Heiliger?« fuhr ihn Beloborodow an. »Wo nimmst du plötzlich diese Rührseligkeit her?«

»Natürlich bin auch ich ein Sünder«, sagte Chlopuscha, »und diese Hand« – er ballte die knochige Faust, schob den Ärmel hinauf und zeigte seinen behaarten Arm – »hat viel Christenblut vergossen. Aber ich brachte Feinde und nicht Gäste um und nicht zu Hause hinter dem Ofen, sondern auf der Landstraße und im dunklen Wald. Ich erschlug sie mit dem Knüppel oder mit der Axt, aber niemals hat mich das Geschwätz alter Weiber zu einer Bluttat verführt . . .«

Beloborodow wandte sich ab. »Zerrissene Nasenlöcher!« brummte er giftig.

»Was murmelst du da, alter Narr?« schrie Chlopuscha. »Ich werde dir die zerrissenen Nasenlöcher schon heimzahlen. Warte nur, auch deine Stunde kommt, da Gott dich an der Zange des Henkers riechen lassen wird! Einstweilen sieh nur zu, daß ich dir dein Bärtchen nicht ausreiße!«

»Aber, aber, meine Herren Generäle!« tadelte Pugatschow. »Laßt jetzt das Keifen. Es wäre kein Unglück, wenn alle Orenburger Köter an ein und demselben Galgenholz mit den Beinen zappelten; schlimm aber ist es, wenn die eigenen Hunde übereinander herfallen. Also versöhnt euch wieder!«

Chlopuscha und Beloborodow verstummten und starrten sich finster an. Mir schien es an der Zeit, dem Gespräch, das für mich verhängnisvoll hätte werden können, eine andere Wendung zu geben. So machte ich gute Miene zum bösen Spiel und wandte mich zu Pugatschow.

»Ach«, sagte ich, »fast hätte ich vergessen, dir für das Pferd und den Pelz zu danken. Ohne diese Geschenke hätte ich die Stadt nicht erreicht, sondern wäre unterwegs erfroren.«

Meine List hatte Erfolg: Pugatschow wurde ganz aufgeräumt. »Wer seine Schuld bezahlt, vermehrt sein Gut«, sagte er und zwinkerte mir lustig zu. »Und jetzt gestehe: Was hast du mit dem Mädchen zu tun, dem Schwabrin soviel Böses zufügt? Ist es vielleicht eine Herzensangelegenheit?«

»Sie ist meine Braut«, antwortete ich offen und ehrlich, als ich diesen Wetterumschlag zu meinen Gunsten bemerkte.

»Deine Braut!« rief Pugatschow. »Warum hast du das denn nicht gleich gesagt? Wir werden dich verheiraten und die Hochzeit mit einem großen Gelage feiern.« Und zu Beloborodow sagte er: »Hör mal, Feldmarschall, Seine Wohlgeboren und ich sind alte Freunde, essen wir mit ihm zusammen zu Abend. Der Morgen ist weiser als der Abend, in der Frühe sehen wir dann schon, was wir mit ihm anfangen.«

Ich hätte diese ehrenvolle Einladung gerne abgelehnt, aber es ließ sich nicht machen. Zwei junge Kosakenmädchen, Töchter des Hausbesitzers, deckten sauber den Tisch, trugen Brot und Fischsuppe auf und brachten mehrere Krüge mit Bier und Branntwein. So mußte ich denn zum zweitenmal mit Pugatschow und seinen furchterregenden Genossen tafeln.

Die Orgie, deren unfreiwilliger Zeuge ich war, dauerte bis tief in die Nacht. Schließlich wurden die berauschten Teilnehmer müde, und Pugatschow schlief auf seinem Stuhl ein. Seine Zechgenossen erhoben sich und gaben auch mir ein Zeichen aufzubrechen. Ich ging mit ihnen hinaus. Auf Befehl Chlopuschas führte mich ein Wachtposten in die Schreibstube, wo ich Saweljitsch vorfand und wo man uns einsperrte. Der Alte war so erstaunt über alles, was er hier im Lager erlebt hatte, daß er mir gar keine Fragen stellte. Er legte sich in der Dunkelheit hin. Nachdem er lange geseufzt und gestöhnt hatte, fing er an zu schnarchen, während ich mich meinen Gedanken hingab, die mich die ganze Nacht über wach hielten.

Am Morgen ließ Pugatschow mich zu sich rufen. Vor seiner Tür stand ein mit drei tatarischen Pferden bespannter Schlitten. Die Straßen der Vorstadt waren voll von Menschen. Im Flur kam mir Pugatschow entgegen. Er hatte einen Reisepelz an und eine kirgisische Mütze auf dem Kopf. Seine beiden Gefährten begleiteten ihn und legten dabei eine Unterwürfigkeit an den Tag, die in krassem Widerspruch zu ihrem gestrigen Benehmen stand. Pugatschow begrüßte mich in bester Laune und lud mich ein, im Schlitten neben ihm Platz zu nehmen.

Wir stiegen ein.

»In die Festung Belogorskaja!« rief Pugatschow dem breitschultrigen Tataren zu, der die Troika stehend lenkte.

Mein Herz klopfte zum Zerspringen. Die Pferde zogen an, die Glocken erklangen, und der Schlitten flog dahin.

»Halt! Halt!« schrie plötzlich eine mir bekannte Stimme, und ich sah Saweljitsch, der im Laufschritt auf uns zukam. Pugatschow befahl anzuhalten.

»Batjuschka Pjotr Andrejewitsch«, rief Saweljitsch atemlos. »Laß mich am Ende meiner Tage nicht allein unter diesen Räu . . .«

»Ach, du bist's, alter Trottel«, sagte Pugatschow, »hat uns Gott wieder einmal zusammengeführt? Nun, setz dich schon auf den Bock.«

»Danke, Herr, danke, Batjuschka«, antwortete Saweljitsch und kletterte hinauf. »Möge Gott dich hundert Jahre alt werden lassen dafür, daß du mich erkannt und beruhigt hast. Mein Leben lang werde ich für dich beten und dich auch niemals wieder an den Hasenpelz erinnern.«

Die dauernde Erwähnung des Hasenpelzes, den der treue Saweljitsch offenbar noch immer nicht verschmerzen konnte, hätte Pugatschow allmählich ernstlich verstimmen können, aber glücklicherweise hatte er diese neuerliche Anspielung entweder absichtlich überhört, vielleicht aber auch gar nicht verstanden. Wir setzten unsre Fahrt fort. Die Leute blieben stehen und verneigten sich tief vor dem Usurpator, der ihnen, nach allen Seiten grüßend, zunickte. Bald hatten wir die Vorstadt hinter uns gelassen und fuhren die glatte Straße entlang.

Man kann sich vorstellen, was ich auf dieser Fahrt empfand. In wenigen Stunden sollte ich Mascha wiedersehen, die ich schon für mich verloren geglaubt hatte. Ich malte mir das Zusammentreffen mit ihr aus und dachte dabei auch an den Menschen neben mir, der mein Schicksal in der Hand hielt und mit dem ich, wie die sonderbare Verknüpfung der Ereignisse zeigte, auf eine geheimnisvolle Art verbunden zu sein schien. Ich erinnerte mich der unüberlegten Grausamkeiten und blutgierigen Gewohnheiten des Mannes, der sich bereit erklärt hatte, meine Liebste zu befreien. Pugatschow wußte nicht, daß sie die Tochter des Hauptmanns Mironow war, aber er konnte es von dem erbosten Schwabrin oder auch von anderen Leuten erfahren, und was würde dann aus Marja Iwanowna werden? Eiskalt lief es mir über den Rücken ...

»Euer Wohlgeboren, worüber denkst du so angestrengt nach?« fragte mich Pugatschow.

»Wie sollte ich nicht nachdenklich sein«, antwortete ich. »Ich bin Offizier und Edelmann. Gestern habe ich noch gegen dich gekämpft, und heute fahre ich mit dir in deinem Schlitten, und das Glück meines ganzen Lebens hängt von dir ab.«

»Und weiter?« fragte er. »Fürchtest du dich?«

Ich erwiderte, daß ich, nachdem ich schon einmal von ihm begnadigt worden sei, nicht nur Nachsicht, sondern auch Hilfe von ihm erhoffe.

»Bei Gott, du hast recht«, sagte der Usurpator. »Du hast gesehen, daß meine Leute dir mit Mißtrauen begegneten, und der Alte bestand noch heute darauf, daß du ein Spion seist und man dich deshalb foltern und aufhängen müsse. Aber ich lehnte das ab«, fügte er leise hinzu, um von Saweljitsch und dem tatarischen Kutscher nicht gehört zu werden, »denn ich habe dein Glas Branntwein und deinen Hasenpelz nicht vergessen. Du siehst also, daß ich gar nicht der Bluthund bin, für den deine Kameraden mich halten.«

Ich dachte daran, wie er nach der Eroberung von Belogorskaja in der Festung gewütet hatte, hielt es aber nicht für nötig, ihm zu widersprechen, und sagte kein Wort.

»Wie spricht man über mich in Orenburg?« fragte Pugatschow, nachdem er eine Weile geschwiegen hatte.

»Man sagt, daß es schwer sei, mit dir fertigzuwerden. Es ist ja auch wahr: du zeigst, was du kannst.«

Der Usurpator lachte selbstgefällig übers ganze Gesicht.

»Ja«, sagte er in bester Stimmung, »ich bin kein schlechter Feldherr. Hat man bei euch in Orenburg von der Schlacht bei Jusijewo gehört? Vierzig Generäle sind dort gefallen, und vier Armeen wurden gefangengenommen. Was meinst du, könnte der König von Preußen es mit mir aufnehmen?«

Die Protzerei des Räubers machte mir Spaß.

»Wie denkst du denn selber darüber?« fragte ich. »Traust du dir zu, Friedrich zu besiegen?«

»Fjodor Fjodrowitsch? Warum nicht? Deine Generäle haben ihn geschlagen, und ich schlage sie. Bisher waren meine Waffen immer noch siegreich. Wartet nur ab, wenn ich erst gegen Moskau marschiere, dann werdet ihr staunen!«

»Du willst also wirklich Moskau erobern?«

Der Usurpator verstummte und versank eine Zeitlang in Nachdenken. Dann sagte er mit gedämpfter Stimme: »Gott allein weiß es. Meine Straße ist eng und meine Freiheit begrenzt. Die Küken wollen klüger sein als die Henne. Meine Leute sind Diebe. Ich muß die Ohren steifhalten. Beim ersten Mißerfolg werden sie mich ausliefern, um sich selbst zu retten.«

»Schau her«, sagte ich, »wäre es da nicht besser, du trenntest dich beizeiten von ihnen und suchtest deine Zuflucht bei der Gnade der Kaiserin?«

Pugatschow lachte bitter auf.

»Nein«, erwiderte er, »zum Bußgang ist es zu spät. Für mich kann es keine Gnade mehr geben. Ich muß fortsetzen, was ich begonnen habe. Wer weiß, vielleicht gelingt es! Grischka Otrepjew hat als Zar in Moskau regiert.«

»Aber ist dir auch bekannt, wie er geendet hat? Er wurde aus dem Fenster gestürzt und von der Volksmenge in Stücke gerissen. Dann hat man seine Überreste verbrannt, mit der Asche eine Kanone geladen und sie abgeschossen.«

»Hör zu«, sagte Pugatschow, gleichsam einer unheimlichen, wilden Eingebung folgend, »ich werde dir ein Märchen erzählen, das ich als Kind von einer alten Kalmückenfrau gehört habe. Einmal fragte der Adler den Raben: ‚Sage mir, warum lebst du auf dieser Welt dreihundert Jahre und ich höchstens dreißig?‘ – ‚Das kommt daher, Batjuschka‘, antwortete der Rabe, ‚weil du frisches Blut trinkst, während ich mich von Aas nähre.‘ – Der Adler dachte nach. ‚Gut‘, sagte er dann, ‚ich werde es einmal auf deine Art versuchen.‘ – Der Adler und der Rabe flogen weiter. Da sahen sie einen toten Gaul liegen und ließen sich auf ihm nieder. Der Rabe machte sich an die Mahlzeit und lobte sie sehr. Der Adler stieß seinen Schnabel einmal und dann noch einmal in den

Kadaver, breitete die Flügel aus und sagte: ‚Nein, Bruder Rabe, statt dreihundert Jahre lang Aas zu fressen, möchte ich mich doch lieber ein einziges Mal an lebendigem Blut satt trinken, und dann mag Gottes Wille geschehen!' – Wie findest du dieses Kalmückenmärchen?«

»Beachtlich«, entgegnete ich, »aber von Mord und Raub leben heißt für mich, sich von Aas nähren.«

Pugatschow sah mich erstaunt an und sagte nichts. Wir schwiegen beide, jeder in seine Gedanken versunken. Der Tatar stimmte ein schwermütiges Lied an. Saweljitsch war eingeschlafen und schwankte auf dem Bock hin und her. Der Schlitten flog auf der glatten Schneedecke dahin ... Plötzlich sah ich auf dem hohen Steilufer des Jaik ein kleines plankenumzäuntes Dorf mit einem Glockenturm, und eine Viertelstunde später passierten wir das Tor der Festung.

12

Die Waise

Ganz wie unser Apfelbaum
Ohne Zweiglein, ohne Wipfel,
Hat auch unsre kleine Fürstin
Keinen Vater, keine Mutter.
Wer wird ihr den Segen spenden,
Wer das Hochzeitskleid ihr nähn?
Hochzeitslied

Die Troika hielt vor dem Hause des Kommandanten. Das Volk hatte die Pferdeglocken Pugatschows erkannt und rannte in Scharen hinter uns her. Vor der Treppe wurde der Usurpator von Schwabrin begrüßt, der wie ein Kosak gekleidet war und sich einen Bart hatte stehen lassen. Der Verräter half Pugatschow aus dem Schlitten und erging sich dabei in untertänigen Beteuerungen seines Diensteifers und seiner Freude über den unerwarteten Besuch. Als er mich bemerkte, war er sichtlich bestürzt, faßte sich aber schnell wieder und streckte mir die Hand entgegen.

»Also bist auch du jetzt bei uns?« sagte er, »dazu hättest du dich längst entschließen sollen.«

Ich kehrte ihm schweigend den Rücken.

Mein Herz tat mir weh, als wir das mir so wohlbekannte Zimmer betraten, in dem noch das Diplom des verstorbenen Kommandanten – ein trauriges Epitaph der Vergangenheit – an der Wand hing. Pugatschow nahm auf dem gleichen Diwan Platz, auf dem Iwan Kusmitsch, eingeschläfert durch das Schelten seiner Frau, geschlummert hatte. Dienstbeflissen brachte Schwabrin selbst ihm den Willkommenstrunk. Pugatschow trank das Glas aus und sagte zu ihm, indem er auf mich zeigte: »Bediene auch Seine Wohlgeboren.«

Schwabrin kam mit der Branntweinkanne zu mir, aber ich wandte mich abermals von ihm ab, wodurch er von neuem in Verwirrung geriet. Mit dem ihm eigenen Spürsinn fühlte er natürlich, daß Pugatschow mit ihm unzufrieden war. Er hatte Angst vor ihm, und mich beobachtete er mißtrauisch. Pugatschow erkundigte sich nach dem Zustand der Festung, nach den Gerüchten über die feindlichen Truppen und nach ähnlichen Dingen, und dann fragte er plötzlich: »Sag mal, Bruder, was ist das eigentlich für ein Mädchen, das du hier bei dir gefangen hältst?«

Schwabrin wurde blaß.

»Herr«, erwiderte er mit zitternden Lippen, »Herr, ich halte sie nicht gefangen, sie ist krank, sie liegt oben in der Dachkammer.«

»Führ mich hin«, sagte der Usurpator und erhob sich. Ausflüchte verboten sich von selbst. Schwabrin ging voraus, Pugatschow folgte ihm, und ich schloß mich an.

Auf der Treppe blieb Schwabrin stehen.

»Herr«, sagte er, »Sie können von mir fordern, was Sie wollen, aber lassen Sie nicht zu, daß Fremde das Schlafzimmer meiner Frau betreten.«

Ich erschrak.

»So bist du also verheiratet?« fuhr ich ihn an; am liebsten hätte ich ihn in Stücke gerissen.

»Ruhe!« unterbrach mich Pugatschow. »Das ist meine Angelegenheit. Du aber«, fuhr er fort, indem er sich wieder

Schwabrin zuwandte, »versuch mir nicht Sand in die Augen zu streuen. Ob sie nun deine Frau ist oder nicht – ich führe zu ihr, wen ich will. Euer Wohlgeboren, du kommst mit.«

Vor der Tür der Dachkammer blieb Schwabrin abermals stehen und sagte mit stockender Stimme: »Bedenken Sie, Herr, daß sie fiebert und schon den dritten Tag unausgesetzt phantasiert.«

»Sperr die Tür auf!« befahl Pugatschow.

Schwabrin suchte in seinen Taschen und stotterte schließlich, daß er den Schlüssel nicht bei sich habe. Pugatschow gab der Tür einen Fußtritt; sie sprang auf, und wir traten ein.

Ich sah mich um, und mein Herz stand still. Auf dem Fußboden in einem zerrissenen Bauernkleid saß Marja Iwanowna, bleich, abgemagert, mit zerzaustem Haar, vor sich ein Stück Brot und einen Krug mit Wasser. Als sie mich erblickte, zuckte sie zusammen und schrie auf. Was ich in diesem Augenblick empfand, weiß ich nicht mehr.

Pugatschow warf Schwabrin einen verächtlichen Blick zu und sagte mit bitterem Lachen: »Das ist ja ein schönes Lazarett, das du hier eingerichtet hast!«

Dann ging er auf Marja Iwanowna zu.

»Erzähl mal, Kindchen, was hast du deinem Mann angetan, daß er dich so hart bestraft?«

»Mein Mann?« wiederholte sie, »er ist nicht mein Mann und wird niemals mein Mann werden! Lieber sterbe ich; ja, ich sterbe, wenn man mich nicht von ihm befreit!«

»Und du Lump hast es gewagt, mich anzulügen!« schrie Pugatschow Schwabrin an. »Weißt du, was du verdienst?«

Schwabrin sank in die Knie ... In diesem Augenblick erstickte die Verachtung in mir alle Gefühle der Wut und des Hasses. Mich schüttelte der Ekel angesichts dieses Edelmannes, der sich nicht gescheut hatte, dem meuternden Kosaken zu Füßen zu fallen. Pugatschow wurde ruhiger.

»Diesmal sei dir noch vergeben«, sagte er zu Schwabrin, »aber merke dir, bei dem nächsten Vergehen wird dir auch das mit angerechnet.«

Dann wandte er sich freundlich an Marja Iwanowna:

»Steh auf und komm heraus, schönes Mädchen, ich schenke dir die Freiheit, ich bin der Zar.«

Marja Iwanowna warf ihm einen schnellen Blick zu und erriet, daß der Mörder ihrer Eltern vor ihr stand. Sie bedeckte ihr Gesicht mit beiden Händen und brach besinnungslos zusammen. Ich eilte zu ihr, aber in diesem Augenblick drang meine alte Bekannte Palaschka mutig ins Zimmer ein und kam ihrer Herrin zu Hilfe. Pugatschow ging hinaus, ich und Schwabrin folgten ihm ins Wohnzimmer.

»Also, Euer Wohlgeboren«, sagte Pugatschow lachend, »die junge Schönheit wäre befreit! Was meinst du, sollen wir nicht jetzt nach dem Popen schicken, damit er gleich seine Nichte traut? Ich werde Brautvater sein und Schwabrin Trauzeuge. Wir feiern und zechen in aller Ruh und sperren das Tor bis zum Morgen zu!«

Was ich befürchtet hatte, trat ein, als Schwabrin den Vorschlag Pugatschows vernahm. Er gebärdete sich wie ein Wahnsinniger.

»Herr«, schrie er schäumend vor Wut, »ich habe dich belogen, aber Grinew betrügt dich nicht minder! Das Mädchen ist gar nicht die Nichte des Popen, sondern die Tochter des Hauptmanns Mironow, den du nach der Besetzung der Festung hast hängen lassen.«

Pugatschow wandte sich zu mir und funkelte mich mit seinen großen Augen an.

»Was denn noch?« fragte er betroffen.

»Schwabrin hat die Wahrheit gesagt«, antwortete ich fest.

»Das hast du mir aber verheimlicht«, bemerkte Pugatschow stirnrunzelnd.

»Überlege doch«, antwortete ich, »wie hätte ich dir denn vor allen Leuten sagen können, daß die Tochter des Kommandanten noch am Leben sei? Sie hätten sich wie die wilden Tiere auf sie gestürzt, und nichts hätte das Mädchen retten können.«

»Das ist auch wahr«, sagte Pugatschow, und sein Gesicht hellte sich wieder auf. »Meine besoffenen Kerle hätten das arme Kind nicht geschont. Die schlaue Popenfrau handelte richtig, als sie mich hinters Licht geführt hat.«

»Hör zu«, fuhr ich fort, als ich sah, wie wohlgesinnt er mir war. »Wie ich dich eigentlich nennen soll, weiß ich nicht und will es auch gar nicht wissen. Aber Gott ist mein Zeuge, daß ich mit Freuden mein Leben hingeben würde, um dir das zu danken, was du für mich getan hast. Nur verlange nichts von mir, was wider meine Ehre und mein christliches Gewissen geht. Du bist mein Wohltäter. So führe das gute Werk, das du begonnen hast, auch zu Ende und laß mich und die arme Waise den Weg ziehen, den Gott uns zeigen wird. Wir aber werden, wo auch immer du dich befindest und was in Zukunft mit dir geschehen mag, Gott jeden Tag bitten, deine sündige Seele zu retten . . .«

Der sonst so harte und unbarmherzige Pugatschow schien gerührt.

»Einverstanden«, sagte er. »Wenn ich strafe, so strafe ich, und wenn ich begnadige, so begnadige ich eben – das ist nun einmal meine Gewohnheit. Nimm also dein schönes Mädchen und bringe es, wohin du willst. Gott segne euch beide!«

Dann befahl er Schwabrin, mir einen Passierschein für alle Straßen und Festungen auszustellen, die in den Händen der Aufständischen waren. Schwabrin nahm diesen Auftrag völlig vernichtet entgegen und folgte Pugatschow, der jetzt das Haus verließ, um die Festung zu besichtigen. Ich blieb unter dem Vorwand zurück, meine und Maschas Abreise vorbereiten zu müssen.

Ich lief in die Dachkammer hinauf. Die Tür war zugesperrt. Ich klopfte.

»Wer ist da?« fragte Palaschka.

Ich sagte, ich sei es. Die liebe Stimme Marja Iwanownas antwortete: »Warten Sie, Pjotr Andrejewitsch, ich ziehe mich um. Gehen Sie zu Akulina Pamfilowna, ich komme gleich nach.«

Ich gehorchte und begab mich in Vater Gerassims Haus. Er und seine Frau eilten mir entgegen, Saweljitsch hatte sie schon auf meinen Besuch vorbereitet.

»Grüß Gott, Pjotr Andrejitsch!« rief die Popenfrau, »sehen wir Sie doch noch wieder? Wie geht es Ihnen? Wir haben jeden Tag an Sie gedacht und von Ihnen gesprochen.

Was hat nicht Marja Iwanowna in Ihrer Abwesenheit durchmachen müssen, das arme Kind! Sagen Sie doch, Batjuschka, wie haben Sie es bloß angestellt, daß Sie mit Pugatschow so gut auskommen? Wie war es nur möglich, daß er Sie nicht umgebracht hat? Gott sei Lob und Dank dafür.«

»Hör auf, Alte«, unterbrach sie Vater Gerassim. »Kram nicht gleich alles aus, was du weißt. Das viele Schwatzen führt zu nichts Gutem. Batjuschka Pjotr Andrejitsch, treten Sie ein, wir bitten darum. Lange, lange haben wir uns nicht mehr gesehen.«

Die Popenfrau tischte mir auf, was sie im Hause hatte, und sprach dabei ununterbrochen. Sie erzählte mir, wie Schwabrin ihren Mann gezwungen hatte, Marja Iwanowna auszuliefern; wie Marja Iwanowna geweint und sich nicht von ihnen hatte trennen wollen; wie sie, Akulina Pamfilowna, in dauernder Verbindung mit Mascha geblieben war durch Palaschka – ein anstelliges Mädchen, das es auch verstanden habe, den Unteroffizier nach ihrer Pfeife tanzen zu lassen. Und schließlich, daß sie, die Popenfrau, Marja geraten habe, mir einen Brief zu schreiben.

Ich meinerseits berichtete kurz, was ich inzwischen erlebt hatte. Das Ehepaar bekreuzigte sich, als es hörte, daß Pugatschow über den Betrug der Popenfrau unterrichtet sei.

»Gott schütze uns!« sagte Akulina Pamfilowna. »Möge der Herr das Unheil von uns abwenden ... Ja, und Alexej Iwanowitsch Schwabrin – wahrhaftig, ein sauberer Patron.«

In diesem Augenblick öffnete sich die Tür, und Marja Iwanowna betrat das Zimmer, ein schüchternes Lächeln auf den Lippen. Sie hatte das Bauernkleid abgelegt und war wie früher gekleidet, einfach und lieb.

Ich ergriff ihre Hand und konnte lange kein Wort hervorbringen. Wir schwiegen, so weh war uns beiden ums Herz. Unsere Gastgeber spürten, daß wir jetzt allein sein wollten, und verließen uns. Wir begannen zu sprechen und konnten kein Ende finden. Marja Iwanowna erzählte mir alles, was mit ihr von dem Tage an geschehen war, da die Festung besetzt worden war. Sie beschrieb mir alle Schrecken ihrer Lage, alle Gemeinheiten, mit denen der niederträchtige

Schwabrin sie gequält hatte. Mit Tränen in den Augen riefen wir uns aber auch die vergangene glückliche Zeit ins Gedächtnis zurück. Zuletzt begann ich Marja Iwanowna meine Pläne für die Zukunft auseinanderzusetzen. In der Festung, die sich jetzt in der Gewalt Pugatschows befand und von Schwabrin befehligt wurde, konnte und durfte sie nicht bleiben. Orenburg, das alle Nöte der Belagerung über sich ergehen lassen mußte, war ebenfalls kein Zufluchtsort. So blieb nur eine einzige Möglichkeit: auf das Gut meiner Eltern zu reisen. Mascha zauderte – die Unnachgiebigkeit meines Vaters, die ihr bekannt war, schreckte sie. Ich versuchte sie zu beruhigen, denn ich wußte, daß er es jetzt für seine Pflicht halten würde, die Tochter des verdienten, für das Vaterland gefallenen Offiziers bei sich aufzunehmen.

»Liebe Mascha«, sagte ich schließlich, »ich sehe dich als meine Frau an. Die beispiellosen Geschehnisse haben uns unlösbar miteinander verbunden. Nichts auf der Welt kann uns wieder trennen.«

Marja Iwanowna hörte mich still an, ohne falsche Schüchternheit und ohne gezierte Einwände. Auch sie fühlte, daß ihr Schicksal mit dem meinen für immer verknüpft war. Aber sie wiederholte auch jetzt abermals, sie könne mich nur dann heiraten, wenn meine Eltern damit einverstanden seien. Ich widersprach ihr nicht. Wir küßten uns heiß und zärtlich, und damit war alles zwischen uns entschieden.

Eine Stunde später brachte uns der Unteroffizier den Passierschein, den Pugatschow mit seinem unleserlich hingekritzelten Namenszug unterzeichnet hatte, und meldete, daß der »Zar« mich nochmals zu sprechen wünsche. Ich fand ihn bereits reisefertig. Es ist mir unmöglich zu schildern, was ich fühlte, als ich von diesem furchtbaren Menschen Abschied nahm, der für alle, bloß für mich allein nicht, ein Ungeheuer, eine Ausgeburt der Hölle war. Warum soll ich die Wahrheit verschweigen? In diesem Augenblick empfand ich ihm gegenüber eine starke Zuneigung. Ich hatte keinen anderen Wunsch, als ihn aus der Mitte jener Verbrecher, die er befehligte, herauszuholen und sein Leben zu retten, solange es dazu vielleicht noch nicht zu spät war. Doch Schwabrins

Gegenwart und die Volksmenge, die Pugatschow umringte, hinderten mich auszusprechen, wovon mein Herz voll war.

Wir schieden freundschaftlich voneinander. Pugatschow, der in dem Gedränge auch Akulina Pamfilowna bemerkt hatte, drohte ihr mit dem Finger und zwinkerte ihr dabei lebhaft zu. Dann stieg er in den Schlitten und befahl dem Kutscher, nach Berda zurückzufahren. Als die Pferde anzogen, beugte er sich aus dem Schlitten und rief mir zu: »Leb wohl, Euer Gnaden! Vielleicht sehen wir uns noch einmal wieder!«

Wir sahen uns tatsächlich noch einmal wieder, aber unter welchen Umständen! . . .

Pugatschow war davongefahren. Ich sah seiner Troika noch lange nach, bis sie in der verschneiten Steppe verschwunden war. Das Volk verlief sich. Schwabrin hatte sich zurückgezogen. Ich kehrte in das Haus des Geistlichen zurück. Hier war bereits alles für unsere Abreise vorbereitet, die ich um keine Minute verzögern wollte. Unsere Habseligkeiten waren in das alte Fahrzeug des Kommandanten verstaut worden. Die Pferde wurden schnell vorgespannt. Marja Iwanowna begab sich auf den nahen Friedhof, um von den Gräbern ihrer Eltern Abschied zu nehmen. Ich wollte sie begleiten, aber sie bat mich, ich möchte sie allein gehen lassen. Als sie nach kurzer Zeit zurückkam, weinte sie still vor sich hin. Die Kibitka fuhr vor. Vater Gerassim und seine Frau kamen auf die Treppe heraus. Wir drei stiegen ein: Marja Iwanowna, Palaschka und ich. Saweljitsch kletterte auf den Bock.

»Lebt wohl, Marja Iwanowna, mein Täubchen, und Pjotr Andrejitsch, du unser kühner Falke!« rief unsere gute Akulina Pamfilowna. »Glückliche Reise, und Gott segne euch beide!«

Wir fuhren ab. Am Fenster des Kommandantenhauses sah ich Schwabrin stehen. Seine Züge waren verzerrt vor Groll und Haß. Ich wollte nicht den Anschein erwecken, als triumphierte ich über den vernichteten Gegner, und wandte mich ab. Gleich darauf passierten wir das Tor der Festung und verließen Belogorskaja für immer.

13

Die Verhaftung

»Ich bitte, Herr, verübeln Sie mir's nicht,
Verhaften muß ich Sie – ich tu bloß meine Pflicht.«
»Gewiß, ich bin bereit und lasse Sie gewähren,
Doch möchte ich zuerst den Sachverhalt erklären.«
Kniashnin

Als ich so plötzlich mit dem lieben Mädchen wieder vereint war, um das ich mir noch am gleichen Morgen große Sorgen gemacht hatte, konnte ich alles, was in dieser kurzen Zeit geschehen war, noch gar nicht recht glauben. Es kam mir vielmehr unwirklich wie ein Traum vor. Marja Iwanowna sah bald mich an, bald blickte sie auf die Straße hinaus. Auch sie schien noch nicht ganz zu sich gekommen zu sein. Wir schwiegen beide – die Ereignisse hatten uns allzusehr mitgenommen. Fast ohne es zu merken, waren wir nach etwa zwei Stunden in der nächsten Festung angelangt, die sich gleichfalls in den Händen der Rebellen befand. Hier wurden die Pferde gewechselt. An der Eilfertigkeit, mit der das vor sich ging, und an dem geschäftigen Diensteifer des bärtigen Kosaken, den Pugatschow als Kommandanten eingesetzt hatte, konnte ich sehen, daß man mich hier dank der Geschwätzigkeit unseres Kutschers für einen besonders bevorzugten Vertrauensmann des Usurpators hielt.

Wir fuhren weiter. Es begann zu dämmern. Wir näherten uns einem Städtchen, wo sich nach den Worten des bärtigen Kommandanten eine starke Hilfstruppe befand, die sich mit der Hauptmacht Pugatschows vereinigen sollte. Die Vorposten hielten uns auf. Auf die Frage, wer wir seien, antwortete der Kutscher mit lauter Stimme: »Der Gevatter des Zaren mit seiner Frau!«

Plötzlich umringte uns eine Schar fürchterlich fluchender Husaren.

»Steig aus, Teufelsgevatter!« schrie mich ein Wachtmeister mit einem mächtigen Schnauzbart an. »Das Schwitzbad für dich und dein Frauchen wird schon geheizt!«

Ich verließ die Kibitka und verlangte, die Soldaten sollten mich zu ihrem Vorgesetzten bringen. Als die Leute in mir einen Offizier erkannten, hörten sie auf zu schimpfen. Der Wachtmeister führte mich zum Major. Saweljitsch begleitete mich und brummte vor sich hin: »Da haben wir jetzt den Gevatter des Zaren! Aus dem Regen in die Traufe ... Vater im Himmel, wie wird das alles noch enden?«

Die Kibitka folgte uns im Schritt. Nach fünf Minuten gelangten wir zu einem hell erleuchteten Häuschen. Der Wachtmeister übergab mich dem Posten und ging ins Haus, um mich zu melden. Gleich darauf kam er wieder heraus und teilte mir mit, Seine Hochwohlgeboren wären jetzt nicht in der Lage, mich zu empfangen, und hätten befohlen, »Euer Wohlgeboren ins Arrestlokal zu sperren, Ihre Wohlgeboren jedoch zu ihm zu führen«.

»Was soll das heißen?« schrie ich erbittert. »Ist er verrückt geworden?«

»Das kann ich nicht wissen, Euer Wohlgeboren«, antwortete der Wachtmeister. »Seine Hochwohlgeboren haben mir befohlen, Euer Wohlgeboren ins Arrestlokal und Ihre Wohlgeboren zu Seiner Hochwohlgeboren zu führen, Euer Wohlgeboren.«

Ich stürmte ins Haus. Die Wachtposten unternahmen nicht den geringsten Versuch, mich aufzuhalten, und ich rannte Hals über Kopf ins Zimmer. Dort hatten sechs Husarenoffiziere eine Bank aufgelegt. Der Major mischte die Karten. Wie groß war mein Erstaunen, als ich in ihm Iwan Iwanowitsch Surin erkannte, der mir seinerzeit beim Billardspiel in der Simbirsker Herberge so viel Geld abgenommen hatte!

»Ist es möglich?« rief ich. »Iwan Iwanytsch, bist du es?«

»Bah, bah, bah, Pjotr Andrejitsch! Wo kommst du her? Sei gegrüßt, Bruder! Willst du nicht auf eine Karte setzen?«

»Danke schön, laß mir lieber eine Wohnung anweisen.«

»Warum eine Wohnung? Du bleibst bei mir.«

»Kann ich nicht – ich bin nicht allein.«

»So bring deinen Kameraden mit herein!«

»Es ist kein Kamerad, es ist ... eine Dame.«

»Eine Dame? Wo hast du denn die aufgelesen? Schau mal an, Bruder . . .«

Bei diesen Worten stieß Surin einen so ausdrucksvollen Pfiff aus, daß alle Anwesenden in ein schallendes Gelächter ausbrachen, während ich ganz verwirrt dastand.

»Nun«, fuhr Surin fort, »mag es sein, wie du willst. Du sollst deine Wohnung haben, wenn es auch schade ist. Wir hätten nach alter Gewohnheit miteinander gezecht . . . Hei, Bursche, wo bleibt denn Pugatschows Gevatterin? Oder ist sie gar hartmäulig? Sag ihr, sie solle keine Angst haben, dein Herr sei ein prächtiger Mensch, er werde ihr nichts zuleide tun. Und wenn sie trotzdem bockt, so gib ihr die Sporen!«

»Was redest du da, Surin?« sagte ich. »Was für eine Gevatterin Pugatschows? Es ist die Tochter des verstorbenen Hauptmanns Mironow. Ich habe sie aus der Gefangenschaft befreit und bringe sie auf das Gut meiner Eltern, wo sie auch bleiben wird.«

»Ja, wie denn? So bist du es also, der mir soeben gemeldet wurde? Ich bitte dich, was bedeutet das alles?«

»Ich werde es dir nachher erklären. Jetzt aber beruhige das arme verschüchterte Mädchen, dem deine Husaren Angst gemacht haben.«

Surin brachte sofort alles in Ordnung. Er ging auf die Straße hinaus, bat Marja Iwanowna für das peinliche Mißverständnis um Entschuldigung und befahl dem Wachtmeister, ihr das beste Quartier in der Stadt anzuweisen. Ich selbst blieb diese Nacht bei ihm.

Als wir gegessen hatten und allein geblieben waren, erzählte ich ihm meine Erlebnisse. Surin hörte mir mit größter Anteilnahme zu. Dann schüttelte er den Kopf und sagte: »Alles gut und recht, nur eines gefällt mir nicht: Was, zum Teufel, bestimmt dich zu heiraten? Ich bin ein braver Offizier und meine es gut mit dir – laß dich warnen, Bruder, heiraten ist Blödsinn. Überlege doch, willst du dich wirklich mit einer Frau herumplagen und womöglich noch die Kinderwärterin spielen? Nein, laß lieber die Finger davon und schaff dir die Hauptmannstochter beizeiten vom Halse. Ich habe den Weg nach Simbirsk gesäubert, er ist jetzt ungefährlich. Schick sie morgen allein zu deinen Eltern und bleibe du selbst bei meiner Truppe. Nach Orenburg zurückzukehren ist sinnlos. Solltest du den Rebellen abermals in die Hände fallen, dürfte es dir schwerlich gelingen, ihnen noch ein zweites Mal zu entwischen. Auf diese Weise wird sich deine Liebestollheit von selbst geben, und alles kommt wieder ins Lot.«

Obgleich ich seine Meinung durchaus nicht in allen Punkten teilen konnte, fühlte ich doch, daß es meine Ehrenpflicht war, weiter in der Armee Ihrer Majestät der Kaiserin zu dienen. Ich beschloß daher, dem Rate Surins zu folgen, Marja Iwanowna zu meinen Eltern zu schicken und mich selbst seiner Truppe anzuschließen.

Als Saweljitsch erschien, um mir beim Auskleiden zu helfen, erklärte ich ihm, er müsse sich am folgenden Morgen bereit halten, um ohne mich mit Marja Iwanowna abzureisen. Natürlich versuchte er sich zu weigern.

»Wo denkst du hin, Herr«, sagte er bestürzt, »wie kann ich dich verlassen? Wer soll denn für dich sorgen? Was werden deine Eltern sagen?«

Da ich seine Halsstarrigkeit nur allzugut kannte, bemühte ich mich, ihn durch kameradschaftliche Treuherzigkeit zu gewinnen.

»Archip Saweljitsch, mein Freund«, sagte ich, »sei mein Wohltäter und schlag mir meine Bitte nicht ab. Ich brauche hier keine Bedienung; aber ich würde keine Ruhe finden, wenn Marja Iwanowna allein, ohne deine Begleitung, abreisen müßte. Wenn du ihr dienst, dienst du zugleich auch mir, denn ich bin entschlossen, sie zu heiraten, sobald es die Umstände erlauben.«

Saweljitsch fiel aus allen Wolken. Er war so unbeschreiblich erstaunt über diese Eröffnung, daß er beide Hände über dem Kopf zusammenschlug.

»Heiraten!« wiederholte er. »Das Kind will heiraten! Was wird dein Vater dazu sagen, was deine Mutter darüber denken?«

»Sie werden sich damit abfinden«, antwortete ich; »sie werden ganz bestimmt einverstanden sein, wenn sie erst

Marja Iwanowna kennengelernt haben. Ich baue auf dich, Saweljitsch. Sie glauben dir und halten große Stücke auf dich. Nicht wahr, du wirst unser Fürsprecher sein?«

Der Alte war gerührt.

»Ach, Batjuschka Pjotr Andrejitsch«, erwiderte er, »du denkst zwar allzufrüh ans Heiraten, aber Marja Iwanowna ist ja ein so gutes Fräulein, daß es wirklich unverzeihlich wäre, diese Gelegenheit ungenützt verstreichen zu lassen. So will ich denn deinen Wunsch erfüllen: ich werde diesen Engel Gottes begleiten und deinen Eltern erklären, daß eine solche Braut überhaupt keine Mitgift nötig habe.«

Ich dankte Saweljitsch herzlich und begab mich in Surins Schlafzimmer zur Ruhe.

Erhitzt und aufgewühlt, wie ich war, geriet ich ins Schwatzen. Surin plauderte zuerst lebhaft mit mir, aber allmählich wurden seine Äußerungen immer seltener und zusammenhangloser. Zuletzt antwortete er auf eine Frage nur noch mit lautem Schnarchen. Ich verstummte und war bald ebenfalls eingeschlafen.

Am andern Morgen begab ich mich zu Marja Iwanowna und unterrichtete sie über mein Vorhaben. Sie billigte es und war mit allem vollkommen einverstanden. Die Abteilung Surins sollte am gleichen Tage das Städtchen wieder verlassen, auch ich hatte also keine Zeit mehr zu verlieren. So nahm ich gleich Abschied von Marja Iwanowna, gab ihr einen Brief an meine Eltern mit und vertraute sie der Obhut Saweljitschs an. Mascha brach in Tränen aus.

»Leben Sie wohl, Pjotr Andrejewitsch!« sagte sie mit leiser Stimme. »Ob wir uns wiedersehen oder nicht, weiß nur Gott, aber ich werde Sie niemals vergessen. Bis an mein Lebensende gehört mein Herz dir allein.«

Ich konnte ihr nicht antworten, denn in Gegenwart der Leute, die um uns herumstanden, war es mir unmöglich, meinen Gefühlen Ausdruck zu geben. Als sie abgefahren war, ging ich, traurig und in mich gekehrt, zu Surin zurück. Er wollte mich aufheitern, und auch ich hatte das Bedürfnis, mich abzulenken. So vertrieben wir uns die Zeit ziemlich laut und übermütig, bis wir abends abmarschierten.

Es war in den letzten Tagen des Februar. Der strenge Winter, der militärische Operationen mehr oder weniger verhindert hatte, neigte sich seinem Ende zu, und unsere Generäle bereiteten sich in kameradschaftlichem Einvernehmen zum gemeinsamen Angriff vor. Pugatschow stand immer noch bei Orenburg, während die verschiedenen Heeresgruppen von allen Seiten vorrückten und sich dem Lager der Rebellen näherten. Die aufständischen Dörfer, die wir auf dem Vormarsch berührten, unterwarfen sich, die einzelnen Räuberbanden, die die Gegend unsicher machten, ergriffen vor unseren Truppen die Flucht, und alles deutete auf ein schnelles und erfolgreiches Ende des Feldzuges hin.

Schließlich wurde Pugatschow vor der Festung Tatischtschewo vom Fürsten Golizyn geschlagen. Golizyn zerstreute die Truppen des Usurpators und befreite Orenburg, womit er der Revolte, wie es schien, den letzten und entscheidenden Schlag versetzt hatte. Surin war unterdessen beauftragt worden, eine Bande rebellierender Baschkiren unschädlich zu machen; sie lief jedoch schon auseinander, bevor wir sie auch nur zu Gesicht bekamen. Der Anbruch des Frühlings überraschte uns in einem kleinen Tatarendorf und hielt uns dort fest, weil die Flüsse über Nacht aus ihren Ufern getreten waren und die Straßen unpassierbar gemacht hatten. Wir versuchten uns in unsrer erzwungenen Untätigkeit mit der Hoffnung zu trösten, daß der langweilige Kleinkrieg mit den Räubern und Barbaren bald beendet sein würde.

Aber noch war es nicht gelungen, Pugatschow zu fangen. Er erschien vielmehr plötzlich in den sibirischen Bergwerken, sammelte neue Banden und setzte dort seine Raubzüge fort. Die Kunde von seinen Erfolgen ging wiederum von Mund zu Mund. Man erzählte sich, daß er bereits eine Reihe sibirischer Festungen erobert und niedergebrannt habe. Die Nachricht, Kasan sei gefallen, und der Usurpator befinde sich bereits auf dem Vormarsch nach Moskau, beunruhigte unsre Befehlshaber nicht wenig, die sich schon sorglos der Überzeugung hingegeben hatten, die Macht des verächtlichen Rebellenführers sei endgültig gebrochen. Surin erhielt den Befehl, die Wolga zu überschreiten ...

Aber ich verzichte darauf, den weiteren Verlauf des Feldzugs und sein Ende zu beschreiben. Ich will nur noch erwähnen, daß das Elend ein entsetzliches Ausmaß annahm. Wir kamen durch viele Dörfer, die von den Rebellen verwüstet worden waren, und mußten gezwungenermaßen den armen Einwohnern auch das wenige noch fortnehmen, was sie vor den Räubern hatten retten können. Die Verwaltung zahlloser Bezirke war lahmgelegt. Die Gutsbesitzer hielten sich in den Wäldern verborgen. Überall wüteten Räuberbanden, deren Anführer auf eigne Faust, wie es ihnen paßte, hinrichteten oder begnadigten. Kurz, die Lage weiter Gebiete des Landes war grauenhaft; es herrschte eine barbarische Zerstörungswut, und die Flammen in Brand gesteckter Ortschaften loderten gen Himmel ... Gott behüte uns vor einer russischen Revolution, die immer unsinnig und erbarmungslos sein wird! Menschen, die in Rußland umstürzlerische Ideen in die Tat umzusetzen suchen, sind entweder zu jung und unerfahren, um den Charakter unseres Volkes zu kennen, oder so unmenschlich, daß sie das Leben anderer für nichts achten, ja selbst das eigne für mehr oder weniger wertlos halten. –

Pugatschow floh, verfolgt von Iwan Iwanowitsch Michelson. Bald wurde die endgültige Niederlage des Usurpators bekannt; Surin erhielt die Nachricht von seiner Gefangennahme zugleich mit dem Befehl, den Vormarsch abzubrechen. Der Feldzug war aus. Endlich konnte ich zu meinen Eltern zurückkehren. Der Gedanke, sie umarmen und Marja Iwanowna wiedersehen zu dürfen, erfüllte mich mit einem unbeschreiblichen Glücksgefühl. Ich sprang umher wie ein Kind. Surin lachte und sagte achselzuckend: »Nein, mit dir nimmt es kein gutes Ende – wenn du heiratest, bist du verloren!«

Ich ließ mich von Surin in meiner Freude nicht stören, aber etwas anderes beeinträchtigte sie seltsamerweise doch – der Gedanke an Pugatschow, der sich mit dem Blut so vieler unschuldiger Opfer besudelt hatte, und an seine bevorstehende Hinrichtung. Jemelja, Jemelja, dachte ich bekümmert, warum hast du nicht selbst durch ein Bajonett oder eine Kugel deinem Leben ein Ende gemacht? Etwas Besseres hättest du gewiß nicht tun können! Für mich blieb sein Bild immer mit dem unvergeßlichen Freundschaftsdienst verbunden, den er mir in einem der schrecklichsten Augenblicke meines Lebens geleistet hatte, und mit der Befreiung meiner Liebsten aus den Händen des niederträchtigen Schwabrin.

Surin gab mir Urlaub. Schon nach wenigen Tagen sollte ich in den Schoß meiner Familie zurückkehren und Marja Iwanowna wiedersehen, da traf mich ein neuer, unerwarteter Schicksalsschlag.

Unmittelbar vor meiner Abreise – der Wagen stand bereits vor der Tür – erschien plötzlich Surin mit besorgter Miene bei mir, ein Blatt Papier in der Hand. Es gab mir einen Stich ins Herz. Ich erschrak, ohne zu wissen warum. Er schickte meinen Burschen hinaus und sagte, er müsse mich unter vier Augen sprechen.

»Was ist los?« fragte ich sehr beunruhigt.

»Eine kleine Unannehmlichkeit«, antwortete er und gab mir das Blatt. »Lies nur, was ich da soeben erhalten habe.«

Es war ein an alle Truppenführer gerichteter Geheimbefehl, mich sofort zu verhaften und schleunigst unter Bewachung nach Kasan zu bringen, wo eine Untersuchungskommission in Sachen Pugatschows tage, die mich vernehmen wolle.

Das Blatt fiel mir beinahe aus der Hand.

»Nichts zu machen«, sagte Surin, »ich bin verpflichtet, den Befehl zu erfüllen. Wahrscheinlich sind Gerüchte über deine freundschaftlichen Fahrten mit Pugatschow auf irgendeine Weise der Regierung zu Ohren gekommen. Ich hoffe, daß die Sache keine Folgen hat und daß es dir gelingen wird, dich vor der Kommission zu rechtfertigen. Laß den Kopf nicht hängen und mach dich auf den Weg nach Kasan.«

Mein Gewissen war rein, ich hatte keine Angst vor dem Verhör; nur der Gedanke, daß mein so sehnlich erwartetes Wiedersehen mit Mascha sich möglicherweise um Monate verzögern würde, bekümmerte mich tief. Surin verabschiedete sich kameradschaftlich von mir. Zwei Husaren mit gezogenen Säbeln bestiegen den Wagen und nahmen mich in die Mitte. Dann fuhren wir auf der großen Poststraße davon.

14

Das Gericht

Gerüchte sind
Wie Wellen im Wind.
Sprichwort

Ich war sicher, daß mein eigenmächtiges Verschwinden aus Orenburg an allem schuld war. Wenn mir aber das zum Vorwurf gemacht werden sollte, würde es mir nicht schwerfallen, mich zu rechtfertigen: Streifzüge auf eigene Faust waren nicht nur erlaubt, sondern erwünscht, ja sie wurden nach Kräften gefördert. Man konnte mir also höchstens eine allzu große Beflissenheit zur Last legen, nicht aber Ungehorsam. Wohl aber war es möglich, daß mein freundschaftlicher Umgang mit Pugatschow, der ja von vielen Zeugen bestätigt werden konnte, Verdacht erregt hatte. Auf der ganzen Fahrt dachte ich über die mir bevorstehende Vernehmung nach, legte mir meine Antworten zurecht und beschloß, die volle Wahrheit zu sagen, fest überzeugt, daß diese Art der Selbstverteidigung nicht nur die einfachste, sondern auch die zuverlässigste sein würde.

Ich kam in das verwüstete und niedergebrannte Kasan. In den Straßen gab es keine unzerstörten Häuser mehr, sondern nur noch rauchgeschwärzte Ruinen ohne Dächer und Fenster und Berge von Schutt. Das war alles, was Pugatschow hinterlassen hatte! Man brachte mich in die Festung, die allein mitten in der Stadt nicht zerstört worden war. Die Husaren übergaben mich dem wachhabenden Offizier. Er ließ den Schmied holen und befahl ihm, mir die Füße mit einer Kette zu fesseln. Dann sperrte man mich in eine enge

Gefängniszelle mit kahlen Wänden und mit einem kleinen vergitterten Fenster.

Diese Behandlung versprach nichts Gutes, aber ich verlor nicht den Mut und gab die Hoffnung nicht auf. Ich nahm meine Zuflucht zum einzigen Trost aller Mühseligen und Beladenen und schmeckte zum erstenmal die ganze Süße des Gebets, das aus einem reinen, wenn auch gemarterten Herzen aufsteigt. Dann schlief ich ruhig ein, ohne mir Sorgen darüber zu machen, was weiter mit mir geschehen würde.

Am andern Morgen weckte mich der Gefängniswärter mit der Mitteilung, daß die Kommission mich erwarte. Zwei Soldaten führten mich über den Hof in die Kommandantur. Sie blieben im Vorzimmer zurück und ließen mich allein weitergehen. Ich betrat einen ziemlich großen Saal. An einem mit Papieren bedeckten Tisch saßen zwei Leute: ein schon bejahrter General, der mich streng und kalt anblickte, und ein etwa achtundzwanzigjähriger, ungewöhnlich sympathischer Gardehauptmann mit gewandten und liebenswürdigen Umgangsformen. An einem besonderen Tisch am Fenster beugte sich ein Sekretär, die Feder hinterm Ohr, über einen Bogen Papier, bereit, meine Aussagen niederzuschreiben. Das Verhör begann. Man fragte mich nach Namen und Stand. Der General erkundigte sich, ob ich der Sohn von Andrej Petrowitsch Grinew sei. Als ich die Frage bejahte, sagte er barsch: »Bedauerlich, daß ein so ehrenwerter Mann einen so unwürdigen Sohn hat!«

Ich antwortete ruhig, daß, welcher Art die gegen mich erhobenen Beschuldigungen auch immer sein mögen, ich mit Bestimmtheit hoffe, sie durch eine rückhaltlose Schilderung der vollen Wahrheit zerstreuen zu können. Meine Selbstsicherheit erregte den Unwillen des Generals.

»Du bist nicht dumm, Bruder«, sagte er mit gerunzelter Stirn, »aber wir haben noch weit gerissenere Burschen als dich überführt!«

Jetzt wollte der junge Hauptmann wissen, aus welchem Anlaß und wann ich in Pugatschows Dienste getreten sei und welcher Art die Aufträge gewesen seien, für die ich mich von ihm hätte mißbrauchen lassen.

Ich entgegnete empört, daß ich als Offizier und Edelmann weder in seinen Dienst hätte treten noch Aufträge von ihm hätte entgegennehmen können.

»Womit erklärt sich dann«, fragte der Hauptmann weiter, »daß nur dieser eine Offizier und Edelmann von dem Usurpator begnadigt worden ist, während er alle anderen hat hinrichten lassen? Womit erklärt sich ferner, daß dieser Offizier und Edelmann mit den Rebellen kameradschaftlich gezecht hat und von ihrem Anführer mit einem Pelz und einem Pferd und mit barem Geld beschenkt worden ist? Wie ist es zu dieser sonderbaren Freundschaft gekommen, wenn nicht durch Verrat oder doch zumindest durch gemeine, verbrecherische Feigheit?«

Ich fühlte mich durch diese Worte des Gardeoffiziers aufs tiefste gekränkt und begann mich leidenschaftlich zu verteidigen. Ich erzählte, wie ich in der Steppe während eines Schneesturms mit Pugatschow zusammengetroffen sei und wie er mich bei der Besetzung der Festung Belogorskaja wiedererkannt und begnadigt habe. Ich gab zu, den Pelz und das Pferd von dem Usurpator angenommen zu haben, versicherte aber zugleich wahrheitsgemäß, daß ich die Festung bis zum letzten gegen ihn verteidigt hätte. Schließlich berief ich mich auf meinen General, der meinen Eifer während der unheilvollen Belagerung Orenburgs bezeugen könne.

Der hartherzige Alte entfaltete einen Brief, der vor ihm auf dem Tisch lag, und las daraus folgende Stelle vor:

»Auf die Rückfrage Eurer Exzellenz bezüglich des Leutnants Grinew, der am gegenwärtigen Aufstand beteiligt gewesen sein und unerlaubte, dem Diensteid widersprechende Beziehungen zu Pugatschow unterhalten haben soll, habe ich die Ehre zu erklären: Besagter Leutnant Grinew hat von Anfang Oktober vorigen Jahres bis zum 24. Februar dieses Jahres in Orenburg Dienst getan und dann eigenmächtig die Stadt verlassen. Berichten von Überläufern zufolge ist er bei Pugatschow in der Vorstadt gewesen und mit diesem in die Festung Belogorskaja gefahren, wo er früher der Garnison angehörte. Was sein Betragen anbetrifft, so kann ich ...«

Hier hielt der General inne und sagte schroff: »Was hast du jetzt noch zu deiner Entlastung anzuführen?«

Ich wollte fortfahren, wie ich begonnen hatte, und über meine enge Beziehung zu Marja Iwanowna ebenso offen und ehrlich berichten wie über alles andre, konnte mich aber dann doch nicht dazu entschließen. Mir fiel nämlich plötzlich ein, daß die Nennung ihres Namens die Vorladung des armen Mädchens als Zeugin zur Folge haben würde, und der Gedanke, man könnte Marja Iwanowna meinen niederträchtigen Verleumdern gegenüberstellen und sie einem Kreuzverhör von seiten dieser Ehrabschneider unterziehen, machte mich so bestürzt, daß ich stockte und schwieg.

Meine Richter, die, wie es schien, schon angefangen hatten, meine Antworten mit einer gewissen Anteilnahme anzuhören, wurden durch meine Verwirrung von neuem gegen mich eingenommen. Der Gardeoffizier verlangte jetzt meine Konfrontierung mit dem Hauptdenunzianten. Aufs äußerste gespannt, erwartete ich das Erscheinen meines Anklägers. Nach einigen Minuten hörte ich draußen das Klirren einer Kette, die Tür ging auf und herein trat – Schwabrin. Ich wunderte mich über sein verändertes Aussehen. Abgemagert und leichenblaß stand er vor mir. Sein Haar, kürzlich noch pechschwarz, war fast weiß, sein langer Bart zerzaust und struppig. Er wiederholte seine Anschuldigungen mit schwacher, aber fester Stimme. Nach seiner Darstellung war ich angeblich von Pugatschow als Spion nach Orenburg geschickt worden. Ich hätte täglich Streifzüge unternommen und schriftliche Berichte über die Lage in der Stadt gegeben; schließlich hätte ich mich offen dem Usurpator angeschlossen, wäre mit ihm von einer Festung zur andern gefahren und hätte mich bemüht, seine, Pugatschows, Anhänger als Verräter zu entlarven, um die Stellungen und Belohnungen an mich zu bringen, die ihnen von Pugatschow verliehen worden seien.

Ich ließ Schwabrin reden, erfreut darüber, daß auch er den Namen Marja Iwanownas nicht genannt hatte – sei es, daß seine Eigenliebe bei dem Gedanken an ein Mädchen litt, das ihn mit Verachtung abgewiesen hatte, sei es, weil auch in seinem Herzen noch ein Funke jenes Empfindens glühte, das mich veranlaßt hatte zu schweigen. Aber gleichviel aus welchen Gründen – der Name der Hauptmannstochter von Belogorskaja war vor der Untersuchungskommission bisher nicht gefallen, und ich war entschlossen, ihn auch weiterhin zu verschweigen. So antwortete ich auf die Aufforderung der Richter, Schwabrins Bezichtigungen zu widerlegen, ich hätte meinen bisherigen Aussagen nichts mehr hinzuzufügen.

Der General ließ uns abführen. Wir gingen zusammen hinaus. Ich blickte Schwabrin ruhig an, sagte aber kein Wort. Mit einem boshaft triumphierenden Lächeln hob er seine Kette auf, beschleunigte seine Schritte und ging an mir vorüber. Ich wurde in meine Zelle zurückgebracht und nicht mehr vernommen . . .

Alles, was ich dem Leser noch mitzuteilen habe, geschah, ohne daß ich selbst Zeuge dieser Ereignisse gewesen wäre. Aber man hat mir später so viel und so häufig davon erzählt, daß sich auch die geringsten Einzelheiten meinem Gedächtnis fest einprägten und es mir oft schien, als wäre ich tatsächlich dabeigewesen und hätte alles selbst erlebt.

Marja Iwanowna war von meinen Eltern mit jener aufrichtigen Herzlichkeit aufgenommen worden, die zu den liebenswertesten Eigenschaften der alten Generation gehörte. Sie sahen ein besonderes Geschenk des Himmels darin, daß ihnen Gelegenheit gegeben wurde, einer armen Waise in ihrem Hause Obdach zu gewähren und sie zu versorgen. Bald hatten sie das elternlose Mädchen liebgewonnen, denn es war ja unmöglich, Mascha zu kennen und sie nicht ins Herz zu schließen. Meine Liebe erschien jetzt auch meinem Vater nicht mehr als bloße Jugendeselei, und meine Mutter wünschte sich nichts anderes, als daß ihr Petruscha und die Hauptmannstochter ein Paar würden.

Die Nachricht von meiner Verhaftung erschütterte die Familie aufs tiefste. Marja Iwanowna hatte meinen Eltern jedoch so einfach und überzeugend von meiner seltsamen Bekanntschaft mit Pugatschow erzählt, daß sie sich nicht nur beruhigt fühlten, sondern oft sogar herzlich darüber lachten. Mein Vater wollte nicht glauben, daß ich an dieser verbrecherischen Revolte hätte teilnehmen können, deren Ziel der Sturz des Thrones und die Vernichtung des Adels war. Er nahm sich Saweljitsch vor und fragte ihn mit strenger Miene aus. Der Alte verheimlichte nicht, daß sein junger Herr bei Jemelka Pugatschow zu Gast gewesen und von diesem freundlich behandelt worden war, schwor aber bei allen Heiligen, daß von einem Verrat nicht die Rede sein könne. Die alten Leute beruhigten sich und warteten mit Ungeduld auf erfreuliche Nachrichten. Marja Iwanowna dagegen war sehr aufgeregt, schwieg jedoch und ließ sich, bescheiden und vorsichtig wie sie war, nichts anmerken.

Nachdem einige Wochen vergangen waren, erhielt mein Vater aus Petersburg von unserm Verwandten, dem Fürsten B., einen Brief, der sich auf mich bezog. Nach den üblichen Einleitungsfloskeln schrieb der Fürst, daß der Verdacht, ich hätte die Aufrührer unterstützt, sich leider als nur allzu begründet erwiesen habe und daß mich daher, zum warnenden Beispiel für andere, die schwerste Strafe hätte treffen müssen; aber die Kaiserin habe aus achtungsvoller Rücksicht auf die Verdienste und das hohe Alter meines Vaters beschlossen, dem verbrecherischen Sohn die schimpfliche Hinrichtung zu ersparen und ihn nach Sibirien zur lebenslänglichen Ansiedlung zu verbannen.

Dieser unerwartete Schicksalsschlag traf meinen Vater aufs härteste. Er verlor seine gewohnte aufrechte Haltung, und sein sonst stummer Schmerz ergoß sich in bittere Klagen.

»Wie ist es möglich«, wiederholte er fassungslos immer wieder, »daß mein Sohn sich am Aufstand Pugatschows beteiligt hat? Großer Gott, was muß ich noch alles erleben! Die Zarin erläßt ihm die Todesstrafe! Wird mir denn dadurch leichter? Die Hinrichtung ist nicht das Schlimmste: mein Urgroßvater starb auf dem Schafott, weil sein Gewissen ihm die Verteidigung dessen gebot, was ihm das Heiligste war, und mein Vater erlitt den gleichen Tod als Gesinnungsgenosse Wolynskijs und Chrustschows*. Aber wie kann ein Edelmann seinen Eid brechen und sich mit Räubern, Mördern und flüchtigen Leibeigenen zusammentun? Welche Schande! Welche Schmach für unser ganzes Geschlecht!«

Verängstigt durch seine Verzweiflung, wagte es meine Mutter nicht, in seiner Gegenwart Tränen zu vergießen. Sie versuchte ihm wieder Mut zu machen, indem sie ihm die Unzuverlässigkeit aller Gerüchte und die Fragwürdigkeit menschlicher Aussagen vor Augen hielt. Aber mein Vater blieb untröstlich.

Marja Iwanowna grämte sich mehr als alle anderen. Sie war überzeugt, daß ich mich hätte rechtfertigen können, wenn ich es nur ernstlich gewollt hätte. Sie erriet die Wahrheit und hielt sich für schuldig an meinem Unglück. Sie verbarg ihre Tränen und ihre selbstquälerischen Gedanken und zerbrach sich den Kopf über Mittel und Wege, mich zu retten.

Eines Abends saß mein Vater auf dem Sofa und blätterte im Hofkalender, aber seine Gedanken waren weit weg, und die Lektüre fesselte ihn nicht wie sonst. Er pfiff leise einen alten Marsch vor sich hin. Die Mutter strickte stumm an einer wollenen Jacke, und von Zeit zu Zeit fiel eine Träne darauf. Plötzlich erklärte Marja Iwanowna, die gleichfalls mit einer Handarbeit beschäftigt war, daß sie unbedingt nach Petersburg fahren müsse und bäte, ihr die Reise zu ermöglichen. Meine Mutter war sehr betrübt darüber.

»Warum nach Petersburg?« fragte sie. »Du willst uns doch nicht auch verlassen?«

Marja Iwanowna antwortete, daß ihre ganze Zukunft von dieser Reise abhänge. Sie beabsichtige, einflußreiche Leute um Beistand und Fürsprache zu bitten, wozu sie als Tochter eines Mannes, der um seiner Treue zum Vaterland willen den Tod erlitten habe, berechtigt sei.

Mein Vater blickte zu Boden: jedes Wort, das ihn an das angebliche Verbrechen seines Sohnes erinnerte, fiel ihm

* Wolynskij, Minister der Kaiserin Anna, wurde 1740 als Gegner ihres allmächtigen Günstlings Biron hingerichtet, desgleichen Chrustschow, ein Vertrauensmann Wolynskijs.

schwer aufs Herz und traf ihn wie ein gegen ihn selbst gerichteter Vorwurf.

»Fahre nur, Kind«, sagte er seufzend. »Wir wollen deinem Glück nicht im Wege stehen. Gott gebe dir einen anständigen Freier, keinen ehrlosen Verräter.«

Dann stand er auf und verließ das Zimmer.

Mit meiner Mutter allein geblieben, sprach sich Marja Iwanowna zum Teil über ihre Absichten aus. Meine Mutter umarmte sie weinend und bat Gott um Erfolg für das Unternehmen. Marja Iwanowna erhielt alles, was sie brauchte, und schon nach einigen Tagen trat sie ihre Reise an, begleitet von der treuen Palaschka und dem redlichen Saweljitsch, der jetzt, nachdem er auf eine so gewaltsame Weise von mir getrennt worden war, in dem Bewußtsein Trost suchte, daß er wenigstens meiner Liebsten dienen durfte.

Marja Iwanowna kam wohlbehalten in Zarskoje Sselo an. Auf der Poststation erfuhr sie, daß der kaiserliche Hof erst kürzlich dort Aufenthalt genommen habe. So beschloß sie, in Zarskoje Sselo zu bleiben. Man überließ ihr auf der Poststation eine Kammer. Die Frau des Vorstehers kam sogleich mit ihr ins Gespräch, erzählte, daß sie die Nichte des kaiserlichen Ofenheizers sei, und weihte sie in alle Geheimnisse des Hoflebens ein. Sie zeigte sich genau darüber unterrichtet, wann die Kaiserin aufzustehen pflege und ihren Kaffee trinke und zu welcher Zeit sie ihren Morgenspaziergang mache; welche Würdenträger sie dabei begleiteten, was sie am gestrigen Abend bei Tisch zu äußern geruht habe – kurz, Anna Wlasjewnas Geschwätz wog einige Seiten historischer Memoiren auf und wäre für die Nachwelt von unermeßlichem Wert gewesen. Maria Iwanowna hörte ihr aufmerksam zu. Sie gingen in den Park des Palais. Anna Wlasjewna kannte die Geschichte jeder Allee und jeder kleinen Brücke, und nachdem sie alles besichtigt hatten, kehrten sie, höchst zufrieden miteinander, wieder zur Poststation zurück.

Marja Iwanowna erwachte in der ersten Morgenfrühe, zog sich an und begab sich unbemerkt in den Park. Der Tag versprach herrlich zu werden. Die Sonne beschien die Wipfel der Linden, deren Laub sich schon herbstlich zu färben begann. Der große See lag unbewegt da. Aus den Büschen, die seine Ufer beschatteten, kamen Schwäne hervor und glitten majestätisch auf die schimmernde Fläche hinaus. Marja Iwanowna ging an einer schönen Wiese entlang, auf der kürzlich ein Denkmal zu Ehren eines siegreichen Feldherrn, des Grafen Pjotr Rumjanzew, errichtet worden war. Plötzlich kam ihr ein kleiner schneeweißer Spitz entgegengelaufen und bellte sie an. Marja Iwanowna erschrak und blieb stehen. In diesem Augenblick hörte sie eine angenehme weibliche Stimme, die ihr zurief: »Keine Angst, er tut Ihnen nichts!«

Marja Iwanowna bemerkte eine Dame, die dem Denkmal gegenüber auf einer Bank saß. Mascha nahm neben ihr Platz. Die Dame sah sie prüfend an, und Marja Iwanowna musterte ebenfalls ihre Nachbarin. Sie trug ein weißes Morgenkleid, eine Nachthaube und eine warme Strickjacke und mochte etwa vierzig Jahre alt sein. Ihr volles Gesicht hatte frische Farben, ihre regelmäßigen Züge und ihre selbstsichere Haltung verrieten die vornehme Dame, ihre blauen Augen und ihr gewinnendes Lächeln waren bezaubernd.

Die Dame brach zuerst das Schweigen.

»Sie sind wohl nicht von hier?« fragte sie.

»Nein, ich bin erst gestern aus der Provinz gekommen.«

»Vermutlich mit Ihren Eltern?«

Marja Iwanowna erwiderte, daß sie allein sei.

»Allein?« sagte die Dame, »aber Sie sind doch noch so jung . . .«

»Ich habe weder Vater noch Mutter.«

»Sicher halten Sie sich hier in Geschäften auf?«

»Ganz recht, ich bin gekommen, um der Kaiserin eine Bittschrift zu überreichen.«

»Sie sind eine Waise. Wahrscheinlich werden Sie sich über Rechtsverletzungen zu beklagen haben, die man sich Ihnen gegenüber herausgenommen hat?«

»Nein, ich möchte um Gnade bitten und nicht um Gerechtigkeit.«

»Darf ich mir die Frage erlauben, wer Sie sind?«

»Ich bin die Tochter des Hauptmanns Mironow.«

»Desselben Mironow, der Kommandant einer der Orenburgischen Festungen war?«

»Jawohl.«

Die Dame schien gerührt zu sein.

»Entschuldigen Sie«, sagte sie noch freundlicher, »wenn ich mich in Ihre Angelegenheiten mische, aber ich gelte viel bei Hofe. Erklären Sie mir bitte, um was es sich bei Ihrem Bittgesuch handelt, vielleicht kann ich Ihnen helfen.«

Marja Iwanowna stand auf und bedankte sich ehrerbietig. Die Unbekannte zog sie mächtig an und erweckte ihr volles Vertrauen. Sie entnahm ihrem Täschchen eine zusammengefaltete Bittschrift und überreichte das Gesuch ihrer Beschützerin, die es sogleich zu lesen begann.

Anfangs las sie aufmerksam und mit wohlwollender Miene, plötzlich jedoch veränderte sich ihr Gesichtsausdruck. Marja Iwanowna, deren Blicke an ihr hingen, erschrak über die Strenge, die aus diesen eben noch so freundlichen und ruhigen Zügen sprach.

»Sie verwenden sich für Grinew«, sagte die Dame kalt. »Die Kaiserin wird ihm nicht vergeben können. Er hat sich dem Usurpator angeschlossen, nicht aus Unwissenheit und Leichtsinn, sondern als gewissenloser Mensch und gemeingefährlicher Vaterlandsverräter.«

»Ach, das ist ja gar nicht wahr!« rief Marja Iwanowna schmerzlich aus.

»Wieso nicht wahr?« entgegnete die Dame heftig.

»Es ist nicht wahr, bei Gott, es ist nicht wahr! Ich werde Ihnen alles genau erzählen. Er hat nur mir zuliebe auf sich genommen, was ihm zugestoßen ist, und wenn er sich vor Gericht nicht gerechtfertigt hat, so bloß deshalb, weil er mich nicht hat mit hineinziehen wollen.«

Und atemlos vor Erregung erzählte sie alles, was dem Leser aus den vorhergehenden Kapiteln schon bekannt ist.

Die Dame hörte ihr von Anfang bis zu Ende mit gespannter Aufmerksamkeit zu.

»Wo sind Sie abgestiegen?« fragte sie dann, und als sie hörte, daß Marja Iwanowna bei Anna Wlasjewna untergekommen war, sagte sie lächelnd: »Ah, ich weiß«, und fügte dann hinzu: »Leben Sie wohl, sagen Sie niemandem etwas über unsere Begegnung. Ich denke, daß Sie bald auf Ihre Bittschrift Bescheid erhalten werden.«

Mit diesen Worten stand sie auf und ging auf eine Pergola zu, in der sie verschwand. Marja Iwanowna begab sich, erfüllt von freudiger Zuversicht, in die Poststation zurück.

Anna Wlasjewna schalt sie für ihren frühen herbstlichen Spaziergang, der, wie sie meinte, der Gesundheit eines jungen Mädchens nur unzuträglich sein konnte. Sie brachte den Samowar herein und war bei einer Tasse Tee gerade im Begriff, endlose Hofgeschichten zum besten zu geben, als ein kaiserlicher Wagen vor der Tür hielt und ein Kammerlakai mit der Mitteilung eintrat, die Kaiserin wünsche Mademoiselle Mironow bei sich zu sehen.

Anna Wlasjewna war sehr überrascht.

»Mein Gott«, rief sie in großer Aufregung, »Ihre Majestät in höchsteigener Person hat nach Ihnen geschickt? Woher weiß sie denn, daß Sie hier sind? Und wie werden Sie sich der Kaiserin bloß vorstellen? Sie verstehen sich doch gar nicht bei Hofe zu benehmen! Soll ich Sie nicht lieber begleiten und Ihnen einige Hinweise geben? In Reisekleidern können Sie doch unmöglich hin! Ich werde gleich zur Hebamme schicken, die wird Ihnen gewiß ihren gelben Reifrock leihen . . .«

Der Kammerlakai mischte sich ein und erklärte, die Kaiserin habe ihm befohlen, Marja Iwanowna allein und in dem Kleide abzuholen, in dem er sie antreffen werde. Da war also nichts zu wollen: Marja Iwanowna stieg ein und fuhr ins Palais, von Anna Wlasjewna mit Ratschlägen und Segenswünschen wohlversehen.

Marja Iwanowna fühlte, daß die Entscheidung über unser gemeinsames Schicksal unmittelbar bevorstand. Bald klopfte ihr Herz heftig, bald schien es stillzustehen. Nach wenigen Minuten hielt die Kutsche vor dem Portal des Palais. Mascha stieg zitternd vor Erregung die Treppe hinauf. Die Flügeltüren öffneten sich. Von dem Kammerlakaien geführt, durchschritt sie eine lange Reihe leerer Prunksäle, bis sie endlich vor einer geschlossenen Tür stehenblieben. Ihr Begleiter erklärte, daß er sie sogleich melden werde, und ließ sie allein.

Der Gedanke, der Kaiserin Auge in Auge gegenüberstehen zu müssen, erschreckte sie so, daß sie sich kaum auf den Beinen halten konnte. Plötzlich ging die Tür auf, und sie betrat das Ankleidezimmer Ihrer Majestät. Die Kaiserin saß vor ihrem Toilettenspiegel. Einige Hofleute umringten sie und machten Marja Iwanowna achtungsvoll Platz. Die Zarin wandte sich ihr liebenswürdig zu, und Marja Iwanowna erkannte in ihr jene Dame, der sie im Park ihr Herz ausgeschüttet hatte. Die Kaiserin rief sie zu sich und sagte lächelnd: »Ich freue mich, daß ich mein Versprechen halten und Ihre Bitte erfüllen konnte. Ihre Angelegenheit ist geregelt. Ich bin von der Unschuld Ihres Verlobten überzeugt. Hier ist ein Schreiben, das ich Sie bitte Ihrem künftigen Schwiegervater zu überreichen.«

Marja Iwanowna nahm den Brief mit zitternder Hand entgegen, brach in Tränen aus und sank vor der Kaiserin auf die Knie; diese hob sie auf und küßte sie.

»Ich weiß«, sagte sie, »daß Sie nicht reich sind, doch ich fühle mich in der Schuld der Hauptmannstochter von Belogorskaja. Machen Sie sich keine Sorgen um Ihre Zukunft. Ich verbürge mich dafür, daß Sie keinen Mangel leiden werden.«

Dann strich sie der armen Waise freundlich übers Haar und entließ sie. Marja Iwanowna wurde in der Hofkutsche zur Poststation zurückgebracht. Anna Wlasjewna, die ungeduldig auf ihre Rückkehr gewartet hatte, bedrängte sie mit Fragen, doch Mascha gab ihr nur zerstreut Antwort. Anna Wlasjewna war über diese Unaufmerksamkeit höchst verdrossen, schrieb sie aber der Befangenheit des jungen Mädchens aus der Provinz zu und verzieh sie großmütig. Noch am gleichen Tag fuhr Marja Iwanowna, ohne das nahe Petersburg zu besichtigen, auf das Gut der Grinews zurück.

Hier schließen die Aufzeichnungen Pjotr Andrejewitsch Grinews. Aus der Familienchronik weiß man, daß er gegen Ende des Jahres 1774 auf Allerhöchsten Befehl aus dem Gefängnis entlassen wurde. Er war bei der Hinrichtung Pugatschows anwesend. Der Rebellenführer erkannte ihn in der Menschenmenge und nickte ihm zu; wenige Augenblicke später wurde sein Kopf blutüberströmt dem Volk gezeigt.

Bald darauf heirateten Pjotr Andrejewitsch und Marja Iwanowna. Ihre Nachkommen leben noch heute im Gouvernement Simbirsk. Etwa dreißig Werst von . . . liegt ein Gut, das zehn Großgrundbesitzern gemeinsam gehört. In einem Seitenflügel des Herrenhauses wird ein eigenhändig geschriebener Brief Katharinas II. gezeigt, der dort unter Glas und Rahmen aufbewahrt wird. Er ist an den Vater Pjotr Andrejewitschs gerichtet und enthält die Rechtfertigung seines Sohnes und ein hohes Lob für die Charakterstärke und das warme Herz der Hauptmannstochter.

Die Aufzeichnungen Pjotr Andrejewitsch Grinews wurden uns von einem seiner Enkel überlassen; er hatte gehört, daß wir uns mit einer Arbeit beschäftigten, welche die von seinem Großvater geschilderte Zeit zum Gegenstand hatte. Wir haben uns entschlossen, diese Darstellung mit Genehmigung der Familie Grinew gesondert herauszugeben, nachdem wir die Personennamen verändert und jedes einzelne Kapitel mit einem dem Inhalt entsprechenden Motto versehen haben.

Der Herausgeber

PIQUE-DAME

Pique-Dame bedeutet
heimliche Rachsucht.

Aus dem neuesten Orakelbuch

1

Und wird es herbstlich und regnerisch,
Verbringt man die Nächte am Kartentisch,
Gott sei's geklagt!
Mal wird verloren, mal wird gewonnen,
Und manchem Leichtfuß ist alles zerronnen,
Noch ehe es tagt.
Die Bank wird gehalten, es wird gejeut,
Der Einsatz von Stunde zu Stunde erhöht,
Nichts ist zuviel.
So schwinden Wochen und Monate hin,
Folgen einander ohne Inhalt und Sinn –
Das Leben ist Spiel.

Rylejew

Beim Gardechevalier Narumow spielte man Karten. Die lange Winternacht verging, ohne daß es jemand merkte. Erst um fünf Uhr morgens wurde zu Abend gegessen. Die Gewinner speisten mit großem Appetit, die anderen dagegen saßen zerstreut und geistesabwesend vor ihren unbenutzten Tellern. Aber als die Sektgläser gefüllt wurden, belebte sich das Gespräch, und auch die Verlierer beteiligten sich angeregt daran.

»Wie ist es denn dir ergangen, Surin?« fragte der Hausherr.

»Habe verloren, wie gewöhnlich. Ich bin eben ein richtiger Pechvogel: ich spiele vorsichtig, werde niemals hitzig, bin nicht so leicht aus der Fassung zu bringen und verliere trotzdem regelmäßig.«

»Und du ließest dich tatsächlich noch nie zu einem Wagnis verleiten, hast kein einziges Mal alles auf eine Karte gesetzt? Wahrhaftig, ich bewundere deine Selbstbeherrschung.«

»Aber wie denkt ihr über Hermann?« sagte einer der

Gäste und zeigte auf einen jungen Pionieroffizier. »Er hat sein Leben lang noch keine Karte in die Hand genommen, noch nie Paroli geboten und sitzt dennoch bis fünf Uhr morgens da und beobachtet unser Spiel.«

»Ja, es interessiert mich sehr«, erwiderte Hermann, »aber ich bin einfach nicht in der Lage, daß ich das, was ich für meinen Lebensunterhalt nötig habe, in der Hoffnung riskiere, mehr zu gewinnen, als ich unbedingt brauche.«

»Das erklärt sich leicht damit, daß Hermann ein berechnender Deutscher ist«, bemerkte Tomskij. »Aber wenn ich jemanden überhaupt nicht verstehen kann, dann ist es meine Großmutter, die Gräfin Anna Fedotowna.«

»Wieso? Warum?« riefen die Gäste.

»Ich kann nicht dahinterkommen«, fuhr Tomskij fort, »aus welchem Grunde meine Großmutter nicht spielt.«

»Was ist dabei so verwunderlich, daß eine Achtzigjährige nicht spielt?« fragte Narumow.

»Sie wissen also wirklich nichts von der Alten?« erkundigte sich der andere.

»Nein, nicht das geringste!« antwortete die Tafelrunde.

»Nun, dann hören Sie zu: Es ist jetzt etwa sechzig Jahre her, daß meine Großmutter sich in Paris aufhielt, wo sie großes Aufsehen erregte. Alle Welt ließ sich bei ihr einführen, um la Venus moscovite kennenzulernen. Selbst Richelieu machte ihr den Hof, und meine Großmutter versichert, daß ihre Grausamkeit ihn beinahe zum Selbstmord getrieben habe. Damals pflegten die Damen Pharao zu spielen, und einmal hatte sie bei Hof eine sehr beträchtliche Summe an den Herzog von Orleans verloren. Als sie nach Hause kam, entfernte sie die Schönheitspflästerchen aus dem Gesicht, legte ihr Fichu ab, beichtete dem Großvater ihren Spielverlust und verlangte von ihm kategorisch die Bezahlung ihrer Schuld. Der Großvater war, soviel ich weiß, eine Art Haushofmeister seiner Frau. Er fürchtete sie wie das Feuer, doch als er hörte, daß sie eine so ungeheure Summe verloren hatte, geriet er außer sich. Er legte ihr eine Menge Rechnungen vor, bewies ihr, daß er im Laufe von sechs Monaten bereits eine halbe Million ausgegeben hatte, machte ihr klar, daß sie bei Paris nicht über Besitzungen verfüge wie bei Moskau und Saratow, und weigerte sich rundweg, ihre Schuld an den Herzog zu bezahlen. Die Großmutter ohrfeigte ihn und legte sich allein zu Bett: ein Zeichen ihrer höchsten Ungnade. Am andern Tag ließ sie ihren Mann rufen in der Hoffnung, daß die eheliche Strafe ihre Wirkung auf ihn nicht verfehlt habe, fand ihn aber unerschütterlich. Zum erstenmal in ihrem Leben kam es zu heftigen Auseinandersetzungen mit ihm. Sie versuchte ihn gefügig zu machen, indem sie ihm hochfahrend erklärte, daß Schulden und Schulden zweierlei seien und daß zwischen einem Prinzen und einem Stallknecht ein Unterschied bestehe. Vergebens! Der Großvater blieb hartnäckig bei seiner Weigerung. Die Großmutter wußte nicht, was sie tun sollte.

Nun kannte sie seit einiger Zeit einen sehr bemerkenswerten Menschen. Sie haben gewiß von dem Grafen Saint Germain gehört, von dem man soviel Erstaunliches erzählt? Er gab sich bekanntlich für den Ewigen Juden aus, für den Entdecker des Lebenselixiers und des Steins der Weisen. Man nahm ihn nicht ernst; man hielt ihn für einen Scharlatan, und Casanova behauptet in seinen Memoiren sogar, er sei ein Spion gewesen. Übrigens sah er trotz seines geheimnisvollen, undurchsichtigen Wesens sehr achtbar und vertrauenswürdig aus und war ein ausnehmend liebenswürdiger Gesellschafter. Meine Großmutter verehrt ihn auch heute noch und gerät in Zorn, wenn man sich verächtlich über ihn äußert. Sie wußte, daß Saint Germain große Summen zur Verfügung standen, und beschloß, sich an ihn zu wenden. Sie schickte ihm ein Billett und bat ihn, unverzüglich zu ihr zu kommen, was er auch tat. Er fand sie in tiefster Depression und ließ sich den Grund ihrer Kümmernisse erzählen. Sie schilderte ihm in den schwärzesten Farben die Barbarei ihres Mannes und sagte zum Schluß, daß sie ihre letzte Hoffnung auf seine Freundschaft und Hilfsbereitschaft setze.

Saint Germain dachte eine Weile nach.

‚Ich könnte Ihnen mit der benötigten Summe aushelfen', sagte er endlich, ‚aber ich weiß, daß ich Ihnen damit, solange

Sie meine Schuldnerin bleiben müssen, keinen Dienst erweisen, sondern bloß neue Ungelegenheiten bereiten würde. Es gibt jedoch ein anderes Mittel: Sie können Ihre Verluste im Spiel wieder wettmachen.'

,Aber ich sage Ihnen doch, lieber Graf', antwortete meine Großmutter, ,daß wir keinen roten Heller mehr haben.'

,Das ist auch nicht nötig', erwiderte Saint Germain, ,ich bitte Sie, mich anzuhören.'

Und dann weihte er sie in ein Geheimnis ein, für das uns allen kein Preis zu hoch gewesen wäre ...«

Narumow und seine Gäste hatten mit wachsender Spannung zugehört. Tomskij setzte seine Pfeife in Brand, lehnte sich zurück und erzählte weiter: »Am selben Abend noch fuhr meine Großmutter nach Versailles ,au jeu de la Reine'. Der Herzog von Orleans hielt die Bank. Die Großmutter entschuldigte sich leichthin, daß sie ihm das geschuldete Geld nicht gleich mitgebracht habe, erfand zu ihrer Rechtfertigung ein harmloses Geschichtchen und begann gegen ihn zu setzen. Sie wählte drei Karten, setzte mit Erfolg auf alle drei hintereinander und war ihre Schulden los.«

»Zufall!« sagte einer der Gäste.

»Märchen!« meinte Hermann.

»Gezinkte Karten?« argwöhnte ein dritter.

»Glaube ich nicht«, antwortete Tomskij überzeugt.

»Wie«, fragte Narumow, »du hast deine Großmutter, die drei Gewinnkarten nacheinander zieht, und bist bis heute noch nicht hinter ihre Schliche gekommen?«

»Nein, zum Teufel«, erwiderte Tomskij, »sie hatte vier Söhne, einer davon war mein Vater – alle vier verzweifelte Hasardeure, aber keinem von ihnen vertraute sie ihr Geheimnis an, obgleich es ihnen und ebenso mir von großem Nutzen gewesen wäre. Doch mein Onkel, Graf Ilja Iljitsch, hat mir folgendes erzählt und geschworen, daß es die reine Wahrheit sei: Der verstorbene Tschaplitzkij, derselbe, der einst vielfacher Millionär gewesen war und dennoch als Bettler starb, hatte einmal in seiner Jugend, wenn ich nicht irre an Soritsch, dreihunderttausend Rubel verloren. Er war verzweifelt. Die Großmutter, sonst von unnachgiebiger

Strenge gegenüber leichtsinnigen jungen Leuten, bekam plötzlich Mitleid mit Tschaplitzkij. Sie steckte ihm die Karten zu, auf die er setzen solle, verlangte aber zugleich sein Ehrenwort, daß er niemals wieder spielen werde. Tschaplitzkij tat, wie sie ihm geraten hatte. Er begab sich zu seinem Gläubiger, und das Spiel begann. Tschaplitzkij setzte auf die erste Karte fünfzigtausend und gewann. Bei der zweiten und dritten verdreifachte er den Einsatz und gewann jedesmal, so daß er schließlich nicht nur seinen Verlust wettgemacht hatte, sondern noch eine beträchtliche Summe darüber einstecken konnte . . . Aber wie ich sehe, meine Herren, wird es gleich sechs Uhr schlagen – es ist also höchste Zeit, schlafen zu gehen!«

In der Tat dämmerte es schon. Die jungen Leute tranken ihre Gläser leer und gingen auseinander.

2

»Il parait que monsieur est décidément pour les suivantes.«
»Que voulez vous, madame? Elles sont plus fraîches.«

Aus einem mondänen Gespräch

Die alte Gräfin . . . saß in ihrem Ankleidezimmer vor dem Spiegel. Drei Kammerzofen waren um sie bemüht. Eine hielt ein Schminktöpfchen bereit, eine andre eine Schachtel mit Haarnadeln, die dritte eine hohe Haube mit feuerfarbenen Bändern. Obgleich von der ehemaligen Schönheit der Gräfin nichts mehr übriggeblieben war, hielt die alte Dame eisern an den Gewohnheiten ihrer Jugend fest. Sie kleidete sich noch immer nach der Mode des ausgehenden achtzehnten Jahrhunderts und machte genauso lange und umständlich Toilette wie vor sechzig Jahren.

Am Fenster saß vor dem Strickrahmen ein junges Mädchen, das die Gräfin erzogen hatte.

»Guten Morgen, grandmaman, bonjour, mademoiselle Lise«, sagte ein junger Mann, der das Zimmer betrat. »Grandmaman, ich komme zu Ihnen mit einer Bitte.«

»Worum handelt es sich denn, Paul?«

»Gestatten Sie, daß ich Ihnen einen meiner Kameraden vorstelle und ihn am Freitag zum Ball mitbringe?«

»Bring ihn nur direkt auf den Ball mit und stell ihn mir dort vor. Warst du gestern bei den ...?«

»Natürlich! Es war sehr unterhaltend. Man tanzte bis fünf Uhr morgens. Wie reizend war doch die Jelezkaja!«

»Ach, mein Lieber, was ist denn so hübsch an ihr? Ja, ihre Großmutter, die Fürstin Darja Petrowna – das war wirklich eine Schönheit ... übrigens ist sie stark gealtert, die Fürstin Darja Petrowna.«

»Wieso gealtert?« fragte Tomskij zerstreut. »Sie ist ja schon seit sieben Jahren tot.«

Das Mädchen am Fenster hob den Kopf und machte dem jungen Mann ein Zeichen. Da erst fiel ihm ein, daß man der alten Gräfin die Todesfälle unter ihren Altersgenossinnen verschweigen mußte. Er biß sich auf die Lippen, aber die Gräfin nahm die ihr neue Nachricht ziemlich gleichgültig auf.

»So, so, tot«, sagte sie, »das wußte ich noch gar nicht! Wir beide, die Fürstin Darja Petrowna und ich, wurden gleichzeitig zu Hofdamen ernannt, und als wir uns Ihrer Majestät vorstellten, da sagte die Kaiserin ...«

Und die Gräfin erzählte ihrem Enkel zum hundertstenmal ein und dieselbe Anekdote.

»Nun, Paul«, sagte sie dann, »jetzt hilf mir beim Aufstehen. Lisanka, wo ist meine Schnupftabakdose?«

Die Alte verschwand mit ihren Zofen hinter einem Wandschirm, um dort ihre Toilette zu beenden. Tomskij blieb mit dem jungen Mädchen allein.

»Wen wollen Sie eigentlich vorstellen?« fragte Lisaweta Iwanowna leise.

»Narumow. Kennen Sie ihn?«

»Nein. Ist er Offizier oder Zivilist?«

»Offizier.«

»Pionier?«

»Nein, Kavallerist. Warum meinten Sie, daß er Pionier sei?«

Das Mädchen lachte und blieb die Antwort schuldig.

»Paul!« rief die Gräfin hinter dem Schirm. »Schick mir einen neuen Roman, aber um Gottes willen keinen von den ganz neuen.«

»Wie soll ich das verstehen, grandmaman?«

»Nun, einen solchen, wo der Held weder seinen Vater noch seine Mutter umbringt und keine Ertrunkenen vorkommen. Ich fürchte mich entsetzlich vor Ertrunkenen!«

»Wollen Sie nicht zur Abwechslung einen russischen?«

»Gibt es denn das überhaupt? Also gut, mein Lieber, schick mir einen russischen Roman!«

»Entschuldigen Sie, grandmaman, ich habe Eile . . . Auf Wiedersehen, Lisaweta Iwanowna! Warum glaubten Sie, daß Narumow Pionier sei?«

Und Tomskij verließ das Ankleidezimmer.

Lisaweta Iwanowna blieb allein zurück. Sie schob ihren Stickrahmen beiseite und sah zum Fenster hinaus. Gleich darauf bemerkte sie einen jungen Offizier, der auf der anderen Seite der Straße um die Ecke bog. Lisanka errötete, nahm ihre Handarbeit wieder vor und beugte den Kopf über den Stickrahmen. In diesem Augenblick erschien die Gräfin wieder, fertig angezogen.

»Laß anspannen, Lisa«, sagte sie, »wir wollen eine Spazierfahrt machen.«

Lisanka erhob sich und begann ihre Arbeit wegzuräumen.

»Was ist denn, bist du taub, meine Liebe?« schalt die Gräfin. »Beeile dich und bestell den Wagen!«

»Ich eile ja schon«, antwortete das Mädchen erschrocken und lief ins Vorzimmer.

Ein Diener kam und übergab der Gräfin einige Bücher vom Fürsten Paul Alexandrowitsch.

»Gut, ich lasse danken!« sagte die Gräfin. »Lisanka, Lisanka, wo läufst du denn hin?«

»Ich gehe mich anziehen.«

»Das hat doch noch Zeit, meine Liebe. Setz dich her und schlag den ersten Band auf. Lies vor . . .«

Das junge Mädchen kehrte um, nahm Platz und las einige Zeilen.

»Lauter!« sagte die Gräfin. »Was ist mit dir, hast du deine

Stimme verloren? . . . Warte, schieb mir die Fußbank näher heran, noch näher . . .«

Lisaweta Iwanowna las zwei Seiten. Die Gräfin gähnte.

»Wirf das Buch weg«, sagte sie, »das ist ja alles Unsinn! Schick den Roman dem Fürsten Paul zurück, ich ließe ihm danken. Was ist mit dem Wagen?«

Lisaweta Iwanowna schaute zum Fenster hinaus.

»Er steht vor der Tür«, erwiderte sie.

»Warum bist du denn noch nicht angezogen?« herrschte die Gräfin sie an. »Immer muß man auf dich warten – das ist unerträglich, meine Liebe.«

Lisa lief in ihr Zimmer. Zwei Minuten später klingelte die Gräfin Sturm. Die drei Zofen stürzten herein, und durch eine andere Tür kam eiligst der Kammerdiener herbeigerannt.

»Wo bleibt ihr denn alle?« rief die Gräfin ihnen entgegen. »Richtet Lisaweta Iwanowna aus, daß ich auf sie warte!«

Lisanka kam in Hut und Mantel herein.

»Endlich, meine Liebe!« sagte die Gräfin. »Mein Gott, wie hast du dich herausgeputzt! Warum denn das? Wen willst du bestricken? Was haben wir für ein Wetter? Mir scheint, es ist windig.«

»Durchaus nicht, Euer Erlaucht, es ist ganz windstill«, antwortete der Kammerdiener.

»Ihr schwatzt immer ins Blaue hinein. Öffnet das Fenster! Natürlich – ganz wie ich gesagt habe: es weht und ist eisigkalt! Bestellt den Wagen wieder ab! Lisanka, wir bleiben zu Hause, die ganze Toilettemacherei war umsonst.«

Das ist nun mein Leben, dachte Lisaweta Iwanowna, die in der Tat ein bemitleidenswertes Geschöpf war. Bitter schmeckt das Brot der Fremde, heißt es bei Dante, beschwerlich sind die Treppenstufen, die zu den Palästen der Reichen führen. Und wer wüßte von den Demütigungen der Abhängigkeit ein traurigeres Lied zu singen als die arme Pflegetochter einer alten, vornehmen und von der Gesellschaft verwöhnten Dame?

Die Gräfin . . . war von Natur keineswegs böse und herzlos, wohl aber launisch, geizig und egozentrisch, wie alle alten Leute, die in ihre Jugend verliebt sind und für die neue

Zeit kein Verständnis haben. Dennoch nahm sie noch immer an dem eitlen Treiben der großen Welt teil und schleppte sich auf die Bälle, wo sie, rosig geschminkt und altmodisch herausgeputzt, als groteske und unvermeidliche Dekoration der Festsäle herumsaß. Die Gäste traten auf sie zu, begrüßten sie mit tiefen Verbeugungen, wie es sich gehörte, und dann beachtete sie kein Mensch mehr. Unter strengster Einhaltung des Zeremoniells empfing sie bei sich zu Hause die ganze Stadt, und dabei – erkannte sie fast niemanden. Die zahlreichen Dienstboten, die in den Vorzimmern und Mägdekammern fett und grau geworden waren, taten, was sie wollten, und bestahlen die Alte, wo sie nur konnten. Lisaweta Iwanowna war die Märtyrerin des Hauses. Sie hatte den Tee einzugießen und steckte dauernd Vorwürfe ein wegen zu hohen Zuckerverbrauchs. Sie mußte Romane vorlesen und wurde für die Fehler der Autoren verantwortlich gemacht. Sie begleitete die Gräfin auf ihren Spazierfahrten und war schuld, wenn das Wetter unfreundlich und das Straßenpflaster schlecht war. Obgleich der Lohn, der ihr zustand, niemals voll ausgezahlt wurde, verlangte man von ihr, daß sie so angezogen war wie alle, das heißt wie nur noch ganz wenige, und in der Gesellschaft spielte sie eine geradezu klägliche Rolle. Alle kannten sie, aber niemand nahm Notiz von ihr. Auf den Bällen wurde sie nur dann zum Tanz aufgefordert, wenn bei der Française ein Paar fehlte, und die Damen erinnerten sich ihrer bloß, wenn sie Hilfe im Ankleidezimmer brauchten, um ihre derangierten Toiletten wieder in Ordnung zu bringen. Dabei mangelte es Lisaweta Iwanowna nicht an Selbstbewußtsein. Sie litt darunter, daß sie übersehen wurde, wartete aber geduldig auf einen Freier, der sie aus ihrer mißlichen Lage retten würde. Doch die jungen Leute kümmerten sich nicht um sie, obwohl sie hundertmal hübscher und anziehender war als die gefallsüchtigen und koketten Mädchen, die sich von zudringlichen Mitgiftjägern den Hof machen ließen. Oft genug hatte Lisanka unbemerkt den prunkvollen und langweiligen Salon verlassen und bittere Tränen in ihrem dürftigen Stübchen geweint, dessen Einrichtung nur aus einem angestrichenen Bett, einem mit Papier beklebten Wandschirm, einem wackligen Tischchen, einer schäbigen Kommode, einem kleinen Spiegel und einem Messingleuchter mit einem düster schwelenden Talglicht bestand.

Einst – das ereignete sich zwei Tage nach dem Abend, der zu Beginn dieser Erzählung geschildert wurde, und etwa eine Woche vor der Szene, bei der wir stehengeblieben waren –, einst saß Lisaweta Iwanowna am Fenster. Als sie dabei einen Blick auf die Straße warf, bemerkte sie den jungen Pionieroffizier, der unbeweglich dastand und zu ihr hinaufschaute. Sie beugte sich über den Stickrahmen. Fünf Minuten später sah sie wieder hinaus – der junge Mann verweilte noch immer auf dem gleichen Fleck. Nicht gewöhnt, mit vorübergehenden Offizieren zu kokettieren, setzte sie ihre Arbeit fort und stickte noch etwa zwei Stunden, ohne ihren Kopf zu heben. Man rief sie zum Mittagessen. Sie stand auf und räumte ihre Sachen fort. Als sie dabei zufällig aus dem Fenster blickte, sah sie abermals den Offizier, der sich offenbar die ganze Zeit nicht von der Stelle gerührt hatte. Das überraschte sie und machte sie so sicher, daß sie nach dem Essen nochmals ans Fenster ging. Jetzt aber war der Offizier verschwunden, und sie beruhigte sich.

Zwei Tage später, als sie mit der Gräfin aus dem Hause trat, um mit der alten Dame im Wagen auszufahren, sah sie ihn wieder. Er stand in nächster Nähe des Portals und versteckte sein Gesicht im aufgeschlagenen Biberkragen seines Mantels. Seine schwarzen Augen funkelten unter dem Schirm der Mütze. Lisaweta Iwanowna erschrak, ohne zu wissen warum, und bebte vor Aufregung, als sie nach der Gräfin einstieg.

Nach Hause zurückgekehrt, eilte sie ans Fenster – der Offizier stand auf seinem alten Platz, die Augen auf sie gerichtet. Sie trat ins Zimmer zurück, geplagt von Neugier und erfüllt von Empfindungen, die ihr gänzlich neu waren.

Seitdem verging kein Tag, ohne daß der junge Mann nicht zur gleichen Stunde unter den Fenstern des Hauses erschienen wäre. Zwischen ihm und ihr knüpften sich gewisse Beziehungen an. Wenn sie auf ihrem Arbeitsplatz saß, fühlte sie sein Kommen. Sie hob den Kopf und sah ihn von Tag zu Tag länger an, wofür er ihr dankbar zu sein schien. Mit dem scharfen Auge der Jugend bemerkte sie, daß sich jedesmal ein flüchtiges Rot auf seinen bleichen Wangen zeigte, wenn ihre Blicke sich trafen. Eine Woche später lächelte sie ihn bereits an ...

Als Tomskij die Gräfin bat, ihr einen seiner Kameraden vorstellen zu dürfen, klopfte dem armen Mädchen das Herz. Aber nachdem sie erfahren hatte, daß Narumow nicht Pionier, sondern Gardechevalier war, bedauerte sie, ihr Geheimnis dem leichtsinnigen Tomskij verraten zu haben.

Hermann war der Sohn eines zum Russen gewordenen Deutschen, der ihm ein kleines Kapital hinterlassen hatte. Fest überzeugt von der Notwendigkeit, seine Unabhängigkeit zu sichern, rührte Hermann nicht einmal die Zinsen seines Vermögens an, sondern lebte ausschließlich von seinem Gehalt und gestattete sich nicht die geringsten Sonderausgaben. Im übrigen war er ehrgeizig und zurückhaltend und gab seinen Kameraden selten Gelegenheit, seine übermäßige Sparsamkeit zu verspotten. Sehr leidenschaftlich und mit einer ungewöhnlich starken Einbildungskraft ausgestattet, verfügte er doch gleichzeitig über eine Festigkeit, die ihn vor den gewöhnlichen Jugendverirrungen bewahrte. So zum Beispiel nahm er niemals eine Karte in die Hand, obgleich er eine ausgesprochene Spielernatur war, ganze Nächte am Kartentisch zubrachte und den Verlauf des Spieles mit fieberhaftem Interesse verfolgte.

Die Geschichte von den drei Karten hatte seine Phantasie lebhaft angeregt und die ganze Nacht über beschäftigt. Wie, dachte er, als er am nächsten Abend ruhelos in den Straßen Petersburgs umherlief, wie, wenn die alte Gräfin mir ihr Geheimnis enthüllen oder die drei Gewinnkarten nennen würde? Warum sollte ich dann nicht mein Glück versuchen? Ich müßte mich ihr vorstellen lassen, ihr Wohlwollen erringen, vielleicht sogar noch ihr Liebhaber werden! Aber das alles braucht Zeit, und sie ist siebenundachtzig, könnte also heute oder morgen sterben ... Und die Geschichte selbst? Kann ich ihr Glauben schenken? Nein, ich kann es nicht! Meine drei Karten sind Berechnung, Selbstbeherrschung und Fleiß. Sie allein werden mein Kapital verdreifachen, ja versiebenfachen und mir Ruhe und Unabhängigkeit gewähren.

Mit Gedanken dieser Art beschäftigt, sah sich Hermann im Zentrum der Residenz vor einem Palais in klassizistischer Bauart. Die Straße war voll von eleganten Equipagen, die eine nach der andern an der hell beleuchteten Rampe des Gebäudes vorfuhren. Wenn die Türen der Kutschen geöffnet wurden, bemerkte man bald ein schmales Damenfüßchen in Seidenstrümpfen, bald lacklederne Diplomatenschuhe oder sporenklirrende Kavalleriestiefel sich vorstrecken und behutsam nach dem Wagentritt tasten. Die Gäste in kostbaren Pelzen und Mänteln eilten die Treppenstufen hinauf und verschwanden hinter dem gravitätischen Portier im Portal. Hermann blieb stehen und beobachtete dieses Schauspiel. Dann wandte er sich an den Polizisten an der Ecke.

»Wem gehört dieses Haus?«

»Der Gräfin . . .« antwortete der Polizist.

Hermann zuckte zusammen. Die erstaunliche Geschichte kam ihm von neuem in den Sinn. Er begann vor dem Palais auf und ab zu gehen und dachte über die Besitzerin des Hauses und ihre ungewöhnlichen Fähigkeiten nach. Spät kehrte er in seine anspruchslose Behausung zurück. Er lag lange wach, und als er endlich einschlief, sah er im Traum Karten, einen grünen Spieltisch, eine Menge gebündelter Banknoten und Berge von Goldmünzen. Er setzte eine Karte nach der andern, erhöhte entschlossen seine Einsätze, gewann unentwegt und füllte seine Taschen mit Goldstücken und Banknoten. Er schlief bis tief in den Tag, und als er erwachte, stöhnte er darüber, daß sein phantastischer Reichtum bloß geträumt war. Er ging aus, irrte wieder in der Stadt umher und geriet abermals vor das Haus der Gräfin . . . Es war, als zöge ihn eine rätselhafte Kraft dorthin. Er blieb vor dem Palais stehen und starrte zu den Fenstern hinauf. Hinter einem von ihnen bemerkte er ein schwarzes Köpfchen, über ein Buch oder eine Handarbeit gebeugt. Das

Köpfchen hob sich, und Hermann sah ein frisches kleines Gesicht mit dunklen Augen. Dieser Augenblick entschied über sein Schicksal.

3

> Vous m'écrivez, mon ange, des lettres de quatre pages plus vite que je ne puis les lire.
>
> Aus einem Briefwechsel

Lisaweta Iwanowna hatte Hut und Pelerine kaum abgelegt, als die Gräfin abermals befahl, sie solle wieder anspannen lassen. Die beiden Damen begaben sich hinunter, um einzusteigen. Als zwei Lakaien die Alte in die Kutsche hoben, sah Lisanka dicht neben einem Wagenrad ihren Pionier. Er ergriff ihre Hand. Bevor sie ihren Schreck verwinden konnte, war der junge Mann bereits verschwunden, aber in ihrer Hand blieb ein Brief zurück. Sie schob ihn schnell in ihren Handschuh und hörte während der ganzen Dauer der Spazierfahrt nichts mehr. Die Gräfin hatte die Gewohnheit, unterwegs fortwährend Fragen zu stellen: »Wer ist uns begegnet?« – »Wie heißt diese Brücke?« – »Was steht dort auf dem Plakat?« – Lisaweta Iwanowna gab diesmal lauter konfuse Antworten, und die Gräfin war sehr ungehalten.

»Was ist dir zugestoßen, meine Liebe?« fragte sie ärgerlich. »Du bist ja wie vor den Kopf geschlagen – paßt du nicht auf, oder begreifst du nicht, was ich sage? Gott sei Dank, ich drücke mich noch ganz verständlich aus und habe meine fünf Sinne beisammen!«

Lisaweta Iwanowna hörte nicht zu. Als sie wieder zu Hause waren, lief sie in ihre Kammer, zog den Brief aus dem Handschuh und las ihn schnell durch. Er enthielt eine zärtliche und zugleich ehrerbietige Liebeserklärung, die Wort für Wort einem deutschen Roman entnommen war. Aber da Lisaweta Iwanowna kein Deutsch konnte, hatte sie nichts an ihm auszusetzen und fand ihn sehr schön. Doch eines beunruhigte sie – daß sie den Brief entgegengenommen hatte. Zum erstenmal war sie damit heimlich in enge Beziehungen zu einem jungen Mann getreten. Seine Kühnheit erschreckte sie. Sie machte sich ihr unvorsichtiges Verhalten zum Vorwurf und wußte nicht, was sie jetzt zu tun hatte: sollte sie aufhören, am Fenster zu sitzen, und auf diese Weise dem jungen Mann zu verstehen geben, daß er sie nicht weiter verfolgen dürfe, sollte sie ihm einfach den Brief zurückschicken oder ihn kalt und abweisend beantworten? Sie hatte keine Freundin, keine Beraterin, überhaupt niemanden, mit dem sie sich aussprechen konnte. Lisaweta Iwanowna beschloß zu antworten.

Sie setzte sich an ihr Tischchen, griff zu Feder und Papier und überlegte. Wiederholt begann sie den Brief und zerriß ihn wieder. Bald schienen ihr die Ausdrücke zu nachsichtig, bald allzu grausam. Endlich gelangen ihr einige Zeilen, mit denen sie leidlich zufrieden war.

»Ich bin überzeugt«, schrieb sie, »daß Sie ehrenhafte Absichten haben und mich nicht durch eine unbesonnene Handlungsweise beleidigen wollten. Aber unsre Bekanntschaft hätte nicht auf diese Weise zustande kommen dürfen. Ich gebe Ihnen Ihren Brief zurück und hoffe, daß Sie mir in Zukunft keine Veranlassung geben werden, mich über eine unverdiente Mißachtung zu beklagen.«

Als Lisaweta Iwanowna am nächsten Tage Hermann kommen sah, schob sie ihren Stickrahmen beiseite, ging in den Saal nebenan, öffnete ein Klappfenster und warf den Brief auf die Straße. Hermann lief herbei, hob ihn auf und suchte eine Konditorei auf. Hier riß er den Umschlag auf und fand darin seinen eigenen Brief und die Antwort Lisaweta Iwanownas. Er hatte nichts anderes erwartet und ging nach Hause, ganz erfüllt von seiner Intrige.

Drei Tage später überbrachte eine jugendliche, gewitzte Mamsell aus einem Modegeschäft Lisaweta Iwanowna ein Schreiben. Lisanka öffnete ängstlich den Umschlag, in dem sie eine Rechnung zu finden glaubte, und erkannte Hermanns Handschrift.

»Sie, meine Beste, haben sich geirrt«, sagte sie zu der Überbringerin, »dieser Brief ist nicht für mich bestimmt.«

»Doch, gerade für Sie!« antwortete die Kleine naseweis mit einem verschlagenen Lächeln. »Lesen Sie doch nur, was da steht.«

Lisaweta Iwanowna überflog das Billett. Hermann forderte ein Stelldichein.

»Das ist ja nicht möglich!« rief Lisaweta Iwanowna aus, erschrocken über dieses Verlangen und die Art der Übermittlung. »Der Brief kann nicht an mich gerichtet sein.« Und sie zerriß das Schreiben in kleine Stücke.

»Wenn er nicht für Sie ist, warum zerreißen Sie ihn dann?« sagte die Mamsell. »Ich an Ihrer Stelle hätte ihn dem Absender zurückgeschickt.«

»Bitte, meine Liebe«, erwiderte Lisaweta Iwanowna errötend, »bringen Sie mir in Zukunft keine solchen Briefchen mehr, und dem, der Sie geschickt hat, sagen Sie, er solle sich schämen . . .«

Aber Hermann ließ sich nicht abweisen. Es verging kein Tag, ohne daß er nicht Lisaweta Iwanowna auf diese oder jene Weise einen Brief in die Hände spielte. Und jetzt waren es keine Übersetzungen mehr aus dem Deutschen, sondern leidenschaftliche Ergüsse in Hermanns eigener Sprache, in denen alle seine heißen Wünsche und die ganze Wirrheit seiner zügellosen Phantasie zum Ausdruck kamen. Lisaweta Iwanowna dachte nicht mehr daran, ihm seine Briefe zurückzuschicken – sie berauschte sich an ihnen und ging auf sie ein. Ihre Antworten wurden von Tag zu Tag ausführlicher und gefühlvoller. Schließlich warf sie Hermann folgenden Brief durch das Klappfenster zu:

»Heute findet ein Ball bei dem . . . schen Botschafter statt. Die Gräfin nimmt teil. Wir werden kaum vor zwei Uhr nach Hause kommen – eine gute Gelegenheit für Sie, mich allein zu sehen. Sobald die Gräfin abgefahren ist, laufen die Dienstboten auseinander. Nur der Türsteher bleibt im Flur, zieht sich aber gewöhnlich in die Portiersloge zurück. Kommen Sie um halb zwölf. Gehen Sie einfach die Treppe hinauf. Sollten Sie jemanden im Vorzimmer finden, fragen Sie, ob die Gräfin zu Hause sei. Wenn man Ihre Frage verneint, ist nichts zu machen – Sie müssen wieder umkehren. Aber wahrscheinlich werden Sie niemandem begegnen. Die Dienstmädchen sitzen alle in einem entlegenen Zimmer. Vom Flur aus gehen Sie geradeaus, bis Sie ins Schlafzimmer der Gräfin gelangen. Dort werden Sie hinter den Wandschirmen zwei kleine Türen finden. Rechts geht es in ein Kabinett, das die Gräfin niemals betritt, und links in den Korridor, von dem aus eine schmale Wendeltreppe in mein Zimmer hinaufführt.«

Zitternd vor Erregung erwartete Hermann die angegebene Zeit. Schon um zehn Uhr abends stand er vor dem Haus der Gräfin. Es war ein elendes Wetter: der Wind heulte, der nasse Schnee, der in großen Flocken herabfiel, verdunkelte das Licht der Laternen, die Straßen waren menschenleer. Nur ab und zu tauchte eine Mietdroschke auf, deren Kutscher sich vergeblich nach einem verspäteten Fahrgast umsah. Obgleich Hermann in seiner Aufregung vergessen hatte, seinen Mantel anzuziehen, spürte er weder den Wind noch den Schnee. Endlich fuhr die Kutsche der Gräfin vor. Hermann sah, wie die Lakaien die gebeugte alte Dame, die in einen Zobelpelz gehüllt war, im Wagen unterbrachten. Dann folgte, mit frischen Blumen im Haar, ihre Pflegetochter in einer dünnen Pelerine. Die Wagentür wurde zugeschlagen, und die schwere Kutsche setzte sich in dem nassen Schnee langsam in Bewegung. Der Portier verschwand im Haus, und gleich darauf wurden die dunklen Fenstervorhänge im oberen Stock zugezogen. Hermann begann auf und ab zu gehen. Bei einer Laterne machte er halt und sah nach der Uhr: es war zwanzig Minuten nach elf. Er blieb unter der Laterne stehen und wartete, den Blick starr auf den Zeiger gerichtet, die nächsten zehn Minuten ab. Pünktlich um halb zwölf eilte er die Stufen des Palastes hinauf und in den hell erleuchteten Flur. Der Portier war nicht zu sehen. Hermann drang weiter vor: er stieg die innere Treppe empor, öffnete die Tür zum Vorzimmer und sah sich einem Diener gegenüber, der unter einer Lampe in einem alten Lehnstuhl schlief. Mit leisen, aber festen Schritten ging er an dem Schlafenden vorbei. Der große Saal und das Empfangszimmer waren vom Vorzimmer her nur schwach beleuchtet. Hermann durchquerte die beiden Räume und betrat das Schlafzimmer der Gräfin. Vor dem Ikonenschrank mit den alten Heiligenbildern glühte das Ewige Licht in einer kleinen Ampel. Verschossene Polstersessel und Ruhebänke mit zahllosen Sofakissen waren in langweiliger Symmetrie dicht an die Wandbekleidung gerückt, die aus einer kostbaren chinesischen Tapete bestand. Zwei in Paris von Madame Lebrun gemalte Porträts schmückten den Raum. Das eine stellte einen etwa vierzigjährigen Herrn dar, wohlbeleibt, mit rosigen Wangen und einem Ordensstern auf der hellgrünen Uniform; das andere eine junge Dame mit Adlernase, Löckchen an den Schläfen und einer Rose im Haar. Über das ganze Zimmer waren Schäfergruppen aus Porzellan, Standuhren aus der Werkstatt des berühmten Leroy, allerhand Körbchen, kleine Roulettes, Fächer und andere Spielereien verteilt, die zu Ende des vorigen Jahrhunderts zugleich mit dem Ballon des Montgolfier und dem Mesmerschen Magnetismus in Mode waren. Hermann begab sich hinter die Wandschirme. Hier fand er ein kleines eisernes Bett und die Türen zum Kabinett und zum Korridor. Er öffnete die letztere und warf einen Blick auf die Wendeltreppe, die zu Lisaweta Iwanownas Zimmer hinaufführte. Dann aber schloß er die Tür wieder und verschwand in dem dunklen unbenützten Kabinett.

Die Zeit verging langsam. Ringsum war es still. Im Salon schlug es zwölf, und dann folgten auch die Uhren in den anderen Räumen. Als sie verstummt waren, herrschte wiederum tiefe Stille. Hermann stand da, an den eiskalten Ofen gelehnt. Er war vollkommen ruhig. Sein Herz klopfte regelmäßig wie bei einem Menschen, der fest entschlossen ist, etwas Gefährliches, aber unbedingt Notwendiges zu tun. Er wartete. Es schlug eins, es schlug zwei – und jetzt plötzlich vernahm er fernes Räderrollen. Er wurde aufgeregt. Er hörte, wie die Kutsche vorfuhr und hielt und wie man den Wagentritt herunterklappte. Im Hause wurde es lebendig, Dienerschaft lief herbei, Stimmen wurden laut. Durch den Türspalt sah Hermann, wie die Gräfin, von drei alten Dienerinnen geführt, ins Schlafzimmer kam und, mehr tot als lebendig, in einen Voltaire-Sessel sank. Lisaweta Iwanowna ging hart an Hermann vorbei. Er vernahm ihre eiligen Schritte auf der Wendeltreppe. In seinem Inneren regte sich etwas wie Gewissensbisse. Aber es war nur eine schnell vorübergehende Empfindung.

Die Zofen begannen die Gräfin zu entkleiden. Man nahm ihr die mit Rosen verzierte Haube ab und entfernte dann die Perücke von ihrem grauen, kurz geschorenen Kopf. Ein Regen von Haarnadeln prasselte neben ihr aufs Parkett. Auch das gelbe, silbergestickte Seidenkleid fiel auf den Fußboden, so daß ihre geschwollenen Beine sichtbar wurden. Kurz, Hermann war Zeuge ihrer abstoßenden Toilettengeheimnisse. Als die Gräfin schließlich nur noch eine Spitzenhaube und eine Nachtjacke anhatte, die ihrer Greisenhaftigkeit mehr entsprachen als der Flitter, mit dem sie sich für den Ball geschmückt hatte, erschien sie nicht mehr ganz so grotesk und grausig.

Wie alle alten Leute litt sie an Schlaflosigkeit. In ihrem Nachtgewand nahm sie wieder im Voltaire-Sessel Platz und entließ ihre Dienerinnen. Diese nahmen die Kerzen mit hinaus. Das Zimmer wurde wie vorher nur noch von dem Öllämpchen beleuchtet, und in seinem trüben Licht schimmerte die runzlige Haut der Alten in fahlem Gelb. Mit herabhängender Unterlippe saß sie völlig erschöpft da und schwankte hin und her wie ein galvanisierter Leichnam.

Plötzlich ging mit dem maskenhaften Gesicht der Gräfin eine völlige Veränderung vor: die blutleeren Lippen strafften sich, und ihr starrer Blick belebte sich: vor ihr stand ein unbekannter junger Mann.

»Um Gottes willen, fürchten Sie nichts!« sagte der Fremde mit leiser, aber beschwörender Stimme. »Ich habe nicht die Absicht, Ihnen etwas Böses anzutun, sondern bin bloß gekommen, Sie um eine Gnade zu bitten.«

Die Greisin sah ihn schweigend an. Es schien, als hätte sie ihn gar nicht gehört. Hermann nahm an, daß sie schwerhörig sei, beugte sich über sie und wiederholte seine Worte dicht an ihrem Ohr. Die Alte blieb stumm.

»Von Ihnen«, fuhr Hermann fort, »hängt das Glück meines Lebens ab. Sie können mir dazu verhelfen, ohne daß es Sie etwas kostet. Ich weiß, daß Sie imstande sind, drei Gewinnkarten hintereinander zu erraten . . .«

Hermann unterbrach sich. Jetzt schien die Gräfin begriffen zu haben, was er von ihr verlangte. Offenbar suchte sie nach Worten, um ihm zu antworten.

»Es war nur ein Scherz«, sagte sie endlich, »ich schwöre es Ihnen, es war bloß ein Scherz!«

»Über solche Dinge scherzt man nicht!« entgegnete Hermann erbittert. »Erinnern Sie sich an Tschaplitzkij – ihm haben Sie geholfen, sein verlorenes Vermögen zurückzugewinnen.«

Die Gräfin geriet sichtlich in Verlegenheit. In ihren Gesichtszügen spiegelte sich ihre starke Gemütsbewegung wider, aber gleich darauf fiel sie in ihre stumpfe Gefühllosigkeit zurück.

»Wollen Sie«, fuhr Hermann fort, »mir die drei Gewinnkarten nennen?«

Die Gräfin schwieg.

Hermann sprach weiter: »Für wen hüten Sie ihr Geheimnis? Für Ihre Enkel? Sie sind ohnehin reich genug, sie kennen nicht einmal den Wert des Geldes. Einem Verschwender nützen auch Ihre drei Karten nichts. Wer sein väterliches Erbe nicht zu erhalten weiß, wird trotz seinem Reichtum als Bettler sterben, dagegen sind selbst dämonische Kräfte machtlos. Ich aber bin kein Verschwender, ich weiß den Wert des Geldes zu schätzen. In meinen Händen sind Ihre drei Karten wohlaufgehoben. Nun, was sagen Sie dazu?«

Er machte eine Pause und wartete gespannt auf ihre Antwort. Die Gräfin sagte kein Wort.

Hermann fiel vor ihr auf die Knie.

»Wenn jemals«, fing er von neuem an, »Ihr Herz das Gefühl der Liebe gekannt hat, wenn Sie sich noch an Ihre Entzückungen erinnern, wenn Ihnen wenigstens ein einziges Mal die Stimme Ihres neugeborenen Sohnes ein Lächeln der Freude entlockt und sich jemals eine menschliche Empfindung in Ihrem Herzen gerührt hat, so beschwöre ich Ihre

Gefühle als Gattin, als Geliebte, als Mutter und flehe Sie an bei allem, was uns Menschen heilig ist – schlagen Sie meine Bitte nicht ab, enthüllen Sie mir Ihr Geheimnis! Was kann es Ihnen noch nützen, da Sie doch alt sind und nicht mehr lange zu leben haben? Vielleicht ist Ihr Geheimnis mit einer furchtbaren Sünde verknüpft, mit dem Verzicht auf die ewige Seligkeit, erkauft durch einen Vertrag mit dem Teufel – ich bin bereit, Ihre Sünde auf mich zu nehmen. Nur verraten Sie mir das Geheimnis! Überlegen Sie doch, daß das Lebensglück eines Menschen von Ihnen abhängt, daß nicht nur ich selbst, sondern auch meine Kinder, meine Enkel und alle meine Nachkommen Ihr Andenken segnen und Sie wie eine Heilige verehren werden . . .«

Die Greisin blieb stumm.

Hermann stand auf.

»Alte Hexe!« sagte er und knirschte vor Wut mit den Zähnen. »So werde ich dich zwingen zu antworten . . .«

Mit diesen Worten zog er eine Pistole aus der Tasche.

Als die Gräfin die Waffe sah, malte sich abermals heftige Erregung in ihren Zügen. Sie bewegte den Kopf hin und her und hob abwehrend die Hände, als wollte sie sich vor dem Schuß schützen . . . Dann sackte sie zusammen und rührte kein Glied mehr.

»Machen Sie keine Geschichten«, sagte Hermann und ergriff ihre Hand. »Ich frage Sie zum letztenmal: Wollen Sie mir Ihre drei Karten nennen? Ja oder nein?«

Die Gräfin antwortete nicht.

Hermann sah, daß sie tot war.

4

7. Mai 18 . .
Homme sans moeurs et sans religion!
Aus einem Briefwechsel

Noch im Ballkleid saß Lisaweta Iwanowna in ihrem Zimmer. Sie war völlig ratlos. Nachdem sie mit der Gräfin nach Hause zurückgekehrt war, hatte sie der verschlafenen Zofe, die ihr verdrießlich ihre Dienste anbot, gesagt, daß sie beim Auskleiden keine Hilfe brauche, und das Mädchen fortgeschickt. Bebend vor Erregung war Lisaweta Iwanowna dann die Wendeltreppe hinaufgestiegen – halb in der Hoffnung, Hermann in ihrem Zimmer anzutreffen, halb mit dem Wunsch, ihn nicht vorzufinden. Sie öffnete die Tür und sah sogleich, daß er nicht da war. Ohne sich zu entkleiden, setzte sie sich hin und dachte alle Umstände durch, die sie in so kurzer Zeit in diese bedenkliche Lage gebracht hatten. Es waren noch nicht drei Wochen vergangen, seit sie zum erstenmal den jungen Mann durchs Fenster gesehen hatte, und schon stand sie mit ihm im Briefwechsel, schon hatte er es fertiggebracht, ihre Einwilligung zu einer nächtlichen Begegnung zu erhalten! Sie kannte seinen Namen nur deshalb, weil einige seiner Briefe von ihm unterschrieben waren. Sie hatte bis zu diesem Abend noch nicht mit ihm gesprochen, noch nicht seine Stimme vernommen, ja noch nicht einmal etwas über ihn gehört . . . Und seltsam genug – ausgerechnet an diesem gleichen Abend geschah es auf dem Ball, daß Tomskij, verärgert durch das kühle Verhalten der jungen Prinzessin Pauline . . ., die entgegen ihrer Gewohnheit nicht mit ihm kokettierte, sich an ihr durch vorgetäuschte Gleichgültigkeit rächen wollte, indem er mit Lisaweta Iwanowna eine endlose Mazurka tanzte. Die ganze Zeit über machte er sich lustig über ihre Vorliebe für Pionieroffiziere, versicherte, er wisse viel mehr darüber, als sie annehme, und einige seiner scherzhaften Bemerkungen trafen so ins Schwarze, daß Lisaweta Iwanowna sich wiederholt fragte, ob er ihr Geheimnis nicht wirklich erfahren habe.

»Von wem wissen Sie denn das alles?« fragte sie lachend.

»Von einem Freunde der Ihnen bekannten Person, einem sehr bemerkenswerten Menschen«, erwiderte Tomskij.

»Wer ist denn dieser bemerkenswerte Mensch?«

»Er heißt Hermann.«

Lisaweta Iwanowna antwortete nichts, aber ihre Hände und Füße wurden kalt wie Eis . . .

»Dieser Hermann«, fuhr Tomskij fort, »ist eine regelrechte Romanfigur mit dem Profil Napoleons und der Seele des Mephistopheles. Ich bin überzeugt, daß er mindestens drei schwere Verbrechen begangen hat. Aber was ist Ihnen, Sie sind ja plötzlich ganz bleich geworden?«

»Ich habe Kopfweh . . . Was hat Ihnen denn dieser Hermann – oder wie heißt er doch gleich – gesagt?«

»Hermann ist sehr unzufrieden mit seinem Freunde. Er sagt, an seiner Stelle wäre er ganz anders vorgegangen . . . Übrigens vermute ich, daß Hermann selbst sich ebenfalls für Sie interessiert, denn er kann die Liebesgeständnisse seines Kameraden nicht gleichgültig anhören.«

»Wo hat er mich denn gesehen?«

»Möglicherweise in der Kirche, auf der Spazierfahrt oder vielleicht sogar in Ihrem Zimmer, während Sie schliefen. Gott weiß, wo er Sie . . .«

In diesem Augenblick traten drei Damen mit den Fragen »oublie ou regret« an sie heran und unterbrachen das Gespräch, das Lisaweta Iwanownas Neugier immer mehr reizte, obgleich es sie auf die Folter spannte.

Die Dame, die Tomskij wählte, war die Prinzessin Pauline. Sie zog den Tanz in die Länge und gewann so Zeit, sich mit ihm auszusprechen. Als Tomskij auf seinen Platz zurückgekehrt war, dachte er weder an Hermann noch an Lisaweta Iwanowna mehr. Diese wollte das Gespräch wiederaufnehmen, aber es kam nicht mehr dazu, weil die alte Gräfin zum Aufbruch mahnte.

Das, was Tomskij gesagt hatte, war in Wirklichkeit nichts anderes gewesen als ein belangloses Ballgeschwätz, doch hatten seine Worte bei Lisaweta Iwanowna einen starken und nachhaltigen Eindruck hinterlassen. Die von Tomskij gezeichnete Männergestalt entsprach ganz dem Bild, das sie sich selbst gemacht hatte und das sie abstieß, zugleich aber auch mächtig anzog, obwohl es von den neuesten Romanen schon reichlich banalisiert worden war. Vollkommen im Bann dieses Phantasiegebildes, saß sie mit gekreuzten Armen da, den noch mit Blumen geschmückten Kopf auf die entblößte Brust geneigt. Plötzlich öffnete sich die Tür, und Hermann trat ein. Sie fuhr zusammen . . .

»Wo sind Sie gewesen?« flüsterte sie erschrocken.

»Im Schlafzimmer der Gräfin«, antwortete Hermann. »Die alte Dame ist tot.«

»Mein Gott, was sagen Sie da?«

»Und es scheint«, fuhr Hermann fort, »daß ich die Ursache ihres Todes bin.«

Lisaweta Iwanowna starrte ihn an, und ihr fielen die Worte Tomskijs ein: »Dieser Mensch hat mindestens drei Verbrechen begangen.« Hermann setzte sich vor Lisaweta Iwanowna auf das Fensterbrett und erzählte ihr alles.

Sie hörte ihn mit Entsetzen an. Somit hatten seine leidenschaftlichen Briefe, sein glühendes Begehren und die anmaßende und zähe Art, wie er sie verfolgte, nicht das geringste mit Liebe zu tun! Geld, nichts als Geld – das allein war es, wonach seine Seele dürstete! Nicht sie war das Ziel seiner Wünsche, nicht in ihr sah er das Glück seines Lebens! Sie, die arme Pflegetochter, war also nichts anderes gewesen als das blinde Werkzeug eines Räubers, des Mörders ihrer alten Wohltäterin . . . Sie weinte bitterlich in verspäteter, qualvoller Reue.

Hermann sah sie schweigend an. Auch er war schmerzerfüllt, aber was sein kaltes Herz bewegte, waren nicht etwa die Tränen des armen Mädchens, war nicht der rührende Ausdruck ihres Kummers. Er empfand auch keinerlei Gewissensbisse beim Gedanken an die tote Greisin. Ihn quälte nur eines: die endgültige Gewißheit, daß er nicht in den Besitz jenes Geheimnisses gelangen würde, von dem er sich einen märchenhaften Reichtum erhofft hatte.

»Sie sind ein Ungeheuer!« sagte Lisaweta Iwanowna schließlich.

»Ich habe ihren Tod nicht gewollt«, erwiderte Hermann, »meine Pistole war ungeladen.«

Dann schwiegen sie beide.

Der Morgen dämmerte. Lisaweta Iwanowna löschte die heruntergebrannte Kerze aus. Bleiches Tageslicht drang ins Zimmer. Sie trocknete ihre Tränen und sah Hermann an. Er saß auf dem Fensterbrett mit gekreuzten Armen und finstrem Gesicht. In dieser Haltung glich er tatsächlich Napoleon. Diese Ähnlichkeit drängte sich auch Lisaweta Iwanowna auf.

»Auf welchem Wege werden Sie jetzt das Haus verlassen?« fragte Lisaweta Iwanowna. »Ich dachte daran, Sie über eine Geheimtreppe auf die Straße hinauszuführen, aber zu diesem Zweck müßten wir am Sterbezimmer vorbei, und ich fürchte mich.«

»Erklären Sie mir, wie ich zu dieser Treppe gelange, dann gehe ich allein«, sagte Hermann.

Lisaweta Iwanowna erhob sich, entnahm ihrer Kommode einen Schlüssel, übergab ihn Hermann und beschrieb ihm genau den Weg. Hermann drückte ihre kalte, schlaffe Hand, küßte ihren gesenkten Kopf und eilte hinaus.

Er ging die Wendeltreppe hinab und betrat noch einmal das Schlafzimmer der Gräfin. Die Tote lag im Stuhl, als wäre sie versteinert. Ihr Gesicht drückte tiefen Frieden aus. Hermann blieb vor ihr stehen und sah sie lange an, wie um sich von der schrecklichen Gewißheit zu überzeugen. Dann begab er sich ins dunkle Kabinett, tastete sich an der Wand entlang bis zu der von Lisaweta Iwanowna bezeichneten Tapetentür und stieg, von seltsamen Empfindungen erfüllt, die finstere Treppe hinunter. Über diese Stufen, dachte er, schlich vielleicht vor sechzig Jahren um die gleiche Stunde ins gleiche Schlafzimmer ein glücklicher Galan in gesticktem Rock, den Dreispitz ans Herz gedrückt und à l'oiseau royal frisiert. Sicherlich ist er längst in seinem Grab verwest und vermodert, das Herz seiner uralten Geliebten aber hat erst heute zu schlagen aufgehört . . .

Am Fuß der Treppe fand Hermann eine Tür. Er sperrte sie mit dem Schlüssel auf und gelangte über einen zugigen Korridor ins Freie.

5

> In dieser Nacht erschien mir die verstorbene Baronin W . . . Sie war ganz in Weiß gekleidet und sagte zu mir: »Guten Tag, Herr Rat!«
>
> Swedenborg

Drei Tage nach dieser schicksalhaften Nacht begab sich Hermann um neun Uhr früh in das . . . sche Kloster, wo die Totenmesse für die verstorbene Gräfin stattfinden sollte. Wenn er auch nichts bereute, so konnte er doch die Stimme seines Gewissens nicht ganz unterdrücken, die ihm immer wieder zurief: Du bist der Mörder der Greisin! Ohne echten Glauben, hatte er doch viele Vorurteile. So war er fest überzeugt, daß die tote Gräfin einen unheilvollen Einfluß auf sein Leben ausüben konnte. Er beschloß daher, zu ihrer Beerdigung zu gehen und sie um Vergebung zu bitten.

Die Klosterkirche war überfüllt. Nur mit Mühe gelang es Hermann, durch die Volksmenge vorzudringen. Der Sarg stand auf einem prunkvollen Katafalk unter einem samtenen Baldachin. In einem weißseidenen Kleid und mit einer Spitzenhaube lag die Tote da, die Hände auf der Brust gefaltet. Um den Sarg herum standen ihre Dienstboten. Die Lakaien hatten schwarze Röcke an mit wappengeschmückten Bändern an den Schultern; sie trugen Wachskerzen in den Händen. Die Kinder, Enkel und Urenkel waren in tiefer Trauer. Niemand weinte – Tränen hätten wie »une affectation« gewirkt. Die Gräfin war ja so uralt geworden, daß ihr Tod keine Überraschung mehr hatte sein können und daß ihre Anverwandten in ihr eigentlich schon längst eine Abgeschiedene gesehen hatten. Ein junger Bischof hielt die Grabrede. In schlichten, ergreifenden Ausdrücken schilderte er das friedliche Verlöschen der Seligen, die viele Jahrzehnte in stiller, demütiger Vorbereitung auf ein wahrhaft christliches Ende verbracht habe. »Der Engel des Todes«, so sagte der Redner, »nahm sie bei der Hand, als sie wachend in frommen Betrachtungen auf den mitternächtlichen Bräutigam wartete.« Der Trauergottesdienst verlief in den würdigsten Formen. Als erste traten die Anverwandten an den

Sarg, um von der Toten Abschied zu nehmen. Ihnen folgten die zahlreichen Trauergäste, die erschienen waren, um der die letzte Ehre zu erweisen, die noch vor kurzem an ihren leichtfertigen Vergnügungen teilgenommen hatte. Dann kam das Hausgesinde. Den Schluß machte die hochbetagte Haushälterin, eine Altersgenossin der Verstorbenen. Zwei junge Mädchen führten und stützten die Greisin, die nicht mehr die Kraft hatte, sich vor dem Sarg zu verneigen. Sie allein vergoß einige Tränen, nachdem sie die erstarrte Hand ihrer ehemaligen Herrin geküßt hatte.

Nach ihr entschloß sich auch Hermann, an den offenen Sarg zu treten. Er warf sich nieder und lag einige Minuten auf dem eiskalten, mit Tannenzweigen bestreuten Fußboden. Dann stand er wieder auf, ebenso bleich wie die Tote, stieg die Stufen zum Katafalk hinauf und verbeugte sich . . . In diesem Augenblick glaubte er zu bemerken, daß die Verstorbene ihm mit einem Auge höhnisch zuzwinkerte. Hermann wich erschrocken zurück, stolperte und schlug lang hin. Man hob ihn auf. Gleichzeitig wurde die plötzlich ohnmächtig gewordene Lisaweta Iwanowna aus der Kirche getragen. Durch diese Vorfälle wurde die düstere Feierlichkeit für kurze Zeit empfindlich gestört. In der Trauergemeinde machte sich deutlicher Unwille bemerkbar, und ein hagerer Kammerherr, der zu der nächsten Verwandtschaft der Verstorbenen gehörte, flüsterte einem dicht neben ihm stehenden Engländer ins Ohr, der junge Offizier sei ein unehelicher Sohn der alten Gräfin, was der Brite mit einem kühlen »Oh!« beantwortete.

Den ganzen Tag über befand sich Hermann in großer Unruhe. Er nahm sein Mittagessen in einem entlegenen Wirtshaus ein und trank dabei seiner Gewohnheit zuwider sehr viel, um seine Aufregung zu betäuben. Aber der Wein erhitzte seine Phantasie nur noch mehr. Nach Hause zurückgekehrt, warf er sich unausgekleidet auf sein Bett und versank sogleich in einen tiefen Schlaf.

In der Nacht erwachte er. Der Mond schien ins Zimmer. Er sah nach der Uhr: es war ein Viertel vor drei. Er setzte sich im Bett auf. Während er sich in Gedanken mit der alten

Gräfin und ihrer Beerdigung beschäftigte, schaute jemand durchs Fenster zu ihm herein und verschwand wieder. Hermann bemerkte es nicht. Gleich darauf vernahm er, wie die Tür zum Nebenzimmer geöffnet wurde. Er vermutete, es sei sein Bursche, der, betrunken wie gewöhnlich, von einem nächtlichen Gelage nach Hause kam. Doch jetzt hörte Hermann sonderbare Schritte: jemand schien in Pantoffeln durchs Zimmer zu schleichen. Plötzlich sprang die Tür auf, und eine weißgekleidete Frau trat herein. Er glaubte in ihr seine alte Amme zu erkennen. Aber was wollte sie zu dieser ungewöhnlichen Zeit von ihm? Die weiße Frau glitt leise über den Fußboden und stand jetzt dicht vor ihm – es war die verstorbene Gräfin!

»Ich bin gegen meinen Willen zu dir gekommen«, redete sie Hermann mit halblauter, aber fester Stimme an. »Man hat mir befohlen, deine Bitte zu erfüllen. Drei, Sieben und As sind deine Gewinnkarten . . . Ich nenne sie dir unter zwei Voraussetzungen: du darfst lediglich an drei Tagen spielen und jedesmal bloß auf eine der drei Karten setzen. Tust du das, wirst du gewinnen, aber auch nur dann, wenn du später niemals wieder eine Spielkarte anrührst. Meinen Tod vergeb ich dir, wenn du meine Pflegetochter Lisaweta Iwanowna heiratest . . .«

Nach diesen Worten kehrte sie um, schlich auf leisen Sohlen zur Tür und war im Nebenzimmer verschwunden. Hermann hörte nur noch die Wohnungstür zuschlagen und sah einen Augenblick später einen Schatten, der an seinem Fenster vorbeistrich.

Es dauerte eine ganze Weile, bis er seine Fassung wiedergewann. Er ging ins andere Zimmer. Der Bursche schlief auf dem Fußboden. Hermann hatte Mühe, ihn aufzuwecken, da er, wie immer, betrunken war: er hatte nichts gehört und nichts gesehen. Die Außentür erwies sich als verschlossen. Hermann kehrte in sein Schlafzimmer zurück, zündete eine Kerze an und brachte dieses gespenstische Erlebnis zu Papier.

8

»Attendez!«
»Wie können Sie es wagen, zu mir attendez zu sagen?«
»Verzeihen Sie, Exzellenz, ich sagte attendez.«

Wie im Reich der Materie zwei Körper nicht imstande sind, ein und denselben Raum einzunehmen, so können auch zwei fixe Ideen nicht gleichzeitig die Gedankenwelt eines Menschen ganz beherrschen. Diesem Naturgesetz entsprechend, hatten auch die Karten Drei, Sieben und As die Gestalt der toten Gräfin schon bald aus Hermanns Phantasie völlig verdrängt. Drei, Sieben und As gingen ihm nicht aus dem Kopf und wichen nicht mehr von seinen Lippen.

Wenn er ein frisches junges Mädchen erblickte, sagte er: »Wie hübsch und rosig sie ist – die reine Coeur-Drei!« Fragte man ihn, wieviel Uhr es sei, antwortete er, ohne sich auch nur einen Augenblick zu besinnen: »In fünf Minuten Treff-Sieben.« Beim Anblick eines gut genährten Mannes, dem man den Wohlstand ansah, dachte er sogleich ans As. Die Karten Drei, Sieben und As verfolgten ihn sogar im Schlaf, und zwar in verschiedenartiger Gestalt: die Drei erblühte vor seinen Augen wie eine riesige Wunderblume, die Sieben nahm die Form eines gotischen Kirchenportals an, und das As kroch ihm als dicke, vollgefressene Spinne entgegen. Alle Gedanken flossen zu einem einzigen zusammen: Wie nütze ich am vorteilhaftesten mein Geheimnis aus, das mich so teuer zu stehen gekommen ist? Er fragte sich, ob er nicht den Abschied nehmen und auf Reisen gehen solle, um zum Beispiel in den Pariser Spielkasinos der zu seinen Gunsten verzauberten Fortuna den Schatz zu entlocken. Doch zufällig bot sich ihm eine Gelegenheit, durch die sich alle diese Überlegungen erübrigten.

In Moskau gab es eine Vereinigung reicher Spieler; ihr Vorsitzender war der bekannte Tschekalinskij, der sein ganzes Leben am Kartentisch verbrachte. Er hatte Millionen dadurch erworben, daß er Bargeld setzte und Wechsel gewann. Seine langjährige Erfahrung sicherte ihm das Vertrauen der Vereinsmitglieder, und sein gastliches Haus, sein vorzüglicher Koch, seine liebenswürdigen Umgangsformen und sein heiteres Wesen verhalfen ihm zu einer geachteten Stellung in der Gesellschaft. Eines Tages erschien er in Petersburg. Die Jugend scharte sich um ihn und fand mehr Gefallen an den Karten als an den Bällen. Den galanten Vergnügungen zog man die Versuchungen des Glücksspiels vor. Narumow führte Hermann bei Tschekalinskij ein.

Die beiden durchschritten eine Reihe prachtvoll eingerichteter Salons voller dienstbeflissener Lakaien. Einige Generäle und Geheimräte spielten Whist. Junge Leute machten es sich auf Sofas mit Seidenbezügen bequem, aßen Eis und zogen an ihren Pfeifen. An einem langen Tisch im Saal, den etwa zwanzig Spieler umdrängten, saß der Herr des Hauses und hielt die Bank. Er war ungefähr sechzig Jahre alt und sah sehr achtbar und gediegen aus. Sein Haar war leicht angegraut. Sein volles, frisches Gesicht strahlte vor Jovialität und Gutmütigkeit, seine Augen blitzten, und seine Lippen umspielte ein freundliches Lächeln. Narumow stellte ihm Hermann vor. Tschekalinskij hieß ihn mit einem kameradschaftlichen Händedruck willkommen, bat ihn, sich wie zu Hause zu fühlen, und fuhr im Spiel fort.

Die Partie dauerte lange. Auf dem Tisch lagen mehr als dreißig Karten. Jedesmal, wenn Karten aufgedeckt wurden, legte Tschekalinskij eine Pause ein, um den Spielern Zeit zu lassen, neu zu disponieren, schrieb die Verluste an, ging entgegenkommend auf Wünsche ein und strich noch entgegenkommender hier und da die Ecke einer Karte glatt, die lediglich aus »Zerstreutheit« gezinkt worden war. Als die Partie zu Ende war, mischte er wieder und hielt von neuem die Bank.

»Erlauben Sie, daß ich mich ebenfalls mit einem Einsatz beteilige«, sagte Hermann und drängte sich neben einem Herrn durch, der schon pointiert hatte. Tschekalinskij lächelte und verbeugte sich leicht zum Zeichen seines ergebenen Einverständnisses. Narumow lachte, gratulierte Hermann zum Verzicht auf seine bisherige Enthaltsamkeit vom Kartenspiel und wünschte ihm einen erfolgreichen Start.

»Hier, bitte!« sagte Hermann und notierte mit Kreide den Einsatz auf seiner Karte.

»Wieviel?« fragte der Bankhalter mit gerunzelter Stirn. »Entschuldigen Sie, ich kann die Zahl nicht lesen.«

»Siebenundvierzigtausend«, antwortete Hermann.

Bei diesen Worten wandten sich ihm mit einemmal sämtliche Köpfe zu, und alle Augen richteten sich auf ihn. Er hat den Verstand verloren, dachte Narumow.

»Gestatten Sie mir zu bemerken«, sagte Tschekalinskij mit eingefrorenem Lächeln, »Sie spielen sehr hoch. Mehr als zweihundertfünfundsiebzig hat bei mir noch niemand auf eine Karte gesetzt.«

»Hat nichts zu sagen«, entgegnete Hermann, »sind Sie bereit oder nicht?«

Tschekalinskij bejahte, indem er sich abermals höflich verneigte. »Ich wollte Sie bloß darauf aufmerksam machen«, sagte er, »daß ich mit Rücksicht auf das Vertrauen, das mir meine Freunde entgegenbringen, nur Einsätze in barem Geld annehmen kann. Was mich selbst betrifft, so bin ich natürlich überzeugt, daß Ihr Wort genügt, aber nach unsern Spielregeln und im Interesse einer reibungslosen Abrechnung muß ich Sie ersuchen, das Geld auf den Tisch zu legen.«

Hermann zog die entsprechenden Banknoten, die sein ganzes ererbtes Vermögen ausmachten, aus der Brusttasche und reichte sie Tschekalinskij hinüber. Dieser zählte die Scheine und fügte sie Hermanns Karte bei.

Dann teilte er seine Karten aus. Nach rechts fiel eine Neun, nach links eine Drei.

Hermann deckte seine Karte auf und rief: »Die Drei hat gewonnen!«

Die Erregung im Saal äußerte sich in einem vernehmlichen Gemurmel. Tschekalinskijs Gesicht verfinsterte sich, doch gleich darauf kehrte sein gewohntes Lächeln wieder zurück.

»Wünschen Sie sofortige Auszahlung Ihres Gewinns?« fragte er.

»Ich bitte darum«, sagte Hermann.

Tschekalinskij zog ein Bündel Banknoten aus der Tasche und rechnete ab. Hermann nahm die Summe entgegen und verließ den Tisch. Narumow hatte es die Rede verschlagen. Hermann leerte ein Glas Limonade und begab sich nach Hause.

Am folgenden Abend erschien er abermals bei Tschekalinskij. Dieser hielt wiederum die Bank. Hermann trat an den Tisch. Man machte ihm sogleich Platz. Der Hausherr begrüßte ihn mit einer höflichen Neigung des Kopfes.

Hermann wartete das Ende des noch im Gang befindlichen Spieles ab. Dann setzte er seine siebenundvierzigtausend und den gestrigen Gewinn dazu.

Tschekalinskij teilte aus. Rechts fiel ein Bube, links eine Sieben.

Hermann deckte eine Sieben auf. Die Zuschauer staunten. Tschekalinskij war sichtlich verwirrt, als er vierundneunzigtausend zusammenzählte und dem Gewinner hinschob. Dieser steckte die große Summe gelassen ein und entfernte sich.

Am dritten Abend stellte Hermann sich wieder ein. Man war sehr gespannt. Die Generäle und Geheimräte unterbrachen ihre Whistpartien, um dem ungewöhnlichen Spiel zuzuschauen. Die jungen Leute sprangen von ihren Sofas und Polstersesseln auf, und auch die Lakaien versammelten sich im Saal. Alles umdrängte Hermann. Außer ihm setzte niemand – jeder wollte sehen, wie die Sache ausgehen würde.

Hermann trat an den Tisch heran, bereit, als einziger gegen den bleichen, aber immer noch lächelnden Hausherrn zu setzen. Man riß die Umschläge von den Kartenspielen, und Tschekalinskij mischte. Hermann hob ab. Dann zog er seine Karte und bedeckte sie mit einem Haufen Banknoten. Der ganze Vorgang erinnerte lebhaft an die Vorbereitungen zu einem Duell. Tiefe Stille herrschte im Saal.

Mit zitternden Händen gab Tschekalinskij. Rechts fiel eine Dame, links ein As.

»Das As gewinnt!« sagte Hermann und deckte seine Karte auf.

»Ihre Dame ist geschlagen«, antwortete Tschekalinskij verbindlich.

Wie vom Blitz getroffen, fuhr Hermann zusammen: wahrhaftig, statt eines Asses hielt er eine Pique-Dame in der Hand! Er traute seinen Augen nicht – wie war es nur möglich, daß er sich so hatte vergreifen können?

In diesem Augenblick glaubte er zu bemerken, daß die Pique-Dame ihm mit einem schadenfrohen Lächeln zuzwinkerte. Eine überraschende Ähnlichkeit machte ihn betroffen ...

»Die Alte!« schrie er plötzlich außer sich.

Tschekalinskij zog die von ihm gewonnenen Banknoten zu sich herüber. Hermann stand eine Weile wie erstarrt da. Als er sich aufraffte und dem Tisch den Rücken kehrte, setzte hinter ihm lautes Stimmengewirr ein.

»Glänzend pointiert!« riefen einige Spieler dem Hausherrn zu, der bereits wieder die Karten mischte. Das Spiel ging weiter.

Hermann verlor den Verstand und wurde im Obuchow-Hospital interniert. Hier verbringt er jetzt seine Tage, antwortet auf keine Frage, sondern murmelt nur immer pausenlos vor sich hin: »Drei, Sieben, As! Drei Sieben, Dame!«

Lisaweta Iwanowna hat einen liebenswerten Beamten geheiratet, der über ein ansehnliches Kapital verfügt. Er ist der Sohn des ehemaligen Vermögensverwalters der alten Gräfin. Lisaweta Iwanowna hat eine arme Verwandte als Pflegetochter zu sich ins Haus genommen ...

Tomskij ist zum Rittmeister avanciert und wird demnächst die Prinzessin Pauline als Gattin heimführen.

KIRDSHALI

Das türkische Wort »Kirdshali« bedeutet Kämpe oder Haudegen. Der berüchtigte Räuber, dem man diese Bezeichnung beigelegt hatte – sein eigentlicher Name war unbekannt –, stammte von bulgarischen Eltern ab. Durch seine wilden Streifzüge verbreitete er Entsetzen im ganzen Moldaugebiet. Um ein Bild von ihm zu geben, will ich eine seiner kühnen Taten erzählen. Eines Nachts überfielen er und sein Spießgeselle Michailaki eine bulgarische Siedlung. Sie setzten das Dorf in Brand, indem sie es an beiden Enden anzündeten, und gingen mit dem Ruf »Kirdshali! Kirdshali!« von Haus zu Haus. Michailaki raubte die Hütten aus, und Kirdshali tötete jeden, der ihm in die Hände fiel. Die übrigen Einwohner flohen.

Als der griechische Freiheitskämpfer Ypsilanti den Volksaufstand gegen die Türken proklamierte und seine Mitverschworenen zu bewaffnen begann, stießen auch Kirdshali und einige seiner Genossen zu ihm, ohne jedoch eine rechte Vorstellung von den Zielen Ypsilantis zu haben. Ihnen ging es um den Krieg als eine günstige Gelegenheit, sich auf Kosten der Türken und wohl auch der Moldawanen zu bereichern. Das allein war es, was ihm und seinen Leuten begreiflich war.

Wenn Ypsilanti sich auch durch große Tapferkeit auszeichnete, so fehlten ihm doch die notwendigen Eigenschaften für die Rolle, die er so leidenschaftlich und leichtsinnig auf sich genommen hatte. Er verstand es nicht, mit den Menschen auszukommen, deren Anführer er sein mußte. Sie achteten ihn nicht und hatten kein Vertrauen zu ihm. Nach seiner schweren Niederlage, der die Blüte der griechischen Jugend zum Opfer fiel, riet ihm Jordaki Olimbioti abzudanken und trat selber an seine Stelle. Ypsilanti zog sich an die österreichische Grenze zurück und sandte von dort aus allen seinen Fluch, die seinen Befehlen nicht gefolgt seien. Doch diese Feiglinge und Verräter, wie er sie nannte, waren größtenteils vor den Mauern des Klosters Seku und an den Ufern des Pruth, wo sie sich gegen einen zehnmal stärkeren Feind verzweifelt gewehrt hatten, gefallen.

Kirdshali kämpfte unter dem Befehl des Georgios Kantakusenos, auf den dasselbe zutraf, was von Ypsilanti gesagt wurde. Am Vorabend der Schlacht bei Skuleni ersuchte Kantakusenos die russischen Behörden, ihm in unserer Quarantänezone Asyl zu gewähren. Seine Abteilung wurde damit führerlos, aber Kirdshali, Saphianos, Kantagonis und andere waren der Meinung, daß sie gar keines Befehlshabers bedürften.

Wie es scheint, ist die erschütternde Tragik der Kämpfe bei Skuleni bisher noch nie wahrheitsgemäß geschildert worden. Man stelle sich siebenhundert Arnauten, Albaner, Griechen, Bulgaren und Angehörige anderer Volksstämme vor, die ohne die geringsten Kenntnisse der Kriegskunst vor fünfzehntausend türkischen Reitern die Flucht ergreifen. Diese zusammengewürfelte Truppe wich an den Pruth zurück und fuhr zwei lächerlich kleine Kanonen vor sich auf; man hatte sie in Jassy im Hof des Gospodaren gefunden, der sie zur Feier seines Namenstages abzufeuern pflegte. Die Türken hätten gar zu gern mit Kartätschen auf die Aufständischen geschossen, getrauten es sich aber nicht ohne Erlaubnis der russischen Militärbehörde, denn ihre Kugeln hätten zweifellos auch unser russisches Flußufer erreicht. Der Chef der Quarantäne – er ist übrigens inzwischen gestorben – hatte vierzig Jahre lang in der russischen Armee gedient, ohne jemals eine Kugel pfeifen zu hören. Jetzt aber war es Gottes Wille, daß gleich mehrere an seinen Ohren vorbeischwirrten. Der Alte bekam einen fürchterlichen Wutanfall, machte den bei ihm stationierten Major des Ochotskijschen Infanterieregiments dafür verantwortlich und beschimpfte ihn in allen Tonarten. Der Major lief in seiner Ratlosigkeit an den Fluß, an dessen gegenüberliegendem Ufer türkische Reiter ihre Pferde tummelten, und drohte ihnen mit der Faust. Als die Delibaschi das sahen, machten sie kehrt und sprangen davon, und hinter ihnen drein zog sich die ganze türkische Vorhut ebenfalls zurück. Der Major, der so erfolgreich mit der Faust gedroht hatte, hieß Chortschewskij. Was später aus ihm geworden ist, weiß ich nicht.

Am andern Tag griffen die Türken die Rebellen an, wagten es aber, eingeschüchtert durch Chortschewskijs Drohung, nicht, ihre Geschütze mit ins Treffen zu führen. So wurde auf beiden Seiten nur mit der blanken Waffe gekämpft. Man hieb mit Jatagans aufeinander los. Es war ein grausames Morden, zumal die Delibaschi außer den krummen Säbeln auch Lanzen benutzten, die sie bisher nicht gekannt hatten. Sie hatten diese von den sogenannten Nekrassowzijs übernommen – Russen, die in den Reihen der Türken kämpften.

Inzwischen hatten die arg bedrängten Freiheitskämpfer vom russischen Kaiser die Erlaubnis erhalten, den Pruth zu überschreiten und sich in unsere Quarantänezone zu retten. Sie begannen überzusetzen. Der verwundete Kirdshali war schon in Sicherheit, als Kantagonis und Saphianos sich noch auf dem türkischen Ufer befanden. Saphianos wurde getötet, Kantagonis aber, einen sehr dicken Mann, traf ein Lanzenstich in den Unterleib. Mit der rechten Hand hob er trotzdem seinen Säbel hoch, und mit der linken stieß er sich die Lanze noch tiefer in den Leib. Auf diese Weise konnte er so nahe an seinen Mörder herankommen, daß er noch imstande war, ihm einen tödlichen Hieb zu versetzen. Beide stürzten tot zu Boden.

Die Schlacht endete mit dem Sieg der Türken, und damit war das Moldaugebiet von den Rebellen gesäubert. Etwa sechshundert Arnauten zerstreuten sich über Bessarabien. Obgleich sie nicht wußten, wovon sie sich dort ernähren sollten, waren sie doch Rußland dankbar, das sie in seinen Schutz genommen hatte. In der Fremde führten sie ein untätiges, aber nicht lasterhaftes Leben. Man konnte sie überall in den Kaffeehäusern des halbtürkischen Bessarabiens sitzen sehen, an ihren langen Wasserpfeifen saugend und den Kaffeesatz aus winzigen Tassen löffelnd. Ihre buntbestickten Janker und feuerroten Schnabelschuhe waren bereits abgetragen und schäbig, aber um ihre unbezwingliche Kühnheit zum Ausdruck zu bringen, setzten sie noch immer ihre kleinen Filzkappen schief auf den Kopf, und nach wie vor steckten ihre Pistolen und krummen Jatagans in den breiten Gürteln. Man konnte sich nicht über sie beklagen, und niemand ahnte, daß diese friedlichen Habenichtse in Wirklichkeit die verrufenen Spießgesellen des barbarischen Kirdshali waren und daß dieser sich sogar selbst mitten unter ihnen befand.

Der Pascha von Jassy jedoch hatte Wind davon bekommen und forderte von der russischen Regierung auf Grund des Friedensvertrages die Auslieferung des Räubers. Die Polizei fahndete nach ihm und entdeckte ihn schließlich in Kischinew im Haus eines entflohenen Mönchs, als er mit einigen seiner Getreuen beim Abendessen saß.

Kirdshali wurde festgenommen. Er gab ehrlich zu, der Gesuchte zu sein, fügte aber hinzu, daß er von dem Augenblick an, seit er den Pruth überschritten habe, niemandem ein Haar gekrümmt und auch dem geringsten Zigeuner nichts Böses angetan habe.

»Die Türken, Moldawaner und Walachen«, fuhr er fort, »sehen in mir natürlich einen Räuber, aber für die Russen bin ich ein Gast. Gott ist mein Zeuge, daß ich ihre Gastfreundschaft nicht mißbraucht und nur von milden Gaben gelebt habe. Warum also wollen Sie mich jetzt meinen Feinden ans Messer liefern?«

Nach dieser Erklärung sagte Kirdshali nichts mehr und wartete ruhig ab, wie über ihn entschieden würde.

Er brauchte nicht lange zu warten. Die Obrigkeit, die ja nicht verpflichtet ist, einen Räuber vom romantischen Standpunkt aus zu beurteilen, war von der Berechtigung der Auslieferungsforderung überzeugt und gab Befehl, Kirdshali nach Jassy abzuschieben. Eine Persönlichkeit von Geist und Herz, ein damals noch weiten Kreisen unbekannter junger Beamter, der heute einen hohen Posten bekleidet, hat anschaulich geschildert, wie diese Anordnung durchgeführt wurde.

Vor dem Gefängnistor hielt eine sogenannte Karuza – ein

niedriger Korbwagen, der gewöhnlich von sechs bis acht Kleppern gezogen wurde. Ein bärtiger Moldawaner mit einer Lammfellmütze auf dem Kopf hockte auf einem dieser klapperdürren Gäule, schrie sie fortwährend an und bearbeitete sie mit seiner Peitsche, um sie anzufeuern und in Trab zu halten. Konnte eine seiner Schindmähren vor Entkräftung nicht mehr weiter, so spannte er sie unter fürchterlichem Fluchen aus und überließ sie sich selbst – überzeugt, das Tier auf dem Rückweg an der gleichen Stelle friedlich grasend wiederzufinden. Es geschah daher nicht selten, daß ein Reisender, der von einer Poststation mit acht Pferden abgefahren war, auf der nächsten nur noch mit zweien eintraf. Das kam noch vor etwa fünfzehn Jahren vor; seitdem aber Bessarabien zu Rußland gehört, hat die Post auch hier die Telega, den russischen Bauernwagen, eingeführt und damit auch die entsprechende Art, Pferde anzuschirren.

Eine solche Karuza also wartete an einem der letzten Septembertage des Jahres 1821 vor dem Gefängnis von Kischinew. Jüdinnen in heruntergetretenen Pantoffeln und schlanke Moldawanerinnen mit dunkeläugigen Kindern auf den Armen umdrängten neugierig schwatzend das Gefährt, und eine Menge Arnauten in ihrer zerlumpten malerischen Tracht standen am Tor herum. Jetzt öffnete es sich. Mehrere Polizeioffiziere traten auf die Straße, und hinter ihnen her führten zwei Soldaten den gefesselten Kirdshali heraus. Er mochte etwa dreißig Jahre alt sein. Mit den scharf und regelmäßig geschnittenen Zügen seines sonnverbrannten Gesichts, seinem hohen Wuchs und seinen breiten Schultern machte er den Eindruck eines Mannes von ungewöhnlicher Körperkraft. Eine bunte turbanartige Kopfbedeckung verhüllte zur Hälfte sein schwarzes Haar, und ein breiter Gürtel umschloß seine schmalen Hüften. Ein Dolman aus dickem blauem Tuch, ein weites Hemd, dessen Faltenwurf bis fast auf die Knie herabhing, und Sandalen aus farbigem Leder vervollständigten die Kleidung des Gefesselten. Seine Haltung war stolz und gelassen.

Ein Polizeibeamter, ein altes Männchen in einem verschossenen Uniformrock, an dem nur noch drei halb abgerissene Knöpfe hingen, klemmte sich eine bleigefaßte Brille auf die feuerrote, knollenartige Nase, entfaltete ein Blatt Papier und begann lispelnd den Inhalt vorzulesen. Hier und da warf der Alte einen verächtlichen Blick auf den Gefangenen, auf den sich offenbar das in moldawanischer Sprache abgefaßte amtliche Schriftstück bezog. Kirdshali hörte aufmerksam zu. Als der Schreiber mit der Verlesung fertig war, schrie er die Umstehenden an, befahl ihnen, Platz zu machen, und ließ die Karuza vorfahren. Jetzt wandte sich Kirdshali an ihn und sagte mit zitternder Stimme, ganz verändertem Gesicht und Tränen in den Augen einige moldawanische Worte und warf sich dann plötzlich mit klirrenden Ketten vor dem Beamten zu Boden. Dieser erschrak und wich ängstlich zurück. Die Soldaten wollten Kirdshali aufhelfen, aber er kam ihnen zuvor, hob seine Ketten auf, stieg in die Karuza und rief: »Gaida!« Ein Gendarm setzte sich neben ihn, der moldawanische Kutscher knallte mit der Peitsche, und die Karuza fuhr davon.

»Was hat Ihnen Kirdshali gesagt?« fragte der junge Beamte den Polizeischreiber.

»Er bat mich«, erwiderte dieser lachend, »ich möchte doch für seine Frau und seine Kinder sorgen, die nicht weit von Kilia in einem Bulgarendorf leben. Er fürchtete, daß die Familie um seinetwillen ins Unglück geraten werde. Das Volk sei ja so einfältig.« –

Diese Erzählung des jungen Beamten hatte mich sehr erschüttert. Mir tat der arme Kirdshali leid. Lange blieb ich im unklaren über sein Schicksal. Erst Jahre später begegnete ich abermals dem jungen Beamten. Wir kamen miteinander ins Gespräch.

»Wissen Sie, was aus Kirdshali geworden ist?« fragte ich ihn.

»Wie sollte ich das nicht wissen«, antwortete er und erzählte mir folgendes: »Kirdshali wurde also nach Jassy gebracht und dem Pascha vorgeführt. Dieser verurteilte ihn zum Tode durch den Pfahl. Die Hinrichtung wurde jedoch auf irgendeinen Feiertag verschoben und Kirdshali bis dahin hinter Schloß und Riegel gesetzt. Den Gefangenen bewachten sieben Türken – einfache Leute und in der Seele ebensolche Räuber wie Kirdshali selbst. Sie vergötterten ihn und lauschten seinen wundersamen Erzählungen mit jenem unersättlichen Märchenhunger, der allen östlichen Völkern eigen ist.

Zwischen dem Gefangenen und seinen Wächtern knüpfte sich auf diese Weise ein festes Band.

‚Brüder', sagte Kirdshali eines Tages, ‚meine Stunde ist nah. Niemand entgeht seinem Schicksal. Bald werde ich mich von euch trennen müssen, aber ich möchte euch nicht verlassen, ohne euch eine Kleinigkeit zum Andenken zu geben.'

Die Türken spitzten die Ohren.

‚Brüder', fuhr Kirdshali fort, ‚als ich noch vor drei Jahren mit dem verstorbenen Michailaki auf Raubzügen war, vergruben wir eines Tages in der Steppe nicht allzuweit von Jassy entfernt einen Topf mit erbeuteten Goldstücken. Jetzt wird aber dieser Schatz weder ihm noch mir zugute kommen. So nehmt denn ihr ihn und teilt ihn brüderlich untereinander.'

Die Türken waren außer sich vor Freude und überlegten hin und her, wie sie es anstellen könnten, den vielversprechenden Ort zu finden. Zuletzt beschlossen sie, Kirdshali solle selbst ihnen den Weg zeigen.

Als es dunkel geworden war, befreiten sie ihn von seinen Ketten, banden ihm die Hände mit einem Strick zusammen und zogen mit ihm aus der Stadt in die Steppe hinaus. Kirdshali führte sie lange Zeit in gerader Richtung von einem Hünengrab zum anderen. Endlich hielt er bei einem breiten Stein an, blickte sich prüfend um, zählte noch weitere zwölf Schritte ab und blieb dann stehen.

‚Hier liegt der Topf', sagte er.

Die Türken trafen ihre Vorbereitungen. Vier von ihnen zogen ihre Jatagans heraus und fingen an zu graben. Drei hielten Wache. Kirdshali setzte sich auf die Steinplatte und sah ihnen zu.

‚Nun', fragte er nach einer Weile, ‚seid ihr am Ziel?'

‚Noch nicht', erwiderten die Schatzgräber und arbeiteten

so angestrengt weiter, daß ihnen der Schweiß von der Stirne tropfte.

Kirdshali wurde ungeduldig.

‚Seid ihr ein ungeschicktes Volk!‘ rief er aus. ‚Nicht einmal ordentlich graben könnt ihr. Ich brächte das in zwei Minuten fertig – löst den Strick und gebt mir einen Jatagan!‘

Die Türken kratzten sich die Köpfe und berieten miteinander.

‚Was kann schon dabei sein‘, sagten sie, ‚nehmen wir ihm den Strick ab und geben wir ihm einen Jatagan. Er ist allein, und unser sind sieben . . .‘

Sie taten, wie sie beschlossen hatten – und Kirdshali war endlich frei und wieder bewaffnet. Was mochte er in diesem Augenblick empfinden! Er begann eifrig zu graben, die Wächter halfen ihm dabei. Plötzlich stieß er einem von ihnen den Jatagan ins Herz, ließ die krumme Klinge in seiner Brust stecken und riß ihm die zwei Pistolen aus dem Gürtel.

Als die übrigen sechs Türken Kirdshali im Besitz dieser Schußwaffen sahen, ergriffen sie alle die Flucht. –

Kirdshali verheert jetzt die Umgebung von Jassy. Kürzlich ließ er den Pascha wissen, daß er Jassy niederbrennen und den Gospodaren selbst gefangennehmen werde, wenn dieser ihm nicht auf der Stelle fünftausend Lei schicke. Die fünftausend Lei wurden ihm zugesandt.«

Was sagt nun der Leser zu Kirdshali?

ÄGYPTISCHE NÄCHTE

1

»Quel est cet homme?«
»Ha, c'est un bien grand talent: il fait de sa voix tout ce qu'il veut.«
»Il devrait bien, madame, s'en faire une culotte.«

Tscharskij war ein gebürtiger Petersburger. Er hatte das dreißigste Lebensjahr noch nicht überschritten, war unverheiratet und nicht gezwungen, sich seinen Lebensunterhalt selbst zu erwerben. Ein verstorbener Onkel, der noch in der guten alten Zeit Vizegouverneur gewesen war, hatte ihm einen nicht unbeträchtlichen Besitz hinterlassen, so daß er imstande gewesen wäre, ein freies und völlig sorgloses Leben zu führen, wenn – ja wenn er nicht das Pech gehabt hätte, Gedichte zu schreiben, die auch gedruckt wurden. Daher nannten ihn die Zeitschriftenredakteure einen Poeten und die Türsteher und Lakaien der großen Welt einen Federfuchser.

Ungeachtet der Vergünstigungen, die den Dichtern zugebilligt werden – ich muß übrigens bekennen, daß mir bei den russischen Verseschmieden außer der Befugnis, gelegentlich den Genitiv mit dem Akkusativ zu vertauschen, und einigen anderen sogenannten dichterischen Freiheiten keine besonderen Vorrechte bekannt sind – – doch wie dem auch sei, jedenfalls sind diese Leute ungeachtet ihrer verschiedenen Privilegien großen Nachteilen und Unannehmlichkeiten ausgesetzt. Am bittersten und unausstehlichsten ist für den Dichter selbst sein Beruf und die Bezeichnung, die man ihm gibt und mit der er ein für allemal gebrandmarkt ist. Die Öffentlichkeit tut so, als wenn er ihr gehöre, und meint, daß er lediglich zu ihrem Nutzen und Vergnügen geboren sei. Kommt er zum Beispiel vom Landaufenthalt zurück, so fragt ihn der erste beste Bekannte, dem er begegnet, ob er wohl etwas Neues mitgebracht habe. Ist er einmal schweigsam und in sich gekehrt, weil ihn Geldsorgen drükken oder die Sorge wegen der Krankheit eines ihm nahestehenden Menschen – sogleich ertönt, begleitet von einem blöden Lächeln, die ebenso blöde Frage: »Nicht wahr, Sie sind gerade dabei, ein Gedicht zu machen?« Ist er in irgendeine Schöne verliebt – schon kauft sich diese im Englischen Laden ein Album und wartet auf die Elegien, die er hineinschreiben soll. Sucht er einen ihm fast unbekannten Herrn auf, um mit ihm eine wichtige Angelegenheit zu besprechen, so ruft dieser sein Söhnchen herbei und läßt es Gedichte hersagen, und der Knabe wird den Schriftsteller sofort mit dessen eigenen verstümmelten Versen »erfreuen«. Aber das ist noch harmlos gegenüber anderen mit seinem Handwerk verbundenen Widerwärtigkeiten. Dennoch gestand Tscharskij, daß ihn schon alle diese zudringlichen Begrüßungen, Fragen, Albums und verseleiernden Söhnchen so grenzenlos anekelten, daß es ihn die größte Mühe koste, nicht einfach grob zu werden.

Tscharskij tat alles, um dieser lästigen Abstempelung als Dichter zu entgehen. Er mied die Gesellschaft seiner Berufsgenossen und zog ihnen sogar die stumpfsinnigsten Vertreter der großen Welt vor. Seine Art der Unterhaltung war die banalste, die man sich vorstellen kann, und niemals kam er auf die Literatur zu sprechen. Er kleidete sich nach der neuesten Mode mit der ängstlichen Sorgfalt eines jungen Moskowiters, der zum erstenmal nach Petersburg kommt. In seinem Arbeitsraum, der dem Schlafzimmer einer jungen Dame glich, war nichts zu finden, was an die Behausung eines Dichters erinnerte: weder häuften sich Bücher auf oder unter den Tischen, noch war sein Diwan mit Tinte befleckt. Kurz, es fehlte jede Unordnung, die auf die Anwesenheit der Musen und die Abwesenheit von Bürste und Besen hinweist. Tscharskij war verzweifelt, wenn ihn einer seiner Freunde aus der besten Gesellschaft mit der Feder in der Hand überraschte. Es ist kaum zu glauben, mit welchen Belanglosigkeiten sich ein Mensch befassen kann, der wie

Tscharskij mit Talent und Geist begabt ist. Bald spielte er den leidenschaftlichen Pferdeliebhaber, bald gab er sich als unverbesserlicher Hasardeur, bald als unübertroffener Feinschmecker. Und das alles, obgleich er in Wirklichkeit weder einen Araberhengst von einem anderen Gaul unterscheiden noch die Trumpffarbe beim Kartenspiel behalten konnte und im geheimen ganz gewöhnliche Bratkartoffeln den raffiniertesten Gerichten der französischen Küche vorzog. Sein Leben bestand nur aus Zerstreuungen: er besuchte sämtliche Bälle, überaß sich bei allen diplomatischen Diners, und seine Anwesenheit bei jeder Abendgesellschaft war ebenso selbstverständlich wie das Resanowsche Speiseeis auf der Tafel. Trotz alledem blieb er ein echter Künstler, und seine dichterische Leidenschaft war unüberwindlich. Wenn ihn so ein »Quatsch« überfiel, wie er seine schöpferischen Eingebungen zu nennen pflegte, zog er sich in sein Zimmer zurück und schrieb vom frühen Morgen bis in die späte Nacht. Seinen intimsten Freunden gestand er jedoch, daß er sich nur in solchen Stunden wirklich glücklich fühle. In der übrigen Zeit trieb er sich herum, machte den Leuten blauen Dunst vor, versuchte sie über sein eigentliches Wesen zu täuschen und sah sich doch immer wieder vor die lästige Frage gestellt, ob er nicht etwas Neues geschrieben habe.

Eines Morgens erwachte Tscharskij in jener begnadeten Stimmung, da sich die Gedanken zum Greifen deutlich vor seinem geistigen Auge abzeichneten, lebendige Worte sich für die Formwerdung seiner Gedichte von selber einstellten, die Verse ihm leicht aus der Feder flossen und die tönenden Reime der Fülle seiner Gedanken gleichsam entgegenkamen. Tscharskij befand sich in einer ihn tief beglückenden Selbstvergessenheit: die Welt mit ihren Meinungen und Voreingenommenheiten war für ihn ebenso spurlos versunken wie seine eigenen Launen und Grillen – er schrieb Verse!

Plötzlich schrak er auf: die Tür öffnete sich, und ein Fremder schaute herein. Tscharskij verzog sein Gesicht.

»Wer sind Sie?« fragte er verstimmt und verfluchte im stillen seine Dienerschaft, die sich nie im Vorzimmer aufhielt.

Der Unbekannte trat ein. Er war groß von Wuchs, hager und mochte etwa dreißig Jahre alt sein. Sein bräunliches Gesicht war scharfgeschnitten. Die hohe, von dunklen Haarsträhnen beschattete Stirn, die schwarzen, blitzenden Augen, die Adlernase und der dichte Bart, der seine eingefallenen Wangen umwucherte – das alles wies darauf hin, daß er ein Ausländer war. Er trug einen schwarzen, an den Nähten abgeriebenen Frack und Hosen, die für die herbstliche, fast winterliche Jahreszeit viel zu dünn waren, und in seiner schäbigen Krawatte, die sich dunkel von dem gelblichen Vorhemd abhob, funkelte ein falscher Brillant. Sein struppiger Filzhut mochte schon manche Stürme und Regengüsse überstanden haben. Im Wald hätte man diesen Menschen für einen Räuber gehalten, in der Gesellschaft für einen Anarchisten, im Vorzimmer für einen Scharlatan, der mit Elixieren handelt, oder für einen Ratten- und Mäusevertilger.

»Was wünschen Sie?« fragte Tscharskij ihn auf französisch.

»Signor«, antwortete der Fremde und machte eine tiefe Verbeugung. »Lei voglia perdonarmi si . . .«

Tscharskij bot ihm keinen Stuhl an, sondern erhob sich. Das Gespräch wurde in italienischer Sprache fortgesetzt.

»Ich bin ein neapolitanischer Künstler«, sagte der Unbekannte. »Gewisse Umstände haben mich gezwungen, mein Vaterland zu verlassen. So bin ich im Vertrauen auf meine Begabung nach Rußland gekommen.«

Tscharskij vermutete, der Neapolitaner beabsichtige, einige Cellokonzerte zu geben, und gehe jetzt mit den Eintrittskarten von Haus zu Haus. Er war schon im Begriff, dem Bittsteller fünfundzwanzig Rubel in die Hand zu drükken, um ihn auf diese Weise schnell wieder loszuwerden, als der Fremdling fortfuhr: »Ich hoffe, Signor, daß Sie einem Kollegen Ihre Unterstützung in der Not nicht versagen und mich in den Häusern einführen werden, zu denen Sie selbst Zutritt haben.«

Es wäre kaum möglich gewesen, Tscharskijs Selbstgefühl schwerer zu treffen. Er warf dem, der sich sein Kollege genannt hatte, einen hochmütigen Blick zu.

»Gestatten Sie mir die Frage, wer sind Sie eigentlich und für wen halten Sie mich?« erwiderte er, seinen Unmut nur mit Mühe unterdrückend.

Der Neapolitaner bemerkte seinen Ärger.

»Signor«, antwortete er stockend, »ho creduto ... ho sentiso ... la vostra eccelenza mi pardonera ...«

»Was wünschen Sie denn?« fragte Tscharskij abermals.

»Ich habe viel von Ihrem erstaunlichen Talent gehört und bin überzeugt, daß die hiesige Gesellschaft es sich zur Ehre anrechnet, einem so hervorragenden Dichter jede erdenkliche Hilfe angedeihen zu lassen«, erwiderte der Italiener, »und deshalb habe ich es gewagt, Sie aufzusuchen ...«

»Sie irren sich, Signor«, unterbrach ihn Tscharskij, »den Beruf des Dichters kennt man bei uns nicht. Unsre Poeten erfreuen sich nicht der Gunst der Herrschaften: sie sind selber Herren, und wenn unsere Mäzene – der Teufel möge sie holen! – das noch nicht wissen, so ist es nur um so schmachvoller für sie. Bei uns gibt es keine zerlumpten Abbés, die Musiker von der Straße auflesen, um sich von ihnen Librettos schreiben zu lassen. Wir haben auch keine Poeten, die bettelnd von Haus zu Haus gehen. Im übrigen wird man Ihnen wahrscheinlich nur im Spaß gesagt haben, daß ich ein großer Dichter sei. Es ist zwar richtig, daß ich gelegentlich einige schlechte Epigramme schreibe, aber mit den Herren Poeten habe ich, Gott sei gelobt, nichts gemein und will auch nichts mit ihnen zu tun haben.«

Der arme Italiener wurde ganz verwirrt. Er sah sich im Zimmer um, und die Bilder, die Marmorstatuen, Bronzen und kostbaren Kleinigkeiten auf den gotischen Wandbrettern machten ihn noch verlegener. Er verstand, daß es zwischen dem selbstbewußten Dandy, der mit einem brokatenen Käppchen auf dem Kopf und einem goldgestickten chinesischen Schal um den Hals vor ihm stand, und ihm, dem armseligen Artisten auf der Wanderschaft im abgetragenen Frack und mit der abgenützten Krawatte, nichts gab, was sie miteinander verbinden konnte. Er stammelte einige unzusammenhängende Entschuldigungen, verbeugte sich und wollte hinausgehen. Sein kümmerliches Aussehen rührte

Tscharskij, der trotz gewisser kleinlicher Charakterzüge ein gutes und edles Herz hatte. Er schämte sich seiner egoistischen Reizbarkeit.

»Wohin gehen Sie?« fragte er den Italiener. »Bleiben Sie doch ... ich mußte ja bloß meinen unverdienten Titel zurückweisen und Ihnen gestehen, daß ich gar kein Dichter bin. Jetzt aber wollen wir Ihre Angelegenheiten besprechen. Ich bin bereit, Ihnen zu helfen, soweit ich das kann. Sie sind ein Musiker?«

»Nein, eccelenza!« antwortete der Italiener. »Ich bin ein armer Improvisator.«

»Ein Improvisator!« rief Tscharskij und schämte sich seines erbarmungslosen Benehmens. »Warum haben Sie denn nicht gleich gesagt, daß Sie ein Improvisator sind?« Und Tscharskij drückte ihm, erfüllt von ehrlicher Reue, die Hand.

Sein plötzlich so freundliches Verhalten ermutigte den Italiener. Er wurde gesprächig und berichtete über seine Absichten. Sein Äußeres war nicht gerade einnehmend. Er brauchte Geld und hoffte in Rußland seine häuslichen Umstände irgendwie verbessern zu können. Tscharskij hörte ihm aufmerksam zu.

»Ich hoffe«, sagte er zu dem armen Künstler, »daß Sie Erfolg haben werden: die Petersburger Gesellschaft hat noch niemals einen Improvisator gehört. Man wird sich für Sie interessieren. Allerdings, hier spricht kein Mensch Italienisch, man wird Sie daher nicht verstehen, aber das macht nichts. Die Hauptsache ist, daß es Mode wird, Ihre Veranstaltungen zu besuchen.«

»Aber wenn bei Ihnen niemand Italienisch kann«, entgegnete der Improvisator kleinlaut, »wer wird sich denn einfinden, um mich zu hören?«

»Keine Angst – sie werden schon kommen: einige aus Neugier, andre, um den Abend irgendwie zu verbringen, und wieder andre, um den Anschein zu erwecken, als verständen sie die italienische Sprache. Ich wiederhole: nötig ist allein, daß es Mode wird, Sie gehört zu haben, und das wird es sicherlich werden. Hier meine Hand darauf.«

Tscharskij schrieb sich die Adresse des Italieners auf und verabschiedete sich liebenswürdig von ihm. Noch am gleichen Tage fuhr er aus, um für den Improvisator zu werben.

2

Ich Zar, ich Sklav, ich Wurm, ich Gott.
Dershawin

Am nächsten Tag suchte Tscharskij im finstren und unsauberen Korridor eines Gasthauses die Zimmernummer 35. Er blieb vor der Tür stehen und klopfte. Der Italiener von gestern sperrte auf.

»Sieg auf der ganzen Linie!« rief Tscharskij ihm entgegen. »Ihre Sache marschiert. Die Fürstin . . . gibt ihren Saal her, und gestern auf einer großen Abendgesellschaft habe ich es fertiggebracht, halb Petersburg zu mobilisieren. Ich verbürge mich, wenn auch nicht für einen Riesenerfolg, so doch für eine volle Kasse . . .«

»Und das ist die Hauptsache!« jubelte der Italiener, der seine Freude durch jenes lebhafte, der südlichen Rasse eigene Gebärdenspiel zum Ausdruck brachte. »Ich wußte ja, daß Sie mir helfen würden. Corpo di bacco! Sie gehören zu den Dichtern, wie ich, und die Poeten sind nun einmal, was man auch sagen mag, eine prächtige Sorte von Menschen! Wie kann ich Ihnen meine Dankbarkeit beweisen? Passen Sie auf . . . ich werde Ihnen eine Improvisation vorführen.«

»Ja, können Sie denn das ohne Publikum, ohne Musik und ohne donnernden Beifall?«

»Warum denn nicht? Wo finde ich ein besseres Publikum? Sie sind ein Dichter und werden mich am besten verstehen. Ihre stillschweigende Billigung ist mir mehr wert als die lautesten Beifallsstürme . . . Setzen Sie sich irgendwohin und geben Sie mir ein Thema.«

Tscharskij setzte sich auf einen Koffer – von den beiden Stühlen in der winzigen Kammer war der eine zerbrochen und der andre mit Papierrollen und Wäschestücken beladen.

Der Improvisator nahm seine Gitarre vom Tisch und trat in Erwartung des Themas vor Tscharskij hin.

»Da haben Sie Ihre Aufgabe«, sagte Tscharskij: »Der Poet wählt die Stoffe seiner Dichtung selbst, die Masse ist nicht befugt, sie ihm vorzuschreiben.«

Die Augen des Italieners blitzten, er griff einige Akkorde, hob stolz den Kopf, und schwungvolle Strophen – Ausdruck seiner augenblicklichen Stimmung – formten sich ihm wie von selbst ...

Der Italiener verstummte ... Tscharskij schwieg, überrascht und ergriffen.

»Nun, was sagen Sie?« fragte der Improvisator.

Tscharskij ergriff seine Hand und drückte sie fest.

»Was meinen Sie?« wiederholte der Italiener seine Frage.

»Verblüffend«, antwortete der Dichter. »Ein fremder Gedanke war kaum zu Ihnen gedrungen, und schon hatten Sie ihn sich zu eigen gemacht, als wäre er Ihre Lieblingsidee, die Sie schon lange mit sich herumtragen. Sie kennen also keine Mühsal, kein Erlahmen, ja nicht einmal jene qualvolle innere Unruhe, die der Inspiration vorauszugehen pflegt? Erstaunlich, erstaunlich ...«

Der Improvisator erwiderte: »Jedes Talent ist ein Rätsel. Wie kommt es zustande, daß der Bildhauer im Carrarischen Marmorblock den verborgenen Jupiter sieht und ihn ans Licht hebt, indem er die steinerne Hülle mit Hammer und Meißel zertrümmert? Auf welche Weise geschieht es, daß der Gedanke schon mit vier wohlgebauten Reimen gerüstet aus dem Haupt des Dichters hervorgeht? Niemand, außer vielleicht der Improvisator selbst, kann diese Schnelligkeit der Eindrücke, diese enge Verknüpfung zwischen eigener Eingebung und fremdem Willen begreifen – ja, auch ich würde kaum in der Lage sein, diese Zusammenhänge zu erklären. Indessen ... lassen Sie uns mein erstes Auftreten überlegen. Was meinen Sie? Wieviel könnte ich wohl für die Eintrittskarte verlangen, damit das Publikum den Preis nicht zu hoch findet, ich andererseits aber auch nicht allzu schlecht dabei fahre? Wie ich höre, hat la signora Catalani fünfundzwanzig Rubel gefordert. Ein ansehnlicher Preis ...«

Tscharskij fühlte sich peinlich berührt, als er sich so plötzlich von der Höhe der Poesie auf den Kontorsessel herabgestürzt sah, aber er war nicht ohne Verständnis für die praktischen Erfordernisse des Lebens und ließ sich daher auf die materiellen Erwägungen des Italieners ein. Der Improvisator legte dabei eine so wilde und unverhüllte Profitgier an den Tag, daß es Tscharskij aufs höchste mißfiel und er sich beeilte fortzukommen, um das Gefühl des Entzückens nicht ganz zu verlieren, das die glänzende Improvisation in ihm hervorgerufen hatte. Der besorgte Italiener bemerkte diesen Stimmungsumschlag überhaupt nicht. Mit tiefen Bücklingen begleitete er Tscharskij durch den Korridor und die Treppe hinab und versicherte ihn immer wieder seiner unauslöschlichen Dankbarkeit.

3

Eintritt zehn Rubel, Beginn sieben Uhr.
Maueranschlag

Der Saal der Fürstin . . . stand dem Improvisator zur Verfügung. Man hatte ein Podium hergerichtet und Stühle in zwölf Reihen aufgestellt. Am Tage der Veranstaltung war der Saal von sieben Uhr an erleuchtet. Hinter einem Tischchen an der Tür verkaufte eine alte Frau die Eintrittskarten. Sie hatte eine lange Nase und Ringe an allen Fingern und trug einen grauen, mit geknickten Federn garnierten Hut. Vor dem Portal standen Gendarmen. Das Publikum begann sich zu versammeln. Tscharskij erschien als einer der ersten. Er interessierte sich für die Zahl der Besucher und wollte den Improvisator sprechen, um sich zu erkundigen, ob er mit allen Vorbereitungen zufrieden sei. Er fand ihn in einem Nebenzimmer, wo er ungeduldig immerfort nach der Uhr sah. Der Italiener war vom Kopf bis zu den Füßen mit einem theatralischen schwarzen Gewand bekleidet. Der Spitzenkragen des Hemdes war offen, die Blässe seines nackten Halses hob sich scharf von dem dichten schwarzen Bart ab, und sein wirres Haar hing über Stirn und Brauen herab. Das alles mißfiel Tscharskij; es war ihm im höchsten Grade unangenehm, den Poeten in der Kleidung eines vagabundierenden Artisten zu sehen. Er wechselte einige Worte mit ihm und ging dann in den Saal zurück, der sich mehr und mehr füllte.

Bald waren alle Stühle von Damen in prächtigen Toiletten besetzt. Die Herren standen dichtgedrängt an den Wänden und hinter den Stuhlreihen. Die Musikanten hatten sich mit ihren Notenpulten zu beiden Seiten des Podiums gruppiert, in dessen Mitte ein Tisch mit einer Vase aufgestellt war. Das große Publikum wartete gespannt auf den Beginn der Veranstaltung. Es war halb acht Uhr geworden, als die Musikanten ihre Instrumente gestimmt hatten und schließlich mit der »Tankred«-Ouvertüre begannen. Alle nahmen ihre Plätze ein und verstummten. Die letzten Takte verklangen ... Von donnerndem Applaus empfangen, näherte sich der Improvisator unter tiefen Bücklingen der Rampe des Podiums.

Mit Bangen hatte Tscharskij auf die Wirkung des ersten Auftretens gewartet, aber zu seiner Überraschung stellte er fest, daß die Kostümierung des Italieners, die ihm so anstößig vorgekommen war, auf das Publikum nicht den gleichen Eindruck machte. Ja, Tscharskij selbst fand nichts Lächerliches an dem Improvisator, als er ihn mit seinem bleichen Gesicht im grellen Licht der vielen Lampen und Kerzen auf dem Podium stehen sah. Das Händeklatschen verebbte, und das Stimmengewirr verstummte ...

In sehr mangelhaftem Französisch bat jetzt der Italiener die Herrschaften, ihm einige Themen auf Zettel zu schreiben. Auf diese unerwartete Aufforderung hin schwiegen alle, blickten einander an, und niemand gab Antwort. Nachdem der Improvisator eine Weile gewartet hatte, wiederholte er seine Bitte mit zaghafter Stimme. Tscharskij stand unmittelbar am Podium und wurde unruhig. Er sah voraus, daß es ohne ihn nicht gehen werde und er gezwungen sei, ein Thema vorzuschlagen. Tatsächlich wandten sich bereits einige Damen ihm zu und begannen zuerst leise und dann immer lauter nach ihm zu rufen. Als der Improvisator darauf aufmerksam wurde und Tscharskij in seiner nächsten Nähe erblickte, reichte er ihm mit einem liebenswürdigen Lächeln einen Bleistift und einige Zettel. Tscharskij hatte nicht die geringste Lust, in dieser Komödie eine Rolle zu spielen, aber es blieb ihm nichts anderes übrig. Er nahm den Bleistift und die Zettel entgegen und schrieb ein paar Worte, während der Italiener mit der Vase in der Hand vom Podium herabstieg. Tscharskij warf seinen Zettel hinein, und sein Beispiel hatte zur Folge, daß auch zwei Journalisten sich als Literaten verpflichtet fühlten, ein Thema beizusteuern. Das gleiche taten der Sekretär der neapolitanischen Gesandtschaft und ein erst kürzlich von einer Reise heimgekehrter Jüngling, der für Florenz schwärmte. Schließlich fand sich noch ein häßliches junges Mädchen, das auf Befehl ihrer Mutter und mit Tränen in den Augen einige italienische Zeilen aufschrieb. Bis über die Ohren errötend, reichte sie ihren Zettel dem Improvisator, während alle übrigen Damen sie schweigend, aber mit einem leisen mokanten Lächeln anstarrten. Der Italiener kehrte aufs Podium zurück, stellte die Urne auf den Tisch und fing an, die einzelnen Zettel herauszunehmen und die Themen vorzulesen:

La famiglia dei Cenci
L'ultimo giorno di Pompeia
Cleopatra e si suoi amanti
La primavera veduta da una prigione
Il trionfo di Tasso

»Was wünscht das verehrte Publikum?« fragte der Italiener schüchtern. »Wird man mir eines der vorgeschlagenen Themen vorschreiben, oder soll das Los entscheiden?«

»Das Los!« rief eine Stimme aus der Menge. »Das Los, das Los!« bestätigte die Mehrheit.

Der Improvisator verließ abermals das Podium mit der Urne in der Hand und fragte, wer bereit sei, einen Zettel herauszunehmen. Sein flehender Blick glitt die ersten Stuhlreihen entlang. Keine der eleganten Damen rührte sich. An die nordische Schwerfälligkeit nicht gewöhnt, schien er bestürzt ... doch plötzlich bemerkte er, wie eine Dame ihr weiß behandschuhtes Händchen hob. Schnell trat er auf die junge stattliche Schöne zu, die am Ende der zweiten Reihe saß. Sie stand völlig unbefangen auf, tat mit ihrer kleinen aristokratischen Hand einen entschlossenen Griff in die Urne und entnahm ihr ein zusammengerolltes Blatt Papier.

»Darf ich bitten, den Zettel zu entfalten und den Text vorzulesen«, sagte der Improvisator.

Die Dame erfüllte seine Bitte und las: »Cleopatra e si suoi amanti.« Diese Worte wurden mit leiser Stimme gesprochen, aber im Saal herrschte eine so tiefe Stille, daß sie jedem verständlich waren. Der Improvisator brachte seinen Dank durch eine höfliche Verbeugung zum Ausdruck und begab sich auf das Podium zurück.

»Meine Damen und Herren«, sagte der Italiener, »zum Thema meiner Improvisation hat man mir ‚Kleopatra und ihre Liebhaber' bestimmt. Ich bitte nun ergebenst die Person, die dieses Thema wählte, ihren Einfall näher zu erklären: von welchen Liebhabern soll hier die Rede sein, perche la grande regina aveva molto ...«

Bei dieser Frage brachen viele Männer in schallendes Gelächter aus, und der Improvisator geriet in Verlegenheit.

»Ich hätte noch gerne gewußt«, fuhr er fort, »an welche historische Episode die Person, die dieses Thema wählte, dabei im besonderen gedacht hat, und wäre für einen Hinweis dankbar.«

Niemand beeilte sich mit der Antwort. Einige Damen wandten sich nach dem häßlichen Mädchen um, das dieses Thema auf Veranlassung ihrer Mutter niedergeschrieben hatte. Das arme Geschöpf bemerkte die indiskreten Blicke, und die Tränen traten ihr in die Augen ... Tscharskij konnte das nicht länger mit ansehen und wandte sich an den Improvisator.

»Das Thema«, sagte er auf italienisch, »stammt von mir. Ich hatte dabei eine Stelle bei Aurelius Viktor im Sinn, wo er schreibt, daß Kleopatra den Tod als Preis für ihre Liebe festgesetzt hatte und daß sich trotzdem Verehrer fanden, die durch diese Bedingung nicht abgeschreckt worden waren. Mir scheint jedoch jetzt, daß dieses Thema allzu schwierig und vielleicht auch zu heikel ist ... Wollen Sie nicht doch lieber ein anderes wählen?«

Aber schon spürte der Improvisator das beschwingte Nahen der göttlichen Inspiration ... er gab den Musikanten ein Zeichen, und die Musik setzte ein ... Das Gesicht des Italieners wurde erschreckend bleich, er zitterte wie im Fieber. Seine Augen brannten in einem fast überirdischen Feuer, er strich seine schwarzen Haare zurück und fuhr mit einem Tuch über die schweißbedeckte Stirn. Dann trat er mit auf der Brust gekreuzten Armen ein paar Schritte vor ... Die Musik hörte auf ... die Improvisation nahm ihren Anfang ...

Von Saitenspiel und Sängerchören
Erklingt das Haus, jedoch den Sinn
Kann nichts so bannen und betören
Wie Wort und Blick der Königin.
Dem Thron schlägt jedes Herz entgegen
Beim Fest im strahlend hellen Saal –
Da plötzlich senkt zum Überlegen
Den schönen Kopf sie zum Pokal ...
Der Chor verstummt. Die Gäste beben,
Kaum einer, der zu atmen wagt,
Als sich die Augen wieder heben
Und sie mit lauter Stimme sagt:

»In meiner Liebe sich zu sonnen
Scheint euch das höchste Glück der Welt.
Wer greift beherzt nach diesen Wonnen –
Er sei im Rang mir gleichgestellt!
Sagt an: Wer will die Gunst genießen,
Wer nimmt es an, mein Angebot?
Wer hat den Mut, den Pakt zu schließen:
Für eine Liebesnacht – den Tod?«

Die Gäste bangen, sie verzagen,
Verwirrung herrscht in ihren Reihn.

Sie lauscht dem Flüstern, lauscht dem Fragen,
Doch bleibt ihr Ausdruck hart wie Stein.
Sie mustert spöttisch ihre Ritter,
Sie lächelt höhnisch – aber schon
Tritt einer vor, ein zweiter, dritter,
Sie nähern kühn sich ihrem Thron.
Indem sie ihr entgegenschreiten,
Erfüllt sich des Geschickes Lauf,
Und sie begrüßt die Todgeweihten:
Besiegelt ist der schnöde Kauf!
Es tönt Gesang vom Priesterchore.

Die Gäste schweigen schreckensvoll –
Man zieht das Los aus der Amphore:
Wer erster sein, wer folgen soll.
Der Ritter Flavius, alt und grau,
Erträgt nicht Hohn von einer Frau.
Er nimmt, er ist aus harten Zeiten,
Im Dienst ein kriegsgewohnter Mann,
Wie Feindesforderung zum Streiten
Den hingeworfnen Handschuh an.

Der zweite, Kriton, ein Verehrer
Der Grazien, betet Cypris an,
Da Epikur, der einst sein Lehrer,
Genuß als Weisheit kundgetan.
Zuletzt ein Jüngling, noch erblühend,
Dem Auge schön, dem Herzen lieb,
Ein Knabe in Verzückung glühend –
Doch unbekannt bis heute blieb
Sein Name –, voller Leidenschaft,
Sein Ausdruck: unerprobte Kraft.
Ein zarter Flaum bedeckt das Kinn.
Ihn drängt die Lust, sich zu verschwenden.
Mitleidig schaut sie zu ihm hin
Und kann den Blick nicht von ihm wenden . . .

»O Mutter der Begier, ich schwöre,

Daß ich, die große Königin,
Ins Bett des Lasters steig, o höre,
Als eine feile Buhlerin.
O Cypris und auch ihr, Tyrannen
Der Unterwelt, vernehmt den Eid,
Daß ich die Wollust meiner Mannen
Zu stillen willig bin bereit.
Und kein Geheimnis meiner Liebe
Sei ihrer Leidenschaft versagt,
Und ich gelobe, ihre Triebe
Zu schüren, bis der Morgen tagt.
Doch wenn die Himmel sich verfärben,
Aurora sanft den Erdball weckt,
Dann werden gnadenlos sie sterben,
Vom Beil des Henkers hingestreckt!«

Schon dunkelt es in den Gemächern,
Schon neigt sich tief des Tages Lauf,
Steigt über Zinnen, über Dächern
Der Mond, der goldgehörnte, auf.
Fontänen springen, Ampeln glühen,
Um Götterbilder weht ein Hauch
Von Kühle, laue Düfte ziehen
Und Schleier von geweihtem Rauch.
In Alexandriens Palaste
Lädt, von der Purpurfalten Pracht
Verheißungsvoll verhängt, zur Nacht
Das goldne Himmelbett zu Gaste . . .

NACHWORT

Ungeheures Augenzwinkern

1812 – Moskau brennt. Wahrscheinlich von den Russen selbst angezündet. Auf jeden Fall desintegriert dieses Ereignis die militärische Invasion Napoleons – er muß sich aus Rußland zurückziehen. Der Niedergang seiner Herrschaft beginnt.

Der russische Zar Alexander I. triumphiert – und mit ihm seine Truppen, mit denen er diesen Sieg errungen hat.

Dreizehn Jahre später erheben sich Gardeoffiziere gegen die Zarenmacht. Als Alexander 1825 kinderlos im fernen Taganrog stirbt, nutzen sie am 14. Dezember die unklare Situation der Thronfolge zu einem lange geplanten Putsch. Allzusehr waren sie nach dem Sieg von 1812 enttäuscht von dem sich mit immer reaktionäreren Kräften verbündenden Zaren. Doch der Aufstand der Dekabristen, der Männer des Dezembers, mißlingt. Die fünf Anführer werden gehenkt. Über hundert Anhänger der revolutionären Bewegung werden nach Sibirien verbannt.

Unter den Gehenkten und Verbannten sind Freunde von Alexander Sergejewitsch Puschkin – u. a. die Dichter K. F. Rylejew und Wilhelm Küchelbecker. Mit Küchelbecker hatte Puschkin das im Jahr vor der Invasion Napoleons gegründete Lyzeum in Zarskoje Selo, der Sommerresidenz des Zaren bei St. Petersburg, besucht. Als Moskau brannte, war Puschkin dreizehn Jahre alt, zwei Jahre jünger als Küchelbecker. Auf das Jahr 1812 datiert er seine ersten dichterischen Versuche, die bald schon veröffentlicht werden. Dieses Jahr 1812 nennt er wiederholt in seinen Erzählungen, z. B. in »Roslawlew«

(einer Polemik gegen den seinerzeit berühmten historischen Roman von M.N. Sagoskin): Die Opferung der eigenen Hauptstadt wird hier als die entscheidende Heldentat des Jahres 1812 vorgestellt.

Als 1825 die Dekabristen putschen, ist Puschkin bereits zum zweiten Mal von Zar Alexander I. verbannt. Nach Abschluß des Lyzeums war er in den Staatsdienst eingetreten, hatte jedoch durch provozierende Epigramme und Dichtungen die Ungnade der Obrigkeit auf sich gezogen. Wegen seiner Ode »Die Freiheit«, in der er auch Paul I. evozierte, den im März 1801 von Offizieren ermordeten Vater Alexanders, war er 1820 in den Süden Rußlands exiliert worden. 1824 entdeckte die Zensur in einem von ihr abgefangenen Brief Puschkins an Küchelbecker das Thema des Atheismus. Alexander I., der die Negierung Gottes mit der Ablehnung der Zarenmacht gleichsetzte, reagierte alarmiert. Er verbannte nun Puschkin aus dem Süden und unterstellte ihn der väterlichen und geistlichen Aufsicht auf dessen elterlichem Gut Michailowskoje im Gouvernement Pskow. Am Vorabend des 14. Dezember war Puschkin, der ein Vorgefühl der kommenden Ereignisse hatte, trotz des kaiserlichen Verbannungsgebotes eigenmächtig nach St. Petersburg aufgebrochen. Doch ein Hase, der wiederholt seinen Weg kreuzte, ein Pope, der ihm begegnete, ließen den zutiefst Abergläubischen umkehren.

Als 1826 Nikolaus, Alexanders Bruder, der nach der Niederwerfung des Dekabristen-Aufstands neuer Zar geworden war, Puschkin zu einer Audienz empfing, fragte er ihn, wie er sich verhalten hätte, wenn er an jenem 14. Dezember in Petersburg gewesen wäre. Puschkin antwortete, er hätte zu den Rebellierenden auf dem Senatsplatz gezählt. Nikolaus I., nur drei Jahre älter als Puschkin und beinahe sein Schulgefährte im Lyzeum von Zarskoje Selo geworden, goutierte diese Antwort. Er hob die Exilierung Puschkins auf, gestattete ihm wieder, in die Hauptstädte Moskau und St. Petersburg zu kommen. Er versuchte, ihn möglichst in der Nähe seines Hofes festzubannen, um ihn besser beobachten zu können: Der Zar erklärte sich zum persönlichen Zensor des Dichters.

Im Monat *vor* dem Dekabristen-Aufstand hatte Puschkin sein Drama *Boris Godunow* geschrieben, das sich mit den Thronfolgewirren nach dem Tod Iwans IV. (des »Schrecklichen«) auseinandersetzt. Als Vormund Fjodors, des schwachen Sohns Iwans, führt Iwans Schwager Boris Godunow die Regierungsgeschäfte. Er läßt sich selbst zum Zaren krönen, nachdem Iwans jüngster Sohn Dmitrij umgekommen und Fjodor gestorben ist. Schwere Hungersnöte, die zu Bauernaufständen führen, bestimmen die nächsten Jahre. 1604 tritt in Polen der entlaufene Mönch Grigorij Otrepjew, der sich als angeblich noch lebender Zarensohn Dmitrij ausgibt, auf und beansprucht die Herrschaft. Boris Godunow stirbt im April 1605, am 7. Juni desselben Jahres trifft der Pseudo-Dmitrij mit einem Heer siegreich in Moskau ein und wird zum Zaren gekrönt. Mit dem Triumph dieses Usurpators endet Puschkins Drama. Es spricht nicht mehr davon, daß der Usurpator bereits ein Jahr später gestürzt wird.

Nikolaus I. verweigerte 1826 die Publikation dieses Schauspiels und riet Puschkin, es in einen historischen Roman im Sinne Walter Scotts umzuarbeiten. Puschkin nahm diesen Rat nicht an.

In seiner Darstellung der Thronfolgewirren zur Zeit von Boris Godunow war Puschkin der »Geschichte des russischen Reiches« von N. M. Karamsin (1766–1826) gefolgt. Dieser berühmte Dichter und Publizist des russischen Sentimentalismus hatte sich seit 1804 ganz von der Dichtung ab- und der Chronographie zugewandt. In dieser Funktion als »erster Schreiber der russischen Geschichte« (seit der Zeit der altrussischen Chroniken) war Karamsin am zaristischen Hof beamtet und bestallt worden.

Puschkin erweiterte nun in seinem *Boris Godunow* die Darlegungen Karamsins dergestalt, daß er mit der Figur des Gawrila Puschkin eigene (Familien-)Geschichte in die Geschichte Rußlands einschrieb.

Puschkin war stolz auf die Geschichte seiner Familie – er sah sie in besonderer Weise verbunden mit dem Geschick der Zaren. Puschkins Mutter war die Enkelin jenes legendären

»Mohren Peters des Großen« – Ibrahim Hannibal, eines Äthiopiers aus vornehmem Geschlecht, der in Gefangenschaft geraten war. Der russische Konsul hatte ihn in Konstantinopel freigekauft und Peter dem Großen zum Geschenk gemacht. Ein Mohr am Fürstenhof – dies war beliebte westeuropäische Tradition in der Zeit vor der Aufklärung. Peter adoptierte Ibrahim (und verlieh ihm damit den Vatersnamen Petrowitsch), liebte und förderte ihn, ermöglichte ihm eine glänzende Militärkarriere.

Mit dem afrikanischen Erbe dieses Urgroßvaters identifizierte sich Puschkin – physiognomisch und charakterlich. Er selbst fand sein Äußeres häßlich, ungeheuerlich, nannte es »affenähnlich«; er kannte die Gefahr seines ererbten »Blutes«, überhitzig zu reagieren.

Väterlicherseits zeichnet Puschkin eine sechshundertjährige Geschichte nach. Vier Puschkins zählt er auf, die »in der Zeit der Wirren«, die dem Tod von Boris Godunow und der kurzen Herrschaft des Pseudo-Dmitrij gefolgt war, die Wahlurkunde der Romanows zum neuen Zaren-Geschlecht unterzeichnet hatten (1613). Ein Romanow – so dürfen wir dies verstehen – wurde Zar, weil die Puschkins dies so wollten, bzw. weil sie dem nicht widersprachen. Ein Romanow ist ein Zar (auch) von Puschkins Gnaden.

Die Frage der Zarenherrschaft reflektiert Puschkin also zumindest unter drei Aspekten: als persönlich aktuelle Beziehung zwischen Zar und Dichter, als familiäre Geschichte von deren Begegnung und als Möglichkeit der Wahl zwischen Zar und Usurpator (dies wird das zentrale Thema von Puschkins Novelle *Die Hauptmannstochter*, 1833–1836). Indem er an den Usurpator erinnert, ihn im Schauspiel auftreten läßt – und das begriff Nikolaus I. beim Prüfen des *Boris Godunow* sehr wohl – räumt er ihm eine Stelle auf dem Schauplatz der Geschichte ein. So aber stellt der Dichter die Identität des Zaren in Frage, indem er an die Möglichkeit eines Pseudo-Zaren denken läßt. Damit wird der Dichter, der den Zaren zum Zensor hat, zum Kritiker des Zaren. Das ist das schöpferisch-revolutionäre Potential, das Puschkin als Möglichkeit des Dichters einfordert. 1833 spricht er in einer autobiographischen Notiz davon, wie er während seiner ersten Verbannung P. I. Pestel begegnet war, dem Führer der radikalen »Südgruppe« der Dekabristen, der 1826 gehenkt wurde. »Nur ein revolutionärer Kopf wie (...) Pestel kann Rußland lieben – ebenso wie nur ein Schriftsteller Rußlands Sprache lieben kann. Alles soll kreativ sein in diesem Rußland und in dieser russischen Sprache.« Dieses Postulat der Kreativität ist das Maß, mit dem Puschkin Zar wie Dichter mißt. Es bestimmt seine überaus komplexe Wertung von Herrscher und Revolutionär. Puschkin bewundert die Zaren dort, wo sie die nationale Identität Rußlands sichern, und er will diese von Revolutionären nicht bedroht wissen – dies erklärt seine prozaristische Haltung während des polnischen Aufstands 1830 –, und er bekämpft sie dort, wo sie die persönliche Identität antasten: So fühlte sich Puschkin zutiefst gekränkt, als Nikolaus I. ihn Ende 1833 zum »Kammerjunker« ernannte und ihn damit noch fester in seine Nähe zwang.

Besonders ambivalent sieht Puschkin unter der Perspektive der Kreativität Peter den Großen: er feiert dessen schöpferische Originalität, der sich beispielsweise die Gründung St. Petersburgs verdankt, aber er verschweigt auch nicht die grausame Willkür in manchen Entscheidungen des Zaren. Von dieser Doppelsicht Peters zeugt vor allem Puschkins Verspoem *Der eherne Reiter*, das 1833 geschrieben erst postum erscheinen konnte.

Unterstrich Puschkin *vor* dem Dekabristen-Aufstand im *Boris Godunow* mit der Figur des Gawrila Puschkin ein Element eigener (väterlicher) Geschichte, so findet sich nach dem Putsch von 1825 das gleiche Element (diesmal in der mütterlichen Variante) in dem 1827 begonnenen, Fragment gebliebenen Roman, der postum den Titel *Der Mohr Peters des Großen* erhielt. An dieser Gestalt, die den Urgroßvater assoziiert, wollte Puschkin die Vehemenz nachzeichnen, mit der Peter seinen Bruch mit der altrussischen Kultur durchsetzte. Ibrahim Hannibal wird geradezu zu einem Emblem für Peters Entschlossenheit, Neues, Fremdes in das Überkommene zu inkorporieren – mag dieses Fremde auch wie der

»schwarze Teufel«, »wie ein seltenes Tier«, »ein fremdartiges Geschöpf« erscheinen.

Diesem Vorfahren überantwortet Puschkin folgende Überlegung: »Die Ehe mit der jungen Rschewskaja wird mich mit dem stolzen russischen Adel verbinden, und ich werde nicht mehr als Außenseiter in meinem neuen Vaterland gelten.«

Die genealogische Intention, Monster und Tradition zu liieren, erhält im Kontext der Erzählungen Puschkins poetologische Relevanz: Staatsgeschichte wird reduziert auf Liebesbegegnungen und -erwägungen, in denen sich mythisch Hochzeit und Tod verflechten. Nicht zufällig erkrankt die Bojarentochter lebensgefährlich, als sie von der über sie verhängten Eheabsicht mit dem Mohren erfährt. Eine Nacht mit Kleopatra, so wird in den »Ägyptischen Nächten« (1835) erzählt, führt unweigerlich zum Tod des Freiers. Das Ungewöhnliche verbirgt sich im Gewöhnlichen-Konventionellen: Spielerisch wird dies zum Thema der Verstellungs-Erzählung »Fräulein Bäuerin«. Die ungewöhnlich dunkle Tönung seiner Haut macht das Adelsfräulein unkenntlich, indem sie sie mit einer künstlichen Blässe deckt.

1831 bittet Puschkin den Chef der Gendarmerie, Graf Benckendorff, um die Genehmigung, in kaiserlichen Archiven arbeiten und Material sammeln zu dürfen für eine Geschichte der russischen Zaren von Peter I. bis Peter III. Puschkin erhält diese Erlaubnis und beginnt, historische Darstellungen über Peter I. zu exzerpieren.

Doch er führt die Untersuchung nicht genealogisch weiter, vielmehr kreuzt er sie mit einem Gegenprojekt. Nicht Peter III. interessiert ihn, sondern jener Bauer, der sich als Pseudo-Peter ausgab und 1773/74 erhebliche soziale Unruhen verursacht hat: Jemeljan Pugatschow. Peter III. selbst war 1762 von seiner Frau, der späteren Katharina der Großen, mit Hilfe eines Staatsstreichs vom Thron verstoßen und möglicherweise mit ihrem Wissen ermordet worden. Die Revolte Pugatschows war eine der großen Gefährdungen der Herrschaft Katharinas.

Wiederum erhält Puschkin die Erlaubnis, entsprechende Archivunterlagen einzusehen. Im Herbst 1833 reist er an die Schauplätze der damaligen Ereignisse. Im Dezember 1834 erscheint in dreitausend Exemplaren (die sich nur schlecht verkaufen) seine *Geschichte des Pugatschowschen Aufstandes*. Nikolaus I. hatte darauf bestanden, daß Puschkin seinen ursprünglichen Titel *Die Geschichte Pugatschows* änderte – der Usurpator durfte nicht in historischer Subjektposition erscheinen, sondern mußte sofort als Aufrührer gebrandmarkt werden.

In dem Brief, mit dem Puschkin das Pugatschow-Manuskript an Nikolaus I. hatte übersenden lassen, schreibt er: »Ich hatte ursprünglich beabsichtigt, einen historischen Roman über die Zeiten von Pugatschow zu schreiben. Doch angesichts der Materialfülle gab ich diesen Plan auf und schrieb die Geschichte der Pugatschowerei.«

Damit fungiert zum wiederholten Male die Gattungsbezeichnung »historischer Roman« in der Diskussion zwischen Zar und Schriftsteller. Hatte Puschkin zunächst den kaiserlichen Vorschlag abgelehnt, die Dramatik des *Boris Godunow* in der Prosa zu neutralisieren, so unterstreicht er in seinem Schreiben an Nikolaus I. die Relevanz des historischen Materials, die in der künstlerischen Bearbeitung relativiert wird. Aus dieser doppelten Negierung (des Dramas einerseits, des Dokumentarischen andererseits) folgt implizit eine Selbstdefinition der künstlerischen Prosa Puschkins: Seine Erzählungen markieren den leeren Ort in der Geschichte (und darum werden sie vorbildlich für die geschichtsphilosophischen Reflexionen von Tolstoj sowie für die Lakonik des Erzählens von Tschechow). In der *Hauptmannstochter*, die man eine historische Novelle (vielleicht auch einen historischen Roman) im Geiste Walter Scotts nennen könnte, erzählt Puschkin von dem Usurpator, der sich den leeren Platz angeeignet hat – Pugatschow.

Fast ist man versucht anzunehmen, daß in Puschkins narrativer Kennzeichnung des leeren Ortes zwei historische Erfahrungen erzählerisch (und das heißt: in ihrer Dramatik aufgehoben) bewältigt werden sollen: die Einsicht, daß 1812 der

Brand Moskaus als absolute Löschung eines militärischen Widerstands der den Sieg ermöglichende passive Widerstand war, und die Erinnerung daran, daß 1825 Puschkin selbst sich eben nicht auf dem Senatsplatz unter den Dekabristen befand.

Alle zwölf Erzählungen, die in diesem Band versammelt sind – (drei von ihnen blieben Fragment: *Der Mohr Peters des Großen* [1827], *Dubrowskij* [1832–33], *Ägyptische Nächte* [1835]) stammen aus der Epoche nach dem Dekabristen-Aufstand.

Könnte es scheinen, als seien auffällig viele männliche Figuren in Puschkins Erzählungen als Militärs bestimmt, so muß man sofort einschränkend hinzusetzen, daß die meisten von ihnen nicht im aktiven Einsatz gezeigt werden. Sie sind auf Urlaub, suchen Heilung der im Krieg erlittenen Verletzungen *(Der Schneesturm)*, haben ihren Abschied genommen (Belkin) oder nehmen müssen *(Dubrowskij)*. Nur Pjotr Grinew *(Die Hauptmannstochter)* gerät in offene Attacken beim Aufstand des Pseudo-Zaren Pugatschow. Doch auch Grinew entfernt sich eigenmächtig vom militärischen Schauplatz. Er scheint auf die Seite des »anderen«, des falschen Zaren, d. h. Pugatschow, übergewechselt zu sein und muß darum ins Gefängnis.

Am rätselhaftesten wird in der Erzählung *Der Schuß* (1830) ein Zweikampf nicht realisiert. Obwohl sie keineswegs als erste entstanden ist, wurde sie von Puschkin in die Spitzenposition des Belkin-Zyklus gerückt und erhielt damit eine programmatische Funktion. Der zutiefst gekränkte Silvio hatte über Jahre hinweg nach Revanche getrachtet. Doch auch bei einer neuerlichen Begegnung mit seinem Kontrahenten gibt er nicht den zu erwartenden Schuß ab. Warum nicht? Silvios Treffsicherheit steht außer Zweifel, der Erzähler nennt sie »phantastisch«, er weiß, daß Silvio einst Husar war und sogar Karriere gemacht hatte. Warum also schießt er nicht, da die Gelegenheit es geradezu erfordert? Nach der nicht vollzogenen bzw. anders als zu erwarten vollzogenen Rache verschwindet Silvio aus Rußland. Er schließt sich griechischen Freiheitskämpfern an. Auf die militärischen Fakten seiner Vergangenheit und seines möglichen Endes bezieht sich der Erzähler lediglich zu Beginn und zum Schluß. Die Erzählung selbst gilt den beiden Nicht-Schüssen Silvios.

Ein grotesker Zweikampf findet (nicht) statt in der Erzählung *Pique Dame*: Der junge, von der Idee des Geldes besessene Pionieroffizier Hermann ist bereit, mit der alten Gräfin, die das Geheimnis des Kartengewinns kennen soll, ein Verhältnis anzufangen oder sie zu erschießen – wieder wird das Motiv von Hochzeit und Tod, wenn auch pervertiert, verschränkt. Hermann bedroht sie mit seiner Pistole, die Gräfin stirbt vor Schreck: Die Pistole selbst war ungeladen.

Puschkin erzählt von den Nicht-Schüssen; die Kämpfe verlagert er in die Sphäre des Nicht-Erzählten: Er lokalisiert und datiert sie nur im Rahmen des Peripheren; so wenn er lakonisch den Tod des Helden in einem fernen Freiheitskrieg *(Der Schneesturm, Der Schuß)* oder die Flucht des Helden ins Ausland *(Dubrowskij)* andeutet.

Diese Ausgrenzung der erzählten Kampfsequenz könnte textimmanent erklären, warum einzelne Erzählungen Puschkins Fragment geblieben sind.

In den Familienkonstellationen der Erzählungen ist auffallend oft die Stelle der Mutter nicht besetzt: So wachsen mutterlos auf die Töchter des *Sargschreiners,* die Tochter des *Postmeisters,* Sohn sowie Tochter der beiden Kontrahenten in *Fräulein Bäuerin* ebenso wie in *Dubrowskij.* Die *Hauptmannstochter* verliert im Kampf gegen Pugatschow beide Eltern. Lisa ist nur Pflegetochter der launischen alten Gräfin *(Pique-Dame).* Sie nimmt nach deren Tod und nach einer recht glücklichen Eheschließung wiederum »eine arme Pflegetochter zu sich ins Haus«.

Puschkin zeigt zwei unterschiedliche Folgen der leeren Mutter-Stelle. Im Verhältnis zwischen Vater und Tochter kommt es zu einer Über-Emotionalität, wenn der Vater Tochter und verstorbene Mutter nicht unterscheidet *(Der Postmeister),* oder aber er begegnet der Tochter streng, kalt und verständnislos, als habe sie gar kein eigenes Gefühlsleben *(Der Mohr Peters des Großen, Der Sargschreiner, Dubrowskij).*

Doch obwohl in Puschkins Erzählungen von den heranwachsenden Mädchen (fast stereotyp sind sie alle sechzehn/siebzehn Jahre alt) quantitativ die tote Mutter dominiert, ist qualitativ die fehlende Mutter viel bedeutsamer in jenen Erzählungen, in denen Vater und Sohn unvermittelt einander gegenüberstehen.

Auffallend ist hier die Identifikation zwischen beiden: Der Sohn erlaubt dem Vater, sich in ihm zu spiegeln, übernimmt den Lebensentwurf des Vaters. Und doch gibt es ein Element des Ungeheuerlichen, das dieser Identifikation widerstrebt, aus ihr entwächst oder das in der Identifikation aufgehoben werden soll.

Schon physisch ist der Pflegesohn Peters des Großen, der »Mohr«, als fremde Natur ausgezeichnet. Er aber ist bereit, Frankreich, seine Geliebte, das gemeinsame Kind zu verlassen, um dem Ruf des Zaren in dessen Reich, in die Wirkungssphäre, die dieser ihm vorzeichnet, in die Ehe, die dieser für ihn anbahnt, zu folgen.

Dubrowskij dagegen wird erst zum Außenseiter, weil er sich die Kränkung seines Vaters so sehr zu eigen macht, daß er auf seine Karriere verzichtet. Als Kornett in ein Garderegiment eingetreten, nimmt er seinen Abschied, wird Räuberhauptmann, trennt sich nach dem Verlust der Geliebten auch noch von seinen kriminalisierten Gefolgsleuten und flieht ins Ausland. Die Nachahmung, die Übernahme der Vaterfunktion ist also ein Akt, der zur Rebellion, aber auch zur Ausgrenzung und Vernichtung führen kann.

Die Beziehung von Vater und Sohn sieht Puschkin unter der (nicht-psychologischen) Perspektive des Verhältnisses von Herrscher und Usurpator. Dies wird nirgends so augenfällig wie in jenem Traum, den er Pjotr Grinew *(Die Hauptmannstochter)* nach seiner ersten Begegnung mit Pugatschow träumen läßt. Er sieht diesen im Bett – als Stellvertreter des Vaters: Die Traumgestalt zwinkert ihm zu. Dieses für Pugatschow typische Augenzwinkern wird zum Erkennungszeichen des Usurpators.

Bei der Totenmesse für die alte Gräfin *(Pique-Dame)*, an deren Tod Hermann sich nicht unschuldig fühlt, hat er den Eindruck, daß »die Verstorbene ihm mit einem Auge höhnisch zuzwinkert«. Hermann stürzt vor Entsetzen zu Boden und löst damit bei den Umstehenden falsche Vermutungen über seine Beziehung zu der Verstorbenen aus.

Das Augenzwinkern Pugatschows signalisiert, daß er sich Pjotr gegenüber hilfreich erweisen wird, weil ihm auch dieser einmal einen Dienst erwiesen hat.

Das Augenzwinkern der toten Gräfin dagegen heißt, daß sie den Missetäter ins Verhängnis reißen wird.

Das Augenzwinkern ist also Botschaft einer geheimen Komplizenschaft, hebt die Grenze zwischen dem Bereich des Möglichen und des Unmöglichen auf. Das Zuzwinkern ist ungeheuer, weil es aus dem Bereich des Anderen kommt und die Sphäre des Eigenen unsicher und unheimlich macht.

Augenzwinkern und verblendeter Blick sind die beiden Möglichkeiten des Durchschauens potentieller Identitäten. Ihr Gegenpart ist die doppelt besetzte Stelle. Puschkin erzählt von den unterschiedlichsten Möglichkeiten von Doppelbesetzungen: in der Usurpation *(Die Hauptmannstochter)*, in der Verstellung, der Verkleidung, der Vertauschung der Rollen *(Fräulein Bäuerin, Dubrowskij)*, in der Verwechslung des Angetrauten *(Der Schneesturm)*, des Tausches von Lebenden und Toten *(Der Sargschreiner)*.

Vor allem entwirft er das Erzählen selbst als eine Doppelung, eine Multiplikation der Autorenfunktion – er überantwortet vorgeblich die Verfasserschaft ganz unterschiedlichen Erzählern, dem verstorbenen Belkin, dem Familienchronisten *(Die Hauptmannstochter)*, einer befreundeten Unbekannten *(Roslawlew)* – und speist dabei den eigenen Text mit einer Überfülle von Anspielungen auf russische und westeuropäische Autoren, wie 1991 Wolf Schmid bei seiner »poetischen Lektüre« der Erzählungen Puschkins gezeigt hat.

Puschkin selbst hat wiederholt Dichtungen anonym erscheinen lassen in der richtigen Voraussicht, wie die Zensur bzw. die Literaturkritiker – etwa ein Bulgarin, der selbst vor

Denunziationen nicht zurückschreckte – reagieren würden. Die Aufhebung der Autorschaft oder umgekehrt ihre Potenzierung durch imaginierte Erzähler, in denen sich der Autor spiegeln und zugleich differenzieren kann, zeigt Puschkins Einstellung zum Problem der Autorschaft.

Puschkin erzählt doppeldeutig, und das heißt verhalten ironisch, von der eigenen Energie, die Erzähltes hat: Das von den drei Spielkarten Gehörte läßt Hermann wie besessen nach deren Geheimnis forschen *(Pique-Dame)*. In der Nacht vor seiner Hinrichtung verführt der aus Bulgarien stammende Räuber *(Kirdshali)* die türkischen Wächter mit seinem »Märchen« vom verborgenen, auszugrabenden Schatz: Die Wächter nehmen den Gefangenen auf die Suche nach diesem Schatz mit, der Gefangene flieht, die Wächter kommen um.

Wer dem Erzählten glaubt, sich von ihm blenden läßt, sich mit dem Gehörten identifiziert, gerät in Gefahr. Puschkin kehrt das Pathos der Erzähltradition seit Sheherezade oder Boccaccio um – mit einem Augenzwinkern.

Von Literatur verführt – und hier polemisiert Puschkin gegen die zeitgenössische westeuropäische wie russische sentimentalische und frühromantische Lesekultur – sind in den Erzählungen Puschkins vor allem junge Damen, deren Weltbild sich allzusehr den Romanen verdankt. Daß Marja Gawrilowna *(Der Schneesturm)* sich zu der heimlichen, folgenreichen Trauung überreden läßt, erklärt der Erzähler mit ihrer Lektüre: Sie nimmt den potentiellen Bräutigam mit romantischem Blick wahr, und das heißt, sie verkennt ihn.

Nicht anders steht es um Marja Kirilowna *(Dubrowskij)*: Sie ist auf ihre Leidenschaft für den als französischen Erzieher verkleideten Räuberhauptmann durch das Lesen von Büchern vorbereitet worden, von denen ihr Vater keine Ahnung hat. Das als Bäuerin verkleidete Adelsfräulein wird gerade in dem Augenblick vom getäuschten Verehrer entlarvt, als es derart in seine Lektüre vertieft ist, daß es sich nicht in eine neuerliche Verstellung flüchten kann.

Puschkins Polemik gegen solche Lese-Verblendung trägt natürlich das Gegenmodell in sich: Lesen eröffnet eine Doppelsicht, weil im manifesten Text der latente zu entziffern ist.

Darin, und dies hat er faszinierend im *Sargschreiner* und in *Pique-Dame* gezeigt, ähnelt das Lesen dem Träumen – nur gilt es zu verstehen: Lesen gleicht nicht dem Träumen insofern, als es ein Absehen von der Wirklichkeit bedeutet, sondern indem es ein tiefergehendes, nochmaliges Betrachten erfordert. Träume können wie Erzählungen, wie Romane, Wirklichkeit »vortäuschen«; aber wenn sie diese angeblich spiegeln, spiegeln sie seitenverkehrt: dem Sargschreiner gereicht dies vielleicht zum Glück, daß ihm die Nähe zu den Lebenden wichtiger wird als die Gewinne an den Toten, nachdem sie ihn im Traum heimgesucht hatten. Denn der Sargschreiner hatte lieber die Toten, seine Kunden, einladen wollen als seine Nachbarn, die ausländischen Handwerker, von denen er sich gekränkt gemeint hatte. Hermann *(Pique-Dame)* setzt auf die drei Karten, die ihm die tote Gräfin verraten hatte, die ihm als Gespenst, als lebende Tote im Traum erschienen war. Zweimal gewinnt er bestürzend hoch, beim dritten Einsatz verliert er alles: Ehre, Geld, Verstand. Er hatte die Karte auf der rechten Seite (die Dame) mit der auf der linken Seite (dem As) verwechselt: »›Ihre Dame ist geschlagen‹, antwortete Tschekalinskij (d. h. der Spielleiter) verbindlich.«

Hermann, der um jeden Preis das Geheimnis der Karten von der Gräfin hatte erpressen wollen, doppelt – darauf haben Literaturwissenschaftler wiederholt hingewiesen – in seinem Namen als deutsche Variante den Namen jenes Franzosen, der einst die Gräfin in das Geheimnis der Karten eingeweiht hatte: Saint Germain. Auch hier bedient Puschkin sich einer spiegelverkehrten Entsprechung.

In solcher Doppelung, die Wiederholung und Rückverweis an die Stelle von Entwicklung setzt, scheint das Besondere der Erzählungen Puschkins beschlossen. In ihr sind die Gattungsbesonderheiten des Dramas (die Dialogstruktur) und der Lyrik (die Ich-Aussagen) aufgehoben. Indem Puschkin immer wieder Verspoeme schrieb oder mit dem *Jewgenij Onegin* (der intellektuellen und erotischen Mißgeschichte eines »überflüssigen Menschen«) einen »Roman in Versen«

gestaltete, vermischte er Entsprechungen und Differenzen der Gattungen, so wie er es auch in seinem historischen Schauspiel *Boris Godunow* – im Geiste Shakespeares – getan hatte: Er verzichtete auf die klassischen Einheiten der Tragödie und ersetzte den Verlust durch historisch-philosophische Reflexionen.

Puschkins Konzept der Doppelung, der Spiegelung hat zwei Aspekte: den der Destruktion und den der Synthese. Von der »synthetisierenden Energie Puschkins« spricht 1992 Boris Gasparow.

Puschkins Absicht der doppelten Lesung erklärt schließlich sein Interesse für Zahlenmystik, die er auch in der eigenen Biographie verfolgt. So ist für ihn die dreizehn bedeutsam, weil er am 26. Mai 1799 geboren wurde, wobei die Quersumme der Jahreszahl wiederum sechsundzwanzig ergibt (also dem Tagesdatum entspricht), die sechsundzwanzig aber zweimal die dreizehn in sich trägt. Dreizehn Jahre auch liegen zwischen den beiden nationalhistorisch entscheidenden Daten: 1812/1825.

Die Dämonisierung der Zahlen bestimmt auch Puschkins Verhältnis zum Geld, wie er es in der *Pique-Dame* erzählt, wie er es in seinem Familienleben immer real bedrängender erlebt: Puschkin schreibt nicht nur seine eigene Familiengeschichte in die Geschichte Rußlands ein, sondern nimmt auch eine ironische Verkehrung dieses Verfahrens vor: Das armselige Gut, das in der Erzählung *Dubrowskij* dem Vater »wegprozessiert« wird und das der Sohn lieber den Flammen als dem gierigen Invasor Trojekurow überläßt – und welcher Leser denkt dabei nicht an die zurückgeschlagene Invasion Napoleons, den Brand Moskaus? – trägt den gleichen Namen wie jenes elende Zweihundert-Seelen-Erbstück, das Puschkins geiziger und mittelloser Vater mit Müh und Not zur Hochzeit seines Sohnes hatte abtreten können: Kistenjowka.

Nach langwierigem Werben, dem sich vor allem die herrschsüchtige Mutter der späteren Braut widersetzte, hatte sich Puschkin am 6. Mai 1830 offiziell mit Natalja Nikolajewna Gontscharowa verlobt. Natalja brachte keine Mitgift mit. So bestimmte das Thema des Geldes die Werbung, das Denken, das Leben Puschkins.

Den Herbst 1830 verbrachte er auf dem väterlichen Gut in Boldino. Er wurde dort unerwartet lange aufgehalten, weil eine Epidemie seine Rückkehr nach Moskau verhinderte. Doch Puschkin schrieb. Diesen bedrohten Spätherbst 1830 hält man für den produktivsten seines schriftstellerischen Lebens: Es entstand der Zyklus *Geschichten des verstorbenen Iwan Petrowitsch Belkin,* kam der *Onegin* zu Ende.

Im Februar 1831 heiratete Puschkin Natalja Gontscharowa. In den nächsten Jahren gebar sie ihm vier Kinder und avancierte zur begehrtesten Schönheit Petersburgs. Nikolaus I. soll in sie verliebt gewesen sein. Georges D'Anthès, ein französischer Emigrant, provozierte Gerüchte über eine Liebesbeziehung mit ihr, um seine skandalös publik gewordene Beziehung zu seinem väterlichen Freund, dem holländischen Botschafter Baron van Heeckeren, zu bemänteln. Puschkin ließ sich provozieren und provozierte die Aufforderung zum Duell. Zwei Tage später starb er nach qualvollem Leiden an der tödlichen Verletzung, die er im Zweikampf mit dem Repräsentanten der St. Petersburger Hofintrigen davongetragen hatte. D'Anthès hatte die erotische Position Puschkins einzunehmen behauptet – Puschkin hatte den Zweikampf mit dem Zaren, den er nie hätte austragen können, an D'Anthès delegiert.

1836, ein Jahr vor seinem Tod, hatte Puschkin in mannigfacher Um- und Nachdichtung des berühmten Gedichts von Horaz *Exegi monumentum* seinen eigenen Vers, den Alexandriner, selbstbewußt mit einem Signum der kaiserlichen Macht verglichen, mit der Alexandersäule, die 1834 vor dem Winterpalais in St. Petersburg errichtet worden war. Diese »architektonische Überbietungsimitatio der Pariser Napoleonssäule (...) avancierte zum höchsten Denkmal der damaligen Welt«, wie Renate Lachmann schreibt, deren wörtliche Übersetzung Puschkins hier zitiert sei: »Ein Denkmal hab' ich errichtet, nicht von Menschenhand geschaffen, / Des Volkes Pfad zu ihm hinauf wird nie verwuchert sein, / Höher hebt es das trotzige Haupt / Als die alexandrinische Säule. //

Nein, ganz werde ich nicht sterben – in der vermächtnisvollen Lyra / Überlebt die Seele meinen Staub und entflieht der Verwesung –«.

Diese ganz persönlich ausgerichtete Horaz-Übertragung bedeutete nicht nur eine Konfrontation des Dichters mit dem Zaren (Alexander vs. Alexander), sondern sie war zugleich auch ein Zeichen dafür, daß Puschkin, der jüngere Dichter, sich gegen den älteren G. R. Derschawin behauptete, der ebenfalls eine russische Version dieses Horaz-Gedichtes geschrieben hatte.

In der künstlerischen Biographie Puschkins bedeutete die Begegnung mit Derschawin (so ironisch er sie auch dargestellt haben mag) die Auszeichnung des dichterischen Anfangs. Während einer Prüfung im Lyzeum hatte Puschkin im Januar 1815 in Anwesenheit des greisen Dichters Derschawin, der in beamteter Stellung zum Hofdichter von Katharina II. avanciert war und den eigentlichen russischen Dichter-Mythos begründete und verkörperte, vorgelesen – Derschawin wollte diesen jungen Dichter umarmen und ihm seine »Leier« übergeben. Puschkin entzog sich dieser Auszeichnung durch eine Flucht – und vergaß sie doch lebenslang nicht. Als Motto für seine Erzählungen – und das heißt als lebende Stimme – beschwor er wiederholt Derschawin, aber auch seinen Dekabristen-Freund Küchelbecker.

Nicht ohne Augenzwinkern freilich sollte der Leser der Erzählungen Puschkins die Autorennennung der *Pique-Dame* vorangestellten Motto-Verse zur Kenntnis nehmen: Rylejew. Die angeführten Verse stammen, so läßt sich nachweisen, von Puschkin selbst. Er hat sie aber geschrieben im rhythmischen Duktus von »Agitierenden Versen«, die Rylejew gemeinsam mit einem anderen Dekabristen, A. A. Bestuschew, verfaßt hatte. Jahrzehntelang durften sie nur illegal und insgeheim in Rußland zirkulieren. Puschkins Vers-Stilisierung inszeniert ein hintergründiges Spiel um Freundschaft, Treue, Aufbegehren. Um Autorschaft und Autorität. Sie markiert die Mehrdeutigkeit von Doppel-Besetzung und Leere.

Johanna Renate Döring-Smirnov

ZEITTAFEL

1799 26. Mai*, Alexander Sergejewitsch Puschkin in Moskau geboren. Seine Eltern: Sergei Lwowitsch Puschkin und Nadeschda Ossipowna, geb. Hannibal.

1811–1817 Besuch des Lyzeums von Zarskoje Selo bei St. Petersburg. Schrieb dort etwa 120 Verstexte.
Puschkin gehörte zur Gruppe »Arsamas« (1815–1818), die in den Diskussionen um den Status der neuen russischen Literatursprache – unter dem Einfluß der Konzeptionen von N. M. Karamsin – eine westeuropäisch ausgerichtete, progressive Position einnahm. Zu dieser Gruppe gehörten außer Puschkins Onkel Wassilij Lwowitsch, der dem Neffen den Eintritt in das Lyzeum vermittelt hatte, auch W. A. Schukowskij, mit dem Alexander Puschkin eine lebenslange Freundschaft verband.

1817–1820 Im Staatsdienst als Kollegiensekretär im Kollegium für Auswärtige Angelegenheiten, St. Petersburg. Während dieser Zeit schrieb Puschkin sein Verspoem *Ruslan und Ludmilla.* Er war Mitglied des literarischen Zirkels junger revolutionär eingestellter Aristokraten »Die grüne Lampe«.

1820 Wegen seiner Ode *Die Freiheit* wird Puschkin aus St. Petersburg ausgewiesen, in den Süden nach Jekaterinoslaw verbannt. Reise dorthin durch den Kaukasus und die Krim.
Aufenthalt in Kischinjow. Lernt dort Mitglieder der »Südlichen Gesellschaft« der späteren »Dekabristen« kennen. Einfluß von Byron auf die Dichtung Puschkins.

1820–21 Verspoem *Der Gefangene im Kaukasus.*

1822 *Die Räuberbrüder.*
Die blasphemische *Gabrieliade.*

1823 Beginn des »Romans in Versen« – *Jewgenij Onegin.*
Versetzung nach Odessa. Dort schreibt Puschkin das Poem *Die Fontäne von Bachtschissarai.*

1824 Überstellung in den Norden: verbannt auf das Gut Michailowskoje. Dort literarische, folkloristische und historische Studien.

1825 Entstehung des historischen Schauspiels *Boris Godunow,* des Poems *Graf Nulin.*
Im Dezember – Aufstand der »Dekabristen«.

1826 Im Januar empfängt der neue Zar Nikolaus I. Puschkin zu einer Audienz.

1829 Trotz des zaristischen Verbots begleitet Puschkin die russische Armee im russisch-türkischen Krieg nach Arsrum, macht Notizen, die er im Januar 1836 unter dem Titel *Die Reise nach Arsrum* in seiner Zeitschrift »Der Zeitgenosse« veröffentlicht.

1830 Offizielle Verlobung mit Natalja Nikolajewna Gontscharowa. September bis Anfang Dezember – durch eine Epidemie war dieser Aufenthalt für Puschkin unerwartet lang geworden – auf dem elterlichen Gut Boldino, Gouvernement Nischni Nowgorod. Während dieser außerordentlich kreativen Phase schrieb Puschkin *Die Geschichten des verstorbenen Iwan Petrowitsch Belkin,* das kleine Poem *Das Häuschen im Kolomna-Viertel,* die »Kleinen Tragödien«: *Der geizige Ritter, Mozart und Salieri, Der Steinerne Gast, Das Gastmahl zur Zeit der Pest.* Schloß (zumindestens vorläufig) den *Jewgenij Onegin* ab.

1831 Trauung mit N. N. Gontscharowa. Übersiedlung nach St. Petersburg. Archivstudien für eine *Geschichte Peters des Großen.* Anstellung im Auswärtigen Amt.

1833 Reise nach Orenburg für die Arbeiten an der *Geschichte des Aufstands von Pugatschow.*
In diesem Jahr entstehen das Verspoem *Der eherne Reiter,* die Erzählungen *Dubrowskij, Pique-Dame.*
Im Dezember Ernennung zum Kammerjunker.

1836 Im Januar erhält Puschkin die Erlaubnis, die Zeitschrift »Der Zeitgenosse« herauszugeben. In deren vierter Nummer publiziert er die *Hauptmannstochter*, an der er seit 1836 gearbeitet hatte. Die letztliche Datierung, mit der diese Erzählung schließt und die in der vorliegenden deutschen Übersetzung nicht mitgesetzt wird, nennt den »19. Oktober«, – jenen Tag, dessen sich Puschkin in mehreren Widmungsgedichten im Gedenken an seine Freunde als »Tag des Lyzeums« erinnerte.

Nicht zuletzt durch seine editorischen Projekte, aber auch infolge der immensen Lebenskosten in der Nähe des kaiserlichen Hofes schuldete Puschkin Nikolaus I. 30000 Rubel.

1837 Am 27. Januar wird Puschkin bei einem Duell am Schwarzen Flüßchen bei St. Petersburg schwer verletzt. Er stirbt zwei Tage später. In der Nacht vom 3. auf den 4. Februar wird sein Leichnam heimlich aus St. Petersburg weggeschafft und am 5. Februar – nur im Beisein eines Freundes – bei Michailowskoje beigesetzt.

Die Datierung erfolgt nach dem bis zur Revolution von 1917 in Rußland gültigen Julianischen Kalender, dessen Tagesnennung zur Zeit Puschkins um zwölf Tage hinter der des Gregorianischen Kalenders zurücklag.

INHALT